D1665832

Jan Hoffmeister

Die somatische Differenz

Europäische Vorstadtrevolte und
afroamerikanischer Diskurs

 Nomos

Diese Arbeit wurde gefördert von der Exzellenzinitiative des Bundes und der Länder.

Die Deutsche Nationalbibliothek verzeichnet diese Publikation in
der Deutschen Nationalbibliografie; detaillierte bibliografische
Daten sind im Internet über http://dnb.d-nb.de abrufbar.

Zugl.: Berlin, Freie Univ., Diss., 2013
Erschienen unter dem Originaltitel „Racial Recognition. W. E. B. Du Bois and
the American Dilemma"; Tag der mündlichen Prüfung: 27. Juni 2013

ISBN 978-3-8487-1970-9 (Print)
ISBN 978-3-8452-6114-0 (ePDF)

Für Ionel Zamfir und Hendrik Hartenstein:
Freunde, Streiter, Lehrer

Danksagung

Der folgende Text ist die überarbeitete Version einer Dissertation, die ich im Sommer 2013 an der Graduiertenschule für Nordamerikastudien der Freien Universität Berlin verteidigt habe. Zu Dank bin ich zuerst meinen drei Gutachtern verpflichtet: Winfried Fluck, Hauke Brunkhorst und Axel R. Schäfer, wobei ich Brunkhorst besonders zu danken habe, denn er hat an dieses Unternehmen geglaubt, noch bevor es an der FU institutionell gesichert war.

Viel gelernt habe ich in Diskussionen mit Kommilitonen aus meiner Kohorte, vor allem Elli Engel und Jane Preuß in unserer Race Study Group. Laura Bieger und Simon Schleusener danke ich für wichtige Hinweise, Hooshang Nayebi für interessante Gespräche bei persischem Tee, Christoph Raetzsch, Boris Vormann und Julia Püschel für anregende Dialoge zwischen Villa und Rostlaube, Michel de Araujo-Kurth für lange Diskussionen an der Nationalbibliothek, Thorsten Gräbe für seine Ideen zur amerikanischen Geschichte, Ashley Jelks für Einblicke in die afroamerikanische Soulmusik, außerdem Alex Robb, Vera Baptist, Nick Greenwood für erhellende Gespräche beim Lunch an der Waterloo Station, Katy Ross, Georg Kalckreuth, Andreas Schreiber, Rainer Keil für einen lehrreichen Nachmittag in einem Cafe in Heidelberg, Thore Prien, Volkan Cidam und den Teilnehmern des Soziologie Kolloquiums in Flensburg, Stefanie Müller, Christa Buschendorf und Marlon Lieber für Anregungen aus dem Amerikanisten-Kolloquium in Frankfurt, Till Böttcher und Steffen Reitz für ausgedehnte Nachmittage am Westend Campus, Jochen Hills für unsere zufälligen Treffen in Bockenheim, Natascha Brakopp, Rafael Alvear, Chris Rösch, Vera Alotey, Omar Garcia, Francisco Vega für Gespräche im International Student House, Rüdiger Wersich, Masanari Koike, Nobuhiro Kusanagi für Unterhaltungen im Christian Alliance Centre, Sergio und Daniel Barone für Ideen zum Rap, Benjamin Auer, Familie Schick, John Kille und Alicja Syska, Nico Erschig für sein Verständnis der Berliner Graffiti Szene, Thomas Rist, Wladik Sherbashin, Götz Neukamm, Karl Streicher, die Teilnehmer des Kapital-Lesekreises in Freiburg, Kathrin Rosendorff, Matthias Kunz für Diskussionen beim Afrikaner und Tim Schuster für Hinweise zur deutschen Ideengeschichte, der Dahlem Research School, Jesse Ramirez, David Schneider für Anregungen seit unse-

rer Einführung in die Kulturwissenschaft, Luvena Kopp und Stephan Kuhl
für Ideen bezüglich des schwarzen Films und der Literatur, Karim Abla
und Boulma Akli für die Erschließung der französischen Hip Hop Bewegung, Jonas Eberle und Tanja Bley, Timo Breidenbruch, Ulrich Keller,
Nani Kukrika und Jonas Pruemm, Ida Jahr, Valentin Oeckinghaus und
Jens Hofmann, Susanne Dieper und Kirsten Verclas, Fedor Dittman, Mo-
ritz Mink, Sewie Vuthitada, Jo Rempt und Daniel Krohn, James Dorson
und Thomas Dikant sowie allen Studierenden, die in meinen Tutorien und
Seminaren gesessen haben und mich dazu gebracht haben, meine Überzeugungen zu überdenken. Zu großem Dank bin ich auch meiner Familie
verpflichtet, besonders meiner Frau Chi.

Frankfurt im November 2014   *Jan Hoffmeister*

Inhaltsverzeichnis

Indochina mon amour

Eros und Differenz

Das koloniale Indochina, wo die Franzosen bis Dien Bien Phu über ein großes Territorium mitsamt indigener Bevölkerung herrschten, hat es in einigen Fällen zu interessanten Gegenständen der europäischen Literatur gebracht. Wenn wir den Umkreis des südostasiatischen Kulturkreises noch auf das damals von den Engländern dominierte Burma ausdehnen, finden wir genau drei ernsthafte Autoren, die über die Beziehungen zwischen der asiatischen Bevölkerung und den weißen Machthabern geschrieben haben: Ernst Jünger, George Orwell und Marguerite Duras. In allen drei literarischen Darstellungen geht es um die Beziehung zwischen den einheimischen Bewohnern der Kolonien und den europäischen Machthabern. Wenn man sich die Texte ansieht, die sich im Zusammenhang mit dieser Erfahrung gesammelt haben, dann fällt sofort auf, dass die Tatsache, dass es sich hier um eine unangenehme, unethische oder sogar falsche politische Situation handelt, in die die Akteure verstrickt waren, von allen Schriftstellern anerkannt wurde. Die literarische Darstellung des Aufeinanderprallens der Kulturen in Südostasien haben diese drei Autoren versucht in ihren Romanen und anderen Dichtungen zu verarbeiten. Keiner von ihnen ist der Vorstellung gefolgt, das koloniale Unterfangen sei ein erlösendes, befreiendes oder gar moralisch gutes Unterfangen. Und bei allen drei Autoren sieht man sehr deutlich, dass die Erfahrung mit einer fremden Kultur in eine echte Beziehung zu treten, und zwar so, dass man mit den Fremden handelt und dabei seine eigene Person mit ihren Überzeugungen einbringt, die eigene Identität in ihren politischen, ethischen und alltäglichen Dimensionen in Frage stellt. Die koloniale Erfahrung ging ans Selbstbewusstsein.

In Ernst Jüngers Roman *Afrikanische Spiele* geht es um einen jungen Mann, der angewidert von der bürgerlichen Existenz im wilhelminischen Deutschland den abenteuerlichen Entschluss fasst, seine Sachen zu packen und nach Frankreich zu reisen, um sich dort der Fremdenlegion anzuschließen, die den Erzähler dann schließlich nach Nordafrika bringen wird.[1] Die Geschichte schildert die Reise zu diesem Ziel und die Erfahrungen die der Protagonist auf den verschiedenen Stationen dorthin macht. Wichtiger Bezugspunkt der Reise ist die als vor-bürgerlich geschilderte Stadt Marseille, wo der junge Rekrut auf ein Schiff geladen werden soll, dass ihn in den Maghreb bringen wird. Die koloniale Erfahrung deutet sich schon an diesem Ort zwischen Mitteleuropa und dem Mittelmeerraum an. Hier trifft man Afrikaner, Aussteiger und orientalische Bräuche. In diesem räumlichen Zusammenhang ist es dann auch, wo der Erzähler auf einen älteren Soldaten trifft – er selber hat ja gerade das Gymnasium hinter sich gelassen – und der schon mit der Fremdenlegion im Einsatz in den Kolonien war. Er berichtet dem interessierten Protagonisten Herbert Berger von seiner Erfahrung mit der Legion in Indochina und es sind diese Passagen, die uns interessieren müssen, denn in ihnen eröffnet uns sich ein Blick auf die südostasiatische Kultur, mit der auch Orwell und Duras konfrontiert waren.

Der Fremdenlegionär, der von Indochina berichtet, erscheint bei Jünger als ein Mann, der aus einfachen Verhältnissen stammt, wie die meisten Charaktere im Roman, denen Berger begegnet, der selber aus bürgerlichen Verhältnissen kommt. Der Soldat ist nie wirklich auf den Kontakt mit den Asiaten vorbereitet worden, er ist zur Fremdenlegion gekommen wie man ins Gefängnis oder in eine Besserungsanstalt kommt, weil die eigene Existenz zu Bruch geht, man keinen Halt in der Metropole findet und in einer Odyssee aus Flucht, Trunkenheit und Abenteuerlust den Schritt wagt, als Agent des kolonialen Systems in eine komplett fremde Welt katapultiert zu werden. Berger bewundert diese fatalistischen Züge an seinem Gegenüber wie auch sowieso an den meisten Verlierern, denen er bei der Legion begegnet. Sie leben das Leben in vollen Zügen, geben nichts auf finanzielle Sicherheit, träumen von einer Welt, wo das eigene Leben genuin authentisch ist und frei von Etiketten und Formeln. Das Südostasien von Bergers Gesprächspartner erscheint als eine Kultur, in der Menschen leben, die nicht starr erscheinen, sondern wo die Alltagserfahrungen den Europäern suggerieren, sie befänden sich in einem Traum, was noch unterstützt wird vom Opium und den Gerüchen, die die Asiaten den Fremden zum Konsum anbieten. Der Soldat sagt Berger, dass er wie auf der Flucht und ohne echten Plan nach Indochina kam: „Sie wollten mich loswerden und haben mich zu einem Transport eingeteilt, der nach Annam ging. Das

---

1 Vgl. E. Jünger, *Afrikanische Spiele*. Stuttgart, 2013.

ist ein Land, das zwischen China und Indien liegt, mit Sümpfen, Tigern, Reisfeldern und Bambuswald" (88). Die proletarische Sprache des Soldaten hüllt die Erfahrung als Agent des Kolonialismus zu handeln in ein Gewand von Fatalismus. Er handelt, aber hauptsächlich auf Befehl und dort wo er den Einheimischen Leid zufügt, rekurriert er darauf, dass diese Handlungen Teil eines Ganzen sind, in dem er eine untergeordnete Rolle spielt. Er ist zwar auch stolz auf seine Kampferfahrung, aber nur soweit er sie überlebt hat und zur Haltung des Stolzes gesellt sich in seiner Sprache eine, wie gesagt, stark fatalistische Einstellung: „Ich habe da auch Gefechte mitgemacht, es steht in meinen Papieren, wie viel. Das sind Dummheiten, du schießt in den Büschen herum und bekommst niemand zu sehen. Dann steckst du zwei oder drei Dörfer an und gehst wieder nach Hause" (88).

Die Einheimischen erscheinen dem Soldat als unaufrichtig. Sie stehen nicht zu ihrem Wort, möchte er sagen, aber dennoch schätzt er sie, denn er sagt, „[e]s gibt eine besondere Weise mit ihnen umzugehen" (89) und was sich darin zeigt, ist immerhin die Möglichkeit, dass die Europäer mit den Asiaten kommunizieren. Der gemeinsame Punkt, das genuin Menschliche ist für Jünger das Erlebnis oder die Erfahrung, in der man das Gemeinsame wagt. Der erzählende Soldat aus Indochina kann dem Asiaten, zu dem er seiner Darstellung Freundschaft schließt, begegnen, gerade weil er eine fatalistische Einstellung hat und es ist diese, die Berger fasziniert. Der erfahrene Fremdenlegionär drückt das so aus: „Die Gelben dort sind eine hinterlistige Bande und von den chinesischen Stadthaltern seit Jahrhunderten geschuriegelt. Man kann aber doch den Punkt finden, an dem man vertrauen darf, dort kennen sie Dankbarkeit. Es gibt eine besondere Weise mit ihnen umzugehen. Mein neuer Freund hat mich zum Essen eingeladen und fürstlich aufgetischt, Reis mit Ragouts aus verschiedenem Fleisch, Tintenfische, Bambus und Lotoskerne, Ingwer und eingelegte Früchte, auch ganze Blumen, die in buntem Zucker gesotten sind. Zum Nachtisch hat er Opium geraucht und auch mir davon angeboten, wie es dort zur Bewirtung gehört. Das ist so, wie wenn man bei uns nach dem Essen Kirsch- oder Obstwasser kredenzt. Ich habe mich auf die Matte gelegt und zwei oder drei Pfeifen geraucht" (89). Jüngers Erzähler schließt sich der Kolonialtruppe an, aber nicht weil er an ihre Mission glaubt, denn die Welt, für die sie kämpft, ist eben die, aus der er entfliehen will. Der Widerspruch wird aufgewogen durch die Empathie zu den Abenteurern, die zwar das koloniale Unternehmen vertreten, aber eben nie so, dass sie sich als die eigentlichen Akteure in diesem Spiel sehen, denn die Entscheidungen fallen woanders. Ihre Indochina-Erfahrung steht unter dem Zeichen der Flucht nach vorne.

Orwells literarische Auseinandersetzung mit der kolonialen Erfahrung in Südostasien ist verarbeitet in seinem ersten Roman *Burmese Days*, der 1934 erschien.[2] Er handelt von einem englischen Kolonialbeamten namens Flory, der in einem abgelegenen Außenposten des Empire versucht, ein normales Leben zu führen und dabei in einen Konflikt zwischen Europäern und Asiaten, zu denen er freundschaftliche Beziehungen pflegt, gerät. Dieser Konflikt führt schließlich dazu, dass seine Hoffnungen, die aus der Metropole eingereiste Engländerin Elizabeth Lackersteen zu heiraten, kläglich scheitern. Flory ist im Gegensatz zu Herbert Berger kein Aussteiger und Abenteurer. Er teilt mit dem Erzähler aus Jüngers Buch die bürgerliche Herkunft, aber anders als bei dem deutschen Erzähler sind die Charakterzüge von Orwells Protagonisten dadurch gekennzeichnet, dass dieser Mann frei ist von allen fatalistischen Neigungen und anti-bürgerlichen Einstellungen. Flory ist zwar auch nur ein Rad in einer Maschine, die größer ist als er, aber es fehlen ihm der Hang, das koloniale Projekt als etwas zu sehen, das quasi von einer fremden Macht diktiert ist, wie das bei den Personen in Jüngers Buch der Falls ist, die alle eher aus Ausweglosigkeit und Fluchtgedanken zur Fremdenlegion stoßen. Flory sieht sich als Teil des kolonialen Projekts. Seine Identität ist die eines halbwegs autonomen Mannes, der die Welt, in der er lebt, als eine erkennt, die nach Prinzipien geleitet ist, nach denen auch er lebt. Er will, dass sie funktionieren, fragt nach ihrem Sinn und meint eine Antwort auf dieses Fragen zu haben. Die Jünger'sche Faszination für das Phänomen der Erfahrung, die sich in Bergers Ausbruch aus der bürgerlichen Welt zeigt, wird bei Orwell ersetzt durch das Verlangen, dem Ganzen der Situation Rationalität zu verleihen. Der fatalistische Zug, den Berger an seinen Kameraden so bewundert, fehlt bei Orwell gänzlich.

Flory ist ein Außenseiter unter den Engländern in der Kolonie, denn er sympathisiert mit den Asiaten. Nicht nur hat er eine einheimische Geliebte und behandelt seine Arbeiter halbwegs gut, sondern er unterhält eine echte Freundschaft zu einem indischen Arzt, der von den übrigen Weißen, mit denen er im Clubheim der herrschenden Klasse verkehrt, als Gefahr eingestuft wird. Dieser Arzt mit dem Namen Dr. Veraswami konkurriert mit einem höhergestellten, machthungrigen asiatischen Funktionär, der ein

---

2 Vgl. G. Orwell, *Burmese Days*. Hg. E. Larkin. London, 2009.

Komplott aus hegt, um den von ihm verhassten Arzt zu beseitigen. Ein Aufstand gegen die Weißen wird veranstaltet, der dann dem Doktor in die Schuhe geschoben wird. Die Beziehung zwischen Flory und dem Arzt ist der entscheidende Punkt in der Erzählung. Orwell verleiht seinem Protagonisten die Gabe, den Fremden als Partner anzusehen, aber das gelingt nur unter der Prämisse, dass der Arzt eine geradezu sadomasochistische Vergötterung der Überlegenheit der englischen Kultur in jedem Gespräch, das Flory mit ihm führt, äußert. Flory, der vom Empire angewidert ist, ohne doch so recht eine Alternative zu haben, muss in diesen Gesprächen von seinem politisch machtlosen Freund davon überzeugt werden, dass die Engländer die überlegene Kultur besitzen, denn ohne diese Geste der Anerkennung wäre Florys eigne Identität als Rebell gegen seine Leute nichts weiter als asiatisches Denken und dazu kann sich Orwell nicht durchringen. Diejenigen, die den Kolonialismus im Roman gutheißen, sind Florys weiße Freunde im Club und eben der indische Arzt. Erstere sind ignorant und rassistisch. Letzterer ist unterwürfig, aber intelligent. Die Tatsache dieser Intelligenz deutet darauf hin, dass die politische Situation, in der sich die Handelnden befinden, so komplex ist, dass die ständig den Plot begleitende Opposition der einfachen asiatischen Bevölkerung gegen den englischen Kolonialismus als irgendwie illegitim erscheinen muss, denn der gebildete indische Arzt erkennt ja die weiße Überlegenheit an. Die echte Kritik am System ist allein Flory vorbehalten. Nur er sieht wirklich was passiert und nur von einem wie ihm ist zu erwarten, dass die Situation sich ändert. Als Elizabeth Lackersteen in der Kolonie erscheint, hat Flory nur noch einen Wunsch. Er will sie zu seiner Frau machen. Dabei stellt sich heraus, dass seine langjährige burmesische Geliebte dabei im Weg steht und deshalb wird sie sofort rausgeschmissen. Florys Annäherungsversuche an Elizabeth scheitern an seiner Nähe zu den Einheimischen, die sich jetzt rächt, denn die asiatische Geliebte fühlt sich natürlich gekränkt durch Florys Abwendung und will Geld, der indische Arzt kann nicht wirklich helfen und hofft nur auf seine Akzeptanz im Club, die natürlich nie passiert. Als dann noch ein Obersichtengländer in der Kolonie erscheint, lenkt Frau Lackersteen, Elizabeths Tante, die Ereignisse in eine neue Richtung, indem sie ihrer Nichte steckt, dass Flory mit einer Asiatin verkehrt, was das Mädchen aus gutem Hause natürlich anwidert und sie sich deshalb schnell nach dem neuen Engländer mit Rang und Namen umsieht. Orwell zeigt uns, wie sehr die zwischenmenschlichen Beziehungen in der Kolonie von Geld und Macht korrumpiert sind, denn Flory zerbricht an der Abwendung seiner Verehrten, die vom reichen Neuling angetan ist und er begeht Selbstmord. Florys Hass gegen das englische Klassensystem, dem die übrigen Weißen verfallen sind, kommt in dem Moment zum Vorschein, wo er sieht, dass seine eigenen Werte an der politischen Situation zerbrechen. Der indische Freund verkommt in diesem Szenario zum bloßen Zuschauer, so wie seine Geliebte als egoistisches Biest erscheint, dessen Hass auf die Engländer und ihrer Gesellschaft der rationalen Grundlage entbehrt, die Orwell nur Flory zumutet.

Marguerite Duras' Roman *L'amant* stammt im Kontrast zu Jüngers und Orwells Texten aus den 1980er Jahren. Die Handlung spielt sich aber dennoch etwa zur selben Zeit und im gleichen geographischen Raum ab. Es handelt sich um eines der späteren Werke der französischen Autorin, um das sich eine kleine Schar weiterer Texte gesellen, die alle grob zum selben Projekt gezählt werden können.[3] Den Kern-Text bildet allerdings der Roman, aus dem dann die später erschienen Regieanweisungen zur Verfilmung des Stoffes entstanden sind. Die Geschichte handelt von einem französischen Teenager, einem Mädchen, das in Indochina, genau gesagt in Saigon, ein Internat besucht und die Geliebte eines reichen Chinesen, der doppelt so alt ist wie sie, wird. Der Titel *L'amant* verweist schon auf eine Grundidee des Romans, denn der Geliebte wird für das Mädchen zum Magneten, also zum aimant. Angezogen ist zwar zuerst der Chinese von dem Mädchen, es stellt sich aber am Ende heraus, dass die Hingabe der Französin gegenüber dem Asiaten, die die Protagonistin damit rechtfertigt, dass der Mann reich ist, während sie aus einer verarmten kleinbürgerlichen Familie stammt, in Wirklichkeit auf echter Liebe basiert.

Die Erzählform des Romans ist ein weiteres Kennzeichen für die Tiefe und lebensgeschichtliche Relevanz der Affäre für die beiden Personen, denn in der Narration wechselt die Erzählerin nonchalant von der ersten in die dritte Person. Manchmal also heißt es, das Mädchen tat dieses oder jenes, während an anderen Stellen davon die Rede ist, dass ich zurück nach Frankreich kehren musste oder ähnliches. Dieses Stilmittel ist von Duras so eingesetzt, dass die Tatsache des Begehrt-Werdens von seitens des Mädchens dazu führt, dass sie förmlich eine andere Person wird. Der Übergang vom Kindeszustand zum Erwachsenwerden, der natürlich an die Entdeckung der eigenen Sexualität gebunden ist, schlägt sich so in der Erzählform nieder. Als sich die erwachsene Erzählerin, die mittlerweile in

---

3 Vgl. M. Duras, *L'amant*. Paris, 1984; sowie dies. *L'Amant de la Chine du Nord*. Paris, 1991; und auch dies. *Hiroshima mon amour*. Paris, 1960. Der letzte Text antizipiert die späteren gewissermaßen.

Frankreich als Schriftstellerin lebt, an den Moment erinnert, wo der reiche Chinese sie zum ersten Mal sieht, als beide nämlich auf einer Fähre den Mekong überqueren und er sie aus dem Hintersitz seiner schwarzen Limousine beobachtet, da vollzieht sich der Wechsel in der Selbstwahrnehmung der Protagonistin: „Soudain je me vois comme une autre, comme une autre serait vue, au-dehors, mise à la disposition de tous, mise à la disposition de tous les regards, mise dans la circulation des villes, des routes, du désir" (20). Die intensive Liebesbeziehung, die zwischen den beiden folgt, bricht zwei Tabus. Zum einen natürlich das des Alters, denn die Französin ist nach geltendem Recht noch ein Kind und sie bezeichnet sich auch teilweise so. Der wirklich eklatante Tabubruch ist aber dennoch der des Übertretens der Rassengrenze – sie ist weiß, er ist asiatisch. In der Kolonie bedeutet das die Ächtung der Familie der Französin, die die Mutter und die Geschwister nur deshalb in Kauf nehmen, weil der Mann Geld hat und seine Geliebte bezahlt wie eine Prostituierte. Das Wichtige ist nun zu sehen, dass sie das Geld will und dass sie vor ihrer Familie darauf besteht, dass sie nur wegen des Geldes mit ihm verkehrt. Die Herabsetzung ihrer Person zu einer Prostituierten nimmt das Kind in Kauf. Sie gefällt ihr. Die Tatsache, dass sie ihren unangetasteten Körper hergibt wie eine käufliche Frau steigert das Begehren des Chinesen nach ihr. Beim Koitus nennt er sie eine Hure, weil sie sein Verlangen auf so eklatante Weise provoziert. Sie kann natürlich nichts dafür, aber gerade das ist es, was der Liebe zwischen den beiden ihre Intensität und Dauer verleiht. Sie ist unschuldig. Für die erotische Ausstrahlung ihres Körpers kann sie nichts und dennoch gefällt ihr die Tatsache, dass sie ihn so tief erregt, denn in dieser Erregung liegt der Beweis dafür, dass sie mehr ist als sie weiß, dass sie in eine Rolle schlüpft, die ihr die Kultur zuweist.

Die Liebenden treffen sich immer in dem Junggesellenzimmer des Chinesen, das umgeben ist vom alltäglichen Treiben der einheimischen Bauern und Händler, die an den hauchdünnen Jalousien vorbeiziehen, während innen die beiden erschöpft im Halbschlafe ruhen. Mit dem Tabubruch, der Übertretung der Linie, die Europa vom Orient trennt, verändert sich die Wahrnehmung der Dinge für die Protagonisten. Saigon, der Mekong, das Treiben der Händler erscheinen wie eine neue Welt, deren Fremdheit sich steigert statt abzunehmen für die weiße Erzählerin, aber das unterbindet nicht das Verlangen der beiden, sondern steigert es noch, denn der politische Tabubruch unterstreicht natürlich nur den eigentlichen Charakter nicht inzestuöser Sexualität: der Ausbruch aus der Sippe, aus dem Clan, aus der Familie. „Le bruit de la ville est très fort, dans le souvenir il est le son d'un film mit trop haut, qui assourdit. Je me souviens bien, la chambre est sombre, on ne parle pas, elle est entouré du vacarme continu de la ville, embarquée dans la ville, dans le train de la ville. Il n'y a pas de vitres aux fenêtres, il y a des stores et des persiennes. Sur les stores on voit les ombres des gens qui passent dans le soleil des trottoirs. Ces foules sont toujours énormes. Les ombres sont régulièrement striées par les raies des persiennes. Les claquements des sabots de boit cognent la tête, les voix sont stridentes, le chinois est une langue qui se crie comme j'imagine toujours les langues des déserts, c'est une langue incroyablement étrangère" (52).

Das sexuelle Verlangen nach dem Fremden, das die Trennlinien der Kulturen überschneidet, wird bei Duras zur Quelle von Kultur, denn die Liebenden lassen einander sich in ihrer Fremdheit, so wie Mann und Frau verschieden bleiben in der Symbiose der Liebe. Die Emanzipation zum vollwertigen Mitglied der Familie verweist das Individuum in die Fremde.[4] Nur in ihr gelingt die Tat der Kultur. *L'amant* ist frei von jeglicher Überheblichkeit gegenüber der asiatischen Zivilisation, denn weder hat das Handeln des Mädchens fatalistische Züge, noch hat der Liebhaber auch nur den Hauch des naiv Kindlichen, das seine Unterwerfer noch im Akt der Unterdrückung für göttlich hält. Im Akt des Verlangens, der immer das Resultat eines geglückten Kulturprozesses ist, bestätigen sich die Liebenden in ihrer Fremdheit.

Kulturelle Vielfalt als Wert an sich

Wenn man sagt, dass alle Kulturen Wert haben oder, dass es wert ist, sie zu schützen, dann wird oft so getan, als gäbe es hier die westliche und dort die orientalische oder schwarze Kultur und dass eine gerechte Politik dahin gehen muss, alle würdevoll zu behandeln. Allein man übersieht bei dieser Lesart, was im Grunde jeder weiß, der auch nur stückchenweise mit den Geisteswissenschaften vertraut ist, nämlich dass eine wissenschaftliche oder philosophische Annäherung an die Idee der Kultur gar nicht darum umher kommt, sich mit der westlichen Zivilisation auseinanderzusetzen. Nur in ihr ist nämlich die Idee einer Kultur als Objekt von wissen-

---

4 Vgl. E. Fromm, *Die Kraft der Liebe.* Zürich, 2005. „In der Liebe kommt es zu dem Paradoxon, dass zwei Personen eins werden und trotzdem zwei bleiben" (78).

schaftlicher Erkenntnis entstanden und nur durch diese Sichtweise konnten die, die dieses Kulturobjekt beobachten, sich einbilden, dass sie irgendwie einen Standpunkt beziehen könnten, der frei ist von den Vorurteilen, Gewohnheiten und Gefühlen, die die beobachteten Menschen erst als Teil einer Kultur erscheinen lassen. Im *Tao-Tê-King* heißt es dazu nur, dass man am eigenen Selbst andere Selbst bemisst, am eigenen Ort andere Orte versteht und am eigenen Haus misst man die anderen Häuser.[5] Was in der chinesischen Antike Common Sense war, ist in Europa erst wieder aktuell geworden, als aus der Verneinung dieser Tatsache ein politisches Projekt geworden war, auf das man gezwungen war zu reagieren. Herder hat das früh bemerkt. Seine Meinung war im Grunde die gleiche wie die des Lao-Tse, denn er erkannte, dass er nur ist durch seine Kultur und dass eine geglückte Beobachtung und ein Verständnis anderer Kulturen dieser Tatsache verschuldet war. Isaiah Berlin hat seine Sicht so zusammengefasst:[6] „[e]ach human group must strive after that which lies in its bones, which is part of its tradition. Each man belongs to the group he belongs to; his business as a human being is to speak the truth as it appears to him; the truth as it appears to him is as valid as the truth as it appears to others. From this vast variety of colors a wonderful mosaic can be made, but nobody can see the whole mosaic, nobody can see all the trees, only God can see the entire universe" (66). Berlins Verständnis von Herders Philosophie der Kulturen läuft darauf hinaus, dass wenn meine eigene Sichtweise immer kulturell bedingt ist, es keine allgemeingültigen Maßstäbe geben kann, nach denen unser Zusammenleben organisiert werden kann. Das einzige worauf wir uns einigen können, ist dass wir uns nicht einigen können. Darauf kann man dann wieder antworten, dass die Einigung, die daraus besteht, dass wir uns nicht einigen können, auch wieder eine Einigung irgendeiner Art ist und dass sich mit ihrem Begriff dann doch wieder eine transkulturelle Einigung erzielen lässt. Das Spiel geht weiter ohne Abschluss, solange man nicht sieht, dass der Kulturbegriff im *Tao-Tê-King* und bei Herder nicht den Charakter eines Objekts hat, sondern den einer gelungenen Gemeinschaft. Der wertende Zug der hier zum Vorschein kommt verbietet es uns, von Kulturen so zu sprechen wie von Molekülen oder Säugetieren. Wann und ob eine Gemeinschaft gelingt, ist demnach keine Frage, der man nachgehen kann, wie man der Frage nach-

---

5 Vgl. Lao-Tse, *Tao-Tê-King,* 125; dazu K. Jaspers, *Lao-Tse, Nagarjuna. Zwei asiatische Metaphysiker.* München, 1978.
6 Vgl. I. Berlin, *The Roots of Romanticism.* Princeton, 2001.

geht, ob sich Körper anziehen oder wie lange Delphine ihre Jungen pflegen. Es gilt, Kultur zu verstehen, was nichts anderes ist als Kultur schaffen.

Nach den Kolonien war es kein Wunder, dass Menschen aus Asien, Afrika oder anderen Teilen der Welt nach Europa kommen würden. Wie sie sich hier fühlen würden, welches Verständnis sie von ihrer politischen Situation haben würden, war bis vor kurzem noch völlig unklar. In Deutschland kann man von einer echten Artikulation von den Gefühlen der Neuankömmlinge erst ab den 90er Jahren sprechen. Man höre auf die Kinder der Einwanderer und Gastarbeiter: „Ich habe einen grünen Pass mit einem goldenen Adler drauf, doch bin ich fremd hier". Mit diesem Satz endet der Song „Fremd im eigenen Land" der Heidelberger Rap-Gruppe Advanced Chemistry.[7] Advanced Chemistry gehörten 1992, als der Song als Single erschien, zum Urgestein der deutschen Hip Hop Szene. Linguist (Kofi Yakpo), Torch (Frederick Hahn) und Toni L (Toni Landomini) waren alle drei deutsche Staatsbürger, jedoch mit unterschiedlichen Migrationshintergründen, wie wir heute sagen würden. Yakpo stammte aus Ghana, Hahn war der Sohn eines karibisch-deutschen Paares und Landomini war das Kind italienischer Gastarbeiter. Sie machten darauf aufmerksam, dass sie zwar deutsche Staatsbürger warne, aber nicht wollten, dass mit diesem Status ihre Wurzeln in Afrika, der Karibik oder Italien nicht mehr Teil ihrer politischen Identität sein durften. Linguist rappt dazu: „Ist es so ungewöhnlich, wenn ein Afrodeutscher seine Sprache spricht und nicht so blass ist im Gesicht?" Er sagt seine Sprache und nicht die seiner Eltern oder seiner Vorfahren. Diese kulturelle Besonderheit hat eine somatische Komponente, an der sich das ganze Ausmaß der Problematik zeigt, denn Linguist schreibt ihr positiv Bedeutung zu. Nach deutschem Recht darf er allerdings nicht behandelt werden wie ein Schwarzer, denn diese Kategorie kennt das Recht nicht. Er selber weiß von sich aber natürlich, dass er ein Schwarzer ist und diese Eigenschaft ist ein zentraler Bestandteil seiner Identität. Der Konflikt, den die Heidelberger Rapper zum Vorschein bringen, hat klare Konturen: hier die Identität, dort das moderne Recht. Das Medium, in dem Advanced Chemistry ihren Protest artikulieren, ist der aus den Lebenswelten der Afroamerikaner stammende Rap. Seine Wahl war nicht voraussetzungslos, denn das Prob-

---

7 Vgl. Advanced Chemistry, *Fremd im eigenen Land*. Maxi-CD. Mzee, 1992.

lem, mit dem sich Advanced Chemistry konfrontiert sahen, war zuerst in den USA aufgetaucht. Wir müssen sehen, wie es sich dort zugetragen hat.

Das politische Denken der Afroamerikaner

Einführung

Lange bevor es in Deutschland eine suffiziente Menge an rassisch fremden gab, die sich darüber beschweren konnten, dass ihre somatische Differenz sie in ihrem alltäglichen Handeln negativ beeinflusst, hat es in anderen Teilen der Welt Kontakte zwischen den verschiedenen Rassen gegeben, die zur Problematisierung der somatischen Differenz geführt haben. Da vor der Epoche der Dekolonisierung nach dem zweiten Weltkrieg es in England und Frankreich, Portugal und Spanien kaum Schwarze, Indianer oder Asiaten auf dem heimischen Territorium gab, verwundert es nicht, dass es in den USA war, wo die somatische Differenz zuerst problematisiert wurde. Weder Lateinamerika noch Australien waren von Anbeginn der modernen Ära, also seit dem Ende des 18. Jahrhunderts mit seinen Verfassungsrevolutionen, mit einer ausreichend großen Zahl Nicht-Europäer konfrontiert gewesen. Die indigenen Bevölkerungen in Amerika und Australien wurden seit Beginn der Kolonisierung, also seit dem frühen 17. Jahrhundert in den USA, durch Krankheit und Genozid so stark dezimiert, dass sich aus dieser Ecke kaum Stimmen erhoben haben, die die somatische Differenz thematisiert hätten. Und so waren es dann die Afrikaner, die seit dem 15. Jahrhundert zu Millionen auf den amerikanischen Kontinent verfrachtet wurden, die zuerst merkten, dass sie von den Rechten der Mehrheitsgesellschaft ausgeschlossen waren aufgrund ihrer rassischen Verfasstheit. Wir werden sehen, dass das Problem, das die Rapper aus Heidelberg besingen, zuerst im Kontext der amerikanischen Bürgerrechtsbewegung zur Sprache kam und dass es die schwarzen Amerikaner waren, die mit ihrem über zwei Jahrhunderte geführten Kampfes um Anerkennung den Grundriss zeichneten für diejenigen Minderheiten, die sich aufgrund ihrer kulturellen Verfasstheit von der Zivilsphäre (J. Alexander) der europäischen Rechtsstaaten ausgeschlossen sehen.[8] Bis wir diesen Punkt

---

8 Die Idee einer Exklusion von der Zivilsphäre einer Gesellschaft ist hilfreich, weil sie verdeutlicht, dass soziale Ausgrenzung von Minderheiten sehr wohl mit der Ausstattung durch Rechte einhergehen kann. Die Minderheiten haben dann einfach keinen Zugang zu den Öffentlichkeiten, wo sich ein politischer Wille formt.

erreichen, an dem die somatische Differenz ihre umfangreiche theoretische Ausformulierung erfährt, lohnt es sich aber, einen Blick auf die drei Generationen der Bürgerrechtsbewegung zu werfen, auf deren Boden die Theorie der somatischen Differenz formuliert wurde. Ich werde in diesem Kontext von Bürgerrechtsbewegung sprechen und nicht nur die zwei Dekaden zwischen 1950 und 1970 meinen, die normalerweise die Periode abgrenzen, wenn von der amerikanischen Bürgerrechtsbewegung die Rede ist. Das Grundmuster des Anerkennungskampfes der Schwarzen in Amerika folgt der gleichen groben Logik seit ihrem Beginn im späten 18. Jahrhundert. Die drei Generationen, die ich im Sinn habe, beziehen sich auf die zwischen 1850 und 1880, zwischen 1880 und 1910 sowie auf die zwischen 1910 und der Mitte des Jahrhunderts.

Weg von der kulturellen Differenz: Frederick Douglass und Alexander Crummell

Die bürgerlichen Revolutionen des späten 18. Jahrhunderts waren Verfassungsrevolutionen, die sich nicht auf die weiße Welt reduzierten sondern im gesamten atlantischen Raum zu Erhebungen führten, an deren Ende nicht nur die amerikanische, die französische, sondern auch die haitianische Demokratie standen.[9] Noch Hegel hat seine Überlegungen zum Verhältnis zwischen Herr und Knecht den Nachrichten der aus der Karibik stammenden und sich auflehnenden Sklaven entnommen, die sich die Ideen der Menschenrechte aneigneten um eine sich gegen die weiße Vorherrschaft aufzulehnen.[10]

Auf dem amerikanischen Kontinent war jedoch im Gegensatz zu den karibischen Kolonien die Ratio zwischen Europäern und Schwarzen nicht zum Vorteil der Afrikaner verteilt. Historiker sprechen vom „wichtigen 18. Jahrhundert" (J. Boles), in dem es den Weißen gelang die Reproduktion der Sklavenbevölkerung so zu stabilisieren, dass die Plantagenbesitzer

---

Vgl. J. Alexander, Struggling over the Mode of Incorporation. Backlash against Multiculturalism in Europe. *Ethnic and Racial Studies*, (2013) Vol. 36, Nr. 4, S. 531-556.

9 Vgl. H. Brunkhorst, *The Critical Theory of Legal Revolutions. Evolutionary Perspectives*. Im Erscheinen.

10 Vgl. S. Buck-Morss, *Hegel und Haiti. Für eine neue Universalgeschichte*. Berlin, 2011.

nicht mehr aus frischem Nachschub aus Afrika angewiesen waren, sondern sich die Sklaven auf dem Festland selber vermehrten.[11] Und dennoch haben die Widerstandskämpfe gegen die Europäer nicht an den Ohren der unterjochten und gefolterten Schwarzen vorbeigehen können, so dass sich schon um 1811 in New Orleans ein großer Sklavenaufmarsch mobilisierte, der der erste und größte in der amerikanischen Geschichte ist.[12] Das bunte Gemisch aus ethnisch differenten Schwarzen marschierte im Bewusstsein der Verletzung der eigenen Würde auf New Orleans und versuchte mit Waffengewalt den Weißen die Macht aus den Händen zu reißen. Der Sklavenaufstand wurde brutal niedergeschlagen und doch hat sich seit diesen heißen Tagen im Jahr 1811 nichts geändert an der Zielrichtung und Logik mit der die Afroamerikaner für ein Leben in Sicherheit und Würde gekämpft haben.

In den frühen Tagen der amerikanischen Sklaverei waren die Schwarzen noch genuine Afrikaner.[13] Wer vom Schiff aus Afrika ankam, sprach eine westafrikanische Sprache wie zum Beispiel Wolof, hatte eine andere Religion als die Weißen und ging einem Leben nach, was sich diametral unterschied von dem der Europäer. Das brutale Sklavenregime tolerierte zwar die Propagierung des Christentums, war aber ansonsten eher skeptisch, was die Bildung der Schwarzen anging. Nichtsdestotrotz schafften es immer wieder einige Afroamerikaner, sich das Lesen beizubringen oder eine geheime Schule zu besuchen. So auch Frederick Douglass, der als Sklave im Süden zur Welt kam, aber das Glück hatte, sich das Lesen beibringen zu können unter anderem durch die Hilfe einer weißen Frau aus dem Norden, die sich den Regeln des Südens widersetzte.[14] Nachdem Douglass das Lesen gelernt hatte, war er ein anderer Mensch und er wagte es, seine neu erworbenen Kompetenzen auf die Probe zu stellen. Zurück auf eine Sklavenfarm widersetzt sich Douglass den Befehlen seines Sklaventreibers Covey, der immer noch versucht, den unbeugsamen Jungen zu

---

11 Vgl. J. Boles, *Black Southerners 1619-1876*. Kentucky, 1984. S. 25-51.

12 Vgl. D. Rasmussen, *American Uprising. The Untold Story of America's Largest Slave Revolt*. New York, 2012.

13 Vgl. R. Finzsch et al., *Von Benin nach Baltimore : die Geschichte der African Americans*. Hamburg, 1999.

14 Vgl. F. Douglass, *Das Leben des Frederick Douglass als Sklave in Amerika von ihm selbst erzählt*. Göttingen, 1991. Eine gelungene Analyse der Autobiographie findet sich bei E. Kerschgens, *Das gespaltene Ich, 100 Jahre afroamerikanischer Autobiographie. Strukturuntersuchung zu den Autobiographien von Frederick Douglass, Booker T. Washington u. W. E. B. Du Bois*. Frankfurt, 1980.

brechen. Covey und Douglass stehen sich in einem Kampf um Leben und Tod gegenüber, aus dem Douglass wie der Knecht in Hegels bekannter Dialektik als Sieger hervorgeht und sich somit Stolz und Anerkennung als vollwertiges menschliches Wesen erwirbt.

Douglass hat früh gesehen, dass es eine krasse Doppelmoral im Gefüge der amerikanischen Kultur gibt, die daher rührt, dass die der Gemeinschaft zugrunde liegenden Dokumente sich auf Menschenrechte berufen, die den Sklaven aber natürlich nicht anerkannt werden.[15] Als freier lesender Bürger, der nun im Norden lebt und drei Autobiographien, sogenannte *slave narratives* verfasst, führt er das Leben eines aufgeklärten Intellektuellen der nur ein Ziel kennt: die Zerstörung der Sklaverei. Douglass gründet unter anderem eine Zeitung und propagiert die politische Gleichstellung der Schwarzen. Er findet weiße Verbündete unter anderem den engagierten Abolitionisten Lloyd Garrison mit dem er zusammen seinen Kampf gegen die *peculiar institution* unternimmt.

Was auffällt, wenn man sich Douglass' Texte ansieht, ist, dass er überzeugt davon ist, dass die Berufung auf Menschenrechte, wie sie zum Beispiel in der Unabhängigkeitserklärung steht, eine Waffe in der Hand derer ist, die ein Ende der Sklaverei herbeiführen wollen wobei ihm nie entgangen ist, dass die schwarze Gemeinschaft genuin different sein sollte zur pathologischen weißen. Die Rhetorik der Menschenrechte hatte ihn aber in seinem Bann, denn von ihr versprach er sich die Abschaffung der Ungerechtigkeit der Sklaverei. Und in der Tat hat es sich so verhalten, dass die Gründerväter Amerikas, die selber zum großen Teil Sklaven hielten, sich davor gescheut hatten, eine direkte Referenz zur somatischen Differenz in ihre Texte zu stellen. Die Rasse war zwar eine Kategorie, die das alltägliche Leben aller Amerikaner durchzog. Sie war aber anscheinend zu Selbstverständlich, als dass sie in die Verfassungstexte der jungen Republik hätten Einzug finden müssen. Das Naturrechtsdenken und die Idee der universellen Gleichheit war das Rüstzeug mit dem sich die europäische Bourgeoise gegen den Adel erhebt hatte und sie dehnt sich seitdem auch auf all jene aus, die das Bürgertum aus seiner Zivilsphäre verbannt hatte: Schwarze, Chinesen, Indianer und Frauen. Alle konnten sich auf dieselben Verfassungstexte berufen, die die *founding fathers* benutzt hatten, um ihre republikanische Eigenständigkeit gegenüber der feudalistischen Gesellschaft zu bewirken. In der Retrospektive erscheint das dann so, als gewäh-

---

15 Vgl. J. Colaiaco, *Frederick Douglass and the Fourth of July.* New York, 2006.

re der gutmütige weiße Mann großzügig diejenigen Rechte, die doch immer irgendwie seine sind, denn er hat sie erfunden, gemacht.[16] Douglass hat diesen Zusammenhang nicht sofort erkannt, als er die Verfassung als ein die Sklaverei verbietendes Dokument aufgefasst hat und den Weißen gegenüber die Position vertreten hat, dass sie eine Gesellschaft zu sein beanspruchen, die sie nicht sind. Der Rückgriff auf die Verfassungstexte hat bei ihm etwas Strategisches und ist immer vermischt mit dem Verweis auf die Ethik des Christentums, von dem er sich die eigentliche Befreiung versprochen hat. Was allerdings auch angemerkt werden muss, ist, dass Douglass in gewissem Sinne daran gelegen war, die kulturelle Differenz gewissermaßen aus dem Körper des Schwarzen zu verbannen. Das 19. Jahrhundert, in dem Douglass wirkte, war nämlich nicht nur das Jahrhundert der revolutionären Ideen von 1776, 1789 und 1848, sondern auch das von Spencer und dem Sozialdarwinismus und den rassistischen Ideen des späten Hegel. Das europäische Denken sammelte sich um die épistème der Zivilisation – ein Gedanke, der Missionare in Afrika und Asien ebenso antrieb wie Politiker im amerikanischen Süden. Im groben Fahrwasser von Darwin und Spencer glaubte man daran, dass die menschlichen Rassen auf einer Leiter des Fortschritts standen, der auf der einen Seite in der Physiognomie der Menschen eingeschrieben war und auf der anderen Seite Jahrtausende brauchte, um wett gemacht zu werden.[17] Dem „primitiven" Leben der Stämme in Afrika oder Amerika konnten die Europäer keinen Wert abgewinnen. Sie gingen davon aus, dass technischer wie auch moralischer Fortschritt unabwendbar mit der europäischen Moderne verknüpft war und suggerierten Theorien menschlichen Fortschritts. Die hatte es schon bei Kant gegeben, aber das neue an der Situation im langen 19. Jahrhundert war, dass menschlicher Fortschritt in Analogie zur darwinistischen Biologie verstanden wurde: die „primitiven" Völker repräsentierten lediglich Vorstufen einer Zivilisation, die nur in der Form der augenblicklichen europäischen Münden konnte. Zur Mitte des Jahrhunderts entstanden in England historisierte Varianten des sonst so universalistisch erscheinenden Utilitarismus und der Naturrechtstradition, die versuchten, die Fortschritte der europäischen Moderne auch politisch-rassisch zu sichern. In den USA hatte man die indigene Bevölkerung sowieso einer Art Völkermord unterzogen und die Idee, dass sich Potentiale in den besiegten

---

16 Vgl. P. Handke, *Der kurze Brief zum langen Abschied.* Frankfurt, 2001.
17 Vgl. J. Osterhammel, *Die Verwandlung der Welt,* a.a.O. S. 1172-1188.

Völkern fanden, von denen der moderne Mensch hätte profitieren können, lag ihnen sehr fern. In einer solchen Situation begann Douglass seinen Kreuzzug gegen die Sklaverei und es muss daher nicht verwundern, dass er alles, was die kulturelle Differenz zwischen Schwarz und Weiß ausmachte, zu tilgen versuchte. Die komplizierte afrikanische Kultur mit ihren Mythen, ihrer Polygamie und ihren Bräuchen musste Douglass einfach als rückständig erscheinen. So zeigen die Portraits Douglass' den Denker und Aktivisten dann auch als europäisierten Mann der den westafrikanischen Kulturen abgeschworen hat und versucht, ein aufgeklärter Mensch zu sein, wo es eine Kultur der Aufklärung gibt und das ist natürlich die Weiße.[18]

Die unischere, zaghafte Verkörperung der essentialisierten europäischen Aufklärung, wie sie Douglass vertrat, musste natürlich nach hinten losgehen, wollten sich die Schwarzen dadurch genuin von den Fesseln der Weißen emanzipieren. Das war dann auch schon bei Douglass' Zeitgenosse Alexander Crummell der Fall, der in Cambridge studiert hatte und in den USA die erste schwarze Kirche eröffnet hatte. Crummell war einer derjenigen Afroamerikaner, die nach Liberia kamen und ihre neue Erfahrung mit der neuen europäischen Kultur gleich in kulturelles Kapital umtauschen wollten. In Afrika entwickelte Crummell die These, dass nur das Englische – seine Muttersprache – Akteure zum moralischen Handeln führen könnte.[19] In Ideen wie diesen wird schnell klar, welche katastrophale Wirkung die zivilisatorischen Dogmen des 19. Jahrhunderts in der nichteuropäischen Welt hatten. Crummell kämpfte wie Douglass gegen die Sklaverei und das Fehlen von Anerkennung, doch er vermochte es nicht seine Bildung als Waffe für die unterdrückten Afrikaner einzusetzen, sondern verharrte im Gegenteil auf seinem kulturellen Kapital, wie die liberalen Ökonomen bei der Theorie, dass nur Konkurrenzkampf die Leute vor der Faulheit bewahrt. Die Afroamerikaner, die sich im Jahrhundert Lincolns zurechtfinden mussten, vermochten es jedenfalls nicht, sich der Ideologie der im aufgeklärten Europa endenden Zivilisation, die keine Alternativen duldet, zu entziehen und propagierten ihre neue Machtstellung

---

18 Siehe hier vor allem die vielen Fotographien, auf denen sich Afroamerikaner in westlicher Kleidung zeigten. Vgl. das Bildmaterial in M. Marable et al. *Freedom.* New York, 2010. S. 21 ff.

19 Vgl. S. Thompson, Alexander Crummell, in *Stanford Encyclopedia of Philosophy* (online Version, letzter Besuch: 11.3.2014).

wiederum mit neuen Ideologien, wie der von der unmoralischen Natur der indigenen Sprachen.

Douglass und Crummell gelten allgemein – wie fast alle frühen afro-amerikanischen Denker – als schwarze Nationalisten. Das trifft zu, denn vor allem Douglass hatte schon früh der Intuition gefolgt, dass wenn die Schwarzen die gleichen Bürgerrechte genießen sollten wie die Weißen, dann müssten sie eine qualitativ andere Gemeinschaft bilden, als die, die ihnen die Amerikaner zu sehen gaben. Dennoch konnten Douglass und Crummell nicht der Idee des amerikanischen Exzeptionalismus ganz entkommen. Anfreundungen zwischen Afroamerikanern und Haitianern aus dieser Zeit sind mir nicht bekannt und es scheint sich eher so verhalten zu haben, dass die Afroamerikaner einen amerikanischen Überheblichkeits-gedanken in ihrer Heimat aufgesogen haben, der sie ideologisch über den Haitianern und den anderen Schwarzen gestellt hatte. Douglass' Auftreten, seine Berufung auf die amerikanische Verfassung, wie auch seine Arbeit als mehrfacher Autobiograph lassen es so erscheinen, als sah sich Douglass als durch seinen Körper verhinderter Amerikaner. Es muss hier in diesem Zusammenhang allerdings noch Erwähnung finden, dass selbst Lincoln, der in seinen besten Momenten die Staatsbürgerschaft auf die schwarze Bevölkerung ausgedehnt sehen wollte,[20] in seinen dunklen Stunden nicht davon abkam zu denken, Schwarz und Weiß würden nur auf getrennten Kontinenten ihr Glück finden können.[21] In Anbetracht dieser Tatsache verwundert es nicht, dass die schwarzen Intellektuellen jener Zeit erpicht darauf waren, ihre aufgeklärte, europäisierte Identität zu vermitteln. Douglass musste sich zeigen wie ein Weißer, Crummell musste predigen wie ein Weißer. Die afrikanischen Traditionen blieben bei dieser Situation auf der Strecke als Überreste einer vor-modernen Zivilisation, die selbst keinen Beitrag leisten konnte zur Moderne, weil sie geradezu ihr Gegenteil verkörperte – ein Herz der Finsternis in den Worten Joseph Conrads.[22]

Sklaverei bedeutet sozialer Tod.[23] Douglass und Crummell wussten das aus erster Hand. Und dennoch mussten sie sich als genuine Amerikaner

---

20 Vgl. H. Brunkhorst, *Demokratie und Differenz*, a.a.O.
21 Vgl. G. M. Fredrickson, *The Arrogance of Race. Historical Perspectives on Slavery, Racism, and Social Inequality*. Middletown, Conn., 1988.
22 Vgl. J. Conrad, *Herz der Finsternis*. Stuttgart, 2012.
23 Vgl. O. Patterson, *Slavery and Social Death. A Comparative Study*. Cambridge, Mass., 1988.

zeigen, um überhaupt ernst genommen zu werden. Die Identifikation mit der Nation muss hier als ein Komplex mit zwei Seiten gesehen werden. Auf der einen Seite war das Kolonisationsprojekt zurück nach Afrika relativ aussichtslos, solange sich nicht die Europäer mit Mitteln und Geld beteiligen würden und zum anderen war die Idee einer eigenen Nation Träumerei einfach auch angesichts der Demographie in dem sich schnell entwickelnden Land. Douglass und Crummell aber arbeiteten in gewisser Hinsicht ununterbrochen daran, die kulturelle Differenz, die sie als Kinder afrikanisch-stämmiger Eltern in sich trugen, abzuwerfen und sie träumten von einem Amerika indem die Schwarzen dieselben Gewohnheiten, Reflexe und Sitten hätten wie die „modernen" Weißen, die ihnen Tag und Nacht eintrichterten, dass alles, was afrikanisch ist und aus dem schwarzen Kontinent stammt, rückständig und primitiv sei.

Für die Söhne und Töchter der Sklaven, wie Douglass und Crummell sie waren, zählte auf jeden Fall die Christliche Religion zur amerikanischen Identität und kein Schwarzer kam im 19. Jahrhundert darauf seine religiösen Sitten nach dem Mutterland auszurichten, auf dem „heidnische" Religionen verwurzelt waren und wo man eben nicht Protestant war. Die Konversion zum Christentum war für Crummell Berufssache und für Douglass war die Bibel ein Quell der Inspiration. Zeitweise scheint es sogar so gewesen zu sein, dass das Paradox, das Douglass zwischen Theorie und Praxis in Amerika erkennen konnte, weniger im Gegensatz zwischen Sklaverei und Verfassung als zwischen erster und dem Christentum bestehen konnte. Die Schwarzen konvertierten jedenfalls in Millionen zum Christentum und legten die afrikanischen religiösen Bräuche ab.[24] Selbst das Voodoo, das die Populärkultur im amerikanischen Süden vermutet, war eher eine Sache der karibischen Inseln als der Population auf dem Festland. Die Christliche Religion galt ironischer Weise als besonders modern und auch wenn viele der Gründerväter Freimauerer waren, wie Benjamin Franklin zum Beispiel, so muss doch klar sein, dass die Weißen den Afroamerikanern klar machten, dass zu einem genuin amerikanischen Leben auch die protestantische Religion gehört.

Natürlich gingen die Schwarzen auch in die Kirche, weil sie dort unter sich waren und eine andere Welt vorfanden als auf den Feldern und im Haus des Masters. Aber im Rückblick erstaunt es doch, wie sehr die

---

24 Vgl. E. D. Genovese, *Roll, Jordan, Roll. The World the Slaves Made.* New York, 1976. S. 159-280.

Schwarzen in jener Zeit darauf drängten, all die Sitten und Bräuche zu übernehmen, die ihre Peiniger vertraten. Die Sklaven im Süden hätten vielleicht gar keine andere Wahl gehabt, als sich dem Druck der weißen Christen zu unterwerfen, aber Intellektuelle wie Douglass oder Crummell besaßen die Mittel, um ihren eigenen Weg zu gehen. Sie entschieden sich für die christliche Religion und gegen die afrikanischen Bräuche, womit sie die somatische Differenz immer stärker ins Zentrum des Felds der intellektuellen Möglichkeiten stellten. Je mehr nämlich die Schwarzen ihre afrikanische Identität auf gaben und die Religion und Bräuche der Europäer übernahmen, umso mehr musste sich die Logik der Unterdrückung von der Kultur, die anders ist, auf die „bloße" rassische Veranlagung verschieben.

In den frühen Kolonien um James Town im frühen 17. Jahrhudert waren Schwarze oft als *intendured servants* auf gleicher Augenhöhe mit Europäern im Dienst von reichen Kolonialisten eingestellt.[25] Die Ein-Tropfen-Regel, die besagt, dass es ausreicht, wenn entweder der Vater oder die Mutter irgendwie afrikanische Vorfahren hat, um das gezeugte Kind in den Sklavenstatus zu überführen, bildete sich erst über die Jahre langsam aus und ist wohl dem Druck auf höhere Renditen bei stagnierenden Investitionen geschuldet. Vermutlich seit dem wichtigen 18. Jahrhundert war der Baustein gelegt für die somatische Differenz als Exklusionskriterium in den Kolonien. Von nun ab war es egal, ob jemand an afrikanische Götter glaubte oder nicht, ob man mit den Händen aß oder mit Besteck und ob man eine Frau hatte oder mehrere: allein wer schwarz war, der war ein Sklave und wer weiß war, der war ein Freier. Mit diesem Zug wurden scheinbar demokratische Werte wie die Willkürfreiheit ein Leben zu führen, wie es einem beliebt, verwoben mit der quasi-rassistischen Ebene der Freiheit, die einem nur als Weißem zusteht und die man quasi durch die richtige Geburt erfährt. Dem republikanischen Selbstverständnis der Weißen im amerikanischen Süden diente diese Ideologie als Schablone, mit der sie sich selbst ein Leben als Proletarier oder einfacher Farmer in den Stand des von Gott erwählten hieven lassen ließ. Mit dieser Ideologie setzte sich aber der Süden vom industriellen Norden ab und entwickelte sich zu einer Region, die den großen Narrativen der amerikanischen Nation nicht mehr folgen konnte.[26] Seit die schwarzen Südstaatler ihre afrikani-

---

25 Vgl. R. Finzsch et al., *Von Benin nach Baltimore,* a.a.O.
26 Vgl. C. Vann Woodward, *The Burden of Southern History.* Baton Rouge, 1993.

sche Identität verworfen haben, bedeutet jede idiosynkratrische Sitte ein bloßer Verfall gemessen am Zivilisations- oder Bildungsstandard der Weißen. Die Chance, die Kultur der Schwarzen auf ein anderes Podest zu stellen, als das der Amerikaner mit anderer Hautfarbe, haben Douglass und Crummell mit ihrer Generation zusammen verspielt. Was übrig blieb, nachdem die Ein-Tropfen-Regel institutionalisiert war, war die „bloß" über den rassisch anderen Körper geregelte Differenz, die Douglass und Crummell zwar im Visier hatten, von der sie aber vermutlich gehofft hatten, dass sie ihr politisches Gewicht verlieren würde, wenn die Schwarzen die Sitten und Bräuche der Weißen exakt kopiert hätten und die verfluchte Institution abgeschafft hätten, wie es die Gründerväter es festschrieben ohne es jedoch so recht zu wollen.

Die somatische Differenz wird entdeckt: W. E. B. Du Bois und Booker T. Washington

Frederick Douglass wurde alt genug, um den Bürgerkrieg noch mit zu erleben. Seine Generation war, wie oben angedeutet, darum bemüht alles irgendwie Afrikanische abzuschütteln. Die Generation nach Douglass sollte das anders sehen und einen von Grund auf anderen Weg einschlagen, was das Verhältnis von Körper und Kultur angeht. Um die Generation von Afroamerikanern zu verstehen, die sich im Anschluss und Douglass und Crummell am Rassismus abgearbeitet haben, möchte ich zwei Autoren vorstellen, die ihre Wirkung im späten 19. Jahrhundert entfaltet haben. Der Verdienst der ursprünglichen Formulierung der somatischen Differenz gebührt dabei dem ersten dieser beiden Personen: W. E. B. Du Bois.

Da es bereits eine Fülle von biographischen Studien zu Du Bois gibt, möchte ich mich hier nicht in die Reihe derer stellen, die die großen Taten großer Männer rühmen, indem sie zum wiederholten Male ihre Lebensgeschichte erzählen.[27] Der amerikanische Politologe Adolph Reed hat in seinem Du Bois-Buch zu Recht darauf hingewiesen, dass es unter Autoren, die über Afroamerikaner schreiben, nicht an solchen mangelt, die sich an

---

27 Vgl. aber D. L. Lewis, *W. E. B. Du Bois. Biography of a Race 1868-1919.* New York, 1993; sowie ders. *W. E. B. Du Bois. The Fight for Equality and the American Century 1919-1963.* New York, 2000; außerdem M. Marable, *W. E. B. Du Bois. Black Radical Democrat.* Boston, 1986; und D. P. Alridge, *The Educational Thought of W. E. B. Du Bois. An Intellectual History.* New York, 2008.

dem probieren, was Reed Vindikationismus nennt.[28] Gemeint ist die repetitive Darstellung großer Taten eben solcher großen Männer, die dann doch wieder demselben Ausgangsproblem dient, nämlich dem Problem, dass Afroamerikaner in einer Art Wettkampf mit der weißen Mehrheitsgesellschaft streiten, wer denn nun die größeren Politiker, die besseren Denker und die talentierteren Künstler hervorgebracht hat. Bei solchen Versuchen wird nur bestätigt, was eigentlich vermieden werden soll, dass nämlich die Schwarzen in Amerika dem sogenannten *Negro problem* intellektuell oft verhaftet bleiben, wo das Gefühl Minderwertig zu sein, dadurch aufgewogen werden soll, dass die eigene Kultur bedeutendere Persönlichkeiten hervorgebracht hat als die weiße Gesellschaft. Gut kann nur das Erhabene sein, nicht das Einfache – erst mit Denkern wie Pauline Hountodji hört dieses europäische Motiv auf zu wirken. Wenn ich jetzt doch aber noch einige Aspekte von Du Bois' langem und ereignisreichem Leben erzählen werde, so soll das unter zwei Gesichtspunkten geschehen. Zum einen will ich zeigen, wie die Formulierung der somatischen Differenz als politisches Problem im Kontext ihrer Zeit zu verstehen ist und zum anderen will ich hervorheben, aus welchen Gründen eben dieses Problem zur Folie werden konnte für die Akteure, die sich erst in Amerika, später dann in Europa der Formulierung des Problems bedienen konnten, um ihre eigene Agenda zu verfolgen.

Du Bois wurde 1868 in Neu England geboren und verlor früh beide Eltern. Er zeichnete sich durch gute Noten in der Schule aus, besuchte erst die Fisk Universität im amerikanischen Süden und erlangte dann ein Stipendium um in Harvard Geschichte und Philosophie zu studieren. 1892 bekam er ein Stipendium um in Berlin Sozialwissenschaften zu studieren, was ihn sehr beeinflussen sollte und er kehrte kurz vor der Jahrhundertwende in die USA zurück, wo er – beeinflusst von den Ideen, die er in Europa aufgesogen hatte – viel publizierte. Das Buch, das Du Bois berühmt machen sollte, ist der Sammelband *Die Seelen der Schwarzen*, der zuerst 1903 auf Englisch in den USA erschien. In diesem Band befindet sich ein Aufsatz mit dem Titel „Über unsere geistigen Anstrengungen", der Anstoß zu viel Diskussion und Disput geführt hat. Im Folgenden werde ich eine Interpretation dieses Textes anbieten, die zeigen soll, dass die somatische Differenz zuerst im Kontext der amerikanischen Bürgerrechtsbewegung

---

28 Vgl. A. Reed, *W. E. B. Du Bois and American Political Thought. Fabianism and the Color Line.* New York, 1997.

aufkam und dass das politische Denken, das mit dieser Entdeckung einher-geht, von internationaler Bedeutung ist.[29]

Du Bois hat sein ganzes Leben lang versucht, sich als einflussreicher Autor von literarischen Texten einen Namen zu machen.[30] Hätte man ihn 1903 nach seinem Traumberuf gefragt, hätte er sicher Romancier geant-wortet. Du Bois verfügte jedoch zu seiner Zeit über eine exzeptionelle Ausbildung und konnte sich wie kaum ein anderer Schwarzer zu seiner Zeit artikulieren und über Probleme sprechen, von denen andere wenig oder überhaupt gar nichts wussten. So wurde Du Bois in seine Rolle als Philosoph, Soziologe und Historiker – er promovierte mit einer Studie über die Beendigung des transatlantischen Sklavenhandels[31] – geworfen. Man muss jedoch sagen, dass Du Bois diese Rolle sehr gut gespielt hat und nicht nur sein Philosophiestudium unter William James, sondern auch sein Kontakt mit der europäischen Soziologie, vor allem dem Verein für Sozialpolitik und Max Weber, haben ihn stark gemacht, wenn es darum ging, über die Lage der Schwarzen nicht nur in den USA, sondern auf der ganzen Welt zu schreiben. „Über unsere geistigen Anstrengungen" ist dem gewidmet, was man in den USA auch einfach *struggle* nennt. Gemeint ist der Kampf gegen Unterdrückung, der, wie Du Bois mit Klarheit sieht, mit der geistigen Situation von Schwarz und Weiß zusammen hängt. Der Text beginnt, wie so viele afroamerikanische politische Texte, mit einem auto-biographischen Exkurs. Du Bois ist im harmonischen Neu England in einer Kleinstadt aufgewachsen und seine späten Erinnerungen zeugen da-von, dass er schon früh mit der städtischen Politik und überhaupt dem pro-testantischen Ethos dieser Region in Berührung gekommen ist.[32] In seinen Memoiren sieht es dann auch so aus, als seien die wirklich untersten der unteren auf der sozialen Stufenleiter nicht die Afroamerikaner gewesen, sondern die irischen Einwanderer, die ebenfalls in der Stadt lebten. Du Bois ist allerdings völlig klar, dass der harmlose Rassismus in Neu Eng-land eine überregionale, ja globale Bedeutung hat, die man sich als Kind wohl normalerweise nur schwer vorstellen kann. Du Bois berichtet in die-sem Zusammenhang immer wieder von einem Schleier (*veil*) der über

---

29 Vgl. W. E. B. Du Bois, *Die Seelen der Schwarzen.* Freiburg, 2003.

30 Vgl. A. Rampersad, *The Art and Imagination of W. E. B. Du Bois.* Cambridge, Mass., 1976.

31 Vgl. W. E. B. Du Bois, The Suppression of the African Slave Trade to the United States of America 1638-1870, in ders. *Writings.* New York, 1996.

32 Vgl. W. E. B. Du Bois, *Mein Weg, meine Welt.* Ost Berlin, 1969.

einen fällt, sobald der Rassismus sein hässliches Gesicht zeigt. Diese Bild des Schleiers durchzieht alle Text von Du Bois und bleibt eine Art Metapher für die Grenzen, die zwischen den jetzt „nur noch" körperlich differenten Personen in den USA gezogen werden. Ging es Douglass und Crummell nämlich noch darum als vollwertige amerikanische Protestanten zu erscheinen, die sich nur durch die Hautfarbe vom Durchschnittsamerikaner unterscheiden, so sieht Du Bois, dass der Schleier, der sich zwischen zwei Subjekte legt, die eigentlich nichts trennt und der „nur" der anderen Hautfarbe geschuldet ist, sich wiederum über die grausame Ein-Tropfen-Regel reguliert.

Du Bois weiß, dass das *Negro problem* Politik und Wissenschaft beschäftigt und er fragt seinen Leser, ob er verstehen könne, wie es sich wohl anfühlt, als Problem in einer Gesellschaft wahrgenommen zu werden: „Zwischen mir und der anderen Welt steht eine nicht gestellte Frage: von einigen nicht gestellt aus Feingefühl, von anderen wegen der Schwierigkeit sie in angemessene Worte zu fassen. Aber aus welchem Grund auch immer, sie gehen die Frage nie direkt an. Sie nähern sich mir zögerlich, schauen mich neugierig oder voller Mitgefühl an, und dann statt direkt zu Fragen ‚Wie fühlt man sich als Problem?', sagen sie, ‚Ich kenne einen hervorragenden Farbigen in meiner Stadt' oder ‚Ich habe bei Mechanicsville gekämpft [einer Stadt, die Schauplatz war im Bürgerkrieg J. H.]. Oder sie fragen, ob die ‚Gräueltaten im Süden nicht mein Blut in Wallung bringen'. Ich reagiere darauf mit einem Lächeln, zeige mich interessiert oder versuche, die Wallungen zu unterdrücken, je nachdem, was der Umstand gerade erfordert. Doch auf die eigentliche Frage ‚Wie fühlt man sich als Problem?' antworte ich nur selten" (33-34). Hier wird sofort klar welchen feinfühligen Tastsinn Du Bois für die Versuche hat, den Rassismus, der im Süden offen zu Tage kommt, zu kaschieren, wobei das sogenannte *Negro problem* in der Alltagskommunikation ausgespart bleibt und man nur unter den Seinen oder in Abwesenheit der Betroffenen über das Verhältnis von Schwarz und Weiß spricht. Nicht zu unterschätzen ist auch Du Bois' Weitsicht was die wissenschaftliche Bearbeitung eben dieses *Negro problems* anbelangt. Dadurch nämlich, dass das Problem als eines von Unterentwicklung der afrikanischen Kultur wahrgenommen wird, wird suggeriert, die Schwarzen wären für ihre missliche Lage ein gutes Stück weit selber verantwortlich oder die unterdrückte Position der Afroamerikaner sollte nicht beklagt werden deshalb etwa, weil der sonst in den Wäldern Afrikas praktizierte Lebensstil dem in der aufgeklärte, kapitalistischen Republik weit hinterherhinkt.

Du Bois fährt fort zu erzählen, wie er als Kind bei einem Spiel, bei dem Mädchen und Jungs gekaufte Kärtchen austauschen, mitmacht und wie bei diesem Spiel ein Mädchen die Karte von Du Bois verweigert einfach weil er schwarz ist. In diesem Moment wird für Du Bois klar, dass es etwas gibt, was ihn von seinen Spielkamerden unterscheidet, etwas das der anderen Hautfarbe geschuldet ist, die hier zum Auslöser von Exklusionsprozessen wird. Du Bois sieht sofort, dass die harmlose Geste Konsequenzen für seine Identität hat, die sein ganzes Leben kennzeichnen werden. „Da dämmerte es mir, dass ich anders war als die anderen – ihnen gleich vielleicht im Fühlen, Tun und Wünschen, aber ausgeschlossen von der Welt durch einen riesigen Schleier" (34). Wichtig ist hier festzuhalten, dass Du Bois sogleich sieht, dass „die Welt" nicht ein egalitäres Gebilde ist, in dem jeder die gleichen Chancen hat, sondern eben die Welt der Europäer, die Politik, Kultur und Gesellschaft monopolhaft dominieren – und das nicht nur in den USA. Der Schleier fällt also und es wird klar warum Du Bois dieses Bild wählt. Er will zeigen, dass es einen echten Unterschied zwischen den diskriminierten Schwarzen gibt und den Weißen, denen allein aufgrund ihrer Hautfarbe ganz andere Lebenschancen offen stehen. Du Bois formuliert das Rassismus-Problem als ein Exklusionsproblem und es ist wichtig sich vor Augen zu führen, wie weitblickend diese Assoziation ist. Das Bild des Schleiers verdeutlicht auf rudimentäre Weise, was wir heute mit dem Begriff der Differenz fassen: gemeint ist aber in beiden Fällen die Exklusion einer Gruppe von Menschen von den öffentlichen Institutionen einer Gesellschaft, die eben kaum über explizite Verbote und Regulierungen geregelt wird, sondern eben hauptsächlich durch subtile Mechanismen der Ausgrenzung, die bereits im Kindesalter stattfindet. Deshalb hat Du Bois recht, wenn er der Kindheitsepisode so viel Bedeutung beimisst. Die rassistische Gewalt, die sich in den Südstaaten entlädt, ist nur die Spitze einer rassistischen Konstellation, die über Verhaltensmuster, die die Akteure von klein auf verinnerlichen, gesteuert wird.[33] Die globale Konstellation, die dem europäischen Rassismus zugrunde liegt, artikuliert sich 1903 in einem Kampf der Großmächte um Überseeterritorien,[34] die sie als Empires von oben herab steuern, einem rassisch begründeten Ausschluss der Schwarzen von den öffentlichen Institutionen der amerikanischen Gesellschaft inklusive rassistischem Terror durch öffentlichen Hinrichtungen

---

33 Vgl. hierzu auch C. W. Mills, White Supremacy, in *A Companion to African American Philosophy,* Hg. P. Lott. New York, 2003. S. 284.
34 Vgl. E. Hobsbawm, *Das imperiale Zeitalter 1875-1914.* Frankfurt, 2008.

durch Erhängen mit anschließender Verstümmelung,[35] die von den Gesetzeshütern kaum oder gar nicht geahndet werden im Süden der USA und einer Haltung in der Metropole, die den Habitus des aufgeklärten Europäers als Zivilisationsideal positioniert, das die Menschen „ohne Geschichte" (Eric Wolf) nachäffen müssen, wollen sie in den Genuss der Vorteile der technischen Errungenschaften kommen, die sich im Zuge der europäischen Moderne entwickelt haben. An dieser Stelle ist es auch angebracht, ein paar Worte zu verlieren über Du Bois' Habitus als kosmopolitischer schwarzer Bürger mit politischen Ambitionen. Du Bois hat nämlich im Gegensatz zu vielen seiner schwarzen Schwestern und Brüdern Europa gesehen und hat die Erfahrung gemacht, dass man mit Bildung in der kaiserlichen Metropole sehr wohl recht weit kommen kann.[36] Als Du Bois in den 1890er Jahren in Berlin studierte, war er anerkannt von Professoren und Kommilitonen, die in ihm nicht den rassischen Anderen sahen, sondern den aufgeklärten Schwarzen. Du Bois hat sich in Europa und vor allem in Deutschland sehr wohl gefühlt. Er hat die großen Namen der Sozialwissenschaften kennen gelernt und ihm wurde das Gefühl vermittelt, ein gleichberechtigter Student zu sein, der überall eintreten konnte um zu speisen, mit deutschen Mädchen verkehren konnte, wie er wollte und der nicht wegen seiner Hautfarbe diskriminiert wurde. So sagt Du Bois dann weiter unten im Text: „Ein Problem zu sein, ist eine seltsame Erfahrung, selbst für den, der nie etwas anderes war, außer vielleicht als Kleinkind oder in Europa" (34). Der Aufenthalt in Berlin hat Du Bois gelehrt, dass das rassistische Regime, das in den USA herrschte, nicht universell war, sondern eine Art angelsächsischen Sonderweg bedeutet, von dem in der Metropole Berlin nichts zu spüren war. Die Schwarzen, die in den deutschen Kolonien lebten, wurden zwar zu jener Zeit in Menschenschauen

---

35 Vgl. Finzsch et al., *Von Benin nach Baltimore*, a.a.O.

36 Zu Du Bois' Berlinaufenthalt gibt es mittlerweile eine Fülle an Forschungen vgl. S. Lemke, Berlin and Boundaries. Sollen versus geschehen. In *Boundary 2,* (2000) 3, 27. S. 135-146; außerdem P. Gilroy, *The Black Atlantic. Modernity and Double Consciousness.* Cambridge, Mass., 1993. S. 111-145; außerdem A. Schäfer, W. E. B. Du Bois, German Social Thought, and the Racial Divide in American Progressivism 1892-1909, in *Journal of American History,* (2001) 88, Nr. 3. S. 925-949; und W. D. Kindermann, Preußische Lehrjahre eines schwarzamerikanischen Autors: W. E. B. Du Bois, in *Welcome to Berlin. Das Image Berlins in der englischsprachigen Welt von 1700 bis heute.* Berlin, 1987. S. 63-70; sowie J. Hoffmeister, The Color Line and the Empire. W. E. B. Du Bois in Germany,1892-1894, *The Funnel,* 2004.

ausgestellt und auf vielfältige Art und Weise erniedrigt, aber die somatische Differenz war in Deutschland nicht virulent, einfach weil es keine Exklusionsimperative von Seiten eines um Arbeitsplätze bangenden Proletariats gab. Der Respekt, den Du Bois in Berlin erhielt, rührt zu einem Großteil von Du Bois' Habitus als Bildungsbürger, der zu jener Zeit selbst zwar dem Kolonialismus und dem expansiven Denken des Kaiserreichs kritisch gegenüber stand, aber von der deutschen Geistesaristokratie soweit angetan war, als sie Wert in vor-kapitalistischen Lebensformen sah. In den USA jedenfalls, wo Du Bois zuhause ist, trennt ihn der Schleier von seinen weißen Mitbürgern, die ihre öffentlichen Institutionen abschirmen selbst gegen jene Schwarzen, die gebildet sind, den Habitus des aufgeklärten Bürgers besitzen und sich eigentlich durch nichts als die „bloße" körperliche Verfasstheit vom Rest der Gesellschaft unterscheiden. Das Resultat des Kinderspiels, bei dem für Du Bois der Schleier des Rassismus fällt, ist, dass Du Bois sich sofort in einen Anerkennungskampf mit der Mehrheitsgesellschaft stürzt, um zu beweisen, dass er es wert ist, respektiert zu werden. „Nie hatte ich den Wunsch diesen Schleier herunterzureißen oder hindurchzukriechen. Ich strafte alles jenseits davon mit Verachtung und lebte oberhalb in einer Region mit blauem Himmel und großen wandernden Schatten. Am blausten war der Himmel, wenn ich meine Klassenkameraden bei den Prüfungen oder beim Laufen bezwingen oder ihnen aufs Haupt mit den glatten Haaren schlagen konnte" (34). Die traumatische Verletzung der eigenen Würde, die sich durch das harmlose Kartenspiel gezeigt hat, leitet also über in einen Kampf mit den amerikanischen Weißen, in dem Du Bois wie getrieben versucht zu zeigen, dass all die negativen Attribute, die den Schwarzen nachgesagt werden, falsch sind und dass er das gewissermaßen in seiner eigenen Lebensgeschichte verkörpern muss. Du Bois überlegt, wie er diesen Weißen eins auswischen kann und er zieht Literatur, Medizin und anderes in Betracht, um ihnen zu zeigen, dass er ein anerkennungswürdiger Mensch ist. Dass die amerikanische Staatsbürgerschaft aber mit der weißen Physiognomie verwoben ist, zeigen nicht nur die Exklusionspraktiken des so genannten Jim Crow Rassismus im Süden, denen Du Bois zum Opfer fällt, sondern auch die Tatsache, dass Du Bois an vielen Stellen im Norden suggeriert wird, dass er kein vollwertiger Mensch ist, eben weil amerikanische Nationalität rassisch untermalt ist – Menschenrechte hin oder her. Natürlich hat es in der amerikanischen Geschichte viele Versuche gegeben, die Staatsbürgerschaft auch auf die Schwarzen auszudehnen und so die politische Nation neu zu definieren.[37] Wir haben schon gesehen, dass Lincoln in seinen positiveren Momenten dieser Position nahe stand und es ist nicht zu vergessen, was auch Du Bois weiß, dass es in der sogenannte Rekonstruktionsperiode viele Versuche gegeben hat, die Schwarzen mit den vollen Bürgerrechten auszustatten und sie sogar in politische Ämter aufzunehmen. Dieses Experiment, von dem Du Bois überzeugt war, dass es bei Gelingen ein anderes Resultat für Menschen mit nicht-europäischem Hintergrund weltweit bedeutet hätte, schlug leider fehl, weil der Norden seine konsequente Reformationshaltung gegenüber dem auf schnelle Inklusion drängenden Süden nachgab und man der besiegten Region ab circa 1876 freie Hand in Sachen Rassenfragen ließ.[38] Dies hatte zur tragischen Konsequenz geführt, dass die Schwarzen im Süden, wo die meisten von ihnen lebten, wieder in eine Art zweite Sklaverei zurückfielen, in der sie zwar nicht mehr dem Sklavenhalterkapitalismus ausgesetzt waren, jedoch nie die von radikalen Politikern versprochene Mittel bekamen, um ein wirklich anerkanntes Leben zu führen. Für Du Bois als Neu Engländer mit kompletter Universitätsbildung musste die Diskriminierung – Essen nachdem die Weißen gespeist hatten, fahren in segregierten Wagons, Verweigerung des Zugangs zu Parks und anderem – so stark aufstoßen, weil er eben „nur noch" durch die Hautfarbe von einem weißen seiner sozialen Klasse unterschieden war. Aus diesem Kontext heraus muss man die Formulierungen verstehen, mit denen Du Bois die somatische Differenz thematisiert. Er ist zwar nach seiner Erziehung, seiner Bildung, ja sogar seiner Staatsangehörigkeit Amerikaner, jedoch demonstrieren ihm unzählige Reaktionen täglich, dass er nicht zur amerikanischen Nation dazugehört: „Warum hat mich Gott zu einem Ausgestoßenen in meinem eigenen Haus gemacht?" fragt sich Du Bois (35). Hier wird also schon formuliert, was Advanced Chemistry ein knappes Jahrhundert später in Deutschland thematisiert haben. Man ist zwar Staatsbürger und kulturell integriert (Sprache, Religion, Bildung etc. sind gleich), wird aber aufgrund einer Vermengung von Rasse und Staatsbürgerschaft nicht als Amerikaner beziehungsweise Deutscher gesehen. Das verletzt im Falle Du Bois deshalb so, weil die Schwarzen hier keine eigenen politischen Institutionen bilden können,

---

37 Lincolns Versuch in der Gettysburg Address gilt es hervorzuheben. Vgl. H. Brunkhorst, *Demokratie und Differenz*, a.a.O.

38 Vgl. E. Foner, *Reconstruction. America's Unfinished Revolution 1863-1877*. New York, 1988; sowie K. Stampp, *The Era of Reconstruction 1865-1877*. New York, 1965.

denn als Staatsbürger müssen sie Schwarze und Weiße gleich behandeln, wenn es um Steuern, Gesetzestreue oder Wahlen geht.

Wir haben gesehen, dass Frederick Douglass und seine Generation darum bemüht waren, sich so amerikanisch wie nur möglich zu zeigen und dass diese Begierde bei Crummell so weit ging, die afrikanische Kultur, der er in Liberia begegnete, als primitiv und nicht zum moralischen Handeln fähig abstempelte. Man könnte vermuten, dass sich bei Douglass und Crummell noch Reste einer kulturelle Differenz gefunden haben, die die Autoren nicht als genuine afrikanische Traditionen wahrgenommen haben, weil sie eben so erpicht darauf waren, modern und europäisch zu erscheinen. Bei Du Bois nun verhält es sich grundlegend anders. Er ist nach seiner Kultur ein Neu Engländer wie er im Buch steht: protestantisch wenn nicht sogar puritanisch erzogen, fließend in zwei europäischen Sprachen, ausgerüstet mit einem großen kulturellen Kapital und auch sonst monogam und dem afrikanischen Glauben gegenüber skeptische.[39] Und doch. Du Bois entwirft um die Jahrhundertwende ein Programm das genuin schwarz-politisch ist und in dem es darum gehen soll, sich die verlorenen afrikanischen Traditionen wieder anzueignen und auch so etwas wie eine schwarze Identität zu formen. Douglass und Crummell musste die afrikanische Kultur als rückständig und primitiv erscheinen, weil sie im Sog der Idee der Entwicklung menschlicher Gesellschaften standen und sie sich dem nicht entziehen vermochten. Du Bois allerdings lebt in einer Zeit, die der amerikanische Historiker T. J. Lears als vom anti-Modernismus geprägt beschreibt.[40] Gemeint ist hier, dass es sowohl in der amerikanischen Bourgeoisie, als wahrscheinlich auch in den Unterschichten, ein Verlangen nach Flucht vor dem kalten und unlebendig erfahrenen modernen Leben gab. Protestantismus, Demokratie und Industrialisierung erschienen auf einmal als eisernes Gehäuse, wie Max Weber es beschrieben hat,[41] und man wollte ausbrechen zu exotischen Kulturen seien sie in Asien oder den afrikanischen Tropen. Du Bois war Teil dieser Bewegung als Flucht vor der Moderne, die noch dazu vermengt war mit einer intelligenten Version des schwarzen Nationalismus. Zum ersten Mal in der Geschichte der

---

39 Zu Du Bois' Habitus vgl. C. Buschendorf und C. West, ,A Figure of our Times', in *Du Bois Review* 10:1 (2013) 261-278.

40 Vgl. T. J. Jackson Lears, *No Place of Grace. Antimodernism and the Transformation of American Culture 1880 – 1920.* New York, 1981.

41 Vgl. M. Weber, *Die protestantische Ethik und der Geist des Kapitalismus.* München, 2010.

Schwarzen wurde das Projekt der Emanzipation von der weißen Vorherrschaft verbunden mit einem Ruf nach einer den Globus überspannenden schwarzen Kultur, die sich zusammensetzte aus den Schwarzen in der Diaspora und den Afrikanern im Mutterland und die die moderne Zivilisation befreien könnte von zu viel Berechnung, Kalkulation und von den Schwarzen als kalt empfundener Unwirtlichkeit. Dieser Nationalismus erscheint bei Du Bois in den Farben der deutschen idealistischen Philosophie in ihrer Spätphase. Ich möchte hier diese viel zitierte Passage nochmal wiedergeben und darzustellen versuchen, wie sehr Du Bois mit seiner Idee eines doppelten Bewusstseins, einem Konzept, das er als Resultat der somatischen Differenz ansah, sich an philosophisches Denken angenähert hatte. In diesem Konzept vereinigen sich gleichzeitig das Potential der idealistischen und historistischen Philosophie und ein politischer Weg als Lösung des Problems der somatischen Differenz.

In „Über unsere geistigen Anstrengungen" war es bis zu diesem Punkt um eine autobiographisch geprägte Politikanalyse gegangen, die an dieser Stelle abbricht, wo Du Bois eine spekulativere, ja philosophischere Richtung einschlägt. Der letzte Abschnitt aus dem autobiographischen Teil endet mit einer Beschreibung des Kampfes um Anerkennung, in dem sich Du Bois gegenüber seinen weißen Mitbürgern befindet und er wird auf gar plötzliche Weise abgelöst von der nun folgenden Passage: „Nach den Ägyptern und den Indern, den Griechen und Römern, den Teutonen und Mongolen ist der Neger eine Art siebenter Sohn, geboren mit einem Schleier und einer besonderen Gabe – dem zweiten Gesicht[42] – in dieser amerikanischen Welt, eine Welt, die ihm kein wahres Selbstbewusstsein zugesteht, und in der er sich nur durch die Offenbarung der anderen Welt erkennen kann. Es ist sonderbar dieses doppelte Bewusstsein, dieses Gefühl sich selbst immer nur durch die Augen anderer wahrzunehmen, der eigenen Seele den Maßstab einer Welt anzulegen, die nur Spott und Mitleid für einen übrig hat. Stets fühlt man seine Zweiheit, als Amerikaner, als Neger. Zwei Seelen, zwei Gedanken, zwei unversöhnte Streben, zwei sich bekämpfende Vorstellungen in einem dunklen Körper, den Ausdauer und Stärke allein vor dem Zerreißen bewahren" (35).

Ich möchte mich an dieser Stelle nicht in den philologischen Streit einmischen, ob die Passage eher Herder'sche Züge[43] oder Hegel'sche Ele-

---

42 Das englische Original lautet: „second sight" und gemeint ist eine Art siebenter Sinn.

43 Zu dieser Position vgl. S. Lemke, Berlin and Boundaries, a.a.O.

mente[44] beinhaltet. Für uns ist wichtig, dass für Du Bois die rassisch differenten Schwarzen nicht ohne Schwierigkeiten für ihre eigene Identität aus dem Dilemma der somatischen Differenz herauskommen. Was sich hier zeigt, ist auf der einen Seite ein nach dem Muster der Hegel'schen Geschichtsphilosophie geordnetes Denken, das die Zivilisationsmetapher weiterdenkt. Du Bois argumentiert, die Schwarzen (*Negroes*) seien ein Volk von welthistorischer Bedeutung, in welchem sich sozusagen der Weltgeist objektiviert. Schon in Berlin war es Du Bois so erschienen, als seien die Schwarzen das neue Volk der Israeliten, das auserwählt ist, die weiße Moderne von ihren eisernen Käfigen zu befreien. Die Sozialwissenschaftler des Vereins für Sozialpolitik sowie Max Weber hatten es Du Bois nahe gelegt, den Gedanken von der Überlegenheit der auf dem Vertrauen in den Markt gebauten anglo-amerikanischen Kultur zu überdenken und stattdessen den hohen Wert den von Märkten unbeeinflusste Lebensformen haben zu respektieren.[45] Um 1900 erschien es dem jungen Du Bois schon so, als seien all die Probleme, die europäische Denker mit der kapitalistischen Modernisierung verbanden, der Möglichkeit unterworfen, dass eine genuin andere schwarze Kultur ihr ein Gegengift einimpfen könnte, das den Weg weist aus den Antinomien der europäischen Kultur. Die Folge von welthistorischen Völkern, die Du Bois vorschlägt, endet jedenfalls bei Hegel mit den europäischen Völkern („die germanische Welt")[46] und wird bei Du Bois einfach erweitert um die afrikanischen oder schwarzen Völker, die in der Lage sind, die Welt in einem besseren Licht zu sehen als die anderen („second sight"). Du Bois insistiert ja, dass die Schwarzen in „dieser amerikanischen Welt" zwar Opfer von Rassismus sind, jedoch kommt den Knechten in Du Bois' Bild eine besondere Aufgabe zu, welche die Herren nicht bewerkstelligen können. Sie sollen der „siebente Sohn" sein, was so viel heißt wie, dass die Schwarzen das große historische Volk sein werden, dass den Europäern den Weg in eine andere, harmonischere und gemeinschaftlichere Moderne weist.

Bei Du Bois spielen, wie oben angemerkt, zwei verschieden Denkfiguren eine Rolle, die sich grob in eine naturalistische Auffassung von Rassen und eine intersubjektive Auffassung von Identität beschreiben lassen. Bei-

---

44 Hierzu vergleiche die eindrucksvolle Studie von S. Zamir, *Dark Voices. W. E. B. Du Bois and American Thought 1888 – 1903.* Chicago, 1995.

45 Vgl. A. Schäfer, W. E. B. Du Bois, German Social Thought, a.a.O.

46 Vgl. G. W. F. Hegel, *Vorlesungen über die Philosophie der Geschichte.* Frankfurt, 1986.

de sind sozusagen Schlüsse, die Du Bois aus der Tatsache der somatischen Differenz zieht und man kann sie beschreiben, als eine Auffassung, welche die Art von Gemeinschaften beschreibt, die durch die somatische Differenz entstehen und als eine Antwort auf die Frage, was der Preis ist, den eine Gemeinschaft zahlen muss, wenn sie Menschen aufgrund ihrer Rasse ausgrenzt. Im folgenden soll zuerst dieser Frage nach der Identitätskonstruktion nachgegangen werden, während in einem zweiten Schritt der darwinistische, naturalistische Rassebegriff bei Du Bois beleuchtet werden soll.

Du Bois hat in seiner Zeit als Philosophiestudent in Harvard an einer intellektuellen Bewegung teilgenommen, in der die großen Denker nicht nur der angelsächsischen Tradition rezipiert wurden. Mit großer Sicherheit ist der junge Du Bois damals auch auf Gedanken gestoßen, wie sie sich in Hegels *Phänomenologie des Geistes* finden. Dort heißt es gleich zu Beginn des Kapitels über Herrschaft und Knechtschaft, das Du Bois besonders interessiert haben dürfte: „Das Selbstbewusstsein ist *an* und *für sich,* indem und dadurch, dass es für ein Anderes ist; d.h. es ist nur als ein Anerkanntes" (145). Dieser Gedanke, dass Selbstbewusstsein nur als Produkt eines Dialogs zu haben ist, muss den jungen Du Bois ebenso beeindruckt haben wie jemanden wie George Herbert Mead, der aus eben dieser Einsicht fast zeitgleich seine Sozialpsychologie entwickelt hat, laut der sich Identität erst erreichen lässt, wenn man mit der Rollenübernahme von Ego und Alter rechnet und nicht mit einem utilitaristisch verfahrenden Atomsubjekt, dem der Andere lediglich als ein strategisch sich verhaltender Konkurrent erscheint. Bei Du Bois ist also das Selbstbewusstsein, das den Schwarzen fehlt, nicht vorhanden oder zumindest unvollendet, weil die Weißen sich verweigern den Schwarzen als ebenbürtigen Gleichen zu respektieren. Daraus resultiert, dass der Schwarze die Position des Knechts einnimmt. Interessant ist nun die Parallele zwischen Du Bois und Hegel, die daher rührt, dass beide davon ausgehen, dass es die Verlierer einer Kampfsituation sind, die letztendlich ein Wissen ansammeln, das sie in die Lage versetzen wird, echte Emanzipation anzuvisieren. In Hegels *Phänomenologie* ist es der durch seine besondere Position zwischen dem Herrn und den Dingen, die er für ersteren bearbeiten muss, stehende Knecht, der letztendlich aus der Höhle des Nichtwissens entfliehen kann. Nach Du Bois haben die Nachfahren der Sklaven *second sight,* weil sie mit dem Schleier ausgerüstet sind, der sich über sie gelegt hat, als sie Opfer rassistischer Unterwerfung wurden. Das Bild hier suggeriert, dass die Afroamerikaner Dinge sehen, die den Weißen ganz verschlossen bleiben müssen, eben weil sie nicht hinter jenem Schleier leben. Man könnte vermuten, dass man sich hinter dem Schleier verstecken kann, man Dinge wahrnehmen kann, während man umgekehrt nicht gesehen wird und sozusagen unentdeckt bleibt.

Shamoon Zamir hat argumentiert, dass das doppelte Bewusstsein, von dem Du Bois spricht, verstanden werden sollte als eine Art unglückliches Bewusstsein, wie es bei Hegel sich darstellt.[47] Nun ist es zwar so, dass der Begriff des gedoppelten Bewusstseins auch bei Hegel auftaucht. Er meint aber etwas grundliegend anderes. Nach Hegel ist das unglückliche Bewusstsein eine Stufe auf der sich das Bewusstsein befindet, bevor es Selbstbewusstsein erlangt. Hegel identifiziert ja den Stoizismus und den Skeptizismus mit der Zucht, unter die sich der Knecht stellen muss, um durch beschwerliche Arbeit Selbstbewusstsein zu erlangen und er identifiziert das unglückliche Bewusstsein mit der historischen Stufe, in der sich nach der griechisch-römischen Antike der Monotheismus der Israeliten und später der Christen hervorgetan hat. Das doppelte Bewusstsein von dem Du Boi spricht ist zwar auch eine Stufe auf dem Weg zur echten Erlangung von Selbstbewusstsein, aber man kann es weder mit dem Judentum noch dem Christentum irgendwie in Beziehung setzen. Was der Begriff vielmehr verdeutlicht, ist das Anerkennungsprinzip, von dem Hegel argumentiert, dass es konstitutiv ist für Selbstbewusstsein.

Mit dem Anerkennungsprinzip hatte sich Hegel seiner Zeit gegen die Kant'sche Auffassung des solitären Subjekts gewandt, das sich dem Objekt gegenüber verhält wie ein Arbeiter, der schon vor dem Kontakt mit dem zu bearbeitenden Material mit allem ausgestattet ist, das man für den Erkenntnisprozess braucht: „Hegels Dialektik des Selbstbewusstseins überschreitet das Verhältnis der einsamen Reflexion zugunsten des komplementären Verhältnisses sich erkennender Individuen. Die Erfahrung des Selbstbewusstseins gilt nichtlänger als ursprünglich. Sie ergibt sich vielmehr für Hegel aus der Erfahrung der Interaktion, in der ich mich mit den Augen des anderen Subjekts sehen lerne".[48] Es ist genau dieser Punkt aus Hegels Philosophie, den sich der junge Du Bois angeeignet hat, um seine Theorie der somatischen Differenz zu formulieren. Das doppelte Be-

---

47 Vgl. S. Zamir, a.a.O.
48 Siehe J. Habermas, Arbeit und Interaktion. Bemerkungen zu Hegels Jenenser ‚Philosophie des Geistes‘, in ders. *Technik und Wissenschaft als ‚Ideologie‘*. Frankfurt, 1969. S. 13. Vgl. auch A. Honneth, *Kampf um Anerkennung. Zur moralischen Grammatik sozialer Konflikte.* Frankfurt, 2003.

wusstsein markiert den Punkt in der Subjektwerdung, an dem sich das Individuum mit dem Anderen konfrontiert sieht und lernt, dass es Selbstbewusstsein nur ausbilden kann, wenn es Anerkennung von seinem Gegenüber erfährt. Shawn Michelle Smith hat in einer erhellenden Exposition darauf hingewiesen, dass bei Du Bois an der betroffenen Stelle sich so etwas zeigt wie ein auf Anerkennung basierendes Reziprozitätsverhältnis.[49] Der Gedanke, dass das Selbst Anerkennung braucht findet sich nämlich auch auf naturalistische Art – etwa wie bei Mead – bei William James.[50] Smith argumentiert nun, dass doppeltes Bewusstsein entsteht, wenn das auf Anerkennung angewiesen Selbst sich in einer rassistischen Gesellschaft wie der, in der Du Bois gelebt hat, wiederfindet. Was dann nämlich nicht mehr der Fall ist, das ist, dass das Selbst sich problemlos entfalten kann und selbstbewusst werden kann, einfach weil die soziale Umgebung den Dialog, auf dem das reziprok entstandene Selbstbewusstsein entstehen kann, nicht erwidert. Smith bemüht die Idee des französischen Psychoanalysten Jacques Lacan um zu zeigen, dass die Idee eines kohärenten Selbst eine Illusion ist, die schon im Kindesalter entsteht. Nach Lacan und Smith ist es nämlich so, dass das Selbst im Laufe seiner Ontogenese von seiner Umwelt vermittelt bekommt, dass es ein unifiziertes Konstrukt ist, das dann gehalten ist, eine kohärente Identität auszubilden. Die berühmte Stelle, an der Lacan diese Relation beschreibt, ist das sogenannte Spiegelstadium, in der die Mutter dem Kind im Spiegel zeigt: „das bist du!" und dabei eben jenen Prozess in Gang bringt, durch den sich das ganzheitliche Selbst erst konstituiert. Nach Lacan ist es jetzt aber so, dass dieser Prozess der Unifizierung ein künstliches Konstrukt ist, was die Subjekte mit stabilen Identitäten versieht, die eigentlich der von Natur aus heterogenen und diffusen Organisation des Selbst zuwider laufen. Im Normalfall sieht es nämlich so aus, dass das Individuum von seiner Gesellschaft vermittelt bekommt, dass es eine kohärente Identität besitzt und auch ein unifiziertes nicht diffuses Selbst. Smith argumentiert, dass sich diese Relation hauptsächlich in Bildern artikuliert, dass also Fotographien in Werbung, Film und Fernsehen uns ständig suggerieren, dass wir, wie das Kind mit der Mutter im Spiegel, Individuen mit einem einheitlichen und nicht diffusen Selbst sind. Die Pointe in Smiths Interpretation ist nun, dass für die Opfer

---

49 Vgl. S. M. Smith, *Photography on the Color Line. W. E. B. Du Bois, Race, and Visual Culture.* Durham, 2004.

50 Vgl. W. James, *The Principles of Psychology.* Band 1. New York, 1950. S. 291-401.

von Rassismus die Gesellschaft den Akt der künstlichen oder gar ideologischen Vereinheitlichung des Selbst nicht vollzieht und die Subjekte somit sozusagen ohne die Mutter im Spiegel auskommen müssen, die ihnen suggeriert, dass sie eine kohärente Identität besitzen. Daher rührt nach Smith das doppelte Bewusstsein: es stellt sich ein, weil die Weißen sich eben nicht reziprok mit den Schwarzen auf einen Dialog einlassen, sondern sie im negativen Sinne nur ihr verzerrtes Bild von ihrer Identität zurückspiegeln. Das Resultat dieses unterbrochenen Systems ist nach Smith, dass die Schwarzen zwar nicht das Gefühl besitzen, ein konfliktfreies Ego zu haben, dass aber gerade hier der Grund für die *second sight* liegt. Die Opfer von Rassismus müssen nämlich in der Gesellschaft ohne die affirmativen Gesten und Blicke auskommen, die ihnen suggerieren könnten, dass sie ein unifiziertes und nicht diffuses Selbst besitzen. Da aber letzteres sowieso eine Verkrampfung ist, besitzen sie einen größeren Realitätssinn. Die Erfahrung mit einem doppelten Bewusstsein zu leben ist also realitätsnäher, eben weil die Schwarzen sich nicht vorgaukeln müssen, dass sie ein nichtdiffuses Selbst besitzen, sondern stattdessen mit kühlem Blick registrieren können, wie es sich mit einem konflikthaften und nichtvereinheitlichtem Ego leben lässt.

Man muss sich auf die Details von Smiths Interpretation nicht einlassen, um zu schätzen, wie sehr Du Bois erkannt hat, dass die Schwarzen trotz aller Segregation und Ausgrenzung von den Attitüden und Blicken der Weißen abhängen. Die intersubjektivistische Interpretation von Selbstbewusstsein, die Du Bois anbietet, verweist in jedem Fall darauf, dass die sich so verfeindeten Schwarzen und Weißen in einem gegenseitigen Abhängigkeitsverhältnis befinden, aus dem sie nicht so schnell entfliehen können. Nach dem Bild des doppelten Bewusstseins sind nämlich sowohl Weiß als auch Schwarz aufeinander angewiesen und müssen in einer von Macht und Exklusion entstellten Kommunikation ihre jeweiligen Identitäten ausbilden. Ein selbstbewusster Schwarzer ist demnach eben nicht jemand, der den Kampf um Anerkennung mit der weißen Mehrheitsgesellschaft aufgibt, sondern jemand, der versucht wahres Selbstbewusstsein zu erlangen, dass sich nach Du Bois erst einstellt, wenn Alter sich selber in Ego sieht. Den Schwarzen und den Weißen bleibt nämlich nach dem Dialogmuster, das Du Bois suggeriert, gar nichts anderes übrig, als sich mit den Augen des jeweils Anderen zu sehen. Diese Abhängigkeit der Afroamerikaner von den Europäern und der Europäer von den Afroamerikanern ist der entscheidende, progressive Teil in Du Bois' politischer Theorie. Er macht uns darauf aufmerksam, dass die jeweils Ausgeschlossenen wie die Ausschließenden voneinander abhängig bleiben, auch wenn sie sich in krasser Opposition zueinander befinden. Die beinahe allergische Reaktion, die die Opfer von Rassismus, also die somatisch differenten in den westlichen Demokratien, gegenüber scheinbar unwichtigen Kommunikationsmomenten wie Alltagsgesten und Bildern zeigen, kann mit der Du Bois'schen Theorie des auf Anerkennung des Anderen angewiesenen Subjekts verstanden werden. Da die somatisch differenten Subjekte auf unzählige Weisen mit den sie nicht respektierenden Anderen, schon bevor es überhaupt zur Artikulation von Protest kommt, verwoben sind, ergibt sich aus dem Aberkennen von Teilnahme an der Gemeinschaft ein Identitätsdilemma. Es wird den Subjekten suggeriert, dass sie fremd sind, wo sie doch ihre Identität nur im Dialog mit eben denen, die ihnen die Inklusion verweigern wollen, entstanden ist. Die Du Bois'sche Einsicht jedenfalls, dass die selbstbewusste Identität des Exkludierten nur über den Respekt derer, von denen er ausgeschlossen wird, zu haben ist, sollte eine Wirkung entfalten, die weit über den unmittelbaren Kontext der amerikanischen Bürgerrechtsbewegung hinausweist.

Bevor ich auf die naturalistischen Züge von Du Bois' Begriff des doppelten Bewusstseins eingehen kann, sei noch kurz bemerkt, dass die Entdeckung der somatischen Differenz bei Du Bois einem liberal-rassischen Verständnis von amerikanischer Staatsbürgerschaft zu verdanken ist. Du Bois hat ja nicht in dem amerikanischen Süden gelebt, in dem die Schwarzen keinerlei Bürgerrechte hatten. Als aus dem Norden Stammender hatte Du Bois sehr wohl die amerikanische Staatsbürgerschaft, nur dass man ihm eben nicht zuerkannt hat, dass er ein vollwertiger Amerikaner ist, weil Grundrechte immer Rechte einer Gruppe sind und diese verstand sich eben gerade in Abgrenzung zu den Afrikanern. Die amerikanische Nation hatte zu Du Bois' Lebzeiten ganz explizit und in teilweiser Harmonie mit dem Apartheid Regime in Südafrika Staatsbürgerschaft an eine rassisch homogene Nation gebunden.[51] Das doppelte Bewusstsein manifestiert sich bei Du Bois als Resultat der somatischen Differenz. Ersteres kann nur entstehen, weil sich der Afroamerikaner als Teil einer Nation weiß, die ihn nicht akzeptiert. Wir werden später sehen, dass das doppelte Bewusstsein, wie es hier in seiner intersubjektiven Dimension dargestellt ist, auch in Europa auf fruchtbaren Boden gestoßen ist. Bei Du Bois wird allerdings

---

51 Vgl. C. Vann Woodward, *The Strange Career of Jim Crow*. Oxford, 2002. S. 111-112.

nicht auf der puren intersubjektivistischen Dimension vom doppelten Bewusstsein verweilt, weil Du Bois auch daran gelegen ist, den Schwarzen in den USA eine ethnische Identität zuzuschreiben, die die Generation von Autoren, die Du Bois bevorstanden, gerade als abzulegendes Überbleibsel einer afrikanischen, rückständigen Kultur, ansah. Hierbei treten dann auch die biologistischen Züge des doppelten Bewusstseins in den Vordergrund.

Du Bois hat in Deutschland nicht nur mit den Sozialwissenschaftlern Kontakt gehabt. Er hat auch Historiker wie Heinrich von Treitschke lehren gehört und er war, was vielleicht überrascht, sehr angetan von ihnen.[52] In seiner Autobiographie schildert Du Bois zwar Treitschke als einen Konservativen, der seinen Studenten von der Minderwertigkeit der Mulatten überzeugen will – während Du Bois im Publikum sitzt und es ihm nicht abnimmt. Treitschke stand dem biologistischen Rassedenken fern, aber er war voll von weißer Überheblichkeit, wie sie uns in Hegels Vorlesungen entgegen springt. Man kann dieser Tradition aber nicht vorhalten, sie sei biologistisch rassistisch gewesen, denn dazu gehört eine Integration naturalistischer Elemente in die Geisteswissenschaften und die haben die Amerikaner vor den Deutschen geleistet. Du Bois hat dieses naturalistische Rassendenken, wie es im späten 19. Jahrhundert vor allem in den liberalen Nationen verbreitet war, teilweise aufgenommen. Erst in seinen späteren Jahren hat er sich vom Darwinismus gänzlich frei machen können. Deshalb stehen die Begriffe, die sich um das Rassekonzept bei Du Bois scharen, in einem Spannungsverhältnis zwischen Biologismus und Philosophie. Das betrifft auch den Begriff des Blutes, der für beide Ansätze offen ist.

Der Begriff des doppelten Bewusstseins verweist zwar auf die intersubjektive Verfasstheit von Identität. Du Bois legt aber gleichzeitig eine Lösung des Problems dar, die in eine gemeinschaftsorientierte Richtung deutet. Als Du Bois vom inneren Konflikt handelt, der entsteht, weil der Schwarze durch die reziproken Anerkennungsverhältnisse auf die amerikanische Gesellschaft angewiesen ist und ihr doch nicht recht zugehören darf, kommt er auf die nicht-westliche Identität der Schwarzen zu sprechen, die Du Bois nach einem rassischen Muster konzipiert. „Die Geschichte des amerikanischen Negers ist die Geschichte dieses Kampfes – die Sehnsucht, ein selbstbewusstes Menschsein zu erlangen und das doppelte Selbst in einem besseren und wahreren Selbst zu vereinen, ohne da-

---

52 Vgl. die Kommentare in W. E. B. Du Bois, *Mein Weg, meine Welt,* a.a.O.

bei eines seiner früheren zu verlieren. Er möchte Amerika nicht afrikanisieren, denn Amerika hat Afrika und der Welt viel zu lehren. Er möchte seine Negerseele nicht in einer Flut weißer Amerikanismen bleichen, denn er weiß, dass das *Negerblut* eine Botschaft für die Welt bereithält. Er hat nur einen Wunsch, beides zu sein: Neger und Amerikaner, ohne von seinen Mitbürgern verflucht und angespuckt zu werden, und ohne dass ihm die Tür vor der Nase zugeschlagen wird" (35-36).[53] Hier zeigt sich nun gleich, dass Du Bois ein nationalistisches Projekt bereit hat, dass sich von den Versuchen Douglass' und Crummells stark unterscheidet. Auf einmal heißt es „black is beautiful" jedoch nicht in einer Weise, die sich an einer irgendwie geformten kulturellen Tradition orientiert, sondern am Blut des Schwarzen. Diese Orientierung an der rassischen Verfasstheit der unterworfenen Subjekte gibt Aufschluss darüber, wie der junge Du Bois die Opposition gegen den weißen Rassismus sieht. Als Reaktion auf die von den Rassisten vorgeschlagene Idee einer Gesellschaft von Freien und Gleichen, die doch immer eine Gemeinschaft sein muss und deshalb positiv bestimmen muss, wer überhaupt frei und gleich ist, wirft Du Bois nämlich dem liberalen Leser ein alternatives Konzept von Gemeinschaft entgegen, das das Spiel mit dem Blut umdreht. Auf einmal ist davon die Rede, dass die Schwarzen eine durch gemeinsames Blut integrierte Rasse seien, die als Rasse Rechte haben will.

Du Bois rüstet sich hier aus mit dem rassischen Denken deutscher Geisteswissenschaftler wie Heinrich von Treitschke um dem Volk, das die Unterdrückung in den USA erleidet, Konturen zu geben.[54] Die Integration dieser Gruppe legt der junge Philosoph sich so zurecht, dass das Blut eine kulturelle Kategorie ist. Er wird erst spät in seinem Leben erkennen, dass diese Idee den engen Rahmen der Sozialwissenschaften sprengt, zu denen er seine Arbeiten noch rechnet. Seine Analysen zur Psychologie der Unterwerfung sind zudem sensitiv genug, um den identitätstheoretischen Konsequenzen des Rassismus auf die Spur zu kommen. So heißt es weiter im Text. „Und das wäre die Vollendung seines Strebens [des Schwarzen, J.H]: gleichberechtigt zu sein im Königreich der Kultur, Tod und Isolation zu entkommen und seine größten Talente und seinen bisher ungenutzten Geist einzusetzen. Der Schatten einer mächtigen Negervergangenheit huscht durch die Geschichte Äthiopiens und das Ägypten der Sphinx. Im-

---

53 Hervorhebung von mir.
54 Zu Treitschke vgl. T. Gerhards, *Heinrich von Treitschke. Wirkung und Wahrnehmung eines Historikers im 19. und 20. Jahrhunderts.* Paderborn, 2013. S. 38-73.

mer wieder blitzten die Kräfte einzelner schwarzer Männer wie Stern-
schnuppen auf, und manchmal verglühen sie, bevor die Welt ihren Glanz
ermessen kann. In der kurzen Zeit seit der Befreiung aus der Sklaverei hier
in Amerika hat das zögerliche Streben und das von Zweifeln geprägte Hin
und Her des schwarzen Mannes dazu geführt, dass seine Stärke ihre Wirk-
samkeit verlor und sie dann wie ein Mangel an Stärke, wie Schwäche erschien. Aber es ist keine Schwäche – es ist der Widerspruch doppelter
Zielsetzungen. Das doppelte Bemühen der schwarzen Handwerker: einer-
seits, der weißen Geringschätzung gegenüber einem Volk der Holzhauer
und Wasserträger zu entfliehen, und andererseits, zu pflügen und zu na-
geln und zu graben für die vielen Notleidenden" (36). Du Bois hebt hier
darauf ab, wie das doppelte Bewusstsein als psychologisches Resultat der
rassistischen Exklusion dazu führt, dass sich der schwarze Handwerker
nicht in die Richtung entwickeln konnte, die es seinem weißen Kollegen
vorbehalten blieb zu gehen. Du Bois argumentiert also nicht schlicht, dass
die Afroamerikaner primitiv sind oder eine rückständige Kultur besitzen,
sondern, dass die besondere Situation des Nichtanerkennens dazu führt,
dass man es versucht beiden recht zu machen, den schwarzen Massen, die
auf die Hilfe des Handwerkers angewiesen sind und den philisterhaften
weißen Bürgern, die alle Versuche auf Seite des Schwarzen nach vollwertiger Kultur belächeln. Wichtig ist auch zu sehen, welchen Begriff von
Kultur Du Bois hier im Auge hat. Für Du Bois den Philosophen ist nämlich die Kultur der Ort, an dem sich alles Menschliche unter Abzug von
Vorurteil oder Rassenzugehörigkeit aufbauen lässt. Wahre Kultur, wie
sich sie sich zum Beispiel in der Arbeit eines nach klassischem Vorbild
künstlerisch wirkenden Handwerkers zeigt, ist in der Lage, Vorurteile und
Engstirnigkeit zu überwinden. Umso verheerender ist es, dass die Schwarzen ihr kreatives Potential nicht zeigen können, weil sie von der Exklusion
wie gefangen genommen sind. Und immer wieder ist es das Anerkennungsprinzip, das dazu führt, dass die Afroamerikaner nicht in der Lage
sind genuine Kultur zu produzieren: „Der schwarze Möchtegern-Weise
lehrte in dem Dilemma, dass das Wissen, das seine Leute brauchten, für
die weißen Nachbarn nichts Neues, und dass das Wissen, das die Weiße
Welt brauchte, für sein eigen Fleisch und Blut völlig unbrauchbar war.
Das angeborene Streben nach Harmonie und Schönheit, das sich bei den
einfacheren Seelen in Tanz und Gesang äußert, führt in der Seele des
schwarzen Künstlers zu Zweifel und Verwirrung, denn die Schönheit, die
sich ihm offenbart, ist die Seelenschönheit einer Rasse, die von seinem
größeren Publikum verachtet wird – nur, die Botschaft eines anderen Vol-

kes könnte er nicht ausdrücken" (36-37). Es ist also nicht die vorhergehende rückständige Kultur des Subjekts, dass zu den sozialen oder kulturellen Ausfällen führt, sondern die im Anerkennungsprozess verweigerte Hochschätzung der Qualitäten der Unterdrückten, die zur Folge hat, dass sich keine genuine schwarze Kultur entwickeln kann. Anzumerken bleibt noch, dass sich Du Bois in einer vagen Konturenmalerei befindet, aus der nicht ganz klar wird, ob es sich nur um den amerikanischen Kontext oder die globale vom Kolonialismus geprägte Kultur handelt. Die somatische Differenz erscheint zwar in den USA mit seiner Entgegensetzung von kulturell verwobenen weißen und schwarzen Menschen, Du Bois weiß aber natürlich, dass es zu dieser Zeit keinen Ort auf der Erde gibt, auf dem die Schwarzen gleichberechtigt behandelt werden. Das ändert sich für ihn erst mit dem Erscheinen des Sozialismus. In den USA auf jeden Fall ist das Phänomen der rassischen Nichtanerkennung zu dieser Zeit besonders deutlich. Du Bois ist ja nach seinen Sitten, seiner Sprache und seiner Bildung ein Amerikaner, aber im Gegensatz zu Douglass und Crummell weiß er, dass sein Blut ihn mit einem Volk verbindet, das nach Werten lebt, die in der kapitalistischen Moderne als primitiv oder gar böse gelten. Das doppelte Bewusstsein, das wir als psychologisches Resultat der liberal-rassistischen Doppelmoral beschrieben haben, artikuliert sich dann auch wieder in der nächsten Passage, wo seine Folgen für das Ego des Schwarzen besonders deutlich werden: „Diese Verschwendung durch eine doppelte Zielsetzung, dieser Versuch, zwei unversöhnlichen Vorstellungen zu genügen, hat verheerenden Schaden angerichtet am Mut, am Glauben und an den Taten von Millionen von Menschen, hat sie oft dazu gebracht, falsche Götter anzurufen auf die falschen Heilmittel zu setzen. Und manchmal schien es, als würden sie sich ihrer selbst schämen" (37). Die weißen Amerikaner sprechen zwar von der Gleichheit der Menschen, Du Bois weiß aber, dass sie nur sich selber meinen und weil die Afroamerikaner weißes und schwarzes Blut haben, wissen sie nicht, welcher Gemeinschaft sie sich unterordnen sollen. Die Hoffnung von Douglass, dass die Amerikaner es ernst meinen, wenn sie sagen, alle Menschen sind gleich und die Schwarzen anerkennen, wenn sie nur so gebildet sind wie sie und denselben Habitus haben, wird von Du Bois dahingehend korrigiert, dass er uns zeigt, dass im schwarzen Blut eine Alternative steckt, die eventuell fähig sein könnte, die Verzerrungen der Moderne zu korrigieren und zwar so, dass nicht mehr das Individuum im Zentrum steht, sondern die Gemeinschaft, die dann auch die Fremden als Gäste empfangen kann und sich nicht hinter Mauern verschanzen muss, weil sie fürchtet, der Fremde könnte versuchen, in den Genuss von Bürgerrechten zu kommen, wenn er nur seine Identität als Mensch geltend macht.

Als Du Bois diese Zeilen schrieb, also um das Jahr 1900, herrschte in den USA eine Bewegung, die darum bemüht war, die somatische Differenz in ein er sozialen zu bannen.[55] Da die Schwarzen als Sklaven in der auf freie Marktwirtschaft beruhenden Gesellschaft begannen, waren sie von den meisten Amerikanern nicht nur durch ihre Hautfarbe sondern auch durch eine bestimmte Klassenlage unterschieden. Für Du Bois als mit kulturellem Kapital ausgestattet Bürger war das weniger ein zutreffendes Bild, aber es entsprach doch der Lebenswirklichkeit der schwarzen Massen, die eben nicht über eine solche Bildung und solches Kapital verfügten. Die amerikanische Bourgeoisie machte sich natürlich auch darüber Gedanken, was mit den Nachfahren der Sklaven in der Gesellschaft werden sollte und es scheint geradezu so, als ob sie die Enthüllung der nur noch somatischen Differenz gefürchtet haben wie Du Bois, denn sie waren darum bemüht die Afroamerikaner vor allem gesellschaftlich different zu halten. Nach 1865, als die Sklaven befreit wurden, schien es noch allzu deutlich, dass die Schwarzen auch eine Klasse für sich bilden würden. Als sogenannte *sharecroppers*, eine Art agrarische Leiharbeiter, gehörten sie der ungebildeten Unterschicht an und das auch im Norden ansässige Bürgertum war darum bemüht die Schwarzen auch weiterhin sozial different zu halten. Da nun Bildung im 19. Jahrhundert ein Schlüsselkonzept war, war man versucht, die Schwarzen auf sogenannte *vocational schools*, also eine Art Berufsschulen zu schicken, wo sie zu qualifizierten Agrararbeitern ausgebildet werden sollten. Man war darum bemüht, die Schwarzen als eine soziale Klasse zu erhalten, die in einfachen Berufen wie Koch, Gärtner oder Farmer ausgebildet waren und so ihren Platz in der durch Immigration ständig wachsenden Gesellschaft finden würden. Der Mann der diese Politik in eigener Person vertrat und auch als Direktor der Tuskegee Berufsschule fungierte war Booker T. Washington, ein als Sklave geborener Schwarzer aus dem Süden, der sich schnell durch Philanthropie und dem Insistieren auf dem Nutzen von Berufsschulbildung für die Afroamerikaner einen Namen machte.

---

55 Vgl. J. D. Anderson, Northern Foundations and the Shaping of Southern Black Rural Education 1902-1935, in *The Social History of American Education,* Hg. B. E. McClellan; Urbana, 1988. S. 287-312.

Washingtons Autobiographie liest sich wie eine schwarze Version von Benjamin Franklins Lebensgeschichte.[56] Der Autor beschreibt einen sozialen Aufstieg, der in der Sklaverei beginnt und in einem Stadium endet, wo der Protagonist Rezipient von philanthropischen Gaben und nationaler Aufmerksamkeit wird. Washington verkörperte um 1900 den amerikanischen Traum übersetzt in den afroamerikanischen Jargon. Er war wirtschaftlich erfolgreich, politisch respektiert und galt als Führer der schwarzen Rasse. Der Terminus der Rasse, der in *Ich war ein Sklave* mehrfach fällt, hat bei Washington die Konnotationen des durch empirische Wissenschaften bewiesenen Kulturmangels, der dadurch aufgewogen werden soll, dass Washington sich der Idee des wirtschaftliche erfolgreichen Gentleman verschreibt, der seine Gemeinschaft hinter sich lässt, wie ein Schmetterling sein Raupengewand.

Als Du Bois *Die Seelen der Schwarzen* schrieb, war Washington eine Art nationaler Star, der der Bourgeoisie im Norden dazu diente mit den Schwarzen im Süden zu kommunizieren. Ohnehin sah es ja so aus, dass die Schwarzen nach der Vorstellung vieler Philanthropen eine agrarische soziale Klasse bilden sollten, die technisch gut ausgebildet ist, aber nicht die Politik des Landes mitbestimmt. Du Bois und Washington mussten früher oder später aneinander geraten, einfach weil nach Washingtons Auffassung es keinen Sinn machte, nach gleichen politischen Rechten zu fragen, während die Nachfahren der Sklaven weder lesen noch schreiben konnten. Washington wird oft als Gegenspieler zu Du Bois verstanden, der im Gegensatz zu dem gebildeten Bürger aus Neu England nicht dafür insistierte, dass es wenigstens einigen Schwarzen erlaubt sein sollte, an Universitäten zu studieren und eine höhere Bildung zu erlangen. Du Bois kritisierte Washington, seinen politischen Führer, in einem intelligenten Aufsatz in *Die Seelen der Schwarzen*, der den Namen „Über Booker T. Washington und andere" trägt. In diesem Text wird sehr deutlich worin Du Bois und Washington sich unterschieden: Washington war auf die graduelle Anpassung der schwarzen Unterschichten an das kulturelle Niveau der weißen Mittelschicht bedacht und wollte nicht, dass der Prozess der Stück-für-Stück-Emanzipation gefährdet wird durch das Erstreiten von Rechten, die seiner Meinung nach nur sogenannte mündige Bürger genießen sollten, die ein bestimmtes kulturelles Niveau erreicht haben – mess-

---

56 Vgl. B. T. Washington, *Ich war ein Sklave. Eine autobiographische Erzählung.* Wien, 1958. Zur Erläuterung siehe wieder E. Kerschgens, *Das gespaltene Ich*, a.a.O.

bar am wirtschaftlichen Erfolg unter kapitalistischen Bedingungen. Du Bois hingegen argumentiert, dass es solange es keine schwarze Intellektuellen in größerem Maße gibt, die Afroamerikaner auch keine Chance haben, als soziale Gruppe respektiert zu werden, einfach weil sie einen Großteil dessen, das um sie herum geschieht, nicht verstehen würden. Ganz der Historismus-Schüler insistiert Du Bois auf der Wichtigkeit von kulturellem Kapital für die Sicherung von Bürgerrechten, die er ebenfalls nicht gewillt ist an einen bestimmten Grad an „kultureller" Entwicklung zu knüpfen.

Für den Philosophen Du Bois war um 1900 klar, dass sich die Beziehungen zwischen den Weißen und den Schwarzen seit den 1870er Jahren drastisch verschlechtert hatte. Schon in seinem 1903 erschienen Buch argumentiert Du Bois, dass sich während der Rekonstruktionsperiode Möglichkeiten ergeben hatten, die von den Entwicklungen um die Jahrhundertwende umgedreht wurden. Im Süden war es nämlich keinesfalls so, dass Schwarz und Weiß immer in streng segregierten Stadtteilen lebten, dass Schwarze nicht dieselben Parks zur selben Uhrzeit wie Schwarze besuchen konnten und dass der Zugverkehr durchgehend segregiert war.[57] Auch das *lynching* und der Ku Klux Klan waren Erscheinungen, die erst nach den 1890er Jahren verstärkt in Erscheinung traten und so konnte es für Du Bois nur so aussehen, als befände sich die afroamerikanische Gemeinschaft sozusagen im freien Fall eventuell geradewegs hinein in eine zweite Sklaverei. Das einzige, was nach Du Bois hier noch helfen konnte, war die Sicherung von Bürgerrechten, die es den Schwarzen möglich gemacht hätten, in der politischen Kultur der Vereinigten Staaten mitzuwirken und die Errungenschaften des Bürgerkriegs zu konservieren. Die Tatsache, dass das Erringen von Bürgerrechten notwendigerweise mit dem Ende des schwarzen Nationalismus als politischem Projekt einhergeht, hat Du Bois später mit einer bei Marx geliehen Vorstellung vom Ende alles Nationalen geschluckt. Den Individualismus der Menschenrechte, wie er in den amerikanischen Verfassungstexten dargelegt ist, hat er hingegen immer als Problem gesehen.

Nach der liberalen Vorstellung stehen Rechte in der Nation allen Mitgliedern des Staates zu als eine Art Anerkennung als Freie und Gleiche. So wie in der Familie die Subjekte durch die gegenseitige Liebe zu erwachsenen Personen sozialisiert werden, so sollen sie auch innerhalb der

---

57 Vgl. C. Vann Woodward, *The Strange Career of Jim Crow,* a.a.O. S. 67-110.

bürgerlichen Gesellschaft zu gegenseitiger Anerkennung gelangen, indem ihnen bestimmte Rechte zustehen. Im 18. Jahrhundert erkämpfte sich die Bourgeoisie die liberalen Rechte auf Schutz vor Übergriffen des absolutistischen Staates. Im 19. Jahrhundert gelang es den europäischen Massen, das Recht auf politische Teilhabe zu erstreiten und im 20. Jahrhundert war man soweit, den Individuen soziale Rechte auf Absicherung eines gewissen Lebensstandards zuzusichern, damit die Subjekte an der politischen Willensbildung mitwirken können. Das Recht erscheint also als ein Medium genuiner Anerkennung und hat somit großen Einfluss auf die Identität der Rechtssubjekte. Um selbstbewusste Individuen zu werden, bedarf es so neben der Sphäre der personalen Beziehungen in der Familie des erweiterten Raumes der Rechte in der bürgerlichen Gesellschaft, damit sich so etwas wie echtes Selbstbewusstsein entwickeln kann. Nun ist es klar, dass die Afroamerikaner eine Gruppe waren, die eben über diese Rechte in Amerika nicht verfügten und es sollte jetzt auch klar werden, warum das Thema Selbstbewusstsein so wichtig ist in der Debatte. Wer nämlich in der liberalen Gesellschaft nicht über die subjektiven Rechte verfügt, muss in der Ausbildung seines Selbstbewusstseins gehindert werden, ebenso wie jemand, der in der Familie keine Liebe erfährt, keine konfliktfreie Subjektwerdung vollziehen kann. Die Abhängigkeit von der Anerkennung der Weißen hatte Du Bois ja mit dem Begriff des doppelten Bewusstseins auf den Punkt gebracht und sein Insistieren auf das Erlangen von Bürgerrechten muss in Zusammenhang mit dem Komplex Anerkennung, Rechte, Selbstbewusstsein gesehen werden. Du Bois hat sich früh für die Bürgerrechtsorganisation National Association for the Advancement of Colored People oder kurz NAACP eingesetzt und kann als ihr politischer Kopf betrachtet werden. Die NAACP hat über ein halbes Jahrhundert lang nichts anderes probiert, als den schwarzen Bürgern hauptsächlich des Südens das Wahlrecht zu garantieren.[58] Das hat zum einen strategische Gründe, da die Erreichung von der Durchsetzung schwarzer Ziele nur gelingen kann, wenn afroamerikanische Interessen in Washington wahrgenommen werden. Es kann aber auch durchaus darauf verwiesen werden, dass die Bürgerrechte eine wichtige Schnittstelle in der Subjektwerdung der Schwarzen darstellen. Die Philanthropie und der gute Wille, der den Schwarzen von Seiten vieler Weißer entgegen kam, mag zwar teilweise zu materiellen

---

58 Vgl. M. Berg, *The Ticket to Freedom. Die NAACP und das Wahlrecht der Afro-Amerikaner*. Frankfurt, 2000.

Verhältnissen führen, die der sozialen Situation der europäischen Arbeiterklasse vorzuziehen ist, sie sind aber in eine politische Asymmetrie verwoben, in der es den Schwarzen unmöglich wird, genuines Selbstbewusstsein auszubilden, einfach weil sie in der täglichen Interaktion nicht den Schutz des Rechts genießen, hinter das sie sich stellen können, wenn das Wohlwollen des Gegenübers aus welchen Gründen auch immer nachlässt. Diese Sicherheit haben sich Du Bois und Washington erhofft, wenn sie um Bürgerrechte kämpften, aber bei Du Bois hängt diesem Kampf etwas Provisorisches an, denn er hat gesehen, dass mit dem Eintritt in die Rechtssphäre des Schutzes im liberalen Staat die Möglichkeit auf kulturelle Selbstbestimmung verloren geht, denn jeder Afroamerikaner muss dann als erstes auf die nationale Regierung hören und kann seiner Rasse nicht gemeinschaftsspezifische Normen aufgeben, wenn diese mit den Gesetzen des liberalen Staates kollidieren. Das ist vor allem problematisch im Bereich der afrikanischen Kultur von deren Stärken Du Bois überzeugt war, die er aber seinen Brüdern nur als Privatangelegenheit nahelegen konnte, die dann auch noch negative Folgen im Wirtschaftsleben mit sich brachte. Kein Wunder, dass er so energisch vom doppelten Bewusstsein sprach: materiell belohnt wurde nur, wer amerikanisch war und das hieß in der Praxis Aufgabe aller afrikanischen Werte, was bei den Menschen sicherlich nicht ohne Gewissensbisse vorgegangen ist, denn dass das Leben in Afrika anders aussah, daran musste Du Bois seine Brüder und Schwestern nicht erinnern.

Um nun endlich zum angepassten Booker T. Washington zu kommen, können wir festhalten, dass selbst aus der Feder dieses Mannes, der so sehr auf den guten Willen und den Paternalismus der weißen Bourgeoisie hoffte, das Bild von einem Mann entstand, der sich völlig darüber im Klaren war, dass es am Ende der Entwicklung so aussehen müsste, dass die Schwarzen irgendwie dieselben Rechte wie die Weißen besitzen, wenn sie in Amerika überleben wollten. Im Unterschied zu Du Bois vertraut Washington allerdings auf die weißen Südstaatler, die einmal vom Norden nicht mehr bevormundet, schon selber auf die Idee kommen werden, dem kulturell angepassten und technisch ausgebildeten Schwarzen gleiche Rechte zuzubilligen. „Ich glaube fest daran, dass die Zeit kommen wird, da der Neger des Südens alle politischen Rechte erhalten wird, zu denen ihn seine Fähigkeiten, sein Charakter und seine materiellen Güter berechtigen. Die Gewährung freier Ausübung seiner politischen Rechte kann nicht von außen her oder durch erzwungene Maßnahmen kommen, sondern wird dem Neger von den Weißen des Südens selbst zugebilligt werden, ja schließlich werden sie ihn auch in der Ausübung dieser Rechte schützen. Wird der Süden einmal die alte Meinung überwunden haben, dass er von Ausländern oder Fremden zu etwas unerwünschtem gezwungen wird, dann, glaube ich, muss sich der Wandel in der von mir angedeuteten Richtung vollziehen. Es zeigen sich ja schon Ansätze zu einer solchen Entwicklung" (137). Du Bois hätte protestiert, was diese Ansätze angeht und hätte darauf verwiesen, dass sich die Bürgerrechtssituation seit dem Scheitern der Rekonstruktionsexperimente drastisch verschlechtert hat, aber er würde mit ihm übereinstimmen, was die Wichtigkeit eben solcher Rechte in einer Situation angeht, in der die Schwarzen zwar materiell und was ihre technische Bildung angeht gut dastehen, jedoch keinen rechtlichen Schutz erfahren. Washington argumentiert dagegen, dass sich die politischen Rechte langsam einstellen werden, wenn der Schwarze innerhalb der bürgerlichen Gesellschaft sich immer ähnlicher wie die Weißen verhält und von den liberalen Rechten, die ihm bereits zustehen, wie das Eigentumsrecht, intelligenten Gebrauch macht: „Der Neger soll – wie es ja die meisten unserer Rasse auch tun – in seinen politischen Ansprüchen bescheiden sein und sich auf den langsamen, aber sicheren Einfluss verlassen, den persönlicher Besitz und anständiger Charakter mit sich bringen. Die Zuerkennung politischer Rechte wird allmählich und natürlich daraus erwachsen – nicht über Nacht, sondern wie Wein, der ausgären muss. Meiner Meinung nach darf der Neger nicht auf sein Wahlrecht verzichten, denn Selbstverwaltung kann man nicht erlernen, indem man zu wählen aufhört, wie ein Junge nicht Schwimmen lernen kann, wenn er sich vom Wasser fernhält. Mehr und mehr sollte darum der Neger mit jenen in Beziehung treten, die seine nächsten Nachbarn sind und über Intelligenz und Charakter verfügen" (137-138). Washington kannte keine Alternative zum angelsächsischen Modell eines liberalen Staates, in dem der einzelne nur als einzelner Rechte besitzt und seine Gruppenzugehörigkeit, wenn sie denn nicht komplett mit der der Nation konvergiert, eine Privatsache ist, der keine politische Relevanz beigemessen werden darf. Du Bois dagegen wusste, dass es andere Möglichkeiten der politischen Organisation gab. Er wusste schon damals, dass es Alternativen gab zum liberalen Projekt. Wie die aussahen blieb freilich vage, aber er hat erkannt, dass sich mit dem Gewinn von Bürgerrechten Probleme auftun würden, die daher rühren, dass die Integration der Schwarzen in die amerikanische Gesellschaft es seinen Brüdern und Schwestern schwer machen würde, ihre Verbindung nach Afrika und seiner Kultur als lebendigen Teil ihres Gemeinwesens zu erhalten.

Politisches Denken der zweiten Rekonstruktion

Die dritte Generation von Bürgerrechtlern, die zur Mitte des letzten Jahrhunderts ihre Stimme erhoben haben, hat im Unterschied zu ihren Vorgängern internationalen Ruhm erfahren und bedarf deshalb wohl keiner genauen geschichtlichen Nachzeichnung mehr.[59] Die Epoche der 1950er und 1960er Jahre gilt gemeinhin als die Ära der Bürgerrechtsbewegung schlechthin und diese Bezeichnung ist sicher auch angebracht, denn diese Generation hat durch direkte politische Aktion die Überbleibsel des offenen Rassismus der Südstaaten überworfen.

Zu Beginn des letzten Jahrhunderts, als der rassistische Terror im Süden sich intensivierte und es durch die Produktionsbedingungen des Ersten Weltkriegs eine Nachfrage an Arbeitskräften im Norden gab, haben viele Afroamerikaner ihre Heimat im Süden verlassen und sind in die Nordstaaten ausgewandert, wo sie in den großen Metropolen schnell Arbeit fanden und relativ gut leben konnten.[60] Dieser Exodus hielt auch noch an, nachdem der Zweite Weltkrieg ausgebrochen war und immer noch schwarze Arbeiter in den Industrien des Nordens gefragt waren. Die Periode der 50er und 60er Jahre wird von Historikern auch oft zweite Rekonstruktionsperiode genannt in Anspielung auf das schiefgelaufene und unabgeschlossene Experiment der 1860er und 1870er Jahre.[61] Diese zweite Rekonstruktionsperiode der Nachkriegszeit stand allerdings unter grundliegend anderen Voraussetzungen als die erste. Zum einen war durch Amerikas Eintritt in den Kampf gegen das faschistische Nazideutschland der Druck auf eine rassistische Enklave im Süden der Nation größer geworden. Zum anderen muss wohl auch die Kampfsituation des Kalten Krieges, in der es ja immer auch um Einfluss in der Dritten Welt ging, dazu geführt haben, dass die öffentliche Meinung umschwenkte. Schon während des Krieges hatte der von amerikanischen Geldgebern beauftragte schwedische Ökonom Gunnar Myrdal in seinem 1944 veröffentlichtem Buch *An American Dilemma* die Rassendiskriminierung in den Südstaaten

---

59 Vgl. etwa J. Colaiaco, *Martin Luther King, jr. Apostle of Militant Nonviolence.* Basingstoke, 1988, sowie A. Scharenberg, *Martin Luther King. Ein biographisches Portrait.* Freiburg, 2011; sowie auch H. Sitkoff, *The Struggle for Black Equality 1954-1992.* New York, 1993.

60 Für eine literarische Darstellung dieser Migrationswelle vgl. P. L. Dunbar, *The Sport of the Gods.* New York, 1981.

61 Vgl. C. Vann Woodward, *The Strange Career of Jim Crow,* a.a.O.

als unamerikanisch beschrieben und auch der marxistische Soziologe Oliver Cox hatte zu dem Thema einen Band herausgegeben, der ebenfalls argumentierte, dass die Rassendiskriminierung ein archäisches Relikt in einer modernen Gesellschaft sei.[62] Beide Texte wie auch die neue Situation brachten die linke Meinung im Norden zu dem Schluss, dass sich ein Amerika, dass sich nun als Weltmacht darstellte, es sich nicht leisten konnte, einen erheblichen Teil seiner eigenen Bevölkerung durch sogenannte Jim Crow Gesetze von den gleichen Teilnahmerechten an der Gesellschaft auszugrenzen.

Der Wandel der öffentlichen Meinung machte sich eklatant bemerkbar in der richtungsweisenden Entscheidung des obersten Gerichtshofs 1954 in *Brown v. Education*, einem Fall, in dem das Gericht entschied, dass die Doktrin des „separate but equal", also der segregierten öffentlichen Einrichtungen wie Schulen, Universitäten oder Transportmitteln, nicht verfassungskonform sei. Mit dieser Entscheidung im Rücken, die den von 1896 eingeführten Entschluss, dass Afroamerikaner kein Recht auf integrierte Institutionen hatten, revidierte, konnten nun die Bürgerrechtsorganisationen wie die NAACP, das SNCC (gesprochen „Snick") oder die von Martin Luther King angeführte SCLC daran gehen, den offenen Rassismus der Südstaaten herauszufordern. Es war nämlich keineswegs so, dass durch den Gerichtsbeschluss schon die Loyalität der Südstaatenregierungen mit dem Richtungswechsel erkauft wäre. Vielmehr galt, dass die Landesregierungen der Südstaaten, die der Bundesregierung immer schon separatistisch gegenübergestanden haben, nicht im Traum daran dachten, nun auch ihre weißen Schulen für Schwarze zu öffnen. Im Speichergedächtnis der Südstaaten war die Rassentrennung, die erst in den späten 1890er Jahren eingeführt wurde, ein quasi von Natur, Geschichte oder Rationalität immer schon da gewesenes Gebilde, dass man nach populärer Vorstellung nicht einfach durch andere Gesetze revidieren konnte.[63] Auch war es nicht so, dass die Bundesregierung im Nu auf den Zug aufgesprungen wäre und den Südstaaten diktiert hätte, dass sie ihre öffentlichen Institutionen von der Segregation befreien sollten. Der Verdienst von Martin Luther King, des SNCC und in gewisser Hinsicht auch den Black Panthers und Malcolm X war, dass sie durch direkte offene Konfrontation mit den

---

62 Vgl. G. Myrdal, *An American Dilemma. The Negro Problem and American Democracy* (1944). New York, 1962; sowie O. C. Cox, *Caste, Class, and Race. A Study of Social Dynamics.* New York, 1948.

63 Vgl. C. Vann Woodward, *The Strange Career of Jim Crow,* a.a.O. S. 31-65.

rassistischen Institutionen des Südens die Regierung zum Eingreifen zwangen und so den sozialen Wandel herbeiführten.

Der Bürgerrechtskampf war im Süden einer gegen die Jim Crow Gesetze der einzelnen Staaten, der Wahlrechtsregistrierung der vielen im Süden verbliebenen Afroamerikaner und der Erregung öffentlicher Aufmerksamkeit auf eine proto-faschistische Institution, die nicht mit der von den Afroamerikanern in den schwarzen Kirchen entwickelten Menschenwürdebegriffs vereinbar ist. Bevor ich auf die sich erhebenden Stimmen afroamerikanischer Autoren zu sprechen komme, die während der zweiten Rekonstruktion sich Gedanken darüber gemacht haben, was vor ihren Augen passiert, möchte ich die soziale Kontur der Bürgerrechtsbewegung genauer betrachten, indem ich einen Aufsatz von Talcott Parsons aus dem Jahr 1965 zur Hand nehme, der den Titel „Full Citizenship fort he Negro American?" trägt.[64] Hiermit soll deutlich werden, worum es im Kampf um die Bürgerrechte eigentlich ging und wo die Schnittstelle zur somatischen Differenz liegt.

Parsons argumentiert, dass die Schwarzen wie vor ihnen die Katholiken und die Juden, die als Einwanderer nach Amerika kamen, um Inklusion bemüht sind. Er verwendet diesen Begriff nicht als Pendant zu Integration oder Assimilation, sondern als Konzept, dass aufweisen soll, das die Afroamerikaner, wie ihre Vorgänger, darauf drängen, Teil der amerikanischen Gemeinschaft (*societal community*) zu werden. Der deutsche Begriff Gemeinschaft, den Parsons im englischen Text verwendet, meint mehr als nur die rechtliche Gleichstellung, sondern bezieht die Teilwerdung vom Gesellschaftskörper mit ein, die hier so verstanden wird, dass sich die Staatsbürgerschaft, die erlangt werden soll, auf mehr bezieht als nur liberale Abwehrrechte oder sogar politische Teilhabezusicherungen. Parsons sieht Staatsbürgerschaft als eine Kategorie, die die liberalen, politischen und sozialen Rechte des Inklusionsprozesses mit einschließt und es sind vor allem die sozialen, also nicht die formal-liberalen Aspekte der Staatsbürgerschaft, die ihn interessieren. Parsons verweist darauf, dass die USA eine Nation sind, die auf dem Naturrechtsdenken der frühen Moderne fußt und das deshalb Staatsbürgerschaft nicht an ethnische Kategorien gebunden ist, er übersieht aber, dass es gerade der aus dem modernen Naturrecht kommende Charakter der Nation ist, der als Motor des Rassismus fungiert,

---

64 Vgl. T. Parsons, Full Citizenship for the Negro American? A Sociological Problem. In *Daedalus,* vol. 94, Nr. 4, (Herbst 1965). S. 1009-1054.

denn die Menschenrechte werden nur zu Bürgerrechten innerhalb einer Nation und diese ist immer partikular. Gerade weil die Staatsbürgerschaft eine politisch so relevante Kategorie ist, in der es keine Abstufungen gibt, wird sie mit Exklusionstaktiken bewacht. Als Soziologe ist Parsons aber immerhin scharfsinnig genug um festzustellen, dass echte Inklusion nicht allein über die formale Zusicherung von Rechten laufen kann, sondern von der Community verlangt, dass sie sich selbst in anderen Farben sieht. Der Akt der Inklusion transformiert sozusagen den Charakter der Gemeinschaft und die Tatsache, dass es Katholiken und Juden geschafft haben, Teil der amerikanischen Gesellschaft zu werden, ohne ihre eigene Identität aufgeben zu müssen, stimmt ihn äußerst optimistisch, was die Zukunft der Schwarzen betrifft. Was er nicht sieht, ist die Tatsache, dass die Menschen afrikanischer Abstammung im Gegensatz zu den Juden und den Katholiken noch nicht ihre gemeinschaftlichen Kultureigenschaften wie die nun durch den Protestantismus gefärbte rassische Solidarität durch die bloß rechtlich verbürgte liberale Staatsbürgersittlichkeit eingetauscht haben, denn die Afroamerikaner fordern ja Rechtsschutz nicht als Individuen, sondern als Gruppe.

Parsons sieht, dass die Aktionen der Bürgerrechtsorganisationen, die das Land zu dem Zeitpunkt, an dem er schreibt, schon seit circa einer Dekade überziehen, eine moralische Kraft ausüben. Er argumentiert, die Bürgerrechtsbewegung und ihre charismatischen Führer hätten die Moral auf ihrer Seite, was für ihn auch bedeutet, intelligente Weiße hätten sich den Argumenten des sich erhebenden Protests anzuschließen.

Parsons weiß natürlich auch, dass der Unterschied zwischen den irischen Katholiken und den integrierten Juden auf der einen Seite und den ausgegrenzten Schwarzen auf der anderen auch darin besteht, dass die Schwarzen aufgrund ihrer körperlichen Verfasstheit von jedermann als zur ethnischen Gruppe der exkludierten gehörig identifiziert werden können. Die somatische Konstitution der Gruppe sieht Parsons dann aber interessanterweise nicht als Hindernis und in einer beachtlichen Geste deutet er an, dass die Hautfarbe ein Symbol ist, dass von nun an den Gesellschaftskörper positiv markieren wird. Parsons denkt zwar, dass die Afroamerikaner in Zukunft stärker eigene Institutionen bauen werden und sich auf sich als soziale Gruppe besinnen werden und er sieht hier keinen Widerspruch zu dem Verhalten, das die Juden und die Katholiken an den Tag gelegt haben. Wenn die Schwarzen erst einmal ein echter Teil der Gemeinschaft sind, werden sie ihre eigene Kultur pflegen und sich auf eben diese Kultur besinnen, so wie es eben auch die Juden und die Katholiken getan haben.

Was er freilich übersieht ist die Tatsache, dass die Afroamerikaner ihre ethnische Identität, die ja selbst bei den Katholiken latent im Konflikt steht mit der Nationalen, nicht einfach in den Privatbereich schieben können, weil man sie ihnen buchstäblich am Körper ablesen kann.

Als Parsons diesen Aufsatz schrieb, also im Jahr 1965, hatte die Bürgerrechtsbewegung ihre markantesten Ziele im Süden der Nation bereits erreicht. Seit dem Civil Rights Act von 1964 war es den Südstaaten nicht mehr erlaubt, Afroamerikaner von weißen Schulen fern zu halten, von der Wahlurne zu vertreiben oder sie zu zwingen in segregierten Institutionen zu leben. Die Johnson Regierung mehr noch als die unter Kennedy hatte begriffen, dass der soziale Wandel im Süden ein entschlossenes Eingreifen verlangte und war auf den von King und seinen Mitstreitern vorgeschlagenen Weg eingelaufen, um den Süden von dem Jim Crow Gesetzen zu befreien.[65] 1965 war aber auch das Jahr, in dem die Bürgerrechtsbewegung, die sich bisher in der von King Propagierten Strategie der Gewaltlosigkeit geübt hatte, in urbane Unruhen umschwenkte.[66] Die Sitzstreiks, Demonstrationen und die Gewaltlosigkeit waren Strategien, die im Süden extrem Wirksam waren, vor allem weil sie einen medientauglichen Kontrast schufen zwischen den pazifistischen Demonstranten – oft schwarz und weiß – und der offenen Brutalität mit der die Polizei und die Gerichte der Südstaaten auf diese Aktionen reagierten. Die *de jure* Segregation im Süden stellte sich aber schnell als viel einfacher zu besiegen heraus als die Ghettoisierung in den Nordstaaten, wo mittlerweile viele Afroamerikaner in ebenfalls segregierten Stadtteilen lebten, nur dass es in diesem Fall keinen offenen Rassismus gab, der sie dazu zwang, sondern nur ein informelles System aus Arbeitsmarktsegregation, Verweigerung von Kreditvergabe und genereller, tief sitzender Verängstigung gegenüber den zu 50 Prozent in Armut lebenden Schwarzen. Dieser Rassismus zeigte sich nicht eingeschüchtert von den Aktionen, mit denen King und seine Gefolgsleute im Süden Erfolge erzielten. 1965 brachen dann auch im Vorort von Los Angeles Watts, der hauptsächlich von Schwarzen bewohnt wurde, Unruhen aus. Das waren Ereignisse, die King nicht unter Kontrolle bringen konnte und in denen er die Erfahrung machen musste, dass die gewaltfreie Aktion, wie er sie vertrat, nur bedingt Anwendung fand.[67]

---

65 Vgl. C. Vann Woodward, *The Strange Career of Jim Crow*, a.a.O. S. 172.
66 Ebd.
67 Vgl. etwa A. Scharenberg, *Martin Luther King*, a.a.O. S. 151-167.

Schon in Chicago musste King die Erfahrung machen, dass die gewaltfreie Aktion im von institutionellem Rassismus geprägten Norden nicht offen war für die Taktiken, mit denen die Bürgerrechtler im Süden Erfolge erzielten. In den Ghettos des Nordens war Kings Message, dass man wie Jesus die andere Wange hinhalten soll, wenn man geschlagen wird, nicht auf fruchtbaren Boden gefallen. Obwohl die schwarzen Massen in den Großstädten des Nordens christlich waren, konnte diese Nachricht nicht wirklich punkten. King musste das schmerzlich selber erfahren, als gegen Mitte der Dekade im SNCC es sich abzeichnete, dass anstatt dem biblischen „We shall overcome" der Begriff Black power erschien.[68] Rassenunruhen in den USA hatte es schon 1919 gegeben, aber sie waren zur Mitte des Jahrhunderts hin verstummt und in den frühen 1960er Jahren mochte es so aussehen, dass die Schwarzen geduldig ihrem Führer Martin Luther King folgten, der den Rassismus mit den Worten der Bibel bekämpfte. War allerdings einmal klar geworden, dass der Rassismus in der amerikanischen Gesellschaft verwundbar war und war erst einmal durch den sich informell im Markt einspielenden Rassismus klar, dass Schwarze selbst ohne den offenen Rassismus der Jim Crow Gesetze ausgeschlossen werden konnte, so stand dem offenen Protest nichts mehr im Wege. Die Gewaltbereitschaft, die sich nach Jahrhunderten der Sklaverei und Unterdrückung in den schwarzen Enklaven zeigte, war Ausdruck davon, dass die afroamerikanische Bevölkerung nicht ohne weiteres Kings Gewaltfreiheit zustimmte, sondern sozialen Wandel auch dahingehend richten wollten, dass die Schwarzen echte soziale Macht erreichten. Man darf natürlich nicht vergessen, dass es zur selben Zeit in Afrika und Asien zu der großen Welle der Dekolonisierung gekommen war, die auch in vormals von weißer Vorherrschaft bestimmten Regionen zu schwarzer oder asiatischen Autonomie führte.[69] Beflügelt von dieser Welle begann sich in der anfangs von schwarzen und weißen Studenten der Mittelschicht bevölkerten Organisation SNCC der Begriff Black Power herauszukristallisieren, der von den schwarzen Massen affirmativ aufgenommen wurde. Organisatoren im SNCC wie Stokely Carmichael verwendeten das neue Vokabular, das andeutete, dass die Ausdauer und Gewaltlosigkeit, mit der King die

---

68 Vgl. Die detaillierte Darstellung in C. Carson, *Zeiten des Kampfes. Das Student Nonviolent Coordinating Committee (SNCC) und das Erwachen des afro-amerikanischen Widerstands in den sechziger Jahren.* Nettersheim, 2004.

69 Siehe nur paradigmatisch D. Van Reybrouck, *Kongo. Eine Geschichte.* Berlin, 2013. S. 271-317.

Schwarzen zur Geduld aufrufen wollte, nicht in allen Teilen der schwarzen Gemeinschaft geteilt wurde. Black Power war aber auch ein Slogan, der auf die prekäre Klassenlage der Afroamerikaner aufmerksam machte und im SNCC wie auch in anderen Bereichen der Bewegung machten sich gegen Mitte der 1960er Jahre immer mehr die Einsicht breit, dass die alleinige Behebung der Segregation im Süden nicht zur gewollten Inklusion der Schwarzen führen würde, jedenfalls nicht solange den Schwarzen schon aufgrund der durch den Markt geregelten Verteilung von kulturellem wie auch ökonomischem Kapital zu einem Leben in der Unterschicht verdammt waren. Im Begriff der Black Power vermischten sich so Kritik an Klassenstrukturierung und das Verlangen nach schwarzem Separatismus, von dem noch Parsons glaubte, dass er eine willkommene Partie des nur noch privaten Gruppenethos der Befreiungsbewegung der Schwarzen sein würde. Die Emeuten, die ab Mitte der Dekade die Städte des Nordens heimsuchten, standen nicht mehr unter dem Vorzeichen der Gewaltfreiheit, sondern artikulierten sich unter dem Banner der Black Power – ein Konzept, das die Resignation mit der King'schen Gewaltlosigkeit ebenso signalisierte wie das Verlangen nach sozialer Macht für die Töchter und Söhne der Sklaven.

Bevor ich zur Diskussion des politischen Denkens der zweiten Rekonstruktion übergehe, soll noch kurz auf einen wichtigen Akteur im Gewirr der Bürgerrechtsorganisationen eingegangen werden, der zwar was Zahlen der Gefolgschaft und Mobilisierung im Süden immer marginal geblieben ist, jedoch eine wichtige ideengeschichtliche Rolle in der ganzen Bewegung spielt. Ich meine Malcolm X und die sogenannte Nation of Islam (NOI). Ich will hier nicht das bewegte Leben von Malcolm und seine politischen Gradwanderungen nachzeichnen,[70] sondern nur darauf aufmerksam machen, dass sich unter radikalen Schwarzen eine politische Richtung findet, die den Begriff Black Power mit ihren eigenen identitätspolitischen Gehalten aufgefüllt hat. Malcolm argumentiert nämlich, dass die eigentliche Identität der Afroamerikaner in der islamischen Religion ruht, einer Religion, die seiner Meinung nach genuin schwarzafrikanisch ist und in eine Zeit zurückreicht, die vor der Ankunft der Europäer im schwarzen Kontinent datiert ist.[71] Malcolm hat immer vehement King widersprochen, dass Gewaltlosigkeit der richtige Weg zur Befreiung ist und hat stattdes-

---

70 Vgl. Malcolm X und Alex Haley, *Malcolm X. Die Autobiographie*. Bremen, 2003.
71 Vgl. A. Scharenberg, *Schwarzer Nationalismus in den USA. Das Malcolm X-Revival*. Münster, 1998.

sen argumentiert, dass die Schwarzen einen radikalen Wechsel in ihrem westlichen Lebensstil zurücklegen müssten, um sich zu befreien.[72] Diese identitätspolitische Ader, die eine Kritik am westlichen Universalismus darstellt, ist seit ihrer ersten Erscheinung in der Epoche der zweiten Rekonstruktion nie richtig ausgetrocknet. Malcolm hat zu verschiedenen Zeiten seines Lebens für ein eigenes schwarzes Land inmitten der USA gesprochen, dann für eine religiöse Besinnung auf schwarze Institutionen in den Ghettos der Städte plädiert und schließlich ohne institutionelle Bindung an die NOI und mit Verbindungen zum orthodoxen Islam für eine traditionelle Variante schwarzer Identität argumentiert. Was Malcolm allerdings nie aufgegeben hat ist der Gedanke, dass die schwarze Identität mit ihrem Christentum und ihrer Absorption eines westlichen Lebensstils eine riesige Gehirnwäsche darstellt, mit der die Afrikaner von ihren eigenen Institutionen und Traditionen beraubt wurden.

Der Islam war keineswegs genuin schwarzafrikanisch. Im Kongo haben beispielsweise die Europäer den arabischen Sklavenhandel im Norden des Landes lange versucht zu unterbinden und die Ausweitung des Islam in einem westafrikanischen Land wie dem Senegal datiert eher aufs 19. Jahrhundert als auf die Zeit vor der Sklaverei.[73] Der Islam der NOI ist somit eher eine erfundene Tradition als eine genuine Zurückerinnerung auf echte afrikanische Verhältnisse.[74] Nichtsdestotrotz stellt der Versuch sich afrikanische Traditionen wieder anzueignen einen wichtigen Aspekt für das kulturelle Gedächtnis der Afroamerikaner dar. King hatte für die identitätspolitischen Fragen nicht dasselbe Gespür wie der Autodidakt Malcolm, der sich seine Bildung auf der Straße und im Gefängnis erarbeitet hatte. Parsons Argument, dass die Schwarzen sich auf ihre eigene Traditionen berufen würden, war insofern richtig, als der Kampf gegen die weiße Vorherrschaft auch die Frage beantworten musste, wer die Schwarzen eigentlich sind und hier hatte Malcolm mehr Antworten parat als King. Malcolm hat erkannt, dass die Identität der Schwarzen zum Zeitpunkt ihrer Befreiung eine offene Frage war und er hat gesehen, dass Kings Taktik die andere

---

72 Zur Gegenüberstellung der beiden Figuren vgl. B. Waldschmidt-Nelson, *Martin Luther King, Malcolm X*. Frankfurt, 2000.

73 Vgl. Van Reybrouck, *Kongo*, a.a.O. S. 43-76. Für die Rolle des Islam im Senegal vgl. J. F. Searing, *‚God Alone is King'. Islam and Emancipation in Senegal. The Wolof Kingdoms of Kajoor and Bawol 1859 – 1914*. Portsmouth, 2002.

74 Zu erfundenen Traditionen vgl. E. Hobsbawm, Introduction, in ders. und T. Ranger (Hg.), *The Invention of Tradition*. Cambridge, 1983.

Wange hinzuhalten, Teil eben jenes Christentums war, das die Schwarzen erst auf amerikanischem Boden angenommen hatten – dass der Akt der Konversion ein authentisch freiwilliger war, konnte er nicht akzeptieren. Natürlich hat Kings Auffassung der christlichen Lehre eine ins Diesseits gerichtete Komponente, wie Scharenberg gezeigt hat. Aber es muss trotzdem festgehalten werden, dass für viele der Schwarzen, die in den Ghettos des Nordens lebten, die Idee, dass die gesamte Kultur der Schwarzen geprägt war von Unterdrückung, auf Aufmerksamkeit gestoßen ist. Die Afroamerikaner hatten sich nach Malcolm assimiliert an die Kultur ihrer Herren ohne sich eine eigene nicht-christliche Identität zu verschaffen, die ihre somatische Differenz mit einer kulturellen Gruppenidentität untermauert hätte.

Malcolm X wurde 1965 erschossen von denselben NOI Mitgliedern, denen er den Rücken gekehrt hatte und die ihn als Verräter sahen, als er sich zum orthodoxen Islam zugewandt hatte.[75] Seine Ideen zur Besinnung auf afrikanische Traditionen blieben fester Bestandteil der Black Power Bewegung, die sich nach seinem Tod in den Reden und Schriften von Stokely Carmichael ausdrückten. Carmichael war ganz sicher einer der Wortführer während der Unruhen, die gegen Ende der 60er Jahre das ganze Land überzogen, aber bevor wir uns mit den Unruhen und den Ghettos selber beschäftigen können, will ich die Aufmerksamkeit auf einen weiteren Kopf der Bewegung lenken, der sich schon bevor es zu den Ausschreitungen kam, mit der Frage beschäftigt hat, was die Logik hinter dem Befreiungskampf der Schwarzen in den USA ist. Die Rede ist von James Baldwin der bereits 1962 einen Text veröffentlichte, der im englischen Original den Namen *The Fire Next Time* trägt und der wieder eine Art Autobiographie mit der Vermischung von politischem Denken darstellt.

Baldwin hatte den Text verfasst, nachdem er von Elijah Muhammad, dem NOI Chef und ehemaligem intellektuellem Vater von Malcolm X, auf ein Gespräch und Abendessen in Chicago eingeladen wurde, das dem Text die Verbindung zu den radikalen Ideen der zweiten Rekonstruktion gibt. In dem Text geht Baldwin davon aus, dass, ähnlich wie schon bei Du Bois, die Schwarzen und die Weißen in einem Reziprozitätsverhältnis stehen, dessen Überwindung an die Transformation der weißen Identität gebunden ist. Baldwin war als Sohn eines Geistlichen in Harlem aufgewachsen und im Text legt er dar, wie er sich erst mit diesem Glauben anfreundete nur

---

75 Vgl. A. Scharenberg, *Schwarzer Nationalismus in den USA,* a.a.O.

um sich später von ihm zu entziehen. Die Darrstellung beginnt mit einer Schilderung der eigenen Jugend in Harlem, die davon geprägt ist, dass es im Ghetto eine nur hauchdünne Wand gibt, die die dort lebenden von einem Leben des Lasters trennt.[76] Die Kindheitsfreunde, die auf die schiefe Bahn geraten, stellen eine Art von Sirenen dar, die dem jungen Baldwin immer wieder nachrufen und ihn in ihren Bann ziehen wollen. Baldwin schildert eindrücklich wie diese Gestalten von Zuhältern, Prostituierten und Gangstern eine ästhetische Aura besitzen, die der Autor als Insider beschreiben kann, der diese Personen schon vor ihrem Leben auf der schiefen Bahn kennen gelernt hat. Das Ghetto ist nach Baldwin ein Ort, an dem zwar Kriminalität herrscht, wo aber doch Liebe allgegenwärtig ist. Der Begriff der Liebe, mit dem sich Baldwin in diesem Text auseinandersetzt, spielt im ganzen Essay eine Leitrolle. Baldwin legt sich nämlich das Verhältnis zwischen den weißen und den schwarzen Amerikanern so aus, dass es auf einer Art Machtkampf beruht, indem Einstellungen und Werte wie Religion, Tugenden neben Nächstenliebe und Wertschätzung lediglich Phänomene sind, die sich einstellen, wenn erst einmal durch reines Machtspiel festgelegt ist, wer der Herr und wer der Knecht ist. Baldwin skizziert hier, dass die Weißen alle wichtigen Institutionen der amerikanischen Gesellschaft von den Flinten bis zu den Gerichten kontrolliert haben und dass es dieses Übergewicht an Macht ist, das dann im Nachhinein durch die christliche Religion und die von der Gesellschaft propagierten Werte gewissermaßen verschönert wird. „Weder gute staatsbürgerliche Gesinnung noch christliche Nächstenliebe würden einen dieser Menschen [Weiße] dazu bringen, dich so zu behandeln, wie sie selbst vermutlich behandelt werden wollen; nur die Furcht, du könntest stark genug sein, zurückzuschlagen, würde sie dazu bringen, es wirklich zu tun oder sich doch wenigstens den Anschein zu geben, womit sie es seit eh und je bewenden ließen" (27-28).[77] Hat Baldwin diesen realpolitischen Rahmen erst einmal skizzenhaft dargelegt, geht er nun daran die Wechselwirkungen zwischen

---

76 Ich zitiere die deutsche Übersetzung nach J. Baldwin, *Hundert Jahre Freiheit ohne Gleichberechtigung.* Hamburg, 1964. Wie der Übersetzer zu seinem Titel gekommen ist, ist mir nicht ganz klar. Um die Schwachstellen in der Übersetzung auszubessern, zitiere ich die englische Ausgabe nach J. Baldwin, *The Fire Next Time.* New York, 1995.

77 Dieser Passus erinnert auch stark an die „Covey-Episode" aus Frederick Douglass' Autobiographie. Vgl. zur Dialektik von Selbstbehauptung und Respekt O. Patterson, *Slavery and Social Death,* a.a.O.

der weißen Mehrheit und der schwarzen Gemeinschaft zu erörtern. Hier wird dann auch schnell deutlich, dass die Weißen trotz aller auf purer Macht basierenden Überlegenheit in zentraler Hinsicht von dem Spiegel, den ihnen die unterdrückten Schwarzen entgegen halten, abhängig sind. Die Schwarzen sind allerdings nach Baldwin in der misslichen Lage, dass sie sich in einer Gesellschaft befinden, deren öffentliche Institutionen sie nicht geprägt haben und vor allem, dass die rassistische Degradierung ihrer ethnischen Gruppe so verinnerlicht ist, dass die Subjekte in ihrer eigenen Selbstwahrnehmung gestört sind. Diese Du Bois'sche Einsicht, die vorher als im Kontext des doppelten Bewusstseins beschrieben wurde, steht hier dafür, dass in der allein auf Machtverhältnissen basierenden politischen Lage die Schwarzen sich geradezu selber hassen lernen müssen, um dem System die Legitimation geben zu können, das es braucht um weiterzuleben.[78] Schon als Kinder müssen die Schwachen der Konstruktion ihre inferiore Position so verinnerlichen, dass sie im späteren Leben keine Gefahr für sich und die Gruppe darstellen: „Die Neger in diesem Land […] lehrt man, sich selbst von dem Augenblick an zu verachten, wo sie das Licht der Welt erblicken. Diese Welt ist weiß und sie sind schwarz. Die Weißen besitzen die Macht, das heißt, sie sind den Schwarzen überlegen […], und die Welt hat unzählige Möglichkeiten, uns diesen Unterschied erkennen, fühlen und fürchten zu lassen. Lange bevor ein Negerkind diesen Unterschied bemerkt, und natürlich längst bevor es ihn versteht, hat es angefangen, ihn über sich herrschen zu lassen. Jeder Versuch der Eltern, das Kind auf ein Schicksal vorzubereiten, vor dem sie es nicht schützen können, lässt es unbewusst in heimlicher Angst seine geheimnisvolle und unerbittliche Bestrafung erwarten. Es muss ‚brav' sein, nicht nur, um seinen Eltern zu gefallen und um von ihnen nicht bestraft zu werden; hinter ihrer Autorität steht eine andere, namenlos und unpersönlich, unendlich viel schwieriger zufriedenzustellen und unergründlich grausam" (32-33). Nach Baldwins Auffassung ist es nun so, dass dieses auf pure Macht fußende Gefälle nur um den Preis aufrecht erhalten werden kann, dass die Weißen eine geradezu pathologische Einstellung zu ihrer eigenen Identität haben. So wie beim doppelten Bewusstsein das eigene Selbstbewusstsein von der Anerkennung des Gegenübers abhängig bleibt, so bleibt in Baldwins Machtkonstellation das auf pure Unterwerfung des Knechts

---

78 Dieser Aspekt des Selbsthasses ist literarisch eingefangen bei T. Morrison, *Sehr blaue Augen. Roman.* Hamburg, 2008.

angelegte Bewusstsein des Weißen ein verfehlter Entwurf von genuin menschlichem Verhalten. Baldwin sieht die weißen Machthaber in ihrer eigenen Gesellschaft dann auch als unsicher in ihrer eigene Identität an, gerade weil sie die zwischenmenschlichen Beziehungen so auf puren Machterhalt einstellen. Waren es bei Du Bois hauptsächlich die Schwarzen, die unter der nicht menschenwürdigen Beziehung zwischen den Gruppen zu leiden hatten, weil sie kein echtes Selbstbewusstsein ausbilden konnten, solange ihnen die Weißen die Anerkennung verweigerten, so sind es nun die Weißen selber, die von der Machtausübung als Geschädigte herausgehen. Die Weißen trauen sich nach Baldwin selber nicht recht, denn die gleiche Machtausübung, von der der Autor hier überzeugt ist, dass sie den Rahmen für das zwischenmenschliche Szenario bildet, widerspricht dem, das man wohl am besten mit Selbstliebe bezeichnen könnte, auch wenn der Begriff, wie Baldwin an einer Stelle selber bemerkt, komplexer ist, als es auf den ersten Blick scheint. Zur Abhängigkeit der Weißen von den Schwarzen heißt es auf jeden Fall bei Baldwin: „Ein Mensch, der sich selbst misstraut, hat keinen Prüfstein für die Wirklichkeit – denn dieser Prüfstein kann nur er selbst sein. Ein solcher Mensch legt zwischen sich und die Wirklichkeit ein Labyrinth von Verhaltensweisen, und zwar sind es, obwohl er es meist nicht merkt [...], überkommene und allgemeine Verhaltensweisen. Sie haben mit der Gegenwart ebenso wenig zu tun, wie mit seiner Person. Deshalb offenbart die geringe Kenntnis, die der Weiße vom Neger hat, genau und unerbittlich, wie wenig er über sich selbst weiß" (52). Die Abhängigkeit des machthabenden Weißen vom unterdrückten Schwarzen manifestiert sich für Baldwin in eben jenem Dialog, der für genuine Selbstliebe unabdingbar ist. Und hier zeigt sich dann auch, warum die Weißen sich nicht selber lieben: jede Art von Machtausübung ist nämlich, so der zentrale Punkt des Essays, eine Art Selbstbeschädigung. „Wer andere erniedrigt, erniedrigt sich selbst" oder wie es im Original heißt:[79] „Whoever debases others is debasing himself" (82). Mit dieser zutiefst christlichen Argumentation, deren Ursprünge uns noch in Platons *Gorgias* begegnen, öffnet Baldwin den Knoten, der sich um die Begriffe Macht, Liebe und Selbstliebe gebildet hat. Die Machtausübung, die allein in der Lage ist, sozialen Wandel hervorzurufen, ist ein Manöver mit einem hohen psychologischen Preis. Wer andere unterdrückt, kann sich nicht selber lieben – das ist auch der Grund warum Baldwin im Text

---

79 Vgl. J. Baldwin, *The Fire Next Time*. New York, 1995.

die Ermächtigungsfantasien von Elijah Muhammad ablehnt, obwohl er konzediert, dass es allein die veränderte weltpolitische Lage der Dekolonisation ist, die die Weißen in der Rassenfrage zum Einlenken gebracht hat. Die Schwarzen dürfen nach Baldwin nicht den Fehler machen und das Verhältnis zwischen Herr und Knecht einfach umdrehen, sondern sie müssen sich dem gegenüber liebend verhalten, etwa so wie King dem offenen Rassismus mit Gewaltfreiheit begegnet.

Baldwin bezieht sich in seinem Aufsatz explizit auf Du Bois. Er spricht davon, dass die weißen Herren von der Anerkennung des schwarzen Knechts abhängig bleiben und stellt somit die Konsequenzen der Abhängigkeitssituation für die Mächtigen in den Vordergrund. Somit konfrontiert er die zu keiner emotionalen Wärme mehr fähigen Weißen mit der befreienden Nächstenliebe einer Rasse, die noch gewillt ist, die christliche Ethik vor die auf bloße Machterweiterung umgepolte Kultur des amerikanischen Nationalismus zu stellen. Er schreibt zu diesem Verhältnis: „Natürlich ist es der Neger, von dem man verlangt, er müsse sich anpassen – ein Resultat, das nicht nur die tröstliche Tatsache beweist, dass Hartnäckigkeit keine Hautfarbe hat, sondern auch aufs deutlichste das Gefühl der Weißen für den eigenen Wert dokumentiert. Leider kann dieser Wert kaum anders dokumentiert werden; im öffentlichen oder privaten Leben des Weißen gibt es wenig genug, das man nachzuahmen wünscht. Im Grunde des Herzens wissen die Weißen das. Deshalb entspringt ein großer Teil der Energie, die an das verschwendet wird, was wir das Negerproblem nennen, dem tiefen Verlangen des Weißen, von denen, die nicht weiß sind, nicht beurteilt zu werden, von ihnen nicht so gesehen zu werden, wie er ist; und gleichzeitig wurzelt ein großer Teil des Schmerzes, den der Weiße empfindet, in dem ebenso tiefen Verlangen, gesehen zu werden, wie er ist, erlöst zu werden von der Tyrannei seines Spiegelbildes" (110-111).

Als Baldwin *The Fire Next Time* schrieb befand sich Amerika noch in der Mitte der zweiten Rekonstruktion. Sein Text orientiert sich aber schon zu diesem frühen Zeitpunkt an einem Problem, das wir oben schon gestreift haben, das es allerdings gilt, genauer zu betrachten. Gemeint ist das Ghetto als sozialer Raum, der sich den Strategien der Bürgerrechtsaktivist wie die von King und anderen entzogen hat. Schon 1899 hat Du Bois, von dem wir oben sprachen, eine empirische Studie veröffentlicht, die den Namen *The Philadelphia Negro* trägt und in der er sich genau diesem Problem widmet.[80] Das Ghetto ist in erster Linie ein urbanes Problem und entstand in den Metropolen der Nordstaaten, wo die Schwarzen zu Beginn des Jahrhunderts geflohen waren, um Eingang in die von den Weltkriegen leer gelassenen Arbeitsstellen zu finden. Das Ghetto ist ein segregierter Ort, aber seine Segregation hat *de facto* und nicht *de jure* Charakter, was heißen soll, dass sich die Exklusion, die hier stattfindet, nicht durch die im Süden bekannten Jim Crow Gesetze vollzogen hat, sondern sich über ein Amalgam aus finanzieller Not, Brüderlichkeit und Solidarität sowie individuellem Rassismus gebildet hat. Das Ghetto hat, wie Loic Wacquant gezeigt hat, ein Janusgesicht.[81] Es trennt die schwarze Bevölkerung auf der Außenseite vom Rest der Gesellschaft ab, aber stiftete auf der Innenseite auch Gemeinschaft unter den Bewohnern im Viertel. Als Du Bois die Ghettos von Philadelphia im späten 19. Jahrhundert untersuchte, fiel im natürlich zuerst einmal auf, dass die meisten seiner Bewohner arm sind und an dieser ersten Einsicht hat sich im Grunde seit mehr als hundert Jahren nicht viel geändert. Du Bois' Idee, wie man mit dieser Armut am besten fertig werden könnte, basiert auf der Formel des so genannten talentierten Zehntels (*talented tenth*), gemeint war, dass sich innerhalb der afroamerikanischen Bevölkerung eine intellektuelle Elite bilden sollte, die dann gebunden durch rassische Solidarität den Rest der schwarzen Gemeinschaft erziehen und emporheben sollte.[82] Als Du Bois diese Ideen entwickelte, befanden sich die meisten Afroamerikaner in Armut und die gebildete Gruppe, die Du Bois im Kopf hatte, wäre wirklich auch nur ein Zehntel der gesamten schwarzen Bevölkerung gewesen, was zeigt, wie stark die Nachfahren der Schwarzen unter Armut litten. Du Bois' ganzes pädagogisches Denken stützte sich auf die Annahme, dass die Afroamerikaner erst wirklich an der Gesellschaft partizipieren würden, wenn sie eine gebildete Elite ausgebildet hätten, die dann auch nicht mehr segregiert im Ghetto leben würde, sondern integriert mit den Weißen. Ein halbes Jahrhundert später als Talcott Parsons sich wunderte, ob die Schwarzen wohl

---

80 Vgl. W. E. B. Du Bois, *The Philadelphia Negro. A Social Study* (1899); New York, 1967.

81 Vgl. L. Wacquant, Das Janusgesicht des Ghettos. Zur Konstruktion eines soziologischen Konzepts, in ders. *Das Janusgesicht des Ghettos und andere Essays.* Gütersloh, 2006. S. 128-143.

82 Vgl. W. E. B. Du Bois, The Talented Tenth, in ders. *Writings;* New York, 1996. Zur Kritik an dieser Idee als zu elitär vgl. C. West, Black Strivings in a Twilight Civilization, in ders. *The Cornel West Reader;* New York, 1999. S. 87-118.

in den Genuss voller Staatsbürgerschaft kommen würden, befanden sich noch etwa die Hälfte aller Afroamerikaner in Armut. Bis in die Gegenwart sollte sich auch diese Zahl noch einmal drastisch verringern: Die heutige Situation sieht etwa so aus, dass ein Drittel aller Afroamerikaner fester Bestandteil der Mittelschicht ist, mit zum Teil sehr wohlhabenden Mitgliedern, ein weiteres Drittel befindet sich knapp unterhalb der Mittelschicht, kann aber noch nicht wirklich als verarmt gelten, während das unterste Drittel klar unterhalb der Armutsgrenze leben muss.[83] Orlando Patterson hat argumentiert, dass die Afroamerikaner zwar erhebliche ökonomische Fortschritte gemacht haben, dass sie dabei aber immer mehr an Teile der Mehrheitsgesellschaft integriert wurden und dass diese neue Nähe dazu geführt hat, dass sich Entfremdungsgefühle unter den Schwarzen breit gemacht haben, die daher rühren, dass es nun einfach viel mehr Kontakt zwischen Schwarz und Weiß gibt, zum Beispiel am Arbeitsplatz oder in der Schule.[84] Diese Fortschritte ändern aber nichts an der Tatsache, dass Afroamerikaner zu Beginn des 21. Jahrhunderts so segregiert wie sonst kaum in der Geschichte leben und es gibt eine angeregte Diskussion darüber, ob diese neue Art von Segregation selbstverschuldet ist. Manche gehen davon aus, dass die Probleme der Afroamerikaner, die in Themen von Sterblichkeitsraten bis zu den Chancen im Gefängnis zu landen erscheinen, am besten durch Integration also wörtlich die räumliche Zusammenstellung von Weißen und Schwarzen zu beheben ist.[85] Wir müssen in diese Debatte nicht einsteigen. Es soll reichen hier anzufügen, dass der Enthusiasmus, mit dem die Periode der zweiten Rekonstruktion begann und die ihren Höhepunkt in ambitionierten Zielen wie der Aufhebung der Armut durch massive Sozialförderungsprogramme hatte, zu einem Ende kam, als die Republikaner in den USA nach den 1970 Jahren wieder an Macht dazugewannen und durch eine Politik der Farbenblindheit man daran ging, die Ideen von 1965 (und 1968) wieder rückgängig zu machen.[86] Hatte es am Ende der Dekade der 1960er Jahre so ausgesehen, als hätte eine wirkliche

---

83 Vgl. H. Sitkoff, *The Struggle for Black Equality,* a.a.O. für die neusten Zahlen siehe E. Anderson, *The Imperative of Integration.* Princeton, 2010. S. 23. Hier scheint sich nichts an der Dreiteilung geändert zu haben, die Sitkoff beschreibt.

84 Vgl. O. Patterson, *The Ordeal of Integration. Progress and Resentment in America's 'Racial' Crisis.* New York, 1998.

85 So etwa E. Anderson, *The Imperative of Integration,* a.a.O.

86 Zur neuen Rechten vgl. D. King, *The New Right. Politics, Markets and Citizenship.* Basingstoke, 1987. Zur konservativen "Konterrevolution" vgl. H. Marcuse, *Konterrevolution und Revolte. Schriften,* Band 9, zu Klampen, 2004.

Chance bestanden, die Schwarzen und mit ihnen viele Weiße und Latinos aus der Armut zu holen, so muss man klar sehen, dass seitdem die amerikanische Rechte an die Macht kam, all diese Ziele mit einem massiven Sozialabbau gnadenlos „gekürzt" wurden. Die Republikaner sagten, dass über Steuerabgaben finanzierte Programme zur Bekämpfung der Armut nur die Anreize zur Produktivität stoppen würden und so die Wirtschaft stagnieren würde, was wiederum dazu führen würde, dass weniger Arbeitsplätze geschaffen würden. Reagan und Thatcher mögen diese Idee wirklich geglaubt haben, in der Realität lief diese Politik aber natürlich darauf hinaus, dass die Kapitalisten immer weniger dafür tun mussten, um die Unterschichten zu unterstützen und sich das Gefälle zwischen den Klassen rabiat verschlechterte. Die Amerikaner schienen in den 1970er und 1980er Jahren müde an den Zielen der zweiten Rekonstruktion festzuhalten und diese Einstellung wirkte sich fatal auf die Ghettos der USA aus. Gebiete wie Harlem, die Bronx, sowie weite Teile von Brooklyn als auch die Westside und die Southside von Chicago, wie natürlich auch Watts und Compton und South Central Los Angeles wurden in diesen Periode von Ghettos zu dem was Wacquant Hyperghettos nennt.[87] Gemeint ist, dass durch den massiven Sozialabbau diese Gebiete ihre Kraft verloren, im Inneren ihren Bewohnern Solidarität zu stiften und somit ein gewisses Eigenleben zu fördern, wie man es aus der Literatur noch aus dem Anfang des Jahrhunderts in Harlem kennt.[88] Die Ghettos hatten im Gegensatz zu den Gebieten, die von den Jim Crow Gesetzen bedroht waren, keinen charismatischen und intelligenten Vertreter wie Martin Luther King, dessen Ideale von Gewaltfreiheit hier, wie oben angedeutet, nicht auf fruchtbaren Boden fielen. Die afro-zentrischen Ideen der Nation of Islam, die nach dem Tod von Malcolm X mit dem Rassenkapitalismusbefürworter Louis Farrakhan ins Rennen gingen, dienten den Menschen in den Hyperghettos eher als Vorbilder als gewaltfreie Bürgerrechtler vom Typ Kings oder gar Baldwins, denn die meisten Schwarzen begriffen nun, dass die liberalen Rechte von sich aus natürlich weder Gemeinschaft noch genuine Anerkennung stifteten. Letzteres war nur zu haben, wenn man diese Rechte dazu

---

87 Vgl. L. Wacquant, *Urban Outcasts. A Comparative Sociology of Advanced Marginality*. Cambridge, 2008.

88 Vgl. hier zum Beispiel R. Ellison, *Der unsichtbare Mann*. Hamburg, 1998; sowie T. Morrison, *Jazz. Roman*. Hamburg. 2000. Zur Diskussion siehe auch D. Löbbermann, *Memories of Harlem. Literarische (Re)Konstruktionen eines Mythos der zwanziger Jahre*. Frankfurt, 2002.

nutzte, egoistisch wirtschaftlichen Erfolg zu suchen, was in Konflikt stand zur Gemeinschaftsmoral von Du Bois und Baldwin. Farrakhans Idee des schwarzen Kapitalismus war der Versuch, den Afroamerikanern nahe zu legen, sämtliche Solidaritätshandlungen auf den Binnenraum der Rasse zu legen und zu den Weißen ein komplett strategisches Verhältnis zu pflegen. Die Idee einer Reziprozitätssituation, wie sie Du Bois und Baldwin sahen, wurde somit eingetauscht, gegen eine monetäre Beziehung, in der die Beziehungen zwischen den Gruppen nur noch über das Medium des Geldes abliefen.

Die Stimmen der Rapper, die sich in den Ghettos nach der neokonservativen Wende erhebt haben, waren zwar Stimmen der Frustration, aber sie sind, wenn man es genau nimmt, die einzigen Stimmen, die die Erfahrungen, die zu den Unruhen, von denen die Großstädte der USA seit den späten 60er Jahren immer wieder heimgesucht wurden, Stellung bezogen. Sie stehen, wie der Derrick Aldridge gezeigt hat, nicht in Opposition zu den Denkern der Bürgerrechtsbewegung, sondern nehmen zentrale Motive von diesen auf und verarbeiten sie.[89] Den Anschluss an die gute Gemeinschaft, wie sie sich in der oben besprochenen Tradition noch andeutet, steht hier neben der durch Farrakhan eingeleiteten Epoche, in der die Schwarzen gelernt haben, dass sich hinter den so ersehnten Bürgerrechten nichts weiteres verbirgt, als die rechtliche Möglichkeit, durch Ausschaltung aller Gemeinschaftsgesinnung Kapital anzuhäufen. Ich möchte im Folgenden drei ausgewählte Rap-Stücke diskutieren, um aufzuzeigen, wie zentrale Dilemmata der Bürgerrechtsbewegung sich im Diskurs dieser marginalisierten Afroamerikaner widerspiegeln.

Rap als Sehnsucht nach Gemeinschaft

Da es eine so große Anzahl an Rapstücken gibt, die dazu dienen könnten, zentrale Themen der Bürgerrechtsbewegung widerzuspiegeln, ist jede Auswahl ein Stück weit willkürlich. Ich suche drei Stücke heraus aus der Vielfalt, die meiner Meinung nach repräsentativ sind für eine Fülle von weniger wichtigen Liedern und die auch eine gewisse internationale Berühmtheit erfahren haben.

---

89 Vgl. D. P. Alridge, From Civil Rights to Hip Hop. Toward a Nexus of Ideas, in *Journal of African American History,*vol. 90, Nr. 3 (Sommer 2005). S. 226-252.

Die Gruppe Public Enemy stammt aus Long Island, New York und gehört zur zweiten Generation von Rap-Gruppen, die sich in der New Yorker Region Mitte der 1980er Jahre formiert haben.[90] Ihren Ursprung hat die Gruppe in einem Collegeradiosender, wo Chuck D (Carl Ridenhour) Sendungen ausstrahlte und bald eine eigene Gruppe formierte. Das Debütalbum der Gruppe *Yo! Bumrush the Show* erfuhr nur wenig Aufmerksamkeit und brachte auch inhaltlich nicht viel Neues an den damaligen Stand der Szene – obwohl man nicht vergessen darf, dass schon damals die Band sich als eine Art Untergrundorganisation präsentierte und schon zu einem relativ frühen Zeitpunkt Waffen als Themen ihrer Songs machte (etwa auf dem Titel „My Uzi Weighs a Ton"). Das zweite Album der Gruppe, *It Takes a Nation of Millions to Hold Us Back* machte das Long Island Combo schnell zu Stars der jungen Hip Hop Szene. Es wurde vom Szenemagazin *The Source* zum einflussreichsten Rap-Album erhoben und machte schnell deutlich, wo Public Enemy sich politisch verorten wollten. Die Gruppe imitierte auf der Bühne und in Fotos paramilitärische Einheiten, die einen irgendwie an Dekolonisierungstruppen denken lassen, wohl aber eher als Kopien der so genannten Fruit of Islam gedacht waren. Die Fruit of Islam sind nämlich der Sicherheitsapparat der Nation of Islam und obwohl keiner der Bandmitglieder sich öffentlich zum Islam bekannte, proklamierte Chuck D auf einer der Singles aus dem Album, er sei „the follower of Farrakhan. Don't tell me that you understand until you hear the man".[91] Mit Sätzen wie diesen bezogen Public Enemy in den 80er Jahren Stellung mit den stark separatistischen und fundamentalistischen Strömungen schwarzer Politik. Farrakhan und seine Black Muslims waren nämlich seit Malcolm Xs Tod keineswegs in Vergessenheit geraten. In den Ghettos, die durch die neokonservative Wende immer mehr den Drogen und der Gewalt verfielen, herrschte nämlich unter Jugendlichen eine Art Vergötterung von Malcolm als jemand, der eben nicht wie sein Opponent King zum Establishment gehörte und als jemand, der den Protest der in der Unterschicht lebenden Schwarzen in den *inner cities* auf den Punkt gebracht hatte, indem er dem Black Power Slogan mit einer Vision von schwarzer Vergeltung zur Hilfe gekommen war.[92] Malcolm kannte ja das Ghetto wie seine Westentasche und war selbst eine Zeit lang als Dealer in Harlem tä-

---

90 Vgl. A. Light, Public Enemy, in *The* Vibe *History of Hip Hop,* Hg. A. Light. New York, 1999. S. 165-169.
91 Vgl. Public Enemy, *Don't Believe the Hype.* Def Jam, 1988.
92 Vgl. A. Scharenberg, *Schwarzer Nationalismus in den USA,* a.a.O.

tig gewesen und die Jugendlichen respektierten diese *street credibility* ebenso wie Malcolms antibürgerliche Haltung in Fragen der Integration und Gleichberechtigung. Wie wir gesehen haben, hielt selbst der späte, geläuterte Malcolm an der Idee fest, dass die Schwarzen in den USA zur Anpassung an das Regime ihrer Ausbeuter gezwungen wurden und dass alle bürgerlichen Organisationen von der etablierten Kirche bis zum Parlament Teil der sie unterdrückenden Machtstrukturen seien. Der Song auf dem Public Enemy Farrakhan erwähnten trägt den Titel „Don't Believe the Hype" und galt als Antwort der Gruppe auf Zensurmaßnahmen, die Radiosender genommen hatten, um ihre eigen Legitimität nicht aufs Spiel zu setzen, wenn sie nationalistische Gruppen wie Public Enemy spielten. Chuck D hierzu: „Radiostations are scared of me because I'm mad, because I'm the enemy. They can't come over and play me in prime time because I'm getting mine because I know the time. I get on the mix late in the night". Mit dem zweiten Album von Public Enemy wurde dann auch schnell klar, was der Name der Gruppe eigentlich beinhaltet. Public Enemy heißt wörtlich übersetzt Staatsfeind und die Gruppe hatte sich den Namen angeeignet, nachdem sie einen Song geschrieben hatten, der „Public Enemy No.1" hieß, auf *Yo! Bumrush the Show* erschienen war und eigentlich noch keine dezidiert nationalistische Message beinhaltete. Mit *It Takes a Nation of Millions* wurde aber schnell klar, was aus dem Namen geworden war. Gemeint war jetzt der junge, schwarze Mann aus den Innenstädten der Metropolen Amerikas, der sozusagen als Staatsfeind galt. Die Gegenüberstellung von *public* also wörtlich „staatlich" oder gar „öffentlich" war so durchaus passend, als Ridenhour und sein Team nun argumentierten, dass der amerikanische Staat gezielt versuchen würde, den schwarzen Mann und die schwarze Frau zu attackieren. Das ganze passte insofern als der neokonservative Staat unter Reagan in der Tat die Bemühungen der Bürgerrechtsbewegung mit ihrem Insistieren auf Gleichstellung der Schwarzen auch und vor allem auf der Ebene des Sozialen zurückdrängte. Diesem Staat gegenüber waren die jungen Afroamerikaner der Ghettos von Ost nach West natürliche Feinde. In den Danksagungen von Public Enemys nächstem Album *Fear of a Black Planet* zollen die Rapper sowohl Farrakhan als auch solchen mainstream Künstlern wie Stevie Wonder Respekt. Das lässt vermuten, dass die Gruppe sich nur partiell der NOI Dogmen bedient hatte, um klar zu machen, dass sie mit den radikalsten Kräften in der schwarzen Gemeinschaft solidarisieren würden, wenn es um die Stellung der von einer nun als rassistisch verstandenen Politik immer mehr in die Unterschicht gedrängt wurde. Die Reagan-Regierung eignete sich Kings Idee an, dass jeder nur nach seinem Charakter und nicht nach seiner Hautfarbe beurteilt werden sollte und nahmen das dann als Vorwand, um Politiken wie das *bussing* oder Affirmative Action zu untergraben.[93] Die neue Rechte reihte sich so explizit in jene politischen Strömungen der ersten Rekonstruktionsperiode, die sich weigerten in den Schwarzen eine Gruppe zu sehen, die als solche hätte behandelt werden müssen. Chuck D kam, wie seine Autobiographie eindrücklich zeigt, selber nicht aus dem Ghetto und hatte sogar einen Collegeabschluss in Grafikdesign.[94] Das hinderte ihn allerdings nicht, sich solidarisch zu zeigen mit der schwarzen Unterschicht, die in diesen Jahren eher wuchs als abzunehmen. Der Song, auf den ich mich hier konzentrieren will, ist dem dritten Album von Public Enemy entnommen und trägt den Titel „Fight the Power". „Fight the Power" war eine Single aus dem Album *Fear of a Black Planet* mit dem die Gruppe andeuten wollte, dass sich eine Art Angst unter Menschen mit europäischer Abstammung breit gemacht hätte, die besagt, dass es nicht zu einer schwarzen Vormachtstellung auf dem Planeten kommen dürfe, dass das aber quasi unvermeidbar sei, einfach weil jedes Kind, das von weißen und schwarzen Eltern gezeugt wird, automatisch schwarz sein wird.[95] Das war natürlich Utopie, aber die nationalistische Message blieb nicht verkannt. „Fight the Power" wurde ein Hit, nicht nur in den USA, wo der Titel natürlich erst einmal politisch platziert war.

Der Song fängt an mit einem wilden Mix aus Funk und Jazz Samples, die vom Public Enemy Produktionsteam in mittlerweile (wir erinnern uns das war das dritte Album) gewohnter Dichte und Tiefe der Bässe konzipiert war. Der Song folgt einem Stakkato von quietschenden, gesampelten Bläsern und dem Sample einer Sprachsequenz aus einem James Brown Song. Das Sample wiederholt immer wieder den Satz „get down" – eine komplexe Semantik in der afroamerikanischen Kultur. „Get down" hat sowohl erotische, als auch politische Konnotationen. Im schwarzen Englisch heißt „let's get down" auch so viel wie „lass es uns tun", ist also eine Auf-

---

93 Vgl. O. Patterson, *The Ordeal of Integration,* a.a.O.
94 Vgl. Chuck D und Yusuf Jah, *Fight the Power. Rap, Race, and Reality.* New York, 1997.
95 Diese nicht plausible These findet sich auch bei Ice-T, *Who Gives a Fuck.* München, 1995.

forderung zum Geschlechtsverkehr.[96] „Get down" heißt aber auch in dieser Sprache: „sei dabei", also etwa „werde Teil dieser Bewegung".[97] In diesem erotisch/politischen Spektrum bewegt sich die Eingangssequenz von „Fight the Power". Dann steigt Chuck D in den Song ein. Der Einstieg in einen Rapsong ist immer ein besonderer Teil, denn der Rapper hat wenig rhetorische Mittel zur Verfügung, ist er erst einmal in den Song eingestiegen, dann heißt es Takt zu halten und den Flow (Rhythmuskonformität) zu sichern.[98] Der Einstieg markiert auch thematisch den wichtigsten Punkt, gibt er doch vor, was das Thema sein soll, von dem was folgt.[99] Chuck D rappte nachdem die Eins, also der Einsatzpunkt des Sprechgesangs, durch ein langes gesprochenes „Ahh" von Chuck D und seinem Hilfsrapper dem kauzigen Flavor Flav durchgeführt wird: „1989: the number – another summer, get down – sound of the funky drummer". Rapsongs haben, was von Veteranen der Szene immer wieder beklagt worden ist, eine kurze Halbwertszeit. Ein Lied, das im Jahr 1989 erfolgreich ist, kann drei Jahre später schon wieder komplett vergessen sein, was oft dazu führt, dass Rapper, die sich auf der Höhe ihres Erfolgs sehen, es selber kaum nachvollziehen können, wenn ihre eigenen Nummern in kürzester Zeit niemanden mehr interessieren. Chuck D hat Rap selber einmal als schwarzen CNN bezeichnet in Anlehnung an den bekannten amerikanischen Nachrichtensender[100] und so kann man auch die Datierung von „Fight the Power" – undenkbar in einem Rocksong – verstehen. „1989 the number" ist aber auch gleichzeitig eine politische Erklärung. Der Rapper will sagen: „Hört her, ich erzähle euch jetzt etwas über unsere soziale, politische oder kulturelle Situation". So also auch Chuck D mit dem Wort „1989: the number". Der Verweis auf den Sommer („another summer") verweist auf der politischen Ebene auf einen bereits geschafften Kampf, so wie wenn man sagt „ich habe wieder einen Sommer erleben dürfen, ich

---

96 Eindrücklich wiedergegeben auf dem Ice-T Song „Girls L.G.B.N.A.F" auf dem *Power* Album (Warner Bros., 1988), wo es immer wieder heißt: „Yo baby let's get down!".

97 Vgl. Den Ice Cube Song „Down for Whatever" – was so viel heißt wie, ich bin bei allem dabei, zu allem bereit. Der Titel erschien auf dem Album *Lethal Injection* (Priority, 1993).

98 Zur Technik der Produktion von Rapsongs vgl. T. Rose, *Black Noise. Rap Music and Black Culture in Contemporary America.* Hanover, 1994.

99 Zur Wichtigkeit des ersten Verses siehe auch Krs-One im Interview in *The Art of Rap,* DVD, Kaleidoscope, 2012.

100 Vgl. Chuck D und Yusuf Jah, *Fight the Power,* a.a.O.

habe es soweit geschafft". Der Satz hat aber auch eine erotische Komponente. Im Verlauf des Songs wird darauf hingewiesen werden, wie der schwarze Mann unter der Hitze leidet („while the black man's sweating") und das Ausstoßen von Schweiß wird daran erinnern, dass die heißen amerikanischen Sommer etwa wie die in Afrika nur mit Mühe zu überstehen sind – vor allem wenn man sich keine Klimaanlage leisten kann. Dann stimmt auch Chuck D in das „get down", das schon als Sample angeklungen war, ein und sagt einfach: „sound of the funky drummer". Diese Sequenz beruft sich auf den auch im Jazz bekannten *funky drummer* also einen Instrumentalist, der „funky" ist – das Wort ist schwer zu übersetzen, verweist aber auf Musikalität, eine besondere Sorte von rhythmischer Virtuosität. Nun ist es so, dass der Song nicht mit einem Schlagzeuger eingespielt wurde, sondern, dass die Produzenten – das sogenannte Bomb Squad – verschiedene von einem Schlagzeug erzeugte Schläge gesampelt haben und somit einen Beat erzeugt haben, der sich eigentlich in kaum einem Rapsong unterscheidet. Raps haben immer einen Vierviertaltakt aber der gesampelte Schlagzeuger muss eben um *funky* zu sein eben jener *funky drummer* sein, der durch minimales versetzen von Schlägen eben jenen Groove erzeugt, der „Fight the Power" voranträgt. Chuck D honoriert also hier an dieser Stelle eine Figur der afroamerikanischen Musik, die vor allem im Jazz wurzelt. Er fährt fort Phrasen zu rappen, die keine Geschichte erzählen oder Zusammenhänge erörtern, sondern eher Sounbites darstellen, die den Rhythmus unterstreichen und hier und da intertextuell Erinnerungen hervorrufen: „Music's hitting your heart because you know you got soul – brothers and sisters!" heißt es weiter im Text. Die Idee hier ist natürlich die von den Afroamerikanern als sogenannte *soul people*, also Leute, die irgendwie eine Seele haben. Auch hier wird die Semantik wieder undeutlich und lässt sich nur mit vagen Schemen erfassen. Das Wort *soul* hat natürlich in erster Linie religiöse Färbung und verweist auf die protestantische Gottverbundenheit der meisten Afroamerikaner. Es erinnert aber auch an säkulare Traditionen wie etwa Du Bois' *Die Seelen der Schwarzen (The Souls of Black Folk)* und auch hier schleichen sich erotische Komponenten ein. Jemand der *soul* hat ist auch jemand, der ein Gespür für Rhythmik hat, sowohl was die Bedienung eines Instruments als auch den Puls des Lebens angeht. Der *soulbrother* oder die *soulsister* ist jemand der herzlich ist und seine Gefühle nicht verstecken braucht. Die Passage „you know you got soul" macht Gebrauch von Slang, wo es nicht heißt „you have got soul" sondern einfach „you got soul" – ein Beweis dafür, dass sich Chuck D hier nicht dem elitären Diskurs der Mittelschicht hingibt, sondern sich der Sprache der *inner cities* verschreibt, die für angeblich korrektes Englisch nicht viel übrig hat. Die Passage in der es heißt „you know you got soul" wird dann auch direkt gefolgt von der Sequenz „brothers and sisters" womit natürlich klar ausgesprochen ist, an wen der ganze Text adressiert ist. Auch hier werden natürlich religiös-christliche Quellen aufgemacht, wenn Chuck D seine potentiellen Zuhörer als Brüder und Schwestern anspricht. In der Tradition der schwarzen Kirche in den USA sind die Begriffe Bruder und Schwester tief verwurzelt.[101] Die Afroamerikaner paraphrasieren diesen religiösen Bezug, wenn sie auch in der Öffentlichkeit und unter politischen Vorzeichen von eben solchen *brothers* und *sisters* sprechen. Die Zuhörerschaft von Public Enemy – wie eigentlich die aller mainstream Rapsongs – ist weiß und lebt meist in den Suburbs, wie der afroamerikanische Regisseur Spike Lee schön in *Jungle Fever* im Bezug auf Public Enemy gezeigt hat.[102] Das soll aber nicht heißen, dass Rap nicht auch gleichzeitig schwarzer CNN ist, wie Chuck D selber oft betont hat. Die politische Nachricht, die Public Enemy ihren Brüdern und Schwestern nahelegen, ist denkbar einfach: „fight the power!" wie es im Refrain immer wieder heißt. Aber was heißt hier eigentlich „power" und was soll da genau bekämpft werden? Die Antwort darauf kann nur vage umrissen werden. „Fight the power!" heißt natürlich erst mal „bekämpfe die Macht!" oder „bekämpfe die Mächtigen!" aber es stellt sich sofort die Frage, wer hier als die Mächtigen gilt. Sind es die Weißen ganz allgemein, wie es die Referenz auf Farrakhan und die NOI, die oben erwähnt wurde, nahe legt? Chuck D und seine Kollegen lassen die Frage insoweit offen, als sie im Lied selber nur andeuten, in welche Richtung sie den Text verstanden wissen wollen. Die zweite Strophe liefert dafür überhaupt keine Indizien, handelt es sich doch hier nur um eine Replikation von rhythmischen Phrasen abgesehen von der nicht viel weiter helfenden Passage „People, people we are the same. No we're not the same. 'Cause we don't know the game. What we need is awareness. We can't get careless. You say what is this? My beloved let's get down to business – mental self defensive fitness". Wo Chuck D hier sagt, dass wir nicht alle dieselben sind, mag er auf die von der Reagan-Administration

---

101 Vgl. allerdings mit übertriebenen vindikationistischen Ansätzen M. J. Battle, *The Black Church in America. African American Christian Spirituality.* Malden, 2006.

102 Vgl. Spike Lee, *Jungle Fever.* Universal, 1991. Hier sind es vor allem rassistische italienisch-stämmige Amerikaner, die Public Enemy hören.

beteuerte Farbenblindheit abzielen, mit der die Neokonservativen daran gingen, die Politiken der zweiten Rekonstruktion abzubauen. In Interviews und auch in seiner Autobiographie hat Chuck D immer wieder darauf verwiesen, dass die Afroamerikaner „don't know the game" wie es im Text heißt, dass sie also das Spiel nicht verstehen. Der Langjährige Plattenvertrag zwischen Public Enemy und Def Jam Recordings endete auch deshalb zu dem Zeitpunkt in den späten 1990ern, als Chuck D die nächste Public Enemy Platte gleichzeitig als CD und als freier Download im Internet veröffentlichen wollte, was Def Jam Chef Russel Simmons nicht mitmachen wollte.[103] Chuck D hat diesen Schritt damit begründet, dass die Afroamerikaner durch dieses Manöver dazu veranlasst wären, sich mit dem Internet vertraut zu machen und sich somit wichtiges kulturelles Kapital anzueignen, das ihnen andernfalls eventuelle verloren geht. Hier steht also klar die Angst im Vordergrund, von wichtigen gesellschaftlichen Entwicklungen abgehängt zu werden – eine Angst die aufgrund der den Weißen weit hinterherhinkenden Bildungsabschlüssen der Schwarzen nicht unbegründet ist. Heißt „fight the power!" also letztendlich doch „bekämpf die Weißen!"? Vielleicht hilft uns die dritte Strophe weiter.

In der dritten Strophe rechnet Chuck D mit den Heroen der amerikanischen Kulturindustrie ab, die er als durch und durch rassistisch ansieht. So heißt es im Text: „Elvis was a hero to most but he never meant shit to me you see. Straight up racist the sucker was simple and plain – motherfuck him and John Wayne! `Cause I'm black and I'm proud plus I'm hyped and I'm amped. Most of my heroes don't appear on no stamps". Die Ikone der amerikanischen Popmusik wird hier einfach als Rassist entlarvt, was durchaus plausibel ist, erinnert man sich daran, dass der Manager von Elvis einst gesagt haben soll, man suche ihm einen Weißen, der singen kann wie ein Schwarzer und er werde reich.[104] Hier stehen jetzt also Elvis und sein cineastischer Gegenpart John Wayne vor der Anklage und die Macht, die bekämpft werden soll, scheint also wirklich die weiße Vorherrschaft zu sein, die in Chuck Ds Text als ein System der Ausgrenzung erscheint, das selbst die amerikanische Populärkultur durchdrängt. Aber Public Enemy, wie die meisten Hip Hop Gruppen überhaupt, stimmen nicht ein auf einen Hassgesang gegen Menschen mit weißer Hautfarbe allgemein und das scheint mehr zu sein als bloße Anpassung an ein von weißen betriebe-

---

103 Vgl. Public Enemy, in *The Encyclopedia of Popular Music,* Hg. C. Larkin. New York, 2007.
104 Vgl. P. Benjaminson, *The Story of Motown.* New York, 1979. S. 1.

ne Kulturindustrie. Die Weißen, die angesprochen werden, sind „red-necks", wie es weiter unten im Text heißt, denn das Argument ist jetzt, dass die Geschichte der letzten 400 Jahre von eben solchen bestimmt war: „Sample a look back, you look and find_nothing but rednecks for 400 years if you check" und weiter dann „Don't Worry Be Happy was a number one jam. Damn if I say it you can slap me right here". Der Verweis auf den bekannten Jazz-Song *Don't Worry Be Happy* von Bobby McFerrin wird hier so gedeutet, dass man nicht mehr bereit sei, die andere Wange hinzuhalten, wie King es noch gepredigt hatte, sondern stattdessen lieber wie Malcolm X zurückschlagen werde, wenn denn Gefahr droht. Chuck D stand seit je her der fundamentalistischen Nation of Islam nahe, obwohl er in seinen Text nicht einmal den Koran predigt oder sich überhaupt über Religion äußert. Seine Anleihen beim Fundamentalisten Louis Farrakhan sind kontinuierlich. Farrakhan, der in dem Song „Don't Believe the Hype" ja explizit erwähnt wird, wird gewürdigt, weil er eine radiale nationalistische Politik vertritt. Chuck Ds politische Agenda ist wie die von vielen Rappern allerdings bedingt durch die Erfahrung der Bürgerrechtsbewegung. Die weitreichenden Ziele dieser Bewegung, die dann letzten Endes doch nur in der Durchsetzung von liberalen Rechten bestand ohne die Grauen der Sklaverei durch Reparationen oder ähnliches zu kompensieren, haben bei den Rappern, die die Erfahrung der neoliberalen Rassismus-Politik Reagans gemacht haben, dazu geführt, sich an den radikalen Rändern der Bewegung zu orientieren, was eben oft dazu führt, dass die Stimmen der MCs in die Nähe von Demagogen wie Farrakhan geraten. Es scheint aber dennoch so zu sein, dass Chuck D an der Nationalismus-Rhetorik von Farrakhan mehr gefallen findet, als bei seiner auf fundamentalistisch-religiöse Deutungen basierenden Dogmatik. Wie Chuck D in Interviews und seiner Autobiographie oft klar gemacht hat, ist er ein Radikaler, der der Nation of Islam soweit zustimmt, dass der Rassismus in der amerikanischen Gesellschaft, nicht einfach mit der Durchsetzung liberaler Rechte abschließend zu begegnen ist. Die Ironie, dass die Schwarzen just in dem Moment, wo sie mit Bürgerrechten ausgestattet waren, nicht mehr über sich als autonome Gemeinschaft verfügen konnten, ist an Chuck D nicht spurlos vorbeigegangen. Sein Nationalismus lebt von der Idee, die Schwarzen als Gruppe zu sehen, die ihre Traditionen an ihre Nachfahren weitergeben können, auch dann wenn sie mit den Gesetzen des liberalen Staates kollidieren, wie etwa im Falle einer eigenen Kultur, die die Afroamerikaner nie als gruppenspezifisches Projekt angehen durften, denn das hätte geheißen, anzuerkennen, dass es sich hier um eine Gruppe mit eigenen Rechten handelt und das war natürlich in der bürgerlichen Demokratie nicht zu machen. Die Gleichheit der Unabhängigkeitserklärung („that all men are created equal") ist immer die von Individuen, nie die von Gruppen. Hätt es geheißen, „that all races are created equal", dann hätten genuin afrikanische Traditionen vielleicht eine Überlebenschance in den USA gehabt. So ist den Rappern nur die Erinnerung geblieben, dass sie einmal eine autonome Gemeinschaft darstellten, die anerkannte, was in Amerika natürlich jeder weiß: das Schwarze und Weiße anders sind.

Als Public Enemy die Hip Hop Szene betraten, war diese noch ganz auf ihren Ursprungsort New York fokussiert und die ersten Schritte von Chuck D wurden von den Meistern der Hip Hop Old School anfangs belächelt. Rap-Größen wie der New Yorker Rapper Melle Mel lachten Public Enemy anfangs aus und erst als die Rapper der Gruppe ihren radikalen Politikstil gefunden hatten, waren sie erfolgreich.[105] Ganz ähnlich verhält es sich auch bei einem anderen Rapper, der erheblich jünger war als Chuck D und der die Epoche der Bürgerrechtsbewegung nicht mehr aus persönlicher Erinnerung kannte. Tupac Shakur, der unter seinem Pseudonym 2Pac bekannt wurde, war zwar zu jung, um sich an die 1960er Jahre zu erinnern, er war aber dadurch, dass er der Sohn einer Black Panther Aktivistin war, mit dem Befreiungskampf der Schwarzen in den USA aufs engste Vertraut. Tupac wuchs unter schwierigen Umständen nur mit seiner Mutter auf, die ihm den Namen eines lateinamerikanischen Freiheitskämpfers gab und die ihn während einer Auszeit in einer Gefängnisstrafe gezeugt hatte, die die Black Panther Frau wegen eines versuchten Bombenanschlags in New York absitzen musste.[106] Tupac war ein hoch intelligenter Schüler der erst an der Ostküste, später dann in Oakland aufwuchs und der sich früh für Gedichte und das Theater interessierte. Produzenten der alten Schule wie Quincy Jones haben in Interviews immer wieder daran erinnert, dass Tupac entgegen seinem eigenen Image sehr wohl ein guter Schüler war und an den Institutionen der nationalen Erziehung brillierte. In der Bay Area lernte Tupac das Handwerk des Reimens bei der Rap-Gruppe Digital Underground. Bei ihnen lernte Tupac, komplexe Reim-

---

105 Vgl. hierzu die das Interview mit Chuck D in der Dokumentation *The Art of Rap*, Regie von Ice-T, DVD, Kaleidoscope, 2012; sowie Chuck D und Yussuf Jah, *Fight the Power,* a.a.O.

106 Vgl. M. Dyson, *Holler if You Hear Me. Searching for Tupac Shakur.* New York, 2001. S. 21-69; sowie K. Powell, This Thug's Life, in *Tupac Amaru Shakur, 1971-1996. By the Editors of* Vibe. London, 1998. S. 21-31.

strukturen zu benutzen und verband die ganze Geschichte schon auf seinem Debut-Album *2Pacalypse Now* mit einer zwischen Nihilismus und radikaler schwarzer Emanzipationspolitik stehenden Haltung. *2Pacalypse Now* war in vielerlei Hinsicht ein interessantes Album, weil Tupac darin Widerstand gegen die Staatsgewalt genauso predigte wie seine eigene Kindheit ohne Vater und mit einer Mutter, die unter extrem unwirtlichen Bedingungen keine feste Beziehung eingehen konnte, zu besingen. Diese beiden Themen, die Gewalt gegen einen rassistisch verstandenen Staat und die eigene Biographie als von sozialen Erosionserscheinungen geprägt, kommen immer wieder in Tupacs Werk zum Vorschein. Der Song „Part Time Mother" sampelte zum Beispiel den Stevie Wonder Titel „Part Time Lover" und gab der up-beat Laune des Originals eine tragische Komponente. Das Thema erscheint wieder auf Tupacs zweitem Album, das *Strictly for my N.I.G.G.A.Z* hieß und ebenfalls vom Produktionssound der Bay Area geprägt war: Funk und Disco Samples, Keyboard-Einlagen, tiefe Bassläufe und Soulgesang für den einen oder anderen Refrain. Hatte die Presse das erste Album noch als Durchschnittsgangsta-Rap-Album durchgehen lassen, so fanden sich nun viele Stimmen, die erkannten, dass die Emanzipationskomponente bei Tupac scharf spürbar war und sich der Künstler von den vielen Gangsta-Klischees dadurch unterschied, dass Tupac sich explizit in die Emanzipationsmetaphorik der Black Panthers setzte. In der Clinton Ära wurde Gangsta Rap heiß diskutiert. LL Cool J, der sanfte Rapper aus Long Island, rappte auf der Inaugurationsfeier von Bill Clinton und der Präsident äußerte sich mehrfach über guten und schlechten Hip Hop in den Medien.[107] Affirmative Action blieb ein debattiertes Thema in der Öffentlichkeit, aber bei aller guten Willensdemonstration muss man klar sehen, dass die Situation in den Ghettos von Amerika sich nach der neokonservativen Revolution der Reagan-Bush Zeit sich nur minimal für die Schwarzen änderte. Affirmative Action kam sowieso hauptsächlich schon gebildeten Schwarzen zugute und schaffte es nicht die Unterschichten der Schwarzen aus dem Zirkel von Armut, schlechter Bildung und Gewalt zu befreien. Die Rapper spielten nun aber mit dieser Gewalt. Public Enemy waren noch aufgetreten wie eine paramilitärische Gruppe, die sich gegen den Staat und die Weißen auflehnt. Was mit der Generation

---

107 Vgl. die Diskussion zwischen Bill Clinton und jungen Afroamerikanern in der MTV Produktion zu Gangsta Rap: *Gangsta Rap. An MTV News Special Report.* Produziert von Leoncavallo/Kearse, ausgestrahlt auf MTV Amerika am 5.11.1994.

von Tupac allerdings geschah, war, dass die Rapper sich nun profilierten dadurch, dass sie zeigen wollten, dass sie die Gewalt in den Hyperghettos kannten und sich mit ihr und in ihr bewegen konnten.[108] Hauptsächlich waren es Rapper von der Westküste, also meistens Los Angeles und der Bay Area, die diese neue Nähe bekundeten und Tupac tat es ihnen gewissermaßen gleich. Dass Tupac die somatische Differenz allerdings nicht vergessen hatte, zeigen die Stücke von *Strictly for my N.I.G.G.A.Z,* von denen es sich lohnt auf eines näher einzugehen.

„Keep ya Head Up", das aus *Strictly* als Single ausgekoppelt wurde, ist eine langsame Rap-Nummer, in der es darum geht, dass alleinerziehende Mütter, die in der Presse und der Öffentlichkeit der neunziger Jahre als *welfare queens* bestimmt wurden, nicht den Kopf hängen lassen sollten – deshalb der Titel. Das Stück hat drei Strophen und obwohl das Thema des Songs das schwere Schicksal alleinerziehender Mütter im Ghetto ist, ist die nationalistische Komponente präsent als Demarkationslinie, die darauf andeutet, dass das Schicksal allein ein Kind aufziehen zu müssen, schwarze Frauen ganz besonders betrifft. In den neunziger Jahren wurden die welfare queens immer wieder heftig diskutiert und das Topos der dysfunktionale Familienstruktur der afroamerikanischen Unterschicht wurde immer wieder ein Thema.[109] Tupac hat in zahlreichen Interviews wiederholt darauf hingewiesen, dass er wie so viele seine Brüder in den amerikanischen Inner-Cities ohne Vater und somit ohne direktes männliches Vorbild aufgewachsen ist.[110] Der öffentliche Diskurs, der sich um dieses Thema entspannt, nimmt meistens die Form an, dass Jungen auf das positive Vorbild eines Vaters angewiesen sind, um selbstbewusste Persönlichkeiten zu werden. In der Debatte zeigt sich allerdings sehr schnell, wie stark hier

---

108 Vgl. Dieses Image geht zurück auf die 1987 erschienen Platte *Criminal Minded* von Boogie Down Productions, bestehend damals aus Krs-One und dem später erschossenen Scott La Rock. Krs-One hat zwar später immer wieder darauf verwiesen, dass das Albumcover, auf dem die beiden Künstler mit Schusswaffen und Handgranaten abgebildet sind, in der revolutionären Tradition der Black Panthers stand, was aber nicht überzeugt, denn die Songs auf dem Album wie „9mm Goes Bang" handeln von der Gewalt im Ghetto, wo es um Drogen und Geld geht und nicht um Revolution. Vgl. C. Aaron, Krs-One, in *The* Vibe *History of Hip Hop.* Hg. A. Light, 1999. S. 145-151.*History H.*

109 Der Begriff der welfare queen taucht 1976 bei Ronald Reagans Wahlkampf zuerst auf. Vgl. *New York Times,* 15. Februar, 1976. S. 51.

110 Vgl. das Interview mit Tupac in *Gangsta Rap. An MTV News Special Report,* a.a.O.

von der bürgerlichen Kleinfamilie als Ideal ausgegangen wird. Es wird unterstellt, dass alternative Familienstrukturen, wie eine einzelne Mutter mit nicht konstanten Partnern oder Vaterfiguren, nicht in der Lage sind, einem Knaben den nötigen Bezugsrahmen zu bieten, indem er sich zu einer vollständigen Persönlichkeit entwickeln kann. Sieht man sich die Debatte aber nur flüchtig in ihrem Kontext an, dann wird schnell deutlich, wie sehr hier eine zweifelhafte Psychologie herhalten musste als Alibi für Erosionserscheinungen in den amerikanischen Ghettos, die natürlich in erster Linie durch den von den Neokonservativen vorangetriebenen Sozialabbau und die Durchdringung des freien Marktes auf vorher lebensweltlich gewachsene Strukturen gezeichnet waren und nicht einfach darauf zurückzuführen sind, dass in den Haushalten das männliche Oberhaupt fehlte. In Westafrika haben bekanntlich die Frauen innerhalb des Hauses das Sagen. In der Debatte um den Gangsta Rap, die sich genau zu diesem wichtigen Zeitpunkt – also um die Mitte der 90er Dekade – aufbaute, war es vor allem der aus Harlem stammende protestantische schwarze Prediger Rev. Calvin Butts, der mit demonstrativem Zerstören von CDs und Kassetten darauf aufmerksam machte, dass der Gangsta Rap mit seiner krassen Darstellung von Gewalt und seiner scheinbar nihilistischen Politikmessage für die Dilemmata des Hyperghettos verantwortlich war – zumindest partiell.[111] In Konversation mit Butts hat Tupac argumentiert, dass die Rapper lediglich die soziale Realität widerspiegeln und Tupac keine positiven männlichen Vorbilder in seiner Nachbarschaft vorgefunden hatte, was man in der Retrospektive wohl nur so deuten kann, dass Tupac den zweifelhaften Diskurs von der unfähigen alleinerziehenden Mutter seinerseits als Alibi benutzte, um mit nihilistischen Texten Platten zu verkaufen und seine hohe Intelligenz und im Bildungssystem gereifte Kreativität zu übermalen. Tupac ergreift in „Keep ya Head up" allerdings Position für die alleinerziehenden Mütter und stellt den gesamten Diskurs, der sie für die sozialen Übel verantwortlich macht, in Frage. Als Entertainer in der Kulturindustrie war es Tupac wichtig Pseudoalibis für seine radikalen und teilweise nihilistischen Positionen zu haben. Als Songwriter dagegen hat er für die welfare queens Partei ergriffen und den Diskurs der dysfunktionalen Familie als Ursprung allen Übels evident in Frage gestellt.

„Keep ya Head up" hat, wie gesagt, drei Strophen und obwohl es sich um die Problematik alleinerziehender Mütter handelt, beginnen jeweils die

---

111 Ibid.

ersten beiden Strophen mit einem Verweis auf die gemeinsame Rasse. In der ersten Strophe heißt es ganz zu Anfang: „Some say the blacker the berry, the sweeter the juice. I say the darker the flesh and the deeper the roots". Tupac macht also von Beginn an klar, dass die somatische Differenz im Mittelpunkt steht, dass es gewissermaßen die schwarzen Frauen sind, die hier als Protagonisten fungieren. Im Video zum Song sieht man zwar auch weiße Frauen, die am finanziellen Abgrund stehen, aber der Verweis auf die Schattierungen der Hautfarbe und die Tiefe der Verwurzelung, die nach Afrika zurück weist, machen klar, dass es die Rassismus-Problematik ist, die hier im Mittelpunkt steht. Die somatische Komponente verleiht der Thematik der alleinerziehenden Mütter eine weitere Brisanz, weil die Sache nun als Teil der Emanzipationsproblematik der Afroamerikaner begriffen wird. Der Doppelreim „sweeter the juice" und „deeper the roots" steckt ein semantisches Terrain ab, das den Unterschichtenslang der Ghettos mit einer anthropologischen Komponente paart. „Juice" ist im schwarzen Slang ein anderes Wort für Respekt und Anerkennung und Tupac hat selber die Hauptrolle in einem Film gespielt, wo es um einen außer Kontrolle geratenen Jugendlichen auf der Suche nach Respekt geht. Der Film trägt den Namen *Juice*.[112] „Roots" hat auch weitreichende Konnotationen im kulturellen Imaginären der Afroamerikaner. Alex Haleys Roman mit demselben Namen und die gleichnamige TV Serie kommen hier zum Vorschein, wie natürlich die ganze Thematik der Abstammung, über die sich die somatisch differenten Schwarzen ihrer Besonderheit in der amerikanischen Gesellschaft bewusst werden. Die zweite Strophe beginnt ebenfalls mit einer auf die Rasse anspielenden Komponente: „I remember Marvin Gaye used to sing to me. He had me feeling like black was the thing to be". Das lyrische Ich bezieht sich hier auf die Vergangenheit, in der die Soulmusik von Marvin Gaye – der politischen Ikone des Motown Sounds – eine bedeutende Rolle spielt. Die Rassenproblematik kündigt sich hier an als etwas, das ebenso Unsicherheit wie Geborgenheit stiftet. Es heißt nicht: „He assured me that black was the thing to be". Sondern das lyrische Ich macht die positiven Gefühle abhängig von seiner subjektiven Sicht, die – wie man sofort fürchten muss – sehr wohl falsch sein kann. Die Zeit, in der Marvin Gaye alle schwarzen Haushalte in den USA betrat, waren die 1970er Jahre in denen Tupac noch ein Kind war. Das lyrische Ich erinnert sich hier ebenfalls an eine Vergangen-

---

112 Vgl. *Juice,* Regie: E. R. Dickerson, Paramount, 1992.

heit („I remember") was die Unsicherheit des zweiten Satzes noch unterstreicht. Kinder irren oft in ihren subjektiven Erfahrungen und die Einsicht, dass „black was the thing to be" deutet einmal mehr auf infantile Unsicherheit. Man weiß nicht, ob der über die Hautfarbe gefühlte Stolz auf die schwarze Identität nichts weiter ist als ein Schein, der sich als gefährlich im späteren Leben erweisen wird.

Die dritte Strophe fängt dann allerdings an ohne Verweis auf die Rassenproblematik und Tupac erweitert hier den Horizont auf alle Frauen: „And, ah, to all the ladies having babies on their own. I know it's kind of rough when you're feeling all alone". Hier wird jetzt die Problematik aus ihrem durch die Rasse geprägtem Hintergrund genommen, so dass klar wird, dass sich Tupac hier an all die Frauen richtet, die von ihren Männern verlassen worden sind und die ihre Kinder allein und in Armut aufziehen müssen. Tupac will Mut machen. Er möchte die welfare queens ermutigen, nicht den Kopf hängen zu lassen. Diese Geste der Ermutigung, die wirklich den Kern des Lieds bildet, wird getragen von der Empathie des lyrischen Ichs, das gewissermaßen aus der Welt der welfare queens spricht. Der Rand der Gesellschaft, an dem die von Sozialhilfe abhängigen oder in prekären Beschäftigungen stehenden Mütter sich abkämpfen, ist die Welt, die das lyrische Ich aufs genauste kennt („I know it's kind of rough when you're feeling all alone"; „I know you're fed up ladies"). Die Gefahren des Ghettos sind dem lyrischen Ich wohl bekannt („Last nicht my buddy lost his whole family"). Und so steht die Erzählperspektive in Harmonie mit den leidenden jungen Damen, die alleine mit ihren Babies zurückgelassen einen verständlichen Hass und eine Wut auf die vor allem schwarzen Männer der Unterschicht haben, die das lyrische Ich zu seinen Brüdern („brothers") zählt und die er versucht zu verteidigen vor der gleichwohl nachvollziehbaren Wut der Frauen („Forgive but don't forget"). Die protestantischen Konnotationen sind unverkennbar.

„Keep ya Head up" ist voll von Sozialkritik. Es scheint so, als könne Tupac nicht über die desolate Lage der welfare queens sprechen, ohne den gesamtgesellschaftlichen Rahmen mit in Betracht zu ziehen. Wie Du Bois und Baldwin so kritisiert auch 2Pac eine korrupte Gesellschaft, die er als Afroamerikaner sich herausnimmt von der Außenperspektive her zu betrachten. So heißt es dann auch in der dritten Strophe: „You see it's funny when it rains it pours. They got money for wars but can't feed the poor. [They] say there ain't no hope for the youth and the truth is there ain't no hope for the future". In Zeilen wie diesen nimmt Tupac die Perspektive des Nichtdazugehörigen an, der die weiße Gesellschaft beobachtet, einer

„twilight society" (Cornel West) die unverständlich bleibt und zu der sich das lyrische Ich nicht gesellt. Die Dichotomie „I/they" funktioniert nur vor dem Hintergrund der über die somatische Differenz geregelten Rollenzuweisung, die es dem lyrischen Ich erlaubt, sich von den Weißen abzugrenzen. In späteren Songs mit Titeln wie „White Man's World" hat Tupac diese Linie weiter ausgearbeitet,[113] was Chuck D von Public Enemy dazu geführt hat, in Tupac eine stärker politisch orientierte Komponente zu erblicken, die der junge Star nur verdeckt gehalten hätte, die aber in seinem späteren Werk zum Vorschein gekommen wäre, wäre er nicht so jung erschossen worden.[114] Tupacs Mutter, die selbst in ihren späteren Jahren und nach einer kurzzeitigen Beschäftigung bei der Polizei nicht von ihren radikal befreiungsnationalistischen Werten abgewichen ist, hat bei der Konzeption vom posthum veröffentlichten Best-of-Album wohl darauf bestanden, dass „Keep ya Head up" als erster Song erscheint. Die Empathie für die von der neoliberalen Gesellschaft abgehängten welfare queens gekoppelt mit der Insistenz auf der eigenen Rasse als eine produktiven politischen Kategorie hat den Song zu einem Hit gemacht, der über Tupacs Lebensgeschichte hinausweist.

In dem Song „One Love" des New Yorker Rappers Nas (bürgerlich Nasir Jones) geht es um drei Briefe, die das lyrische Ich an seine Freunde im Gefängnis richtet. In ihnen wird berichtet von den extrem gewalttätigen Lebenswelten jugendlicher Afroamerikaner in den Sozialbausiedlungen der Metropole. Das lyrische Ich verortet sich in diesem Text in einer schwarzen popkulturellen Tradition, die ihren Ursprung beim frühen Michael Jackson hat. Jackson hatte im Video zu „Beat It" auch die Gewalt unter jungen Schwarzen thematisiert und sein Video zusammen mit Gangmitgliedern aus Los Angeles gedreht. Im Clip sehen wir den Künstler, wie er in den Bars, Billardhallen und anderen Orten singt, nachdem die Gangster dort gewesen sind und in den Kampf zogen. Der Protagonist im Video zeigt sich als jemand, der zu dieser Welt der kämpfenden Gangs gehört und sich mit ihnen identifiziert, aber er glorifiziert diese Welt nicht. Er leidet an ihr, aber es bleibt seine Welt, die Gangster seine Brüder, die Orte sein Zuhause. Kurz: Er ist ein Paris und kein Hektor. Die besten Rapper der Dekade haben dieses Bild des am Ghetto leidenden, passiven, intelligenten und trotzdem nicht dozierenden Protagonisten übernommen. Ne-

---

113 Erschienen auf 2Pac, *The Don Killuminati: The Seven Day Theory* Death Row, 1996.

114 Vgl. Chuck D und Yussuf Jah, *Fight the Power,* a.a.O.

ben Nas sind auf jeden Fall Warren G und Snoop Doggy Dogg zu nennen, die in dieser Richtung gearbeitet haben. In einem Nas Song wird der Kontakt zum frühen, noch schwarzen Michael Jackson explizit hergestellt:[115] „When I was young I was a fan oft he Jackson Five". In diesem Modus begegnet uns das lyrische Ich auf „One Love". Es berichtet von den Ereignissen in der Nachbarschaft, die die Kriminellen zurückgelassen haben, als sie nach Rykers Island oder eine ähnliche der unzähligen Gefängnisse im Raum New York gingen.

In den drei Briefen wird geschildert, was sich auf den Straßen der Sozialbaughettos zuträgt und das lyrische Ich kommt an einer Stelle nicht darum her, dem ganzen Leid und der Gewalt, die vor seinen Augen passiert, eine emanzipative Wendung zu geben. An der entscheidenden Stelle im Text heißt es im Bezug auf andere Schwarze, die den Freund des Erzählers im Gefängnis bedrohen: „when we start the revolution all they probably do is squeal". Nas schrieb diese Zeilen 1994 und nie wieder ist es ihm gelungen, ein Album wie das, auf dem „One Love" erschien, zu produzieren. Auch der Begriff der Revolution fällt im Spätwerk nicht mehr, aber angesichts der Zerstörung, des Leids und des Nihilismus, den das lyrische Ich als seine Welt in dem epistelhaften Song schildert, erscheint die Idee der Revolution als beinahe unausweichlich. Die Antwort auf die Frage, um was für eine Revolution es sich hier handelt, gibt es bei Nas nur wenig Ansatzpunkte. Auf einem anderen Song auf *Illmatic* fällt der Name Malcolm X und auch wenn das politische Denken dieses Autodidakten verschiedene Phasen durchgemacht hat, so ist doch klar, dass die Revolution, die Malcolm repräsentiert, eine ist, in der die Religion eine tragende Rolle spielt und wo es den Schwarzen erlaubt ist, ihre eigenen Traditionen zu pflegen, ohne dass diese den Wert von politisch irrelevanten Idiosynkrasien erhalten. Der Begriff der Liebe („One Love") verweist auf eine politische Ordnung, in der die christliche Nächstenliebe Teil der Gemeinschaft ist und nicht eine Erinnerung an eine verlorene Welt.

---

115 Nas, Half Time, auf *Illmatic*. Columbia, 1994.

Der Rassebegriff

Unsere Diskussion über die somatische Differenz in den drei Raps wie auch im Denken der Bürgerrechtsbewegung ruht auf Prämissen, die wir bisher noch nicht analytisch geklärt haben. Die somatische Differenz wurde herausgestellt als politische Erscheinung, die auftritt, wenn es eine Diskrepanz zwischen einer auf eine bestimmte exklusive Art verstandenem Staatsbürgerstatus gibt und einem davon abweichendem Modell, das durch die Rasse gekennzeichnet ist. Das Problem der somatischen Differenz entsteht, wenn Staatsbürgerschaft rassisch aufgeladen ist. Den Begriff der Rasse haben wir deshalb im Vorherigen schon benutzen müssen, einfach weil die somatische Differenz gewissermaßen eine Form von Differenzierung ist, die aufgrund einer rassischen Andersheit entsteht. Wir haben uns aber um den Begriff der Rasse selber noch nicht gekümmert, obwohl dieser höchst kontrovers ist. Diese Hausaufgaben müssen wir jetzt machen, denn in der Debatte um Rassismus und Exklusion in der modernen Gesellschaft ist der Rassebegriff ein Schlüsselterminus und wir müssen ihn klären, wollen wir auch nur ansatzweise das vorher Erörterte retten.

Wir hatten ja bei der Diskussion um Du Bois' Entdeckung der somatischen Differenz festgehalten, dass der junge Sozialwissenschaftler und Philosoph in seinem 1903 erscheinen Buch *Die Seelen der Schwarzen* einen essentialistischen Rassebegriff verwendet. Das Wort essentialistisch soll uns bedeuten, dass in naturalistischer Weise ein kausaler Zusammenhang zwischen der biologischen Konstitution – also heute den Genen – und der kulturellen Kapazität einer Person oder einer Gruppe besteht. Der Term essentialistisch besagt also dasselbe wie biologistisch und wie wir gesehen haben, ist diese Theorie von den Biologen und Anthropologen entkräftet worden. Die biologische Konstitution einer Person sagt uns noch nichts über deren Verhalten und der Versuch irgendwelche kulturellen Muster des Verhaltens gar von Gruppen an deren DNA abzulesen, ist von vornerein zum Scheitern verurteilt. Um zu sehen, ob der Rassebegriff jenseits dieses Essentialismus doch noch tauglich ist, müssen wir in die Debatte einsteigen, die sich unter Autoren in den letzten hundert Jahren um diesen Begriff entspannt hat. Auch hierfür macht es Sinn, die Diskussion bei dem Denker anzusetzen, der wie kaum ein anderer sich mit diesem Problem beschäftigt hat. Termini wie „schwarz", „weiß" oder „die

Schwarzen" oder „die Weißen" sind ihrer begrifflichen Konstitution nach, rassische Termini. Um sie benutzen zu können, müssen wir annehmen, dass es Rassen gibt. Genau diese Annahme ist aber in der Forschung mehr als nur strittig. Um das Terrain zu klären bedarf es deshalb eines weiteren Abtauchens in das Denken Du Bois'.

Der Rassebegriff beim jungen Du Bois

Der junge Du Bois war zwar philosophisch gebildet, hatte aber auch eine Vorliebe für Darwin und seine Evolutionsbiologie. So kam es dass, als er 1897 einen Aufsatz mit dem Titel „The Conservation of Races" schrieb, sich naturalistische und philosophische Elemente in seinem Text vermischten. Dieser Aufsatz von 1897 ist aber dennoch ein Schlüsseltext in der Debatte, weil er in gewisser Hinsicht all die Probleme aufwirft, die sich später in der Diskussion entwickelt finden.[116] Der allgemeine Tenor des Textes sagt, dass es nicht Individuen sind, die Geschichte machen, sondern Rassen und Du Bois liefert auch eine Definition von dem Terminus Rasse, der die ganze Problematik in ihrer Ganzheit umreißt. Die Emphase auf der kollektivistischen Seite der Geschichte ist bei Du Bois verfasst als Kritik an dem, was er die individualistischen Züge der amerikanischen Gesellschaft nennt: „We, who have been reared and trained under the individualistic philosophy of the Declaration of Independence and the laisser-faire philosophy of Adam Smith, are loath to see and loath to acknowledge this patent fact of human history [that races make history and not individuals]" (178). Für Du Bois ist es nämlich klar, dass die Geschichte nicht von großen Individuen, die gewisser Weise isoliert von dem Kontext deren Teil sie sind, gemacht werden, sondern von Rassen. Du Bois erörtert nicht die Beziehung zwischen Kultur und Rasse, doch wie wir noch sehen werden, ist es genau diese Dichotomie, die es zu überwinden gilt. Der Begriff Kultur taucht bei Du Bois nämlich nicht auf. Es sind die Rassen, die die Geschichte machen und diese wiederum müssen definiert werden. Du Bois schreibt: „Although the wonderful developments of human history teach that the grosser differences of color, hair, and bone go but a short way toward explaining the different roles which

---

116 Vgl. W. E. B. Du Bois, The Conservation of Races, in ders. *The Souls of Black Folk*. New York, 1999. S. 176-183.

groups of men have played in Human Progress, yet there are differences –
subtle, delicate and elusive, though they may be – which have silently but
definitely separated men into groups. While these subtle forces have generally followed the cleavage of common blood, descent and physical pecu-
liarities, they have at other times swept across and ignored these. At all
times, however, they have divided human beings into races, which, while
they perhaps transcend scientific definition, nevertheless, are clearly defined to the eye of the Historian and Sociologists" (177). In dieser Passage
sieht man sehr schön, wie Du Bois mit einem Vokabular umgeht, das ihm
in seiner Aufgabe Rassen als Elemente der Geschichte zu postulieren,
nicht immer dienlich ist. Zum einen ist da natürlich der essentialistische
Zug, der Du Bois hoffen lässt, die Naturwissenschaften wären irgendwann
in der Lage, uns zu sagen, was eine Rasse ist und so das Zweifeln, was
den Beobachter plagt, zur Ruhe zu bringen. In Du Bois' Argumentation
wird ja sehr wohl gesagt, dass es eigentlich nicht die physischen Bestandteile der Rasse sind, die das Essentielle ausmachen, wenn wir zum Beispiel von den Schwarzen als einer anderen Rasse sprechen, sondern, dass
es eben die geistigen Bestandteile sind, die die biologischen transzendieren. Dann sagt Du Bois aber, dass die Gruppen, die so gebildet werden,
Rassen sind und wenn Du Bois diesen Term nicht wieder einfach als
Äquivalent für Kulturen verwenden will, muss er sagen, wieso die transzendieren Elemente wie Ideen und Geist doch wieder an den Schranken
der körperlichen Verfasstheit halt machen sollen. Der junge Du Bois ist,
was das Rassenkonzept angeht, ambivalent. Er will auf der einen Seite sagen, dass die Menschen, die einen schwarzen Körper haben, auch kulturell
anders sind, ohne doch zuzugeben, dass somit die Hautfarbe zum Beispiel
obsolet und unwichtig würde, weil, wenn man einmal eingestanden hat,
dass es der Geist ist und nicht der Körper, der die „Rasse" macht, dann ist
man, um genau zu sein, eben nicht mehr bei der Rasse, sondern bei der
Kultur und die ist variabel und an keine Physiognomie gebunden.

Diese Ambivalenz des jungen Du Bois erscheint auch eklatant an der
Definition, die der Autor dann doch versucht zu geben, um das individualistische Argument zu entkräften, dass es immer nur die großen Individuen
sind ohne ihren Kontext, die die Geschichte vorantreiben. Hier hießt es
dann: „If this be true [was oben gesagt wurde], then the history of the
world is the history not of individuals, but of groups, not of nations, but of
races, and he who seeks to override the race idea in human history ignores
and overrides the central thought of all history. What then is a race? It is a
vast family of human beings, generally of common blood and language,

always of common history, tradition and impulses, who are both voluntarily and involuntarily striving for the accomplishment of certain more or less vividly conceived ideals of life" (177-178). Diese berühmte Definition birgt nun genauso viele Schwierigkeiten, wie sie uns hoffen lässt zu lösen. Du Bois sagt, dass die Rassen auf der einen Seite durch eine gemeinsame Biologie (*blood*) und auf der anderen durch gemeinsame Geschichte bestimmt sind. Wieso das aber so ist, das sagt er uns nicht. Er verrät nur, dass diese Rassen auf der einen Seite aus eigener Willkür handeln, auf der anderen Seite aber auch zu bestimmten Handlungen getrieben werden. Dieser schwache Determinismus ist nun beim frühen Du Bois essentialistisch oder biologistisch ausgelegt. So heißt es nämlich weiter oben im Text: „For it is certain that all human striving must recognize the hard limits of natural law, and that any striving, no matter how intense and earnest, which is against the constitution of the world, is vain" (177). Es scheint dem jungen Du Bois also doch so, dass gut darwinistisch alles historische Handeln im Rahmen einer von der Biologie vorgezeichneten Bahn verlaufen muss. Zwar versucht Du Bois diesen essentialistischen Zug wieder wett zu machen, indem er von der Verfasstheit der Welt spricht, aber diese wird eben nicht weiter erläutert, so dass es doch so scheint, als hätte der Biologismus hier das das letzte Wort.

1897 als Du Bois diesen Aufsatz schrieb, glaubte der junge Denker wahrscheinlich noch an die Möglichkeit einer wissenschaftlichen Klärung des Rassebegriffs durch die Biologie, die seit Darwins Erscheinen von *The Origin of Species* 1859 so viel Hoffnung auf eine weitaus klärende Erschließung einer empirischen Wissenschaft geliefert hatte. Unter dieser Hoffnung einer naturalistischen Begründung des Rassebegriffs steht der Text von Du Bois. Aber schon zu diesem frühen Zeitpunkt im späten neunzehnten Jahrhundert streift Du Bois einen Gedanken, der weitrechende Konsequenzen hat. Er sagt ja, dass die Rassen zwar keine strikte wissenschaftliche Definition erlauben („[races] perhaps transcend scientific definition"), vielleicht weil die Wissenschaften vom Menschen noch nicht weit genug entwickelt sind. Er meint aber trotzdem, dass die Rassen klar sichtbar sind für das Auge des Historikers und des Soziologen („clearly defined to the eye oft he Historian and Sociologist"). Und es ist diese Aussage, die zwischen den Naturwissenschaften und den hermeneutischen Wissenschaften unterscheidet, die wichtig ist. Du Bois wird nämlich im Zug seiner Laufbahn immer weiter vom Enthusiasmus für die empirischen Wissenschaften abkommen ohne aber den Rassebegriff preiszugeben. Hier müssen wir nur festhalten, dass der junge Du Bois obwohl er einen quasiidealistischen Unterbau hat, sich so sehr für die Errungenschaften der Naturwissenschaften begeistert, dass er hoffen kann, diese Wissenschaften würden uns eines Tages zeigen können, was wir ohnehin schon wissen, nämlich dass es Rassen gibt. Daher rührt auch Du Bois' intensive Beschäftigung mit der Anthropologie, von der er hoffte, dass sie den Grund liefern würde, auf dem wir dann unsere Intuitionen retten könnten, nach denen wir annehmen, dass es eben doch einen Unterschied macht, ob jemand weiß ist oder schwarz. Und dieser Unterscheid soll dann eben nicht mehr ein bloß arbiträrer sein, sondern gewissermaßen fundiert eben durch eine Wissenschaft oder irgendwie sonst.

Der späte Du Bois und der Rassebegriff jenseits der Wissenschaft

Die Unterscheidung, die Du Bois in seinen jungen Jahren traf zwischen den Geisteswissenschaften und den Naturwissenschaften ist von Interesse weil der späte Du Bois immer mehr enttäuscht worden ist von der vermeintlich emanzipativen Kraft der experimentell-empirischen Wissenschaften, worin nach der oberen Definition eben nicht die Geschichtswissenschaften und die Soziologie zählt. Man kann natürlich auch annehmen, dass Du Bois ein strikt empirisches Verständnis der Historiographie und der Soziologie hatte und dass seine späte Kritik nicht mehr irgendwie fundiert war. Dagegen spricht aber, dass Du Bois durchaus auch philosophisch gebildet war und sich teilweise selber auch als Philosoph verstanden hat. Als sich Du Bois nämlich 1940 in seinem teilweise autobiographischen Werk *Dusk of Dawn* dem Problem widmet, legt er eine von Grund auf andere Ansatzweise zum Rassenbegriff nahe.[117] Aus der Erfahrung von fast eines halben Jahrhunderts Forschung am Rassebegriff zeigt sich Du Bois ernüchtert, was die Möglichkeit einer wissenschaftlichen Fundierung des Rassenkonzepts angeht. Du Bois will aber trotz allem dem sagen, dass der Rassebegriff Bedeutung hat und reell ist. Diese nichtwissenschaftliche Komponente gewinnt mit der Zeit immer mehr Boden in Du Bois' Denken und darin zeigt sich eben, dass Du Bois an Erhellungen der conditio humana interessiert war, die dem engen Rüstzeug der empirischen Wissenschaften entgingen.

---

117 Vgl. W. E. B. Du Bois, *Dusk of Dawn,* in ders. *Writings*, hg. N. Huggins. New York, 1986. 594-802.

Nachdem Du Bois dargelegt hat, wie er durch seine Familienstruktur mit dem afrikanischen Kontinent verbunden ist, bemerkt er, dass seine Mutter ihm ein Lied beibrachte, das sie von ihren Vorfahren gesungen bekam und das von dezidiert afrikanischem Ursprung ist. Du Bois merkt natürlich, dass er als „mixed-blood" auch europäische Vorfahren hat und doch will er sagen, dass das afrikanische Lied irgendwie für ihn war. Es entsprach ihm als schwarzen Menschen auf eine bestimmte Art und Weise. Was bei Du Bois dabei immer bedacht werden muss, ist dass er an Erkenntnisgewinn außerhalb der exakten Wissenschaften festhält und jenseits der wissenschaftlichen Erfahrung durchaus Ordnung und Struktur vermutet ohne in blinden Dezisionismus oder ähnliches abzurutschen. So ist dann auch die folgende Stelle aus *Dusk of Dawn* interessant: „I felt myself African by 'race' and by that token was African and an integral member of the group of dark Americans who were called Negroes" (638). Natürlich will Du Bois hier nicht sagen, dass das rein subjektive Gefühl schwarz zu sein ausreicht um wirklich Teil der afro-amerikanischen Gemeinde zu sein. Sonst könnte ja jeder, der sich gerade schwarz fühlt, daraus folgern, dass er oder sie Teil der schwarzen Rasse ist. Diesen Subjektivismus möchte Du Bois vermeiden und so ist das Gefühl, das Du Bois dazu verleitet, sich als Schwarzer zu sehen, als ein irgendwie fundiertes zu verstehen. Nicht jeder hat dieses Gefühl und nicht jeder hat es auf die gleiche Art und Weise. Du Bois setzt hier das Wort Rasse in Anführungszeichen, was er normalerweise nicht tut. Das soll hier heißen, dass der wissenschaftliche Rassebegriff gemeint ist, von dem Du Bois ja sagen möchte, dass er unhaltbar geworden ist.

Der nicht-wissenschaftliche Rassebegriff, den Du Bois hier vertritt, findet sich in seinen Schriften nur angedeutet und wir müssen die einzelnen Diskursfetzen zusammen sammeln, um sehen zu können, wie man von Rassen sprechen kann, ohne einen wissenschaftlichen Ansatz zu verfolgen. So sieht es dann auch mit der zentralen Stelle in *Dusk of Dawn* aus, wo Du Bois den zentralen Begriff einführt, der uns helfen wird die ganze Diskussion aufzuklären. Du Bois antwortet hier auf ein Gedicht von Countee Cullen, das mit dem Vers „What is Africa to me" beginnt. Du Bois nimmt diesen Vers als Ansatzpunkt um zu zeigen, worin seine Beziehung zu Afrika besteht und kommt damit auf das Rassekonzept zu sprechen. Du Bois schreibt: „[A]s I face Africa I ask myself: what is it between us that constitutes a tie which I can feel better than I can explain? Africa is, of course, my fatherland. Yet neither my father nor my father's father ever saw Africa or knew its meaning or cared overmuch for it. My mother's folk were closer and yet their connection, in culture and race, became tenuous; still my tie to Africa is strong. On this vast continent were born and lived a large portion of my direct ancestors going back a thousand years or more. The mark of heritage is upon me in color and hair. These are obvious things, but of little meaning in themselves; only important as they stand for real and more subtle differences from other men. Whether they do or not, I do not know nor does science know today" (639). Im letzten Satz klingen Zweifel an Du Bois' „Gefühl" an, das besagt, dass es eine direkte Verbindung zwischen ihm und Afrika gibt. Weil die Wissenschaften keine Erklärung liefern können für die Verbindung zwischen Du Bois der Person und Afrika dem Kontinent steht Du Bois' Überzeugung, dass es eine solche Verbindung geben muss, auf dünnem Eis. Du Bois weiß das und deshalb zögert er in seinen Schlussfolgerungen. Der Abschnitt macht aber dennoch deutlich, wie Du Bois sich eine Erläuterung der Verbindung zwischen ihm und Afrika aussehen könnte. Er sagt nämlich, dass die Spuren (*mark*) seiner Verwandtschaft an seinem Körper in Form von Hautfarbe und Haar klar sichtbar sind und dass diese Spuren „an sich" eben nichts sagen, sondern nur insofern sie für echte Unterschiede von anderen Menschen stehen. Die empirischen Wissenschaften wie Biologie und Anthropologie untersuchen die „Gegenstände", die eine Rasse ausmachen wie Hautfarbe und Haar und kommen zu dem Schluss, dass sie die Solidarität, die Du Bois mit den Menschen des schwarzen Kontinents fühlt, nicht begründen können. Wenn wir die Elemente isolieren, die eine Rasse ausmachen, dann gibt es sozusagen nichts „in" der DNA von Du Bois und auch nichts „in" dem Blut von ihm, das es uns erlauben würde zu schließen, dass Du Bois zum Beispiel die gleichen Gefühle haben sollte wie andere schwarze Menschen oder dass er sich zu diesen Personen auf besondere Art hingezogen fühlen könnte und ihr Schicksaal auch als das seine ansehen sollte. Diese Komponente des Verweisens und Zeigens erörtert Du Bois in dem wichtigen Abschnitt aus *Dusk of Dawn*, der auf die eben zitierte Stelle folgt. Hier heißt es: „But one thing is sure and that is the fact that since the fifteenth century these ancestors of mine and their descendants have had a common history; have suffered a common disaster and have one long memory. The actual ties of heritage between the individuals of this group, vary with the ancestors that they have in common and many others: Europeans and Semites, perhaps Mongolians, certainly American Indians. But the physical bond is least *and the badge of color relatively unimportant safe as a badge*; the real essence of this kinship is its social heritage of slavery; the discrimination and insult; and this heritage binds

together not simply the children of Africa, but extends through yellow
Asia and into the South Seas. It is this unity that draws me to Africa"
(640).[118] In dieser emotional aufgeladenen Passage führt Du Bois nun den
zentralen Terminus ein, der uns als Richtlinie dienen soll um den Rassebegriff zu verstehen. Du Bois sagt ja ganz deutlich, dass die von den exakten
Wissenschaften untersuchten Gegenstände wie Körperphysiognomie und
überhaupt die vorliegenden biologischen Elemente des Körpers unwichtig
sind und nur als Zeichen (*badge*) unserem Interesse dienen sollen. Das
englische Wort „badge" kann im Deutschen in der Tat am besten mit dem
Begriff Zeichen widergegeben werden. In ihm zentriert sich in gewisser
Weise unsere gesamte Anstrengung um den Rassebegriff in den Griff zu
bekommen. Du Bois meint ja, dass das Zeichen für eine gewisse historische Erfahrung steht und er führt als Beispiel Sklaverei und Kolonialismus ein um zu zeigen, dass die „Gegenstände" wie Haargestalt und Hautfarbe eben nur ihre Bedeutung erlangen, weil sie auf diese Erfahrung hindeuten, ja, er stellt es so dar, als sei diese Erfahrung nicht von den Zeichen, die den Schwarzen auf den Körper geschrieben stehen, zu trennen.

Der Verweis auf den Zeichencharakter der Rasse sprengt in Du Bois'
Denken das enge Gerüst der exakten Wissenschaften und Du Bois weiß
das. Sein festhalten am Rassebegriff als ein so definierter führt ihn weg
von Biologie und Anthropologie und hin zur Philosophie, die er kannte.
Philosophisch war Du Bois zuhause unter anderem im Denken des Histo-
rismus und seine Intuitionen müssen in diesem Zusammenhang gesehen
werden. Du Bois will ja sagen, dass die Rasse ein Zeichen für eine bestimmte historische Erfahrung ist und seine Zeichentheorie, die er nie entwickelt hat, müsste – um sein Argument zu stützen – von der Art sein,
dass sie uns erlaubt zu sagen, das Verhältnis zwischen der Rasse und der
geschichtlichen Erfahrung sei nicht arbiträr. Wollte Du Bois nämlich das
sagen, könnte er nicht mehr argumentieren, dass die Rasse eine Bedeutung
hat und diese ihr nicht voluntativ von irgendwelchen Subjekten in einem
Akt, der uns verständlich ist, zugewiesen wird. Wäre letzteres der Fall,
dann wäre nicht mehr einsehbar, warum Du Bois darauf insistieren sollte,
dass sein Gefühl ein Schwarzer zu sein fundiert ist. Das Gefühl ist ja fundiert, weil Du Bois wirklich schwarz ist und wäre das Verhältnis zwischen
„Erfahrung" und „Rasse" ein willkürliches, dann könnte auch Du Bois'
Rasse dieses Gefühl nicht begründen, einfach weil wenn es von einem

---

118 Hervorhebung von mir.

wissenden Subjekt gemacht würde, kein Zwang mehr bestünde, sich auch wirklich so zu fühlen, wie Du Bois sich fühlt, nämlich als Schwarzer. Wir dürfen hier nicht den Fehler machen, vor dem Du Bois uns gewissermaßen ja warnt, und den von den Wissenschaften suggerierten Rassebegriff als „Gegenstand" zu nehmen. Rasse als Zeichen transzendiert notwendigerweise den von den Wissenschaften angenommenen Rassebegriff.

Den Hinweis den der späte Du Bois uns gibt indem er die Rasse als Zeichen interpretiert dürfen wir nicht preisgeben. In ihm artikuliert sich das Grundmuster der Kritik an allen Versuchen, die Rasse aus der Welt zu reden, indem man sie entweder als gesellschaftliche Konstruktion oder als Illusion abtut. Dabei ist noch eine weitere Stelle in *Dusk of Dawn* von Wichtigkeit, da diese immer wieder zu Missverständnissen geführt hat und deshalb kurz erwähnt werden sollte.

In einem imaginierten Dialog mit einem weißen Interaktionspartner sagt Du Bois, dass selbst die Weißen, die sich so gegen die Schwarzen abgrenzen und sie durch Verordnungen und Verbote unterjocht halten, in ihrer rassischen Konstitution nie ganz weiß sind, frei nach dem Motto selbst die Europäer stammen von den Afrikanern ab und die existierenden Weißen tragen oft schwarzes Blut in sich ohne es zu wissen. Du Bois will hier einem wissenschaftlichen Argument entgegen treten und sagen, dass es in die Irre führt. Wenn man schon Verbote und Verordnungen einführt, die auf einem objektiven, von Biologie und Anthropologie gelierten Rassebegriff verfährt, dann kommt man in die Irre, einfach schon deshalb weil selbst die Rassen als objektive „Gegenstände" sich nicht so klar zerteilen lassen, wie es die Weißen gerne hätten (wir sprechen von weißen Amerikanern zur Zeit des Jim Crow). Du Bois kommt bei diesem Argument auch darauf zu sprechen, dass ja selbst die Schwarzen nie so ganz reinrassig sind, wie es die Fürsprecher des Jim Crow Rassismus gerne hätten und dass es deshalb wenig Sinn macht, auf der wissenschaftlichen Definition von Rassen zu verweilen. In diesem Moment aber schwenkt sein imaginierter Interaktionspartner um und fragt Du Bois, warum er in der Lage sein soll, die Schwarzen als Gruppe zu erfassen, wenn er doch zugibt, dass die wissenschaftliche Definition von Rasse dazu nicht in der Lage ist. Der vorgestellte Dialogpartner fragt: „'But what is this group, and how do you differentiate it; and how can you call it 'black' when you admit it is not black?'" (666). Hier fragt der Partner also, wie Du Bois zu seiner nichtwissenschaftlichen Definition von Rasse kommt. Er unterscheidet dabei zwischen dem nicht wissenschaftlichen Schwarzsein, das er in Anführungszeichen stellt und dem wissenschaftlichen Schwarzsein, das er so stehen lässt wie es ist, nämlich ohne Anführungszeichen. Der fiktive Gesprächspartner unterscheidet also zwischen Rasse als wissenschaftlichem und nicht-wissenschaftlichem Begriff und fragt nun nach der Beziehung zwischen den beiden. Du Bois allerdings gibt eine eigentümliche Antwort. Er sagt: „I recognize it [die Gruppe der Schwarzen] quite easily and with full legal sanction; the black man is a person who must ride 'Jim Crow' in Georgia" (666). Diese oft zitierte Passage ist oft missverstanden worden, so dass es nötig ist, sich mit aller Sorgfalt ihr zu nähern. Der Schwarze, sagt er, ist derjenige, der in Georgia im segregierten Abteil fahren muss. Das kann nun zweierlei heißen. Entweder man liest die Passage so, dass Du Bois hier die Bürde der Definition einfach von sich weist und auf eine soziale Praxis verweist, in der die Teilhabenden immer schon wissen, was eine Rasse ist und sie sozusagen uns verraten wie die Gruppe zu definieren sei. Nun ist es aber Du Bois klar, dass die weißen Machthaber nach einer bestimmten Rassendefinition handeln und es wird unschwer einzugestehen sein, dass dies die wissenschaftliche ist. Es ist ja Du Bois' allgemeiner Vorwurf gegen die europäischen Wissenschaften, dass sie die Schwarzen als Untermenschen darstellen und dies dadurch legitimieren, dass die Schwarzen aufgrund ihrer essentialistischen Konstitution also wegen ihrer natürlichen Verfasstheit minderwertig sind. Wollte Du Bois also sagen, dass die weißen Unterdrücker je schon wüssten, was eine Rasse ist und man sich nur nach ihnen richten sollte, dann müsste man eingestehen, dass die wissenschaftliche Definition einer Rasse möglich und richtig ist. Du Bois verneint aber, wie wir gesehen haben, die Richtigkeit und Möglichkeit der wissenschaftlichen Definition, so dass wir nach einer alternativen Interpretation suchen müssen.

Du Bois will sagen, dass die Erfahrung der Unterdrückung und Segregation konstitutiv für schwarze Identität ist. Das darf aber natürlich nicht so verstanden werden, dass die Unterdrückung in irgendeiner Form die Rasse macht. Man wird ja nicht schwarz und bekommt eine bestimmte Haargestalt, wenn man gezwungen wird in einem bestimmten Abteil zu reisen oder ähnliches. Vielmehr ist es so, dass die Erfahrung der Unterdrückung Teil dessen ist, was es aus macht schwarz zu sein. Unterdrückung und schwarz sein gehören zusammen, denn die Personen und Gruppen die hier unterdrückt werden sind schwarz und deshalb werden sie unterdrückt – nicht umgekehrt. Du Bois versucht hier also nicht zu zeigen, dass wir wenn wir nur genau auf die Praktiken als objektive Gegenstände achten, wir herauskriegen werden, wer schwarz ist und wer nicht, denn es muss ja nur ein einziger Weißer ebenfalls unterdrückt werden und die ganze Theorie fällt zusammen. Es sei denn man würde argumentieren, dass alle Unterdrückten schwarz sind egal welche Hautfarbe sie haben, aber das würde ja wohl kaum jemand behaupten. Man kann natürlich versuchen zu zeigen, dass zum Beispiel Asiaten anders unterdrückt wurden als Schwarze und versuchen in den so unterschiedlichen Praktiken den Schlüssel für die Rassekategorie zu finden, aber es muss, wie gesagt, sich nur ein Asiate finden, der ebenso misshandelt wird wie ein Schwarzer und das Gebäude stürzt in sich zusammen.

Die Passage, auf die wir eben Bezug nahmen, wird oft als Hinweis verstanden, dass der späte Du Bois im Gegensatz zu seinen jungen Jahren zu einer nicht essentialistischen Definition von Rasse zu einer sozial-konstruktivistischen Definition gekommen sei.[119] Dieses Argument, das es zu entkräften gilt, hat sich schon zu der Zeit eingestellt, als der junge Du Bois gerade seine Versuche und Schwierigkeiten mit dem Rassebegriff in Worte gefasst hatte. Und wir müssen deshalb auf die Kritiker Du Bois' eingehen um seinen eigentlichen Ansatz verständlich zu machen. Dafür müssen wir abermals ein paar Dekaden in der Geschichte zurückgehen

Max Webers Rassebegriff

Max Weber hielt Du Bois für den fähigsten Sozialwissenschaftler in den USA zu Beginn des letzten Jahrhunderts.[120] Und wie Du Bois war auch Weber, wohl hauptsächlich durch einen längeren USA Aufenthalt, wo er mit dem „Negro problem" konfrontiert wurde, auf das Thema der Rasse gestoßen. Weber kannte Du Bois' Schriften und versuchte eine Zeit lang *The Souls of Black Folk* ins Deutsche übersetzt zu bekommen. Ob er die Rede „The Conservation of Races" kannte, ist nicht klar. Auf jeden Fall entsteht Webers Auseinandersetzung mit dem Rassenproblem bevor Du Bois seine Gedanken über die nicht-wissenschaftliche Definition der Rasse in seinem erst 1940 erschienenen *Dusk of Dawn* niederlegte. Ob letzteres wiederum von Webers Gedanken beeinflusst war, ist zweifelhaft, sind Du Bois' Überlegungen doch weit entfernt von dem, was Weber sich zum Problem der Rasse überlegt.

---

119 So zum Beispiel A. Reed, *Fabianism and the Color Line,* a.a.O.
120 Vgl. J. Kaube, *Max Weber. Ein Leben zwischen den Epochen.* Berlin, 2014. S. 210-224.

Wie Du Bois ging es auch Weber darum, eine essentialistische Deutung des Rassebegriffs zu kontern. Im Gegensatz zu Du Bois allerdings verfügte Weber über ein grundsätzlich anders gelagertes Verständnis von Wissenschaft und Philosophie. Es wäre verkürzt zu argumentieren, Weber wäre nicht auch irgendwie philosophisch gebildet gewesen, aber er verstand sich selber als Soziologe und legte in seinem Werk auch, wie allgemein bekannt ist, die wohl bedeutendste Begründung einer Möglichkeit einer Sozialwissenschaft dar. Letztere wollte Weber allerdings nicht wieder als genau analog zu den Naturwissenschaften angesehen haben und er plädierte deshalb für eine eigene Berechtigung einer verstehenden Soziologie. Weber geht es also sehr wohl um eine wissenschaftliche, nämlich eine sozialwissenschaftliche Begründung des Rassebegriffs oder besser des auf Rasse beruhenden Solidaritätsgefühls. Aus seiner Perspektive – und hier trennt er sich von Du Bois – kann es nämlich entweder nur eine wissenschaftliche Definition des Rassebegriffs geben oder gar keine. Die Idee, dass es jenseits der Wissenschaften ein Wissen gibt, musste er verwerfen, wie er auch alle Philosophie, sofern sie Aussagen über die conditio humana jenseits von überprüfbaren Daten machte, als Grenzübertretung verwarf. Um zu verstehen, wie es um den Weber'schen Rassebegriff bestellt ist, müssen wir darum zuerst einmal sehen, wie er ihn definiert.

Weber sagt: „Eine weit problematischere Quelle für Gemeinschaftshandeln [...] ist der wirklich auf Abstammungsgemeinsamkeit beruhende Besitz gleichartiger ererbter und vererblicher Anlagen: die ‚Rassenzugehörigkeit‘. Sie führt zu einer ‚Gemeinschaft‘ natürlich überhaupt nur dann, wenn sie subjektiv als gemeinsames Merkmal empfunden wird, und dies geschieht nur, wenn örtliche Nachbarschaft oder Verbundenheit Rassenverschiedener zu einem (meist: politischen) Handeln, oder [wenn] umgekehrt: irgendwelche gemeinsamen Schicksale der rassenmäßig Gleichartigen mit irgendeiner Gegensätzlichkeit der Gleichgearteten gegen auffällig Andersgeartete verbunden sind" (234). Bei dieser Definition, die ebenfalls berühmt geworden ist, fällt nun gleich auf, dass Weber zwischen natürlichen und sozialen Tatsachen unterscheidet.[121] Er nimmt den „Besitz gleichartiger ererbter und vererblicher Anlagen" als von den Naturwissenschaften gelieferte Gegenstände, von denen dann gefragt wird, wie sie gesellschaftlich bedeutsam werden können. An sich, so möchte Weber sa-

---

121 Vgl. M. Weber, *Wirtschaft und Gesellschaft. Grundriss der verstehenden Soziologie.* Tübingen, 1972.

gen, sind diese von der Biologie und der Anthropologie gesicherten Objekte von keiner Bedeutung. Sie werden es erst, sobald sie subjektiv als „gemeinsames Merkmal empfunden werden". Dies wiederum passiert erst, wenn es eine bestimmte historische oder politische Konstellation gibt. Diese Konstellation beschreibt Weber als sich bildend, wenn es Kontakt zwischen den von den Naturwissenschaften unterschiedlich definierten Rassen gibt oder wenn die biologisch gleichgeformten ein gemeinsames Schicksal ereilt, das sich klar erkennbar von dem einer sichtbar anders geformten Gruppe unterscheidet. Rassen „an sich" sind also noch keine Gemeinschaften. Webers Definition dieser Rassen scheint also erst einmal die strikt naturwissenschaftliche zu sein, von der aus streng genommen keine Auskünfte über deren soziales Sein getroffen werden können. Deshalb setzt Weber Rassenzugehörigkeit und Gemeinschaft in Anführungszeichen, wenn er die Begriffe auf Rassen anwendet. Diese beiden Begriffe sind nämlich, folgt man Weber, nicht mehr von den Naturwissenschaften erklärbar, sondern sie bedürfen der Explikation durch den Soziologen. Die Rassenzugehörigkeit scheint hier in erster Linie ein Gefühl zu meinen und die auf der gleichen Rasse beruhende Gemeinschaft ist eine gesellschaftliche Tatsache, die wie das Gefühl nicht naturalistisch erklärt werden kann. Um sie dennoch für die soziologische Diskussion fruchtbar zu machen, führt Weber den Begriff des Subjektiven ein. Sobald sich rassisch gleiche Individuen subjektiv als Gleiche fühlen, bilden sie eine Gemeinschaft, die dann Objekt der sozialwissenschaftlichen Beobachtung werden kann. Es ist also dieses psychologische Moment der subjektiven Erfahrung, das aus biologischen Rassen soziale Gemeinschaften macht. Weber will nun aber dieses subjektive Moment nicht wieder naturalistisch erklären, sondern er verweist auf den sozialen und politischen Kontext, in dem es zu Situationen kommt, in denen sich die physiognomisch gleichen Individuen dazu gezwungen sehen, sich auch als zusammengehörig zu fühlen. Alles kommt also jetzt auf den sozialen und politischen Kontext an, denn es ist er, der die Akteure dazu veranlasst, sich als Gemeinschaft zu sehen und so den naturalistischen Rahmen der bloßen biologischen Rasse zu transzendieren.

Du Bois' Argument, dass sein Gefühl ihm sagt, Teil der schwarzen Rasse zu sein, würde also von Weber dahingehend kritisiert werden, dass es dieses Gefühl gar nicht brauch, sondern dass es die exakten Wissenschaften sind, die uns unzweifelhafte Auskunft darüber geben können, ob jemand weiß oder schwarz ist, nur dass diese Informationen uns noch überhaupt gar nichts über die gesellschaftliche Konstitution dieser Personen sagt. Weber müsste also konsequenterweise erst einmal Begriffe wie

„die Weißen" oder „dieser Schwarze" für nicht relevant halten, sofern wir uns nicht in einer biologischen Diskussion über DNA oder Pigmentierung befinden. Wenn Du Bois jetzt sagen würde, er fühle sich schwarz, dann ist diese Aussage für Weber erst einmal so, wie wenn jemand sagt „ich fühle mich groß" oder „ich fühle mich dick", denn dieses Gefühl ist dann nichts weiter als eine Repräsentation der gegenständlich vorliegenden naturwissenschaftlichen Tatsache, dass jemand groß oder dick ist. Nun ist es aber so, dass wenn Du Bois sagt, er fühle sich schwarz, er nicht einfach eine richtige Aussage über seine Biologie treffen will, sondern darauf abheben möchte, dass er sich zu all denen zugehörig fühlt, die ebenfalls schwarz sind. Hier müssen die Naturwissenschaften nun schweigen, denn wie sollten sie auch sagen können, dass eine handelnde Gemeinschaft gewissermaßen endogen aus einer relativ ähnlichen DNA entsteht, wo doch Du Bois und Weber sich darüber einig sind, dass eine aus der Sicht der Biologie betrachtete Gleichheit kein hinreichender Grund für Gemeinschaft ist? Der Moment, indem sich jemand als Schwarzer fühlt, muss also für Weber der Moment sein, wo wir das Terrain der Biologie verlassen. Nun will Du Bois sagen, dass dieses Gefühl nicht einfach arbiträr ist und Weber will ihm hier folgen. Wollte Weber nämlich zugestehen, dass dieses Zugehörigkeitsgefühl komplett ohne Fundierung ist, dann hätte er schweigen müssen, wenn er über „die Schwarzen" oder „die Weißen" als soziale Gruppen schreibt, wie er es tut.[122] Die Schwarzen und die Weißen wären dann nämlich aus dem Objektivierungsbereich der Naturwissenschaften nicht herauszubekommen und die Soziologie hätte sich nicht, ja dürfte sich nicht um sie kümmern. Für die Rassenzugehörigkeit als soziales Phänomen braucht es nach Weber beides, die objektiv gleiche Physiognomie und das Gefühl, dass sie sozial wichtig ist. Für Weber wird aus dem biologischen Schwarzen erst ein sozialer Schwarzer, wenn dieser sich als Teil einer Gruppe sieht, die objektiv schwarz ist. Das passiert nur, wenn sich diese Schwarzen in einer bestimmten sozialen Situation befinden, die sie dazu verleitet, sich als „sozial" schwarze zu fühlen. Hat der soziale Kontext erst einmal die Analyse betreten, dann wandelt sich die Bedeutung des Begriffs schwarz. Vor dem Eintreten in den sozialen Kontext ist Schwarzsein ein rein biologischer Begriff. Er wird zum sozialen, wenn die soziale Situation eintritt, die die biologisch Gleichen dazu bringt, sich als zusammengehörig zu empfinden. Weber argumentiert also, dass sich die

---

122 Vgl. M. Weber, *Wirtschaft und Gesellschaft,* a.a.O. S. 239.

Schwarzen als soziale Gruppe in dem Moment konstituiert, indem die rassisch Gleichen sich als schwarze Gruppe fühlen und dieses Gefühl wiederum nicht einfach ein Widerspiegeln ihrer biologischen Verfasstheit ist. Das Gefühl spiegelt nicht eine natürliche Tatsache wider, wohl aber eine soziale. Wollte Weber nämlich sagen, dass das Gefühl Teil der schwarzen Gruppe zu sein auf einer naturwissenschaftlichen Tatsache beruht, dann würde er essentialistisch verfahren, weil das subjektive Gefühl dann nichts anderes wäre als ein akkurater Spiegel der Natur. Das Gefühl spiegelt nach Weber aber eine soziale Tatsache wider und muss dies auch tun, um es der Soziologie zu erlauben, von Rassenzugehörigkeit als sozialem Phänomen zu sprechen. Diese soziale Tatsache besagt nun einfach, dass physiognomisch ähnliche Individuen ein Zusammengehörigkeitsgefühl entwickeln, wenn sie sich in sozial ähnlichen Situationen finden – dass sie zu gemeinsamem politischem Handeln mit physiognomisch Andersartigen gezwungen sind oder ein gleiches Schicksal erleiden wie ähnlich Aussehende. Dieser soziale Kontext ist also der entscheidende Punkt in Webers Ansatz, denn es ist er, auf dem das subjektive Gefühl verständlicherweise entstehen kann, das allein Rassenzugehörigkeit begründet.

Nun fällt bei genauerer Betrachtung dieses sozialen Kontexts schnell auf, dass dieser nicht irgendwie verfasst ist. Weber schreibt ja, dass das Gefühl der Rassenzugehörigkeit im Individuum entsteht, wenn „örtliche Nachbarschaft oder Verbundenheit Rassenverschiedener zu einem (meist: politischen) gemeinsamen Handeln" verbunden sind (234), oder wenn „irgendwelche gemeinsamen Schicksale der rassenmäßig Gleichartigen mit irgendeiner Gegensätzlichkeit der Gleichgearteten gegen auffällig Andersgearteten verbunden sind" (234). Um uns ein besseres Bild von dem zu machen, was Weber hier im Sinn hat, können wir uns zwei historische Situationen vorstellen, die diesen beiden Szenarien entsprechen. Das erste Bild könnte das des amerikanischen Südens in Zeiten der Sklaverei sein, wo Weiße und Schwarze zu gemeinsamem politischem Handeln verbunden sind. Das zweite Bild könnte das von den makedonischen Truppen Alexanders des Großen in Persien sein, denen in einer fremden Umgebung das Wasser ausgegangen war. Situationen dieser Art müssen die physiognomisch relativ gleichförmigen Individuen dazu veranlasst haben, ein Zugehörigkeitsgefühl zu entwickeln, das auf eben jener biologischen Gleichförmigkeit basiert. Ab diesem Moment erst werden sie als Gruppe Gegenstand der soziologischen Analyse. Nun fällt aber gleich auf, dass wir um die Situation zu beschreiben, Begriffe benutzen mussten, die selber wiederum rassisch waren. Die Weißen und die Schwarzen, die hellhäutigen Makedonier und die dunkleren Perser sind ja die Subjekte in diesen Situationen und um sie zu identifizieren mussten wir uns rassischer Termini bedienen. Die Frage ist nun einfach die, auf welcher Basis diese Identifizierung von statten geht. Es ist jetzt noch nicht geklärt, ob es sich hier um von den Naturwissenschaften bereitgestellte Begriffe handelt, die uns den Unterschied zwischen den Afroamerikanern und den Anglosachsen sowie den Makedoniern und den Persern aufweisen. Die missliche Lage der Notwendigkeit rassische Begriffe zu verwenden liegt auch nicht daran, dass wir Webers Sprache in Bilder übersetzt haben, denn Weber bedient sich ja selber einer Sprache um dieselben Unterschiede beziehungsweise Identitäten festzuhalten. Im Text ist von „Rassenverschiedenen", „rassenmäßig Gleichartigen" und „auffällig Andersgearteten" die Rede. Es stellt sich doch jetzt die Frage, von welcher Qualität diese Begriffe sind. Die Unbekümmertheit, mit der Weber sie benutzt, legt nahe, dass er an eine über die Naturwissenschaften organisierte Bereitstellung dieser Unterscheidungen denkt. „Objektiv" gesehen ist es ja scheinbar ganz klar, wer ein Weißer ist und wer nicht und Weber scheint sich diese Objektivität auf der Stufe der Beschreibung der Situationen, die ja alleine erst das subjektive Gefühl der Rasenzugehörigkeit fundieren soll, nicht nehmen lassen zu wollen. Wenn wir nun aber die Begriffe der Naturwissenschaften benötigen um die Situationen zu erklären, aufgrund derer sich ein berechtigtes Zusammengehörigkeitsgefühl aufbauen lässt, dann können wir dieses Gefühl auch direkt auf die naturwissenschaftliche Erkenntnis aufbauen. Es ist ja nicht klar, warum ich, um mich als Teil einer Rasse zu sehen, den Umweg über eine durch naturalistische Begriffe erklärte Situation gehen muss, wenn hier wie dort dieselben Begriffe verwendet werden. Ich könnte das naturwissenschaftliche Instrumentarium ja auch direkt auf meine eigene Konstitution anwenden und wenn die mir sagt, ich bin weiß oder schwarz, dann weiß ich, dass ich dieselbe biologische Verfasstheit aufweise wie eine bestimmte Anzahl anderer Individuen und nun fehlt nur noch das wichtige subjektive Moment des Zusammengehörigkeitsgefühls, dass es Weber erlaubt, von Rassen als von sozialen Gruppen zu sprechen. Wir sehen also schnell, was das eigentliche Kriterium für Webers Unterscheidung zwischen natürlichen und sozialen Tatsachen ist. Es ist das bloße Subjekt, das beim Vorgang des Reflektierens über die natürliche Welt sich in das Reich des gesellschaftlich intelligiblem emporhebt. Durch den Akt der Reflektion transformiert das Subjekt die natürlichen Tatsachen in soziale.

Man kann jetzt natürlich einwenden, dass Weber diesen Umweg über das Subjekt nicht hätte gehen müssen, wo er doch gleich hätte sagen können, die Naturwissenschaften liefern uns ein akkurates Bild von dem was einen Weißen von einem Schwarzen unterscheidet. Doch Weber war kein Naturalist. Er sah doch sehr klar, dass rassisch gleichgeformte oft gleich handeln, ähnliche Charaktereigenschaften haben oder die gleichen politischen Ziele verfolgen und er wollte über diese Phänomene etwas sagen. Wäre er bei der naturalistischen Definition stehen geblieben, dann hätte er über diese Phänomene entweder schweigen müssen oder sie als Emanationen einer gleichen Biologie ansehen müssen und beides schien ihm unangebracht. Webers Selbstverständnis als Sozialwissenschaftler hat es ihm nicht erlaubt, sich über die Kohäsion von rassischen Gruppen Aufklärung zu verschaffen. Um seine Intuitionen zu retten hat er bei der Idee Halt gefunden, dass soziale Tatsachen solche sind, die vom Subjekt „gemacht" werden. Da die biologische oder anthropologische Information allein nicht ausreicht um Gegenstände als soziale Tatsachen zu qualifizieren, müssen sie vom Subjekt reflektiert werden. Um diese Reflektion wiederum nicht willkürlich zu machen, musste Weber sie auf einer historischen Situation basieren. Nur musste er, um letztere hinreichend zu beschreiben, von Begriffen Gebrauch machen, die ja eigentlich erst durch die Operation erläutert werden sollen und so läuft Webers Definition auf die eigenartige Formulierung heraus, dass eine Rasse eine soziale Gruppe ist, die sich als Rasse weiß. Weber musste bei seiner Darstellung der historischen Situation, auf der die subjektive Rassenzugehörigkeit fußt, von naturalistischen Begriffen Gebrauch machen, einfach weil die Konstitution von sozialen Rassebegriffen erst durch die reflektierende Kraft des Subjekts erbracht werden sollte, die ja am Ende der Operation steht und nicht an ihrem Anfang. Damit aber das subjektive Gefühl, Teil einer Rasse als sozialer Gruppe zu sein, korrekt ist, muss es auf einer korrekten Widerspiegelung der biologischen Tatsachen liegen. Ansonsten wäre jeder der sich einfach nur schwarz fühlt auch von der Soziologie als Schwarzer anzusehen. Weber überlässt somit den entscheidenden Schritt der Identifikation von den Mitgliedern einer Rasse den Naturwissenschaften. Sie bilden den letzten Halt für die subjektiven Empfindungen der sozialen Akteure.

Weber hätte, um seine Definition vom Vorwurf des Naturalismus zu erlösen, darauf verweisen können, dass die Soziologie kein Urteil über die Korrektheit des subjektiven Empfindens von Akteuren treffen kann, sondern lediglich feststellen darf, dass sich bestimmte Personen auf eine bestimmte Art und Weise zugehörig fühlen. Weber hätte also sagen können, alles Rassenzugehörigkeitsfühlen ist letztendlich irrational, weil von den Wissenschaften nicht mehr erklärbar und die Soziologie registriere lediglich, dass es Personen gibt, die sich aus bestimmten Gründen verbunden fühlen, nur dass sie über diese Gründe eben nicht urteilen kann, einfach weil sie ihren Gegenstandsbereich überschreiten. Das hätte aber bedeutet, dass Weber sich einem Chaos von Solidaritäten gegenübergesehen hätte, die ihm alle gleicherweise unvernünftig weil subjektiv erscheinen hätten müssen. Weber wollte dem subjektiven Gefühl der Person, die sich aufgrund ihrer Hautfarbe zu einem Kollektiv gehörig fühlt, auf eine solide Basis stellen, weshalb er den sozial-historischen Kontext eingeführt hatte, der das subjektive Gefühl auslöst, nur dass er eben nicht die Mittel hatte, diese Situation zu charakterisieren, ohne auf naturalistische Termini zurückzugreifen. Natürlich hätte Weber auch hier sagen können, die Unterscheidungen, die in der historischen Situation auftreten, sind ihrerseits wieder subjektive Reflektionen von anderen davorliegenden Situationen. Nur hätte er sich dann in einen infiniten Regress begeben, denn irgendwann muss das subjektive Gefühl mal an eine Stelle kommen, wo es sagen kann, dass dieses Ding, diese Situation oder dieser Gegenstand es bedingt. Wenn Weber die soziale Welt von der natürlichen unterscheiden will dadurch, dass erstere eine vom Subjekt reflektierte ist, dann muss er ja etwas über das sagen, was da reflektiert wird. Andernfalls würde er argumentieren, der Bereich des Sozialen zeichnet sich dadurch aus, dass hier ein Subjekt am Werk ist, egal was es tut. So ein Irrationalismus würde dann aber bedeuten, dass die soziale Welt eine haltlose ist, in der es kein Falsch und kein Richtig gibt. Natürlich hat Weber die These vertreten, dass die Sozialwissenschaften nicht darüber urteilen können, ob ein Projekt gut oder schlecht ist, aber wie Leo Strauss gezeigt hat, ist diese Prämisse Webers nie so weit gereift, dass Weber sich wertender Aussagen bei der Beschreibung von dem, was er vor sich sah, entziehen konnte.[123] Seine Charakterisierung des Sozialen als eines eigenständigen Bereichs lebt ja von der Annahme, dass die Soziologie irgendwelche Regelmäßigkeiten, Muster oder Zusammenhänge aufdeckt und nicht ein Chaos registriert, in das sie es sich nicht wagt, Ordnung reinzubringen. In dieser Hinsicht ist es auch wichtig zu erwähnen, dass die historische Situation, die Weber als Kriterium für die Rationalität der subjektiven Gefühlslage dient, eine ist, die bereits rassisch strukturiert ist. Das will ja sagen, dass in historischen Kon-

---

123 Vgl. L. Strauss, *Naturrecht und Geschichte.* Stuttgart, 1956. S. 37-82.

texten, wo nicht nach Rassen unterschieden wird – nach welchem Kriterium auch immer – es auch keine subjektiven Empfindungen darüber gibt, Teil einer Rasse als Gemeinschaft zu sein. In einer homogenen Situation registrieren die Naturwissenschaften nur eine Rasse. Wäre Weber aber strikt der Definition, die besagt eine Rasse ist eine soziale Gruppe, die sich als Rasse weiß, gefolgt, dann hätte er theoretisch auch diese homogene Situation als Ausgangspunkt nehmen können, gesetzt den Fall, dass die subjektive Reflektion sich nur auf die sichere Information der Biologie verlassen hat können. Dann muss man sich aber doch fragen, warum Weber den Umweg über die historische Situation gehen wollte, um das subjektive Gefühl zu fundieren. Das wiederum legt den Gedanken nahe, dass Weber doch noch eine andere Intuition hatte, als er von der historischen Situation als einer sprach, in der es mehrere Rassen gibt.

In *Wirtschaft und Gesellschaft* geht Weber auch darauf ein, was soziales Handeln ausmacht und er bedient sich hier eines berühmten Beispiels. Personen, die in einer Gruppe zusammenstehen und die bei einsetzendem Regen alle etwa gleichzeitig ihre Regenschirme öffnen, handeln nach Weber noch nicht sozial, einfach weil sie wie automatisch auf eine natürliche Gegebenheit reagieren. Ein Fahrradfahrer aber, der einem anderen Fahrradfahrer entgegen kommt und sein Ausweichmanöver von der Reaktion des Anderen abhängig macht, handelt sozial.[124] Weber schreibt: „‚Handeln‘ soll […] menschliches Verhalten […] heißen, wenn und insofern als der oder die Handelnden mit ihm einen subjektiven Sinn verbinden. ‚Soziales‘ Handeln aber soll ein solches Handeln heißen, welches seinem von dem oder den Handelnden gemeinten Sinn nach auf das Verhalten anderer bezogen wird und daran in seinem Ablauf orientiert ist" (1). Die Wichtigkeit des rassisch heterogenen Charakters der historischen Situation, die die subjektive Empfindung der Rassenzugehörigkeit fundiert, könnte also daher rühren, dass es Webers Intuition war, dass in solchen Situationen der Berührung und des Kontakts, soziales Handeln bereits besteht und dass deshalb die Situation als eine durch und durch soziale beschrieben werden muss. Wenn diese Situation nun aber dazu dienen soll das subjektive Rassenzugehörigkeitsgefühl zu begründen, dann kann die Zusammengehörigkeit, die sich in der Situation abspielt, keine rassische sein. Sonst hätten wir ja Begriffe verwendet, die es erst gilt zu begründen. Die Frage ist nun doch aber wie es um die Termini steht, mit denen Weber

---

124 Vgl. M. Weber, *Wirtschaft und Gesellschaft,* a.a.O. S. 11.

die Situation beschreibt. „Rassenverschiedene" und „Gleichgeartete" sowie „Andersgeartete" dürften dann keine naturalistischen Begriffe mehr sein sondern „pur sozial". Wenn man aber einen Term wie „Rassenverschiedene" als pur sozialen Terminus nimmt, dann sagt man, dass es sich hier um einen Begriff handelt, der in Absehung jeder naturalistischen Begründung funktioniert und das wiederum würde bedeuten, dass auch ein Mensch mit weißer Haut ein Schwarzer sein könnte, was ja wohl Unsinn ist. Hat man nämlich einmal von dem Weber'schen Koppelpaar Natur-Subjekt die Natur abgezogen, dann bleibt nur noch das Subjekt übrig. Die historische Situation wäre dann eine, in der pure Subjektivität herrscht, in der sich gewissermaßen das Subjekt selber Gestalt gibt. Wenn das aber die Fundierung für das Gefühl der Rassenzugehörigkeit im Individuum darstellen soll, dann hätte man auch gleich sagen können, man ist berechtigt sich als Teil der schwarzen Rasse zu fühlen, wenn man nur ein Subjekt ist. Und diese Formulierung ist ja wohl genauso abwegig wie die tautologische, dass ich um ein sozial Schwarzer zu sein nur ein natürlicher Schwarzer sein muss, der das reflektiert, wobei die Korrektheit dieser Reflektion von den Naturwissenschaften geliefert wird.

Aus allem dem wird klar, dass es Weber nicht gelungen ist, uns über das Rassenzugehörigkeitsgefühl aufzuklären. Es bleibt strikt arbiträr und ist sozialwissenschaftlich genauso wenig begründbar wie naturwissenschaftlich.

Rasse als Illusion und Fehler: Anthony Appiah und Walter Benn Michaels

Webers Gedanken entstanden zu Beginn des letzten Jahrhunderts. Der essentialistische Rassebegriff erlebte in der Folgezeit eine Hochblüte, die in der nationalsozialistischen Rassentheorie ihren Höhepunkt hatte, aber auch im angelsächsischen Raum von Wirkung blieb. Nach diesem Nadir mutete die Soziologie sich nicht mehr zu, von Rassen zu sprechen und beharrte auf dem Begriff der Ethnizität, der die Probleme, die die Sozialwissenschaft mit dem Rassebegriff gemacht hatten, umgehen sollte. Allerdings hat sich in den USA, wo die Schwarzen und Weißen, wie wir gesehen haben, zu gemeinsamem politischen Handeln gezwungen waren, der

Begriff der Rasse (*race*) gehalten.[125] Das mag auf den Einfluss von Du Bois zurückzuführen sein, der ja gewissermaßen für eine lange Zeit den einzigen intellektuellen Bezugspunkt für die Afroamerikaner darstellte. Als jedenfalls zur Jahrhundertmitte Gunnar Myrdal sein monumentales Projekt zur Rassenfrage in Angriff nahm, machte er sich nicht die Mühe, den Rassenbegriff erneut zu klären.[126] Und auch Oliver Cox, der schwarze Soziologe, der in etwa der gleichen Zeit sein umfassendes *Caste, Class, and Race* veröffentlichte, stieg nicht in die Debatte ein, in die sich Du Bois und Weber begeben hatten.[127] Die Sozialwissenschaftler hantierten also mit Begriffen wie „die Weißen" oder „dieser Schwarze" ohne eigentlich eine theoretische Grundlage zu haben, um diese Begriffe auch zu verwenden. Webers Problem wurde nur noch gestreift und Elemente seiner Arbeit und seines Versuchs blitzten in der sozialwissenschaftlichen Rassendebatte auf, etwa wenn der englische Soziologe John Rex argumentierte, Schwarze würden sich zueinander nepotistisch verhalten, er dieses Verhalten aber nicht weiter begründen konnte, sondern es lediglich als Befund in den Raum stellte, der mit der sozialwissenschaftlichen Einsicht, dass die Rasse „an sich" keine Gemeinschaft stiftet, eigentümlich kontrastierte.[128] Die Rasse schien ein immer weniger seriöser Begriff zu werden und während die Soziologie immer mehr in Richtung des Begriffs Ethnizität driftete, beschritten nun nach fast einem halben Jahrhundert erstmals wieder die Philosophen das Terrain um sich mit dem Rassebegriff zu beschäftigen.

1903 hatte Du Bois noch geschrieben,[129] dass das Problem des 20. Jahrhunderts das Problem der Rassentrennung sei: „the problem of the twentieth century is the problem of the color-line" (5). Die Denker nun, die nicht aus der Soziologie kommend, sich dem Thema der Rasse widmeten, verstanden diesen Satz so, dass das Problem der modernen Zivilisation darin lag, dass es Rassentrennung gab und sie versuchten zu zeigen, wie letztere durch die bisherige Debatte und den in ihr aufgetauchten Konzepten verschlungen war. Würden wir, so der generelle Tenor dieser Auto-

---

125 Vgl. M. Bös, *Rasse und Ethnizität. Zur Problemgeschichte zweier Begriffe in der amerikanischen Soziologie.* Wiesbaden, 2005.

126 Vgl. G. Myrdal, *An American Dilemma. The Negro Problem and Modern Democracy.* New York, 1962. 20th Anniversary Edition.

127 Vgl. O. Cox, *Caste, Class, and Race. A Study in Social Dynamics.* New York, 1948.

128 Vgl. J. Rex, *Race and Ethnicity.* Milton Keynes, 1986; sowie ders. *The Ghetto and the Underclass. Essays on Race and Social Policy.* Aldershot, 1988.

129 Vgl. W. E. B. Du Bois, *The Souls of Black Folk*, a.a.O.

ren, erst einmal einsehen, dass die Begriffe, mit denen wir umgehen, objektiv falsch sind, dann würde sich auch das Problem der Rassentrennung
erledigen, einfach weil es keine rationale Begründung mehr für diese gäbe.

Anthony Appiah hat sich schon in den 1980er Jahren mit Du Bois' Rassebegriff beschäftigt und er hat diesen kritisiert, ohne auf den in der Soziologie auf Weber zurückgehenden Rassebegriff einzugehen. Man mag darin
Engstirnigkeit was die Grenzen der einzelnen Fächer in der Akademie angeht sehen. Jedoch sollte man wissen, dass Appiah kein Denker ist, der
sich leicht von solchen Formalien beeindrucken lässt. Es liegt daher näher
anzunehmen, dass Appiah einfach dachte, wenn der Rassebegriff, den Du
Bois entwickelte, erst einmal als Illusion entlarvt ist, sich die Debatte in
der Soziologie sowieso erledigt haben würde, einfach weil diese sich nicht
so intensiv mit dem Problem beschäftigt hat, wie Du Bois das tat. Außerdem kannte ja Appiah die späten Schriften von Du Bois, die Weber ja
nicht kennen konnte.

Der Vorwurf, den Appiah Du Bois macht, läuft darauf hinaus, dass es
Du Bois nicht gelungen war eine soziohistorische Definition des Rassebegriffs anzubieten und er deshalb, ohne es sich einzustehen wollen, auf
einem essentialistischen Rassenverständnis verharrte.[130] Nach Appiah besteht nämlich kein so gravierender Unterschied zwischen dem frühen und
dem späten Du Bois. Der darwinistische Rest, den wir in Du Bois' frühem
Aufsatz „The Conservation of Races" entdeckt haben, ist somit nach Appiahs Ansicht in der späteren Beobachtung zu dem Thema nicht komplett
getilgt. Appiah argumentiert, dass Du Bois zwar schon in seinem frühen
Werk darum bemüht war, eine soziohistorische Definition von Rasse –
was auch immer man sich darunter vorstellen mag – anzustreben, er aber
nicht die begrifflichen Mittel zur Verfügung hatte, ja, sie nicht zur Verfügung haben konnte, um den Rassebegriff so zu umreißen. Du Bois' Ansatz
einer Rasse, als einer nicht essentialistisch durch eine sie bedingende gleiche biologische Verfasstheit bestimmte Gemeinschaft, war in seinem frühen Aufsatz auf die Definition herausgelaufen, dass eine solche Rasse,
eine große vereinheitlichte Familie von Menschen darstellt, die eine gemeinsame Geschichte und gemeinsame Traditionen besitzen. Appiah erkennt, dass Du Bois hier noch mit dem darwinistischen Gerüst hantiert,

---

130 Vgl. K. A. Appiah, The Uncompleted Argument. Du Bois and the Illusion of
Race, in *'Race', Writing, and Difference*. Hg. H. L. Gates jr. Chicago, 1986.
S. 21-37.

aber weil er Du Bois aus der Sicht seiner späteren Schriften her interpretiert, sieht er schon den jungen Du Bois auf dem Weg heraus aus dem biologischen Essentialismus. Nimmt man nämlich einmal das Gerede vom gemeinsamen Blut als kausaler Einheit, die Zusammengehörigkeit „direkt" stiftet, weg, dann bleibt in der Definition vom jungen Du Bois nur noch die gemeinsame Geschichte und die gemeinsamen Traditionen übrig, die eine Rasse ausmachen. Man könnte hier sofort einwenden, dass der frühe Du Bois Rassen dual begründet. Sie sind für ihn durch zweierlei bestimmt: gleiche Biologie (Darwin) und gleiche Geschichte und es scheint ja doch ein strenger Eingriff zu sein, wenn man nun die eine Komponente im Begriff einfach wegnimmt. Appiah tut das aus dem Grund, dass er Du Bois' spätere Schriften schon antizipiert und er interpretiert diese späteren Texte so, dass Du Bois hier versucht haben soll, eine soziohistorische Definition von Rasse anzubieten. Wir werden auf diesen letzten Punkt noch zurückkommen. Nun sei nur bemerkt, dass wir Appiah soweit gewillt sind zu folgen, dass Rassen durch gleiche Geschichte und gleiche Traditionen ausgezeichnet sind, denn der späte Du Bois hätte dieser Definition sicher soweit zugestimmt, dass er gesagt hätte, eine Rasse zeichnet sich dadurch aus, dass sie die gleichen Erfahrungen gemacht hat und dass sich diese Erfahrungen eben deswegen machen musste, weil sie dieselbe Rasse war. Appiah liest nun den frühen Du Bois so, dass sich die konstitutiven Elemente in zwei Bereiche teilen. Auf der einen Seite steht der Bereich der Natur und auf der anderen der der Kultur. Nach dem Kollaps der essentialistischen Begründung der Rasse, der sich der späte Du Bois ja bewusst war, erlaubt sich Appiah also die natürliche Komponente bei Du Bois' Definition wegzunehmen. Übrig bleibt folgende Definition: eine Rasse ist „a vast family of human beings, [...] always of common history [and] traditions" (26). Die Frage, die sich Appiah nun stellt, läuft darauf hinaus herauszufinden, was eine solche Familie mit gleicher Geschichte ist.

Schon in seinem frühen Werk *For Truth in Semantics*, das sich ganz auf die Erkenntnistheorie bezieht, entwirft Appiah der Kern seiner späteren Rassentheorie.[131] Am Schluss des Textes bestimmt Appiah seine philosophische Position folgendermaßen: „[...] [P]ropositional content, however impoverished it would be without natural language, existed in the world long before our species added it to the furniture of the cosmos" (162). Was der Satz ausdrückt, ist die einfache „realistische" Position, dass propositio-

---

131 Vgl. K. A. Appiah, *For Truth in Semantics*. Oxford, 1986.

naler Gehalt, also das, was eine Aussage wahr macht oder falsch, eine unabhängige Existenz besitzt, die nicht erst durch unsere linguistische Interaktion mit der Welt entsteht. Appiah schreibt aber interessanterweise, dass dieser propositionale Gehalt eventuell in einer minderwertigen Kondition gewesen sein mag, bevor die menschliche Sprache Teil der Welt wurde. Was sich hier aber dennoch zeigt, ist ein logischer Empirismus, der Wahrheit gemäß der Korrespondenztheorie versteht. Wahre Aussagen zeichnen sich dadurch aus, dass ihnen etwas in der realen Welt entspricht, dass sie wahre Sachverhalte widerspiegeln und deren Prozess der Widerspiegelung das was widergespiegelt wird – man könnte sagen die Daten, die in der Welt liegen – in keiner Weise beeinflusst. Kants Subjekt, das Bedingung der Möglichkeit von Erkenntnis ist, tritt zurück gegenüber dem Hume'schen Empirismus, nach dem alles Wissen nur auf Erfahrung einer externen Welt beruht, an dem unsere Erkennungsaktivität in dieser Welt nichts ändert. Appiah geht in seinem Text so weit zu argumentieren, dass selbst solche Prozesse wie aktive Kognition, also die Tatsache, dass ich um einen Gegenstand zu erkennen, meine Position im Raum ändere oder die Einstrahlung des Lichts manipuliere, nichts an der Tatsache ändert, dass es die Korrespondenz einer externen Realität ist, die ich durch mein Verhalten zu erfahren habe, wenn ich gewillt bin wahre Sätze zu sprechen. Diese sind dann nämlich Repräsentationen dieser externen Welt und das Subjekt zeichnet sich vor allem dadurch aus, dass es die Fähigkeit besitzt, eben diese Realität widerzuspiegeln, wie ein Apparat, der Daten in einer konditionierten Umgebung registriert.

Menschliches Handeln zeichnet sich nach dieser Theorie durch zwei Möglichkeiten aus. Entweder es ist gänzlich kreativ und erschafft Dinge wie Werkzeuge, Riten oder Religionen. Oder aber es reflektiert die Wirklichkeit, wie sie sich unabhängig vom Subjekt darstellt. Appiahs Argument, dass die Semantik als formale Bedeutungswissenschaft mit der Kategorie Wahrheit umgehen sollte, deutet auf eine Nähe zum Positivismus hin, die Appiah in seinem frühen Werk auch stützt. Die Sprache ist nach dieser Deutung genau das Medium, das es uns erlaubt, das, was die Erfahrung uns bietet, zu kommunizieren und sie schafft gewissermaßen nur triviale Tatsachen. Wenn es jetzt darum geht, einen Ritus zu untersuchen, so stellt der logische Empirismus fest, dass hier menschliches Handeln von statten geht, das er erst einmal als gänzlich kreativ ansehen muss. Verbinden sich in den Aussagen der im Ritus Handelnden solche mit Wahrheitsanspruch, dann müssen dies entweder solche sein, die durch den Test der Erfahrung untermauert werden können oder sie verweisen auf die von den kreativ Handelnden geschaffenen Institutionen – zum Beispiel, dass ein Junge anders angeredet wird, nachdem er einen Initiationsritus durchlaufen hat. Die Feststellung, dass zum Beispiel der Satz „Taperahi ist jetzt ein Mann" wahr ist, verweist auf eine Praxis, die selber nur insofern Wahrheitsanspruch stellen kann, als die Aussagen, die dort getroffen werden, wiederum durch den Test der Datenregistrierung validiert sind. Man fragt also, ob der Junge jetzt ein Mann ist und bekommt die Antwort, dass das der Fall ist, weil die Person den Ritus durchlaufen hat. Will man nun aber wirklich Aufklärung haben über den Wahrheitsgehalt der Aussage „Taperahi ist ein Mann", dann muss man sich fragen, auf welcher Grundlage, die Personen im Ritus ihre Aussagen gemacht haben. Die bloße Feststellung, dass er ein Mann ist, weil wir es so entschieden haben, würde der logische Empirismus Appiah'scher Prägung zwar nicht als Unsinn verwerfen, denn kreatives Handeln hat ja durchaus seine Berechtigung. Es schafft aber nur insofern Tatsachen, als es seine Aussagen auf einen Stand der Dinge stützt, der letztendlich unabhängig von menschlichem Handeln besteht, also ob die benannte Person auch in der Tat ein Mann geworden ist. Der Ritus erscheint somit als eine Veranstaltung, die menschliches Handeln darstellt, insofern hier eine Tatsache, die auch unabhängig von der Performanz des rituellen Handelns wahr oder falsch sein kann widergespiegelt wird, nämlich, dass die bestimmte Person nun wirklich ein Mann ist. Die Definitionen, die wir anfertigen, wenn wir uns in der Welt verhalten, sind Reflektionen einer autonomen Realität und können wahr und falsch sein, je nachdem, ob sie mit der Wirklichkeit korrespondieren oder nicht. Wir könne das Mann-sein also definieren als Fähigkeit für Vermehrung oder Besitz von Autorität. Diese Eigenschaften mögen zwar in einer Gemeinschaft oder einem Clan durch die rituelle Praxis ermöglicht worden sein. Taperahi war vielleicht auch schon vor der Zeremonie fähig zur Fortpflanzung und besaß auch schon vorher durch Mut Autorität unter seinen Freunden. Wenn wir jetzt sagen, dass es erst der Ritus ist, der Taperahi in die Lage versetzt, eine Frau zu nehmen oder mit dem Clan in den Krieg zu ziehen, dann mag das als erstes als Resultat einer menschlichen Praxis erscheinen, wenn diese aber wiederum mehr sein möchte als bloß kreatives Design, das sich auf nichts als Willkür stützen will, so muss gezeigt werden, wie die Aussagen, die die Dorfältesten aussprechen, mit einem Stand der Dinge korrespondiert, der unabhängig von ihrem Wirken gegeben ist, also ob der Junge schon fähig ist sich fortzupflanzen oder den Mut besitzt zum Kämpfen. Und selbst dieser Mut muss sich letztendlich entpuppen, als Label, das wir benutzt haben, um einen objektiven Stand der Dinge zu reflektieren, also etwa dass Taperahi seinen Kontrahenten im Zweikampf besiegt hat oder ähnliches. Selbst dieser Sieg wiederum ist eine menschliche Interpretation, die auf Definitionen zurückgreift, die letztendlich durch Erfahrung verifiziert werden können müssen. Man sagt also eventuell gewonnen hat der, der länger als zwei Minuten mit dem Rücken auf dem Boden liegt und ob das der Fall ist, das kann man durch empirische Untersuchung feststellen.

Der logische Empirismus, den Appiah in seinem frühen Werk entwirft, muss zu besonderen Ergebnissen führen, konfrontiert man ihn mit dem Erscheinen von Gemeinschaften. Nimmt man zum Beispiel eine Rasse als Gemeinschaft, so stellt sich doch die Frage, ob das Gemeinschaftsgefühl oder die Rassenzugehörigkeit wie Weber das nannte, auf einem festen Fundament steht oder sich als Illusion entpuppen muss. Du Bois hatte ja gesagt, er fühle sich schwarz und was er damit zum Ausdruck bringen wollte, war, dass er fühlend realisiert, dass er Teil der schwarzen Rasse ist. Appiah fragt sich nun, auf was für einer Begründung ein solches Gefühl stehen kann und er kommet zu dem Schluss, dass es nichts gibt, das Du Bois dazu legitimieren würde, sich objektiv als Teil der schwarzen Rasse zu sehen. Das erstaunt auf den ersten Blick ist aber sehr verständlich, macht man sich Appiahs theoretisches Werkzeug bewusst.

Wir hatten ja gesehen, dass Appiah du Bois dahingehend interpretiert dass er sagt, Du Bois sehe Rassen als große Familien an, die eine gemeinsame Geschichte haben und auch gemeinsame Traditionen pflegen. Appiah meint nun, dass, wenn man annimmt, dass Rassen solche Familien sind, man nicht die Geschichte anrufen darf, um sich die Kohäsion solcher Gruppen verständlich zu machen. Wenn man nämlich annimmt, dass eine Rasse eine Gruppe ist, die durch die gemeinsame Geschichte integriert wird, so stellt sich doch sofort die Frage, wie man diese gleiche Geschichte verständlich machen kann, ohne vorher das Subjekt zu identifizieren, das durch eben diese gleiche Geschichte geht. Nur zu sagen, eine Rasse ist eine Gruppe, die die gleichen geschichtlichen Erfahrungen gemacht hat, lässt die Frage offen, wie man sich das Zusammenhängen von Gruppe und Erfahrung klar machen soll. Nach Appiah kann die gemeinsame Geschichte gar nicht dafür verantwortlich sein, dass sich eine Gruppe konstituiert, denn um überhaupt von einer gemeinsamen geschichtlichen Erfahrung zu sprechen, brauchen wir Auskunft darüber, wer es denn ist, der hier eine gemeinsame Erfahrung in der Geschichte macht.[132] Man sieht also recht schnell, das sich hier eine Zirkelproblem auftut, das Appiah löst, indem er argumentiert, Du Bois hätte, um aus dem Zirkel zu kommen, ohne es sich einzugestehen auf der essentialistischen Idee gearbeitet, dass eine Gruppe durch die gleiche Biologie bestimmt ist. Appiah hat nun auch eindrucksvoll gezeigt, dass wenn man sich zur Aufgabe macht, Rassen nach ihrer biologischen Verfasstheit zu befragen, es sich schnell zeigt, dass die genetische Konstitution solcher Rassen sich so minimal von der einer anderen Rasse unterscheidet, so dass es für Humanbiologen nicht mal sinnvoll ist von menschlichen Rassen zu sprechen. Das Problem tritt ja bei Du Bois in aller Klarheit zum Vorschein. Du Bois bezeichnet sich selber als schwarz, hat aber auch weiße Vorfahren und somit eine gemischte DNA. Wieso sollte er also zu der Überzeugung kommen, dass es nur seine schwarzen Gene sein können, die hier ausschlaggebend sind? Die Antwort, die Appiah bereit hat, ist, dass Du Bois denkt, dass es so etwas wie eine naturwissenschaftliche Begründung für Rassenzugehörigkeit gibt, nur dass er es sich nicht einzugestehen vermochte, dass er mit einer solchen hantierte. Was nun für die naturwissenschaftliche Begründung von Rasse wichtig ist, ist zu wissen, dass man sie nicht mit dem Zeichen (*badge*) in Verbindung bringen kann, einfach weil die kulturellen Unterschiede, die man mit der rassischen Differenzierung in Anschlag nimmt, diametral dem widersprechen, was uns die Humanbiologen über die DNA von „Rassen" sagen. Eben weil die Unterschiede zwischen den Rassen so minimal größer sind als die innerhalb solcher Gruppen und weil die Erbinformation, die verantwortlich ist für Hautfarbe, Kopfform oder Haargestalt, überhaupt nicht mit den Genen in Verbindung steht, die wir für Intelligenz oder ähnliches brauchen, kann Appiah sagen, dass Du Bois einer Illusion verfällt, wenn er annimmt, dass die Rasse eine bedeutungsvolle Kategorie für die Geisteswissenschaften darstellt.

Appiahs Argument zeigt sich in voller Gestalt, wenn wir uns ansehen, wie Du Bois über Erfahrung und Rasse spricht. Du Bois sagt ja, dass die Hautfarbe eigentlich unwichtig ist und nur von Belang ist, soweit sie für eine bestimmte historische Erfahrung spricht, die er mit dem Kolonialismus und der Sklaverei bestimmt. Dann sagt Du Bois aber, dass ihn sein *badge* nicht nur mit seinen Vorfahren in Afrika verbindet, sondern auch mit den vom Imperialismus ausgebeuteten Bewohnern der Südsee-

---

132 Vgl. K. A. Appiah, The Uncompleted Argument, a.a.O. S. 27.

inseln.[133] Appiah fragt sich nun, wie es sein kann, dass Du Bois durch eine gemeinsame Erfahrung, die er mit Asiaten teilt, zu seinen afrikanischen Wurzeln gezogen wird und nicht etwa zu den Asiaten, die ja durch dieselbe Erfahrung an Du Bois gebunden sind, wie seine afrikanischen Vorväter. Appiah sagt, dass das fehlende Glied in Du Bois' Argumentation die biologische Definition von Rasse ist, die wie wir von den Biologen wissen, nicht ausreicht um uns über die kulturelle oder geistige Kondition der Rassen als Gemeinschaften aufzuklären. Wenn es nun aber die Erfahrung sein soll, die Du Bois mit Afrika verbindet, so kann man sich doch fragen, wieso ausgerechnet Afrika jetzt wichtig wird, wo Du Bois doch ausdrücklich sagt, dass er die Erfahrung des Imperialismus und Kolonialismus mit den Asiaten teilt.

Das Bild das hier entsteht ist das von einem Label, einem Zeichen (*badge*), das in keinerlei Korrespondenzbeziehung zu dem von ihm bezeichnetem steht. Du Bois' Satz, er fühle sich schwarz, kann Appiah nur analog zur Korrespondenztheorie der Wahrheit interpretieren und er kommt deshalb zu dem Schluss, dass Du Bois hier nur meinen kann, er sei objektiv Teil einer schwarzen Gemeinschaft und diese Gemeinschaft kann nur Wahrheitsgehalt beanspruchen, wenn sie ihr Zusammengehörigkeitsmerkmal auf eine objektiv richtige Tatsache stützt eben zum Beispiel, dass sie die gleiche *bedeutsame* biologische Verfasstheit aufweist. Hätten uns die Humanbiologen nämlich gesagt, dass die Rasse sehr wohl eine bedeutsame Kategorie wäre, dann hätte Du Bois Recht behalten, einfach weil der Satz „Ich fühle mich schwarz", dann so verstanden werden kann, dass Du Bois hier eine akkurate Reflektion über eine Gemeinschaft macht, die aufgrund ihrer biologischen Verfasstheit auch wirklich anders ist, als zum Beispiel die Weißen.

Die Wahrheit des Du Bois'schen Satzes, er fühle sich schwarz, muss also nach Appiah einen Bezug zu einer nicht von Menschen gemachten Realität haben. Wenn Du Bois jetzt nämlich sagen würde, wir sind eine Gemeinschaft, einfach weil wir schwarz sind, so könnte Appiah, das als kreatives Handeln verstehen, so wie wenn der Stamm aus dem obigen Beispiel bestimmt, wer durch den Ritus gegangen ist, der ist ein Mann. Nun war es aber auch in dem Beispiel klar, dass Appiah den Status des Mannseins nur insofern gewillt ist anzuerkennen, als er sagen würde, die Dorfältesten hätten sich in ihren Aussagen auf eine Realität gestützt, die jenseits von

---

133 Vgl. W. E. B. Du Bois, *Dusk of Dawn*, a.a.O. S. 640.

ihrem menschlichen Handeln entsteht. Genauso verhält es sich mit den Rassen. Würden wir nämlich mit Du Bois sagen, wir sind eine Gemeinschaft weil wir alle schwarz sind, so stellt sich die Frage, ob eine empirische Untersuchung in die biologische Verfasstheit von Personen dazu imstande ist, uns ein Kriterium zu liefern, das es erlaubt, Menschen nach ihrer Hautfarbe zu unterscheiden und wenn hier die Antwort negativ ist, dann erscheint der Wille eine Gemeinschaft aus Menschen mit gleicher Hautfarbe zu gründen als pure Konvention, die – und das ist das Wichtige – keine objektive Rechtfertigung außer ihrer puren Willkür für das Zusammengehörigkeitsgefühl ihrer Mitglieder beanspruchen kann. Eine Rasse erscheint somit als eine Gruppe von Individuen, die sich zueinander in bestimmter Weise verhalten, deren Attitüden und Gefühle allerdings keine rationale Begründung besitzen. Wenn Du Bois sagt, er fühle sich als Teil der schwarzen Rasse, dann muss ihm Appiah entgegnen, sein Gefühl entbehre jeder rationalen Grundlage, einfach weil da nichts ist, was dem Adjektiv schwarz in der externen Realität entspricht. Die Rassenzugehörigkeit ist somit noch viel stärker disqualifiziert als bei Weber. Letzterer hatte ja immerhin gesagt, dass es einen subjektiven Moment gibt, der uns dazu veranlassen kann, von Rassen als sozialen Gruppen zu sprechen. Nach Appiahs Ansatz ist selbst dieses subjektive Gefühl ein Irrtum, aus dem einfachen Grund, dass es nichts in der empirischen Welt gibt, das mit dem Begriff „Schwarz" korrespondiert. Würde man nämlich hier sagen, wir meinen mit „schwarz" nur die Hautfarbe und weiter nichts, so würde Appiah sagen, dass eben diese keinerlei Auskunft über echte biologische Unterschiede geben kann und dass der Begriff „Schwarz" außerhalb des biologischen Referenzrahmens keinerlei Bedeutung hat, weil wenn ich mit „Schwarz" die Gemeinschaft der Schwarzen meine, so verschiebe ich den „buck" einfach auf die nächste Ebene und es liegt nun an jenen, die sich als Gemeinschaft sehen, zu zeigen, worauf sie wiederum ihre Solidarität stützen. An irgendeiner Stelle auf jeden Fall muss es einen Aussagesatz geben, der auf mehr verweist als bloße von Menschen gestiftete Konvention, wenn der Begriff objektiv richtig sein soll.

Appiah ist ein Denker, der um Rationalität bemüht ist und sein Programm kann man beschreiben, indem man sagt, es gehe ihm darum, seine Gesellschaft aufzuklären. Die „Entdeckung" dass es nichts in der Biologie des Menschen gibt, das die Unterscheidung in schwarze und weiße Gruppen rechtfertigt, erscheint somit als Argument gegen diejenigen wie Du Bois, die annehmen, es gäbe da eine Möglichkeit, sich schwarz zu fühlen und eine echte Begründung für dieses Gefühl zu haben, die mehr ist als nur Aberglaube oder auf nichts gestützte Konvention. Weil Appiah mit dem Rüstzeug des logischen Empirismus hantiert, muss er zu der Konklusion kommen, dass es keine Rassen gibt. Die Humanbiologen benutzen den Begriff nicht und wenn wir unseren *badges* irgendwelche Bedeutung zukommen lassen wollen, so könne wir dies nicht über die wissenschaftliche Weise tun, denn die Naturwissenschaftler werden uns versichern, dass bedeutsame biologische Unterschiede nicht mit rassischen korrelieren. Und weil die Mitglieder sogenannter Rassen keine rationale Rechtfertigung für ihre Praktiken der Unterscheidung zur Verfügung haben, handeln sie arbiträr. Wenn man also jemanden fragen würde, warum er einen mit gleicher Hautfarbe nepotistisch behandelt, dann würde der sagen, weil er meine Hautfarbe hat und Appiah weiß, dass es keine objektive Begründung für solchen Nepotismus gibt, einfach weil Schwarz sein oder Weiß sein nicht vergleichbar ist mit Mann sein aus unserem Beispiel mit der Stammesgesellschaft, denn in letzterer stützt sich ja das Ritual auf Aussagen, die validiert werden können, wohingegen das Ritual der rassischen Differenzierung keine Wahrheitsansprüche stellen kann jenseits von dem, was man mit Appiah pure Konvention oder Kreativität ohne Begründung nennen muss. Nun würde ein Individuum, das sich nepotistisch verhält, oft sagen, wenn man es nach dem Grund für sein Handeln befragt, dass es sich so verhält, weil es eine objektive Tatsache ist, dass andere auch nach Hautfarben unterscheiden und dass deshalb das eigene Handeln nur eine Entsprechung zu einer Praxis ist, die auch ohne das eigene Tun Bestand hat. Hierzu Appiah in einem späteren Text:[134] „I have already declared very often on the question whether I think there are any races. I think there aren't. So it is important that I am clear that I also believe that understanding how people think about race remains important for these reasons, even though there aren't any races. To use an analogy that I often used before, we may need to understand talk of 'witchcraft' to understand how people respond cognitively and how they act in a culture that has a concept of witchcraft, whether or not we think there are, in fact, any witches" (38). Die Analogie zwischen Rasse und Hexerei scheint zwar auf den ersten Blick unglaublich. Sie ergibt sich aber aus Appiahs Perspektive wie von selber. Denn die Hexerei ist ebenfalls eine Praxis, deren Institutionen auf der letzten Aussage fußen, dass es Hexen gibt und diese Tatsache lässt

---

134 Vgl. K. A. Appiah, Race, Culture, Identity. Misunderstood Connections. In dres. und A. Gutmann *Color Conscious. The Political Morality of Race.*Princeton, 1998.

sich empirisch validieren oder verwerfen. Appiah argumentiert, dass es in der Geschichte viele Fälle von Theorien und Personen gab, wo angenommen wurde, Rassen hätten eine objektive Grundlage in unserer externen Realität und bedürften nicht der Zutat kreativen menschlichen Handelns, das wohlgemerkt keine Grundlage in der empirischen Wirklichkeit hat und dass solche Fälle immer noch dafür verantwortlich sind, dass wir heute von Rassen sprechen. Die Hexerei strukturiert eine bestimmte Kultur und jemand wie Weber könnte interessiert daran sein, was hier genau vor sich geht, aber Appiah geht es um Begründung und er muss die Praktiken, die mit Hexerei in Bezug stehen oder sich auf sie berufen, um sich zu rechtfertigen, verwerfen, eben weil es empirisch nichts gibt, was dem Begriff Hexe entspricht. Das Label ist genauso ungerechtfertigt, wie das Label der Rasse, denn in beiden Fällen bestehen soziale Praktiken, denen nichts in der objektiven Realität entspricht, was sie validieren könnte. Rassen und Hexerei sind zwar menschliche Praktiken oder Institutionen, aber sie sind falsch und das zu sehen ist wichtig, denn die Kritik an der menschlichen conditio folgt nach Appiah aus dem Drang, falsche Institutionen zu entzaubern und uns darüber aufzuklären, was es eigentlich in der Realität gibt.

Appiah ist natürlich nicht blind, was die Kohäsion von Menschen mit gleicher Hautfarbe angeht. Deshalb ist er darum bemüht Erklärungen anzubieten, die solche Phänomene verständlich machen. Nach seiner Analyse der humanbiologischen Argumente gegen die Existenz von Rassen zeichnet sich somit das Bild einer Welt, in der Menschen irrational handeln, denn in unseren Umgängen miteinander spielt die Hautfarbe natürlich sehr oft eine Rolle. Appiahs Kritik an Du Bois sollte deutlich machen, dass es nicht möglich ist, über eine gemeinsame historische Erfahrung zu einer akkuraten Definition einer Gemeinschaft zu gelangen, einfach weil man nach Appiah die Gemeinschaft schon voraussetzen muss, um überhaupt sagen zu können, wer denn hier überhaupt eine gemeinsame historische Erfahrung macht. Wenn man also annimmt zwei Personen schwarzer Hautfarbe leben zu zwei verschiedenen Zeitpunkten in verschiedenen Erdteilen, sagen wir Afrika und den USA, dann könnten wir nach Appiah nicht durch eine empirische Untersuchung zu den Erfahrungen, die die beiden Individuen machen, dazu gelangen, sie als Teil derselben Rasse anzusehen, einfach weil diese „Erfahrungen" kein ausreichendes Kriterium stellen werden, das es uns erlauben würde, zu sagen, dass die zwei Personen Teil derselben Rasse sind. Nun ist es zwar richtig, dass der frühe Du Bois noch mit einem darwinistischen Rest hantiert, wenn er von Gesetzen der Natur und ähnlichem spricht, aber die Definition, dass eine Rasse eine Gemeinschaft, welche dieselben geschichtlichen Erfahrungen gemacht hat, verkürzt doch den Du Bois'schen Rassebegriff. Appiah versteht Du Bois ja so, dass er mit zwei Kategorien arbeitet. Auf der einen Seite steht das Reich der Natur, auf der anderen, das der Kultur. Du Bois verwendet dieses Begriffspaar zwar nicht, aber Appiah nimmt an, dass die Du Bois'sche Definition darauf hinausläuft. Das Problem, das bei dieser Dichotomie auftaucht ist nun natürlich das der Verbindung beider. Appiah könnte sie sich so zurechtlegen: wenn es in der Biologie des Menschen wirklich etwas gibt, das dafür verantwortlich ist, dass Menschen verschiedene Hautfarben haben und das gleichzeitig dafür sorgt, dass diese verschiedenen Gruppen auch mit unterschiedlicher Intelligenz oder anderen bedeutungsvollen Eigenschaften ausgestattet wären, dann wären wir in der Tat berechtigt zu sagen, es gibt verschiedene Rassen. Unser kulturelles Handeln, in dem wir eventuell Unterscheidungen treffen, hätte dann eine objektive Grundlage, denn zum Beispiel zu sagen, dass ein Schwarzer eher einen Studienplatz bekommen soll als ein Weißer, könnte dann dadurch gerechtfertigt werden, dass der Schwarze intelligenter ist oder ähnliches. Selbst die Solidarität, die Menschen gleicher Rasse sich gegenseitig oftmals zusichern, hätte dann als kulturelle Praxis ein Fundament, das auf sicherem Boden steht. Die Frage ist natürlich nur, ob dieses Bild dem näher käme, was wir meinen, wenn wir davon sprechen, dass es Rassen gibt. Es scheint doch nicht so zu sein, dass unser Handeln darauf angelegt ist, dass die rassisch anderen sich von uns nur durch eine Differenz unterscheiden, die letztendlich eine Grundlage in der Biologie des Menschen hat. Die Frage stellt sich doch, wieso sich jemand mit einer anderen Person solidarisch verhalten sollte, nur weil beide dieselben Intelligenzquotienten haben. Und selbst wenn die biologischen Voraussetzungen solche Dinge wie Empathie oder Moralbewusstsein steuern sollten, stellt sich die Frage, wieso das unbedingt Anlass zu nepotistischem Verhalten mit sich bringen sollte. Es gibt ja offensichtlich genetisch verursachte Unterschiede zwischen den Menschen, etwa dass manche gut sehen können und andere nicht, aber es folgt daraus noch keineswegs, dass alle die die gleiche optische Kompetenz besitzen auch sich gegenseitig solidarisch verhalten oder diejenigen, die schlechter sehen können ausschließen wollen. Es stellt sich also die Frage, ob Appiah überhaupt mit seiner philosophischen Position dazu in der Lage wäre, die Brücke zwischen Natur und Kultur irgendwie plausibel zu machen. Wenn es nämlich so ist, dass egal welche Schlüsse die Humanbiologie zur Differenzierung von Rassen zieht, nicht erklärt werden kann, warum sich Schwarze zueinander oft nepotistisch verhalten, dann erscheint auch Appiahs Ansatz in einem anderen Licht. Was bringt es denn, könnte man fragen, nach einer Fundierung des Wortes „schwarz" in der biologischen Konstitution eines Menschen zu fragen, wenn, egal wie das Ergebnis ausfällt, die Rassenzugehörigkeit oder das Gemeinschaftsgefühl in einer Rasse gar nicht erläutert werden können? Diese Frage bleibt offen, solange man annimmt, die Humanbiologen entdecken nicht ein Gen, das für Solidarität unter all denen verantwortlich ist, die dasselbe Gen haben und zu solchen Absurditäten hat es die Humanbiologie zum Glück noch nicht gebracht. Mit anderen Worten, das Verlangen Rassenzugehörigkeit auf ein Fundament zu stellen, das außerhalb des Menschen steht, kann gar nicht erfolgreich sein, ganz egal was die Entdeckungen der Humanbiologie sagen. Selbst wenn es nämlich wahr wäre, dass alle Schwarzen schlechte Denker sind und alle Weißen kalte Misanthropen, so würde daraus noch lange nicht folgen, dass sich Gruppen, die sich so in ihrer Natur unterscheiden, auch solidarisch zu einander verhalten *müssen*. Denn selbst wenn ich sage, ich verhalte mich zu so und so solidarisch, denn wir sind beide gleich dumm, dann habe ich zwar einen Grund angegeben für mein handeln, aber der ist genauso trivial wie wenn ich sage, ich fühle mich mit einer Person verbunden, weil wir beide schlecht sehen können. Individuen verhalten sich natürlich nepotistisch oder solidarisch zueinander, wenn sie Ähnlichkeiten im Anderen erblicken, aber ein objektives Kriterium, wie das eines Mannes einer Stammesgesellschaft als einer Person, die Mut hat und fortpflanzungsfähig ist, ergibt sich daraus noch nicht, denn die Grundlage einer Handlung ist immer noch die Grundlage einer *Handlung* und das heißt, dass es meinem Willen überlassen bleibt, ob ich mich nepotistisch verhalte oder nicht. Um in der Dichotomie von Natur und Kultur zu bleiben, könnten wir sagen, dass der Begriff der Handlung immer ein kultureller ist, es sei denn man ist gewillt in einen kruden biologistischen Determinismus zu fallen, der sich mit Appiahs Emphase auf Autonomie und Individualität nicht deckt. Wenn das aber so ist, dann kann die Naturwissenschaft mir noch so viele Gründe anbieten, die mir als Grundlage für Solidarität gelten können, es bleibt immer meine eigene Entscheidung, ob ich sie für relevant halte oder nicht. Du Bois könnte sich auch in einem solchen Szenario nicht schwarz „fühlen", denn was soll es heißen, dass ein Gefühl eine biologische Tatsache widerspiegelt? Selbst wenn jemand mir sagt, er fühle sich intelligent, so ist daraus noch nicht geschlossen, dass die Person unbedingt auf eine bestimmte Art und Weise handeln wird. Bei Weber sah es ja noch so aus, dass die subjektive Empfindung das Moment ist, das den Bruch zwischen Natur und Kultur überwindet und aus biologisch schwarzen Gruppen soziale Gemeinschaften bildet, aber Appiah will die subjektive Empfindung über die eigene Rasse auf andere Fundamente stellen als das bloß subjektive Empfinden, dass vererbte Charakteristiken von Bedeutung sind und das läuft bei ihm darauf hinaus, dass diese Charakteristiken auch ohne unser menschliches Tun von sich aus sozusagen Bedeutung haben. Die Frage, die das aber aufwirft, ist die, ob irgendeine natürliche Tatsache überhaupt von Bedeutung in dem hier gewollten Sinn sein kann. Bedeutung kann doch nur heißen, dass Dinge jenseits des bloß natürlichen eine Rolle spielen und dass scheint doch selbst Appiah einzugestehen, wenn er von propositionalem Gehalt spricht, der ohne menschliche Sprachen verarmt ist. Wenn Appiah nämlich kein kruder biologischer Determinist ist, dann muss auch er zugestehen, dass gesetzt den Fall, dass alle Schwarzen einen niedrigen IQ haben, das erst in dem Moment von Bedeutung wird, wenn die Individuen sich aufgrund dieser Tatsache irgendwie verhalten und dieses Verhalten ist ein kulturelles Moment, was sich der Natur gegenüber selektiv verhält, denn es hätte genauso gut gleiche Sehstärke oder Körperhöhe auswählen können, um Gemeinschaft zu stiften. Nach Appiahs Sicht sind die Gemeinschaften, die wir heute Rassen nennen, nichts als Gebilde, die aufgrund von Fehlinformation dazu verleitet werden zu denken, es gäbe etwas in ihrer Natur, das sie dazu legitimieren würde, sich solidarisch zueinander zu verhalten, wo es doch, wie Appiah uns immer wieder sagt, nichts gibt, was diese Menschen gemein haben und was von Bedeutung ist. Und Bedeutung heißt hier, Signifikanz in Absehung menschlichen Tuns – ein fragwürdiger Begriff selbst nach Appiahs eigener Position.

Appiahs Versuch Rasse als Illusion zu entlarven gründet nicht allein auf seinem logischen Empirismus, sondern fußt noch auf einer anderen Prämisse. Appiah ist nämlich darum bemüht zu zeigen, dass rassische Identität, also die Bedeutung der Rasse für das Individuum, dazu tendiert imperialistisch zu werden, wie er es an einer Stelle anführt.[135] Appiah benutzt hierfür ein Beispiel, das es sich lohnt ins Gedächtnis zu rufen. Nehmen wir also an, es gäbe da einen Arbeitgeber, der vermutlich weiß ist und der eine neue Position zu vergeben hat. Um einen passenden Kandidaten für die Stelle ausfindig zu machen, gibt es einen Test, den die Bewerber durchlaufen müssen und dieser Test ist relativ teuer. Nun weiß der Arbeit-

---

135 Vgl. K. A. Appiah, Race, Culture, Identity, a.a.O.

geber, dass Schwarze generell schlechter als Weiße bei solchen Tests abschneiden werden und das ist ihm Grund genug, eine weiße Testperson vorzuziehen, wenn er Bewerbungen bekommt. Appiah argumentiert nun, dass der Arbeitgeber dem Schwarzen Unrecht tut, weil er ihn nicht nach seiner Individualität und seinen individuellen Kompetenzen beurteilt, sondern nach einer Tatsache, von der Appiah sagen will, dass sie gar keine ist. Die „Tatsache" nämlich, dass Schwarze schlechter abschneiden als Weiße bei solchen Tests, ruht auf der Prämisse, dass Rassen bestimmte Charakteristiken haben, die sich dann entweder positiv oder negativ in bestimmten Situationen auswirken können. Appiah will nun sagen, dass sobald wir einer bestimmten Rasse Eigenschaften zuschreiben, wir jedes Mal ein Stück weit Individualität beschneiden. Wenn man zum Beispiel sagt, Schwarze sind generell schlechter in Einstufungstests, dann unterbinden wir Individualität, denn es könnte ja die eine Ausnahme geben, die zwar schwarz ist, aber ein wunderbarer Kopf, wenn es um solche Tests geht. Kollektivbegriffe sind für Appiah also suspekt und der Begriff der Rasse, den er in seinem frühen Werk zwar als Illusion entlarvt zu haben meint, ist natürlich ein ganz besonders wichtiger Kandidat in diesem Kontext, denn die Rasse ist ein Kollektiv, aus dem man nicht durch autonome Entscheidungen einfach austreten kann, wie das bei der politischen Nation der Fall ist. In seinem frühen Werk wollte Appiah sagen, es gibt keine Rassen. In fast allen seinen späteren Arbeiten tauchen aber Begriffe wie „die Schwarzen" oder „die Weißen" auf und Appiah hat nicht genügend klar gemacht, was es ihm erlaubt, nach seiner Kritik am Rassebegriff weiterhin mit solchen Begriffen umzugehen. Begriffe wie „color conscious" oder rassische Identität fußen ja ganz offensichtlich auf dem Rassebegriff und wenn Appiah konsistent wäre, hätte er solche Kollektivbegriffe nach seiner frühen Kritik nicht mehr verwenden können. Am Ende des frühen Aufsatzes zu Du Bois entwirft Appiah übrigens auch das Bild einer Lebensform, in der es keine Rassen mehr gibt, sondern nur Zivilisationen, wie er sich ausdrückt, die ineinander übergehen und keine genauen Demarkationen erlauben. Von dieser Hoffnung ist Appiahs späteres Werk getragen, aber es scheint trotz aller seiner Bemühungen so zu sein, dass er auf rassische Termini nicht verzichten kann um auch nur ansatzweise sich zum Beispiel die politische Situation in den USA zurechtzulegen. Appiah ist deshalb von der Radikalität seiner frühen Position stückchenweise abgerückt und er benutzt in seinen späteren Schriften oft die Idee, eine Rasse sei eine soziale Konstruktion. Nimmt man allerdings ernst was Appiah über die Existenz von Rassen in seinen frühen Schriften gesagt hat, so liegt es nahe zu denken, Appiah stellt sich jetzt einfach vor, die Gesellschaft sei noch nicht aufgeklärt genug, um sich von der falschen Tatsache zu trennen, dass sie in Rassen unterschieden ist und so wie die Gemeinschaft, in der es für die Mitglieder Hexerei gibt, es eben Hexerei gibt, so gibt es auch für uns Rassen. Es sind Gebilde ohne rationale Grundlage, die dennoch existieren und deren Konsequenzen real sind. Appiah hat sich, wie gesagt, nicht wirklich dazu geäußert, aber seine Wende hin zur sozialen Konstruktion legt das doch nahe.

Appiah sagt nun, dass gesellschaftliche Identitäten, zu denen er auch jetzt rassische Identitäten zählt, auf vier Punkten basieren.[136] Zum einen sind solche Identitäten nominalistisch, was heißen soll, dass Gemeinschaften sich formieren, indem ihre Mitglieder sich einen gemeinsamen Namen geben und dieser Akt der Namensgebung stellt sich nach Appiah als ein Akt purer Kreativität da. Es gibt nämlich nach ihm nichts, keine wahre Essenz wie er sich ausdrückt, die die Gruppe sozusagen von innen her zusammenhält. Die Individuen geben sich vielmehr einen gemeinsamen Namen, um sich von anderen zu unterscheiden und dieser Name ist keine Reflexion einer Realität, die unabhängig von diesen Menschen existiert. Es ist also nicht so, dass sich zum Beispiel die Amerikaner durch bestimmte Kollektiveigenschaften von anderen unterscheiden und sich deshalb anders nennen müssen oder wollen, sondern Individuen entscheiden sich dazu eine Gruppe zu bilden und geben sich deshalb einen Namen. Die Ränder der Gruppe sind nach Appiah fransig. Man kann nicht präzise sagen, wer unbedingt dazugehört und wer nicht, was aber nichts daran ändert, dass soziale Identitäten auf eben solchen Labels basieren, dass sie eine nominalistische Komponente besitzen. Dann sagt Appiah solche sozialen Identitäten seien immer normativ, was heißt, dass es bestimmte Normen gibt, die innerhalb der Gruppe gelten und diese Gruppe von anderen unterscheidet. Nun will Appiah auch hier sagen, dass diese Normen keine Fundierung in der Realität haben, dass sie sozusagen keine epistemische Komponente besitzen. Er schreibt: „That men shouldn't wear skirts isn't a moral truth; indeed, I don't think it's a truth at all. Nevertheless, we live in a society in which there is a norm to this effect: people don't just expect men not to wear skirts, they expect them not to do so *because* they recognize that men ought not to do so. We expect men not to wear skirts be-

---

136 Vg. K. A. Appiah, *Lines of Descent. W. E. B. Du Bois and the Emergence of Identity.* Cambridge, Mass., 2014.

cause we know they think they shouldn't [...]" (150). Die Erwartung die Appiah hier ausdrückt („expect") meint keine moralische Erwartung, wie wenn jemand sagt, er erwarte von jemandem, dass er sich anständig benehme, sondern meint ein Erwarten in dem Sinn, wie wenn jemand sagt, er erwarte schlechtes Wetter. Das ist wichtig weil nach Appiah die Normen, nach denen eine Gruppe handelt, keine Fundierung in den Tatsachen haben. Sie fußen nicht irgendwie in einer Realität und man kann deshalb von ihnen auch nur soweit sagen, dass sie wahr sind, wie wenn man sagt, Hexerei ist wahr. Sie sind das Produkt eine gewollten Praxis, die sich auf pure Kreativität stützt, also nicht verglichen werden kann mit der Tatsache, dass jemand ein Mann ist, wie in der Stammesgesellschaft mit dem Initiationsritus. Die Normen werden einfach von der Gruppe, die sich erst mal nur durch das gemeinsame Label von anderen unterscheidet, angenommen und sie gelten, weil die Mitglieder denken, dass sie gelten sollen. Dieses Sollen hat aber keine rationale Begründung und ist einer solchen auch gar nicht fähig, denn wie sollte auch eine Norm nach Appiahs philosophischer Position eine Wahrheitskomponente haben? Sie ist allein deshalb wahr, weil es innerhalb der Gruppe einen Konsens gibt, dass sie gelten soll und für den Beobachter einer solchen Gruppe stellt sie sich zwar als etwas Objektives dar, sie entspringt aber allein dem Bereich menschlicher Kreativität ohne Fundierung auf „natürlichen" Tatsachen. Appiah sagt außerdem, dass soziale Identitäten subjektiv sind und was er damit meint ist, dass solche Identitäten ihre Bedeutung dadurch erlangen, dass sie in den subjektiven Empfindungen von Individuen eine Rolle spielen. Das ganze Gebäude, das Appiah hier entwirft, soll sich darüber hinaus dadurch auszeichnen, dass es den Individuen, die sich solchen Gruppen anschließen, eine individuelle Existenz ermöglicht. Die Frage, die sich uns nun stellen muss, ist die, ob solche sozialen Konstruktionen, wie Appiah sie hier entwirft, ernsthaft auf das zutreffen, was wir allgemein Rasse nennen. Es muss untersucht werden, ob Rassen als soziale Konstruktionen nach Appiahs Ansatz plausibel sind. Bleiben wir dabei bei dem Beispiel einer rassischen Gruppe, von der Appiah öfter handelt, den Afroamerikanern. Nach Appiah müsste nun die Gemeinschaft der Afroamerikaner eine Gruppe sein, die sich dadurch konstituiert, dass sie sich ein Label gibt. Das ist ein plausibler Gedankengang. Man kann ja in der Tat sich klarmachen, dass die Afroamerikaner sich nicht seit die ersten Schwarzen auf dem amerikanischen Kontinent gelandet sind, sich auch gleich als Afroamerikaner bezeichnet haben. Das Label zusammen mit den Normen, die darauf aufbauen, haben sie sich also erst erarbeitet und nach langer Zeit angelegt. Die Normen sind natürlich auch nicht irgendwie natürlich der Gruppe entwachsen, sondern gehen auf Entscheidungen zurück, die die Mitglieder der Gruppe zu bestimmten Zeitpunkten getroffen haben. Dass diese Normen dann im subjektiven Empfinden der Mitglieder eine Rolle zu spielen beginnen, scheint trivial. Und dennoch bleibt doch die Frage übrig, ob die Afroamerikaner so zu verstehen sind, wie Appiah das hier vorschlägt. Es ist ja eine eigentümliche Tatsache, – für jedermann sichtbar – dass die Afroamerikaner schwarz sind. Nach Appiahs Theorie müssten wir uns also fragen, warum die Afroamerikaner sich in dem Moment, wo sie sich als Gruppe konsolidierten, nur schwarze zugelassen haben und nicht noch rassisch andere. Hier zeigt sich nun schnell, dass die Kategorie Afroamerikaner auf der Rasse fußt und diese nicht erst erzeugt oder ähnliches. Nach Appiahs frühem Ansatz kann man sich das so erklären, dass die Afroamerikaner in den Momenten, wo sie sich zur Gruppe machten, also wo sie bestimmten, dass sie nun das Label „Afroamerikaner" auf sich beziehen wollten, sich auf eine Tatsache beriefen, die es gar nicht gibt und zwar die der Rasse. Nach Appiah beruht diese, wir erinnern uns, nämlich auf keiner Tatsache, einfach deshalb, weil es nichts in unserer biologischen Verfasstheit gibt, das es uns erlauben würde, nach Rassen zu unterscheiden. Wir haben oben gesehen, dass egal wie die humanbiologische Stellung zur natürlichen Verfasstheit von Rassen ausgefallen wäre, das im Grunde nichts zur Begründung des Rassenzugehörigkeitsgefühls beitragen könnte, weil das Moment der Entscheidung für Nepotismus zum Beispiel auf einer Handlung basiert und nicht auf einer biologischen Tatsache. Will nun Appiah mit seiner Idee einer sozialen Konstruktion aus den Afroamerikanern Sinn machen, so kann er nur meinen, dass die Afroamerikaner fälschlicherweise annahmen, es gäbe Rassen und dass sie aufgrund dieser falschen Annahme eine Gemeinschaft stifteten. Das voluntative Moment muss sich an dieser Stelle auf irgendetwas berufen, denn sonst könnte ja nicht verständlich gemacht werden, wieso alle Afroamerikaner auch schwarz sind. Die Gruppe, die sich ein Label gibt, so könnte man es auch sagen, muss doch zuerst eine Gruppe sein, wenn sie sich einen bestimmten Namen geben will.

Appiah stellt sich hier das Problem, dass wir vorher schon gestreift haben. Schaut man sich nämlich, wie Appiah das tat, die Humanbiologie genau an, dann fällt natürlich auf, dass die Biologie selber kein Label von Rassen erstellen kann, vor allem nicht, wenn sie belegt, dass die biologische relevante Konstitution von den Menschen, die wir in bestimmten Rassen platzieren würden, kaum von Belang sind. Appiah hat hier klar und richtig gesehen, dass die Natur selber die Differenz zwischen Weiß und Schwarz nicht vermag zu stiften. Das mag bei noch so phänotypisch eklatanter Differenz, wie sie zwischen einem Zulu und einem Skandinavier bestehen mag, erschüttern, ist aber nur richtig, wenn man nämlich annimmt, dass der Begriff Rasse sich nicht aus der Biologie ableiten lässt. Appiah hat daraus aber nicht den Schluss gezogen, dass Rassen gar keine biologische Fundierung haben, sondern, dass der Prozess des Gebens eines Labels komplett arbiträr ist. Dieser Akt der Benennung einer Gruppe, in dem sich die Grenzen zwischen Innen und Außen konstituieren, ist ein rein willkürlicher und gehört gänzlich in den Bereich der Kreativität. Hat man aber einmal das angenommen, dann muss doch die Tatsache verunsichern, dass alle aber auch alle Afroamerikaner schwarz sind. Appiah sagt zwar, dass es unter der sozialen Gruppe der Afroamerikaner auch solche mit relativ heller Haut gibt, aber er kann natürlich nicht so weit gehen zu sagen, dass es auch weiße Afroamerikaner gibt, obwohl seine eigene Theorie eigentlich genau das implizieren müsste. Wollte der Prozess des Gebens eines Labels nämlich wirklich so arbiträr sein, wie Appiah das denkt, dann muss doch verwundern, wieso die Afroamerikaner beschlossen haben, dass das Label „Afroamerikaner" nur für solche Individuen gilt, die auch wirklich schwarz sind. Appiah hat hier keine andere Möglichkeit als analog zum Beispiel mit der Hexerei anzunehmen, dass es sich hier um eine soziale Gruppe handelt, die fälschlicherweise annimmt, dass die „natürliche" Tatsache des Schwarzseins ein Kriterium sein muss, um ein Afroamerikaner zu sein.

Nehmen wir also an, eine bestimmte Gruppe von Menschen – Appiah spricht auch von Populationen – hätte zu einem bestimmten Zeitpunkt gesagt, sie bildeten jetzt eine Gruppe und nennten sie Afroamerikaner und hätten, ohne einen berechtigten Grund dafür zu haben, diese Bezeichnung nur auf Menschen mit schwarzer Hautfarbe angewandt, dann stellt sich nach Appiahs Konzeption nun die Frage nach den Normen dieser Gruppe. Hören wir hierzu nochmal Appiah. Er schreibt: „The existence of a norm that people of some kind ought to do something amounts only to its being widely thought – and widely known to be thought – that they ought to do it" (151). Normen, die für Gruppen gelten, sind also auf nichts weiterem basiert als bloßer Konvention – eine Konvention die allein dem Reich der Kreativität entspringt ohne Fundierung auf irgendwelchen Tatsachen. Wenn wir jetzt zum Beispiel die Norm unter Schwarzen nehmen, dass Schwarze sich untereinander solidarisch verhalten sollten, dann muss Appiah sagen, dass das nur so ist, weil die Gruppe wo oder wann auch immer entschieden hat, dass das der Fall ist. Erinnern wir uns nun an den Satz von Du Bois, er fühle sich schwarz oder er fühle sich zu Afrika hingezogen. Das will ja sagen, dass Du Bois empfindet, dass er sich zu anderen Schwarzen solidarisch verhalten soll. Er hätte ja auch theoretisch sagen können, er interessiere sich nicht für andere Schwarze, sondern eher für Weiße oder ähnliches. Nach Appiah ist nun dieses Gefühl, sich solidarisch zeigen zu müssen, nichts weiteres, als das Resultat einer Konvention, die die Schwarzen zu einem bestimmten Zeitpunkt beschlossen haben. Du Bois müsste also streng genommen ausdrücken wollen, er fühle sich zu Afrika hingezogen, weil unter Schwarzen beschlossen wurde, dass die Norm der rassischen Solidarität eingehalten wird. Du Bois hätte also auch sagen können, sein Gefühl steht im Einklang mit einem Beschluss, dem er hier gewillt ist zu folgen. Die Frage ist doch aber, ob diese Interpretation dem gerecht wird, was Du Bois meint, wenn er sagt, er fühle sich zu Afrika hingezogen. Wenn die Konvention der Brüderlichkeit rein arbiträr ist, dann ist doch nicht ersichtlich, warum Du Bois sie als bindend annehmen sollte, vor allem, wenn man wie Appiah annimmt, dass es in der Natur von Normen liegt, dass man sie überschreiten kann.

Appiah kommt bei dieser Komponente der sozialen Konstruktion von Rassen natürlich auch auf den bekannten Satz von Du Bois zu sprechen, ein Schwarzer sei der, der in Georgia im segregierten Jim Crow Zugabteil sitzen muss. Appiah schreibt hierzu: [Du Bois] did not suppose that the group had an independent character apart from [...] norms and practices" (159). Das stimmt natürlich insofern wir annehmen, dass Rassen keine biologischen Entitäten sind, sondern eben Gruppen oder Gemeinschaften. Dennoch liegt Appiah falsch, wenn er annimmt, dass Rassen auf arbiträren Konventionen gründen. Er schreibt: „[Du Bois] grasped how something inherently arbitrary could acquire vast significance" (157). Die Frage ist doch nun aber legitimer Weise, ob die Afroamerikaner gänzlich arbiträr handelten, als sie sich aufgrund ihrer gemeinsamen Hautfarbe vergemeinschafteten. Appiahs Idee einer sozialen Konstruktion von Rasse hinkt, weil nicht klar wird, wer hier was konstruiert und vor allem warum die Afroamerikaner schwarz sind. Die Idee einer solchen Konstruktion wirft ja auch schnell die Frage auf, ob es nur die Mitglieder der Gruppe sind, die hier am Konstruktionsprozess beteiligt sind oder eventuell auch andere. Da Appiah den Du Bois'schen Satz mit dem Jim Crow Zug so interpretiert, dass die Tatsache, dass jemand schwarz ist, allein darauf zurückzuführen ist, dass er auf eine bestimmte Weise behandelt wird, sieht er sich zu der Aussage gezwungen, dass soziale Identitäten, wie er sich ausdrückt, von innen und von außen gebaut werden. Die Mitglieder der Gruppe basteln also an der Identität genauso wie die anderen, die nicht Teil der Gruppe sind und in einem großen Konzert von Stimmen bestimmen wir, dass die Bedeutung oder die Realität solcher Gruppen so oder so aussieht. Der Gedanke ist natürlich nicht ganz abwegig. Er wird es aber, wenn wir uns erst einmal klar machen, dass Appiah keine theoretische Ressource parat haben kann, um die Verbindung zwischen der Hautfarbe und der Gruppe verständlich zu machen. Die Tatsache, dass alle aber auch alle Afroamerikaner schwarz sind, muss für ihn ein purer Zufall sein. Wenn er jetzt annehmen würde, dass die soziale Praxis der Segregation den Charakter hat, dass sie allein durch ihr synchrones Wirken überall Menschen die zufällig schwarze Hautfarbe haben, dieselben Erfahrungen machen lässt, dann könnte er zumindest von einer Korrelation von Hautfarbe und Gruppenidentität sprechen. Da Appiah aber den frühen Du Bois schon dahingehend kritisiert hat, dass jener eine Rasse als eine Familie mit gleicher historischer Erfahrung verstanden hatte, dann liegt es doch fern anzunehmen, jetzt könnte eine gemeinsame vermeintlich synchrone Erfahrung von Diskriminierung dazu geführt haben, dass alle, aber auch alle, Afroamerikaner schwarz sind.

Zur Dialektik von Innen und Außen bei der Konstruktion einer Rasse als Gruppe sagt Appiah folgendes: „We can see with [Du Bois], too, that the meaning of an identity is determined not only by the bearers of the badge, but also by the responses of others: that 'the black man is a person who must ride Jim Crow in Georgia.' He did not suppose that the group had an independent character apart from these norms and practices" (159). Die Crux hier ist aber, dass Du Bois sagen will, dass es einen Unterschied im Leben macht, ob man weiß ist oder schwarz und dass sich das zum Beispiel daran zeigt, dass Schwarze im öffentlichen Verkehr diskriminiert werden, wogegen Appiah den Satz so verstehen will, dass die Gruppe der Schwarzen erst zu dem wird, was sie ist, durch die Erfahrungen, die sie macht mit dem Jim Crow Wagen. Du Bois würde also sagen die Gruppe macht die Erfahrung weil sie schwarz ist, wogegen Appiah meint die Identität der Gruppe entsteht erst durch eben solche Erfahrungen. Natürlich kann gar nicht geleugnet werden, dass die Schwarzen als Rasse zu dem geworden sind, was sie sind, durch die historischen Erfahrungen, die sie gemacht haben und es ist natürlich nicht abwegig zu denken, dass solche Erfahrung ein Interplay von rasseninternen Handlungen und den darauf folgenden Reaktionen von anderen geschuldet sind. Das möchte Appiah aber im Grunde gar nicht sagen. Wir dürfen nicht vergessen, dass er nicht gewillt ist zu sagen, die Schwarzen sind eine Gruppe, einfach weil sie schwarz sind, denn die Aufgabe, die in so einer Definition von dem Adjektiv schwarz übernommen wird, soll ja gerade umgangen werden, dadurch nämlich, dass es Praktiken oder Normen gibt, die so geschaffen sind, dass alle jene, die von ihnen betroffen sind, solche Erfahrungen machen, dass sie sich als Gruppe integrieren, die dann zufälligerweise auch noch schwarz ist. Wenn es jetzt auch noch heißt, die Gruppe hätte keinen Charakter unabhängig von den Normen und Praktiken, die sie umgeben, so ist das natürlich auch nicht ganz falsch. Es ist ja schwer zu sehen, wie man sich irgendeine Gruppe vorstellen kann, ohne ihre Normen und Praktiken in Betracht zu ziehen. Appiah möchte aber mehr sagen, als dass sich die Afroamerikaner beispielsweise durch sie verbindende Normen und Praktiken auszeichnen, denn der Begriff Afroamerikaner ist ja, wie man zugeben wird, ein rassischer. Appiah meint nun, dass wir mit den Begriffen der Norm und der Praktik den Verweis auf die Afroamerikaner als einer Rasse irgendwie umschiffen können. Die Afroamerikaner sind also nicht eine rassische Gruppe, weil sie etwa die gleiche Hautfarbe und die gleichen Normen besitzt, sondern sie sind ein Konstrukt, das entsteht, wenn aus welchen Gründen auch immer, Praktiken und Normen entstehen, die sie von anderen unterscheidet. Jetzt kann man natürlich annehmen, dass bei einer Praktik wie der Segregation nach Grundsätzen gehandelt wird, die arbiträr sind, aber durch ihren Vollzug eine Realität geschaffen wird, auf die es dann gilt, adäquat zu reagieren. Man könnte also sagen, die Tatsache, dass die weißen Rassisten in Georgia Personen aufgrund ihrer Hautfarbe unterschiedlich behandeln, hat keine irgendwie geartete Fundierung. Der Akt ist rein arbiträr. Die Tatsache aber, dass er stattfindet modifiziert die Realität und schafft so Tatsachen. Die Schwarzen also, die das Opfer dieser Praktiken sind, konstituieren sich als Reaktion auf eine willkürliche Handlung, die sie gewissermaßen als Gruppe schafft. Bevor es „die Schwarzen" gab, die segregiert wurden, gab es nur unterschiedliche Individuen, deren gleiche Hautfarbe nichts bedeutete. Dadurch aber, dass sie nun einer gemeinsamen Praxis unterworfen werden, stiften sie eine Gemeinschaft, einfach weil sie die gleiche Erfahrung gemacht haben. Dieses Bild einer von den Rassisten geschaffenen Rasse deckt sich aber nicht mit dem, was uns Appiah über die soziale Konstruktion von Rassen sagen will. Er meint nämlich und insistiert darauf, dass die Mitglieder einer Gruppe, also hier die Afroamerikaner, sozusagen von innen heraus ihre eigenen Praktiken und Normen formen. Er will sie also nicht nur reaktiv begründen, als Menschen, die nur auf äußere Umstände reagieren, sondern als Gruppe, die aus sich heraus die soziale Identität, wie er es nennt, gründet. Wenn das aber der Fall ist, dass die Afroamerikaner als Gruppe sich von innen heraus konstituieren, dann müssen sie nach Appiahs Auffassung so agieren, dass allein ihre Handlungen sie von anderen unterscheiden. Wenn wir zum Beispiel sagen ein Schwarzer ist so einer, der Barack Obama gewählt hat und für Affirmative Action ist, dann stellt sich doch sofort das Problem, dass es viele Weiße gibt, die auch für Obama gestimmt haben und die ebenfalls für Affirmative Action sind. Appiah müsste also zeigen, dass es Normen und Praktiken so im Bündel so gibt, dass sich daraus glasklar herauskristallisiert, wer Afroamerikaner ist und wer nicht. Das scheint doch aber allein schon deshalb nicht plausibel, weil die Erfahrung der Unterwerfung Parallelen aufwirft, wie die zwischen den Bewohnern der Südseeinseln und den Afrikanern und Appiah hatte es ja Du Bois vorgehalten, dass die einfache Ähnlichkeit der erfahrenen Unterdrückung nicht ausreicht um rassische Solidarität zu erzeugen, weshalb Appiah ja Du Bois vorwarf, er habe an einer essentialistischen Rassenkategorie festgehalten.

Appiah hatte ja argumentiert, dass er es für falsch hielt, wenn ein Arbeitgeber einen schwarzen Kandidaten nicht an seinem Test teilnehmen lässt, weil er weiß, dass Schwarze durchschnittlich schlechter bei solchen Tests abschneiden. Er solle seine Meinung nicht nach Kollektiveigenschaften bilden, weil die nach Appiah unter Pauschalverdacht stehen: es gibt immer Ausnahmen, wie er uns versichert. In seiner Argumentation war Appiah nun aber so vorgegangen, dass er erst Rasse als Illusion entlarven wollte, indem er zeigen wollte, dass es kein empirisches Äquivalent zu dem Adjektiv schwarz in der nicht vom Menschen gemachten Realität gibt, er hatte aber später einsehen müssen, dass Subjekte Rassen bilden und er hatte dieses als Projekt einer sozialen Konstruktion verstanden. Appiah spricht häufig davon, dass wir, die wir uns mit Rassen beschäftigen, einen Unterschied machen sollen, wie er in der feministischen Debatte gemacht wurde zwischen *sex* und *gender* es scheint also so, dass Appiah nachdem er Rassen als Illusionen entzaubert zu haben glaubt, er weiterhin von Kategorien wie Afroamerikanern oder Weißen handeln will, er aber nicht mehr den Begriff der Rasse dafür verwenden will. Das Konzept der sozialen Identitäten soll diese Aufgabe nun übernehmen und wir haben gesehen, welche Schwierigkeiten sich bei dieser Konzeption im Bezug auf rassisch definierte Gruppen auf tut, wie es die Afroamerikaner nun einmal sind.

Walter-Benn Michaels kann ebenso wie Appiah als Eliminitavist beschrieben werden. Der Begriff wird in der Debatte genutzt um Positionen zu kennzeichnen, die dahingehend argumentieren, dass sie Rassen als Objekte der Geisteswissenschaften nicht akzeptieren wollen. Eliminitavismus soll heißen wir sollen die Kategorie Rasse eliminieren und nicht an ihr festhalten. Michaels nennt Rasse nicht eine Illusion wie Appiah das tut, sondern er benutzt den Begriff des Fehlers um zu beschreiben, wie wir uns falsch verhalten, wenn wir annehmen, es gäbe Rassen.[137] Michaels schreibt: „[O]ur actual practices can be understood only as the expression of our commitment to the idea that race is *not* a social construction" (232-233). Was Michaels hier andeutet, ist die Sachlage, dass wir im Alltagsleben davon ausgehen, dass es möglich ist für Individuen, die eigentlich schwarz sind, die aufgrund starker rassischer Vermischung sich aber so minimal von Weißen unterscheiden, dass sie als Weiße durchgehen können. Dieses Phänomen wird in der Debatte mit dem Begriff des *passing* besetzt. Wenn wir jetzt annehmen, dass man die Rasse nicht ist, sondern sie tut, was die Idee der sozialen Konstruktion ja impliziert, dann wäre streng genommen eine Person, die so unscheinbar schwarz ist, dass sie als weiß durchgeht und sich dann auch noch so verhält wie eine Weiße, in der Tat weiß, denn der Begriff der sozialen Konstruktion beinhaltet, dass die Identität durch die Tätigkeit, die man durchführt bestimmt ist. Man kann nach Michaels zum Beispiel sagen, dass Klasse eine soziale Konstruktion ist, denn die Identitäten, welche die Klasse stiftet, wie zum Beispiel Arbeiter oder Kapitalist, werden bestimmt durch ihre „objektive" Position in der Klassenhierarchie und diese gründet sich wieder auf die „objektive" Tatsache ob jemand Kapital besitzt oder nicht. Ein Arbeiter, der sein Geld spart und ein Geschäft aufmacht, geht nicht als Kapitalist durch, er ist in der Tat einer, einfach weil seine veränderte ökonomische Verfasstheit ihn von der einen in die andere Klasse gehievt hat. Nach Michaels kann die Rasse aber kein der Klasse analog verstandene soziale Konstruktion sein, denn wir halten am Begriff des *passing* fest, etwa wenn wir die Lebensgeschichte einer Person verfolgen, die schwarze Eltern hat, schwarzen Dialekt spricht, aber einen „weißen" Job als Sekretärin bekommt und abends heimlich in das schwarze Ghetto heimkehrt in der Hoffnung keiner ihrer Kollegen sieht sie. Die Kategorie der Klasse hat ein

---

137 Vgl. W.-B. Michaels, Autobiographies of the Ex-White Men: Why Race is not a Social Construction. In *The Futures of American Studies.* Hg. D. Pease und R. Wiegman. Duke, 2002. 231-247.

„objektives" Fundament, das sich an der Tatsache des Kapitalbesitzes misst und so sind Begriffe wie Arbeiter oder Kapitalist verschieden von solchen wie Weißer oder Schwarzer, denn letztere sind, wie Michaels sich ausdrückt, keine sozialen Tatsachen. Der Arbeiter ist eine von der Gesellschaft erschaffene Kategorie. Bevor es den Kapitalismus gab, gab es auch kein Proletariat und so kann Michaels sagen, dass die Kategorie Arbeiter eine Bedeutung hat, die dem Schwarzen nicht zukommt. Die Kategorie ist Produkt menschlichen Tuns und auch wenn dieses Tun noch so komplex ist, es erlaubt uns, die Identitäten, die ihr Produkt sind, als bedeutungsvolle Kategorien zu behandeln. Es gibt Gesellschaften ohne Arbeiter aber es gibt keine Gesellschaften ohne Rassen. Was es aber nach Michaels gibt, sind Gesellschaften, in denen Rassen eine Rolle spielen und solche in denen sie es nicht tun und Michaels tendiert explizit dahin, letztere Gesellschaften als irgendwie fehlgeleitet oder verblendet zu betrachten. Das geschieht deshalb weil Michaels sich nicht vorstellen kann, dass Rassen mehr sind als natürliche Gruppierungen und als solche fallen sie per definitionem aus dem Erfassungsbereich der Geisteswissenschaften heraus. Michaels vermisst bei der Kategorie der Rasse den objektiven Boden, auf dem man den Begriff stellen kann. Das wird besonders deutlich, wenn er den Begriff von anderen Identitäten abgrenzt wie etwa der Homosexualität. Homosexualität unterscheidet sich von Rasse dadurch, dass es sich hier um ein sexuelles Begehren handelt, das wie das Vorhandensein von Kapital beim Kapitalisten, uns einen objektiven Grund dafür gibt, die Person als schwul oder lesbisch zu bezeichnen. Man kann zwar so tun als sei man homosexuell und sich kleiden und verhalten, wie ein Homosexueller. Man trifft aber sozusagen, den harten Boden der Tatsachen, wenn es zum Geschlechtsakt kommt und wenn man bei diesem sich immer noch so verhält wie ein homosexueller, dann spielt man nach Michaels nicht Homosexualität nach, sondern ist auch tatsächlich homosexuell. Schwarzsein und Weißsein unterscheidet sich davon dadurch, dass ich entweder schwarz oder weiß schon sein muss, bevor ich die Praktiken der anderen Rasse nachahme um als Weißer etwa durchzugehen. Die schwarze Frau, die einen weißen Job als Sekretärin bekommt, wird ja nicht dadurch schwarz, dass andere Denken sie sei es oder dadurch, dass sie für eine Weile so spricht, als sei sie es. Michaels hat richtig gesehen, dass es hinter der Rasse keine andere objektive Tatsache gibt – etwa eine schwarze Seele oder ähnliches – von dem die Rasse nur ein Abdruck sozusagen ist, so dass man nicht sagen kann, die Rasse einer Person steht für etwas anderes, das sie nur repräsentiert. Ein Homosexueller kann sich so kleiden, dass seine äußere Erscheinung einen Hinweis gibt auf eine Realität, die wie Michaels sich ausdrücken würde, objektiv vorhanden ist, nämlich ob jemand gleichgeschlechtliche Begehren hat oder eben nicht. Der Homosexuelle, der sich in schwarzem Leder kleidet, verweist mit seinem Tun auf eine Realität, die hinter der Fassade ruht und die wir unschwer erkennen, wenn der Mensch liebt – sein Begehren weist ihn eindeutig als Homosexuellen aus. Was aber tut ein Schwarzer, der sich kleidet wie ein Schwarzer? Michaels offenbart hier seinen Skeptizismus gegenüber der Idee, dass die Rasse mehr sein kann als eine bloße biologische Tatsache. Ein Schwarzer, der sich kleidet wie ein Schwarzer kopiert nämlich andere Schwarze, wenn wir in Michaels Orbit bleiben. Der Schwarze kleidet sich so, wie andere Schwarze sich gekleidet haben und Michaels würde sofort einwenden, dass die Kleidung ja wohl nicht das Kriterium sein kann, an dem wir Schwarzsein festmachen, denn es können sich ja ebenso gut Weiße in der gleichen Art kleiden und wir wollten ja nicht sagen, dass sie dadurch schwarz werden. Die Korrelation zwischen der Kleidung und der Rasse muss also nach seinem Bild arbiträr bleiben, denn es gibt nichts in der Kleidung, das diese zu einem solchen Gegenstand machen könnte, dass er die Rasse determiniert. Und so kommt Michaels auch dazu zu sagen, die Rasse sei ein Fehler. Sie ist es für ihn, denn aus einer bloßen natürlichen Tatsache lässt sich natürlich nichts sagen über Kleidung, Sprache oder Handlung.

Was immer biologisch schwarze Menschen zum Anziehen nehmen, ist schwarze Kleidung, könnte man mit Michaels sagen. Das Problem ist nur, dass der Begriff schwarze Kleidung nach Michaels eine Kontradiktion sein muss, denn wie kann das Adjektiv schwarz sich von einem mit rein natürlichem Referent zu einem mit, sagen wir, kulturellem werden? Wenn wir nämlich den Ausdruck schwarze Kleidung verwenden, so implizieren wir, dass dieser Kleidung etwas anhaftet, dass sie etwas ist, was sie von anderer Kleidung unterscheidet und Michaels ist nicht gewillt diesen Schritt zu tun, denn das würde heißen, dass er anerkennt, dass der Begriff Schwarz Bedeutung hat jenseits von Natur und Biologie. Er sagt nun die Rasse sei ein Fehler, denn er denkt schwarze Kleidung ist nur solche, die von biologisch schwarzen Menschen getragen wird und das Faktum ihres von solchen getragen Werdens verändert nicht die Eigenschaft oder den Charakter solcher Kleidung. Die Kleidung als kulturelles Artefakt bleibt dieselbe, egal ob sie von einem Weißen oder einem Schwarzen getragen wird, was natürlich richtig ist, denn sie ändert ja nicht etwa ihre Farbe oder Schnitt nur weil sie einen anderen Besitzer hat. Dass die Kultur scheinbar nichts mit der Rasse zu tun hat, verdeutlicht Michaels auch mit der Musik der Schwarzen. Der Blues mag ja schwarze Musik sein, so Michaels, aber es ist unsinnig sie mit dem Adjektiv schwarz zu verbinden, es sei denn es verhält sich zufällig so, dass eben diese Musik von biologisch schwarzen Menschen gemacht wird und so wie die Kleidung auch von jedermann getragen werden kann, so kann auch der Blues von jedem gespielt werden und er verändert sich auch dadurch nicht, wie Michaels meint. Blues soll also nicht mehr schwarze Musik sein, sondern Musik, die von Schwarzen gemacht wird. Der Unterschied liegt darin, dass es nach Michaels nichts in der Form der Musik gibt, was sie irgendwie mit der schwarzen Rasse in Verbindung bringt, denn wie sollte auch die biologische Verfasstheit einer Person einem Gegenstand wie einer Musik eine Qualität zuschreiben, die weder in der Biologie des Individuums noch sonst irgendwo objektiv vorhanden ist. Es ist also falsch zu sagen, dass ein bestimmtes Kleidungsstück ein schwarzes Kleidungsstück ist oder dass der Blues schwarz ist. Was wir sagen können, ist, dass es eine momentane, quantitative Korrelation zwischen schwarzen Menschen und gewissen Kleidungsstücken und Musikarten gibt, die Morgen aber schon wieder aufgelöst sein kann.

Michaels berichtet an einer Stelle von einer Situation, wo er sich einer rassisch gemischten Gruppe gegenübersieht und mit ihr Texte von Emerson und Frederick Douglass diskutieren will. Es stellt sich für ihn nun die Frage, ob es legitim ist, den weißen Emerson als irgendwie in einer Beziehung stehend mit den weißen Seminarteilnehmern zu sehen und Douglass' Text als auf irgendeine Art in Relation zu den schwarzen Studenten zu betrachten. Er kommt zu dem Schluss, dass es falsch sei anzunehmen, es gäbe so etwas wie das Erbe der weißen Rasse und das Erbe der schwarzen Rasse, denn seiner Meinung nach können sich Weiße und Schwarze ebenso gut in den beiden Texten wiederfinden. Es gibt also nichts, keine Struktur oder ähnliches, das die schwarzen Studenten in seinem Seminar mit der Autobiographie von Frederick Douglass verbindet und zu versuchen eine Verbindung zu sehen, muss nach seinem Ansatz illegitim sein, denn Schwarzsein ist ein Begriff wie Dicksein oder Zahnschmerzen haben. Er hat nicht die Potenz auf Dinge zu verweisen, die nicht mit seiner bloß biologisch erfassbaren Realität in Beziehung stehen.

Michaels hatte gesagt, dass unsere tatsächlichen Praktiken nur so verstanden werden können, als wäre die Rasse keine soziale Konstruktion. Würden wir nämlich das annehmen, dann könnte nicht verständlich gemacht werden, wieso Personen an solchen Termini wie schwarze Musik oder schwarze Kleidung festhalten. In solchen Zuschreibungen scheinen wir uns darauf einzulassen, dass das Wort schwarz eine Bedeutung hat, die sich nicht auf biologische Tatsachen reduzieren lässt und die auch nicht mit dem Begriff der sozialen Konstruktion eingefangen werden kann, denn sonst müssten wir analog zur Klasse davon ausgehen, dass jemand, der als Weißer durchgeht, weil er alle objektiven Kriterien (weiße Haut, weißer Dialekt) des Weißseins erfüllt, auch tatsächlich weiß ist. Unsere Annahme, dass es so etwas wie *passing* gibt, läuft aber auf die Annahme heraus, dass es eine vom schwarzen Körper unterschiedene Essenz gibt, von der unser Körper lediglich eine Repräsentation ist, so dass wir sagen können, er war eigentlich schwarz, wurde aber als Weißer betrachtet und dieses ursprüngliche Schwarzsein muss eine Realität besitzen, die dem widerspricht, was wir über soziale Konstruktion annehmen müssen, nämlich dass die Rasse nicht tiefer sitzt als die durch unsere Praktiken verursachten Konsequenzen, die etwa Menschen in soziale Klassen einteilt. Nach Michaels ist es aber ein Fehler anzunehmen, es gäbe da etwas in der Rasse, das tiefer sitzt, als das was an der Oberfläche erscheint, also die Hautfarbe und die Handlungen. Er zieht daraus den Schluss, dass es deshalb nichts geben kann, das eine Verbindung schafft zwischen eben solchen Phänomenen wie der Hautfarbe und einer bestimmten Handlung. Eine bestimmte Handlung etwa wie das spielen von Blues mag darauf hindeuten, dass es hauptsächlich Menschen mit schwarzer Haut sind, die solche Musik machen, so dass man sagen könnte, die Musik steht für die Hautfarbe etwa so, wie ein gewisses Kleidungsstück für die schwarze Rasse steht, nämlich als eine temporäre Korrelation, die nicht zwingend ist. Michaels hat nun gesehen, dass wenn ich wiederum die Hautfarbe nehme und mich frage, wofür sie steht, mir nichts anderes übrig bleibt als eben jene Handlungen, die mich doch zuvor auf die Hautfarbe verwiesen haben. Wenn man nämlich eine hinter der Realität stehende Essenz wie eine schwarze Seele ausschließt, dann bleibt nichts übrig als von der Handlung auf die Hautfarbe und von der Hautfarbe auf die Handlung zu verweisen. Und weil Michaels diesen Zirkel nicht akzeptieren kann, sagt er, die Rasse sein ein Fehler, also es sei falsch von der Hautfarbe auf eine Handlung zu schließen und ebenso falsch von einer Handlung auf eine Hautfarbe. Wie bei Appiah entsteht die Sehnsucht nach einer Welt, in der es keine Rassen gibt, weil alle nach strikt rationalen Kriterien denken und handeln. Dass diese Attacke auf die Rasse viele Autoren nicht befriedigt hat, kann kaum verwundern, macht man sich erst einmal klar, dass in Gesellschaften wie den USA die

Rassenunterschiede einen essentiellen Teil der Struktur der Gemeinschaft ausmachen.

In Verteidigung der Rasse: Paul Taylor, Tommie Shelby und Omi/Winant

Es braucht nicht viel Fantasie, um sich vorzustellen, dass die Argumente von Appiah und Michaels auf vehemente Gegenreaktionen gestoßen sind. Das kommt natürlich zum einen daher, dass die Aufgabe des Rassebegriffs, wie er von den beiden Autoren vorgeschlagen wird, natürlich ganz praktische politische Konsequenzen hat. Wenn man nämlich nicht mehr einen weißen von einem schwarzen Amerikaner unterscheiden darf, dann kann man ihn auch nicht in den Genuss von Wiedergutmachungspolitiken wie Affirmative Action oder ähnlichem stellen. Selbst die banalste soziologische Analyse, etwa zu Kapitalverteilung in einer segregierten Stadt, wird obsolet, wenn die Forscher nicht mit Begriffen wie „Weiß" und „Schwarz" hantieren dürfen. Appiah hat diese Konsequenzen gesehen und seine Versuche das Problem mit der Idee einer sozialen Identität, die konstruiert ist, zu umfahren, sollte vermutlich dazu beitragen, dass Politiken, denen es um den Zustand der beiden Rassen geht, nicht komplett unterlaufen werden. Wenn es aber hart auf hart kommt, dann würden beide Denker dennoch höchst wahrscheinlich bei ihrer Ureinsicht bleiben, dass der Umgang mit dem Terminus Rasse mehr Unheil in der Welt verursacht hat, als mit dem Beibehalten der Kategorie für wiedergutmachende Zwecke revidiert werden kann. Besonders bei Appiahs politischer Theorie wird deutlich, dass sich sein Denken generell gegen die Zuschreibung von Eigenschaften auf Kollektive wie Rassen stellt und das Argument, es sei eine Illusion anzunehmen, dass es Rassen gäbe, hat er trotz aller Veränderungen an seiner Theorie nicht revidiert.

Die Antworten auf Appiah und Michaels sind mannigfaltig und auf alle Einwände können wir hier nicht eingehen. Ich erwähne drei Traditionen, die mir am theoretisch versiertesten vorkommen und an denen sich viele Autoren orientieren, die zum Thema schreiben. Der erste von ihnen ist der Amerikaner und Philosoph Paul C. Taylor, der in einem Aufsatz dargelegt hat, wo er denkt, dass Appiah falsch liegt. Taylor kritisiert Appiahs frühe Texte aus „The Uncompleted Argument" und *Color Conscious* mit der Idee, dass Rassen soziale Tatsachen sind, wie er sich ausdrückt. Es geht also noch nicht um die Frage der sozialen Konstruktion von Identitäten, die man bei Appiah sehr wohl als getrennt vom eigentlichen Rassebegriff ansehen kann, sondern um die Frage, ob es Rassen gibt oder nicht.[138] Die Argumentation von Taylor sieht jetzt so aus, dass er Appiah darin zustimmt, dass die essentialistische Wirklichkeit von Rassen geleugnet wird. Es gibt keine humanbiologische Erklärung für die erfahrenen Rassenunterschiede. Dann aber sagt Taylor, dass Rassen als soziale Gebilde sich in dem Moment geformt haben, indem die Europäer die Idee in die Welt setzten, dass es durch biologische Prozesse integrierte Rassen gab, und aufgrund dieser Theorie Institutionen und Praktiken entwarfen, die nach eben diesem Muster verfuhren. Nach Taylor gibt es also streng genommen keine Rassen und die Europäer lagen falsch, als sie annahmen, dass die Schwarzen durch eine gemeinsame Essenz zusammen gehalten wurden. Indem sie aber so agierten, schafften sie gewissermaßen Tatsachen: "[T]hose who are oppressed as black folk unify as black folk: the common need calls into being a community of interest. The community of interest is a community also in the richer sense, to the extent that ties of sentiment and overlapping culture develop within the boundaries laid out by the racist culture and appropriated by the anti-racist resistance" (112). Taylor benutzt nun diese Theorie, die sich auch unter Historikern findet, indem er sagt, dass Du Bois sehr wohl gute Gründe hatte, Rassen als Familien zu betrachten, die durch gleiche Erfahrungen zusammengehalten werden, denn das war ja die Definition des jungen Du Bois, die Appiah kritisiert hat. Taylor sagt nun, Du Bois konnte sich die rassische Genealogie so vorstellen, dass er annahm, dass schwarze Individuen aufgrund ihrer Hautfarbe einer bestimmten Art von Diskrimination unterworfen wurden und dass diese parallelen Biographien ein ausreichendes Kriterium darstellen, um von Rassen zu sprechen. „Du Bois is interested not in some abstract group history but in the biographies of concrete individuals, biographies which, when relevantly similar enough, justify putting those who've lived them into the same category" (108). Taylor muss aber, um die Lebensgeschichten hier auch nur ansatzweise so parallel konstruieren zu können, davon ausgehen, dass die Europäer, als sie die Schwarzen unterjochten, mit der Kategorie der biologischen Rasse operierten, denn sie ist es ja letztendlich, die dafür Sorge trägt, dass die Erfahrungen auch relativ gleich ausfallen: „To say that a black person is one who has to ride Jim Crow in Georgia is to say that the property of race membership is a response dependent prop-

---

138 Vgl. P. Taylor, Appiah's Uncompleted Argument. W. E. B. Du Bois and the Reality of Race. *Social Theory and Practice*, (26), 2000. S. 103-128.

erty that depends on the theory-laden perception of people who've learned folk racialism at their parents knees" (109). Das Rassenzugehörigkeitsgefühl gründet also nach Taylor auf einer gemeinsamen Resistance gegen Unterdrückung, die gewissermaßen durch ihre homogene Verfahrensweise die Rassen erst erschafft. Was interessant ist an dieser Theorie, ist die Tatsache, dass Taylor keine Strategie sieht, wie er plausible machen kann, dass Rassen sozusagen von sich aus ihre eigene Konstitution schaffen. Die Verbindung von Natur und Kultur oder Hautfarbe und Handlung, wie sie sich bei Appiah und Michaels als Unmöglichkeit oder arbiträren Akt darstellt, kann auch Taylor nicht überwinden. Rassen als Gemeinschaften entstehen erst in dem Moment, wo es Personen gibt, die fälschlicherweise denken, dass es – aus welchen falschen Gründen auch immer – solche Gemeinschaften gibt. Die Tatsache der Rasse gründet also, so könnte man sagen, auf einem Fehler oder einer Lüge, nur dass diese so folgenreich war, dass sie das gesellschaftliche Leben ganzer Nationen oder sogar Kontinente bestimmt hat und immer noch bestimmt. Die Rasse als soziale Tatsache ist das Produkt einer falschen Theorie, die aber so weitreichende Konsequenzen hat, dass es nun, wo die Institutionen und Praktiken einmal in der Welt sind, kein einfaches Weglaufen gibt. „Attempting to opt out of or eliminate the conventions that define race in America is unwise [...] because those conventions provide a peculiarly useful means of identifying the victims of certain oppressive modern practices, of organizing to resist the operations of those practices, and, for black folk at least, of preserving certain forms of life that are intrinsically valuable" (113). Der Gedanke, dass die Solidarität unter den Schwarzen letztendlich auf einer Lüge fußt, wird hier von Taylor verteidigt, aber es scheint doch so, dass er die Gefühle der Gemeinschaft schätzt als etwas, das einen tieferen Grund hat, als bloß strategisches Zusammentun, um eine externe Aggression abzuwehren. Außerdem kann man sich ja fragen, ob nach dem Kollaps des biologischen Rassismus es immer noch sinnvoll ist, davon auszugehen, die Rassisten mit ihren falschen Theorien hätte eine solche Kraft, dass sie ganze Nationen zusammenhalten können. Appiah jedenfalls könnte Taylor leicht erwidern, dass es genau darum geht, den Fehler, den die Rassisten machen, nämlich zu glauben dass es Rassen gibt, auszuräumen, um so die gesamte Praxis, die die Gemeinschaften formt, umzubauen. Wenn es also eine Illusion ist anzunehmen, dass es Rassen gibt, dann haben auch die Rassisten keine Argumente mehr parat, um die Schwarzen zu diskriminieren und der ganze Schneeball der sozialen Konstruktion kommt erst gar nicht ins Rollen. Irgendwo müssen wir eben anfangen um die Praxis zu ändern, würde Appiah sagen, und wenn nicht jetzt, wann dann? Taylor hat auf diese Einwände geantwortet indem er gemeint hat, obwohl es keine Rassen gibt, haben wir Gründe um an der Idee der Rasse festzuhalten, denn sie hilft Kohäsion unter Gruppen zu stiften.[139] Taylor schreibt in seiner Monographie zum Thema: „Instead of saying that racial discourse is false in the same pernicious way in which lies are false, which is to say that, like lying, it ought to be eliminated wherever possible, the quasi-racialist [Taylor] says that it's false the way myths are false. Myths are false narratives that help constitute and explain distinctive cultural forms and modes of social arrangement. They offer explanatory accounts of the sort that get displaced by science, but in the process they help unify social groups by dramatizing ethical precepts and inviting attachment to customary practices" (93). Will man nicht dem Rationalismus eine komplette Abfuhr erteilen, dann ist natürlich klar, dass dieses Argument nicht sehr weit reicht. Appiah könnte hier einfach sagen, der Philosophie muss es darum gehen, die Wahrheit aufzudecken und wenn man an Mythen festhält aus ethischen Gründen, dann ist das vielleicht ein politisches Projekt, aber keine Philosophie, der sich ja Taylor selber auch verschrieben hat.

Man kann sich das Problem, das sich Taylor stellt, so klar machen, dass man, um über Rassen als soziale Gebilde oder Konstruktionen zu sprechen, irgendwie eine Brücke schlagen muss zwischen der Natürlichkeit der schwarzen Hautfarbe und der Künstlichkeit der sozialen Gemeinschaft. In Taylors Theorie sind es die Rassisten, die diese Brücke schlagen und so den Prozess ermöglichen, an deren Ende die Rassen als soziale Tatsachen stehen. Die Verbindung zwischen Natur und Kultur, wie sie sich unter dem Gesichtspunkt der empirischen Beobachtung stellt, ist also selbst nach Taylor immer noch arbiträr. Nur dass sie eben trotzdem wirklich ist und deshalb eine soziale Konsequenz zur Folge hat, mit der wir als Mitglieder der Gesellschaft leben möchten. Taylor vergleicht die soziale Tatsache der Rasse oft mit der sozialen Tatsache des Geldes. Geld ist ja nichts natürliches, sondern ein Produkt menschlichen Tuns. Wenn ich jetzt mit dem Auge des logischen Empirismus, wie Appiah ihn vertritt, mich dem Geld nähere, so wird schnell klar, dass es sich hier um etwas handelt, das nicht in dem Sinne wahr ist, wie die Sätze der Physik. Es macht ja keinen Sinn zu fragen, ob zehn Euro wahr sind oder nicht. Kreatives Tun kann also sehr wohl seine Berechtigung haben, selbst für einen so strengen

---

139 Vgl. P. Taylor, *Race. A Philosophical Introduction.* Cambridge, UK, 2004.

Empiristen wie Appiah. Will man jetzt aber wie Taylor die Rasse als eine soziale Tatsache dem Geld analog in die Debatte bringen, dann muss gezeigt werden, dass die Institution Rasse – jetzt also ein komplett soziales Gebilde – es wert ist, weiter in der Welt zu bleiben. Aus dem epistemischen Argument wird so ein ethisches und Taylor begegnet ihm mit einer pragmatistischen These: Wir sind gehalten weiter mit der sozialen Tatsache der Rasse umzugehen, einfach weil es ohne die Rassen keine Möglichkeit gibt, dem Rassismus entgegen zu treten, denn wie sollte ich zum Beispiel Affirmative Action Programme durchführen, wenn es mir nicht einmal erlaubt ist, einen weißen von einem schwarzen Amerikaner zu unterscheiden. Taylor spricht deshalb von Rassensprech (*race talk*), der keine Fundierung in der externen Realität hat, aber nützliche soziale Aufgaben übernimmt. Die ursprüngliche philosophische Frage, ob es Rassen gibt, verwandelt sich so immer mehr in die politische, ob es legitim ist, nach wie vor Rassen zu behalten, auch wenn sie auf Mythen oder Fehlern fußen. Taylor argumentiert manchmal auch so, dass er sagt, dass es unmöglich ist, durch individuelles Handeln eine soziale Tatsache zu entfernen. Das Beispiel das er anführt ist das von Leuten, die nicht mehr an die Sinnhaftigkeit von Geld glauben und deshalb unilateral versuchen aus allen Praktiken, die auf Geld basieren, auszusteigen, was nicht etwa zur Folge hat, dass Geld aufhört Geld zu sein, sondern, dass diese Menschen ihr Hab und Gut verlieren und sich ihrer Ohnmacht gegenüber sozialen Tatsachen eingestehen müssen. Nach Taylor verhält es sich mit den Rassen ganz genauso. Wenn man als Individuum versucht, nicht nach Rassen zu unterscheiden, wird man nur erfahren, dass andere es sehr wohl tun und dass das persönliche Engagement konterproduktiv ist, weil die soziale Tatsache zu mächtig ist. Appiah hätte hier einfach darauf verwiesen, dass es gilt Mythen zu entkräften und dass wir uns darüber aufklären müssen, was es gibt und was nicht und dass wenn ein philosophisches Argument einer sozialen Tatsache zuwider läuft, letztere der Wahrheit weichen muss, so dass wir uns nicht selbst betrügen.

Vergleichen wir zwei Sätze, die beide wahr oder falsch sein können. Wenn jemand zum Beispiel sagt, er besitze zehn Euro, dann kann eine empirische Untersuchung den Satz verifizieren oder eben nicht. Sagt man nun Geld ist eine soziale Tatsache, dann muss man sagen, man besitze ein bestimmtes Stück Papier, dem im europäischen Geldsystem der Wert zehn Euro zukommt. Das Geldsystem ist nun eine Institution, die auf Konventionen beruht. Im alten Rom gab es keine zehn Euro, einfach weil es kein europäisches Geldsystem gab. Die Konvention kann also nach Belieben geändert werden. Sagt nun jemand, er sei schwarz, dann drückt er laut Taylor ebenfalls eine soziale Tatsache aus. Man könnte auch sagen, man erfüllt die Kriterien, die unter bestimmten Bedingungen ausreichen, um eine Person der Gemeinschaft der Schwarzen zuzurechnen. Diese Gemeinschaft ist in diesem Fall aber eine Konvention ebenso wie das Geldsystem eine ist. Der Gemeinschaftsstiftende Moment ist der, in welchem Personen entscheiden, dass Menschen mit schwarzer Haut eine Gruppe bilden, die den Namen „die Schwarzen" trägt. Sie beruht auf purer arbiträrer Entscheidung, denn es gibt nichts „in" der schwarzen Haut, das uns dazu legitimieren könnte, Menschen, die sie besitzen, zusammenzurotten. Wenn die Konvention aber arbiträr ist, dann ist der Satz, ich bin schwarz, so wie wenn ich sage, ich habe zehn Euro, mit dem wichtigen Unterschied, dass im Normalfall niemand annehmen würde, die Konvention des Geldsystems ist von der gleichen Qualität wie die „Konvention" der Rasse, denn diese versteht sich als eine auf objektiven Tatsachen (Schwarzsein) ruhende, von der aber Appiah zeigen konnte, dass ihr nichts in der nicht vom Menschen geschaffenen Realität entspricht. Was Taylor mit seinen sozialen Tatsachen also bräuchte, wäre eine „soziale Tatsache", die mehr ist als Konvention und diese kann es ja per definitionem nicht geben, denn das Adjektiv sozial meint ja, dass hier etwas von der Gesellschaft gemachtes gibt – eben eine Konvention. Wollte man annehmen, dass es soziale Tatsachen gibt, die nicht auf Konventionen beruhen, dann muss man der Gesellschaft Eigenschaften zuschreiben, die sie vom Rationalitätskonzept, das der Idee der Konvention unterliegt, ablöst. Es muss also Konventionen geben, die wir gemacht haben oder machen mussten ohne es zu wollen oder verstehen. Das ist der Begriff des Sozialen, den wir bei Marx finden, und wir werden sehen, dass auch er bei einigen Autoren in der Diskussion eine Rolle spielt. Taylor hängt ihm aber nicht an. Sein Begriff der Konvention ist der einer gewollten, verstandenen Praxis und so ist sein Rassensprech allein dadurch legitimiert, dass es irgendjemand mal angefangen hat und nun kommt man aus der Praxis nicht mehr raus, beziehungsweise der Preis, den man dafür bezahlen muss – etwa Aufgabe der Affirmative Action – ist zu hoch. Die Begründung mündet ins Politische.

Tommie Shelby hat versucht eine Erklärung anzubieten, die schwarze Solidarität rechtfertigt im Angesicht der Appiah'schen Tatsache, dass es keine Rassen gibt.[140] Shelby versucht zu zeigen, dass das Gemeinschaftsgefühl der Afroamerikaner auf dem politischen Projekt des Kampfes gegen Rassismus basiert ist und somit legitim ist. Er ist natürlich nicht der Erste, der sich dem Problem so gewidmet hat. Wichtig ist es hier hervorzuheben, dass das Gemeinschaftsgefühl der Schwarzen präskriptiv ist. Afroamerikaner sollen sich zueinander solidarisch verhalten und tun es auch zum Großteil, weil das politische Ziel der Beendigung des Rassismus nur so erreicht werden kann. Rassenzugehörigkeit wird also abgeleitet von bestimmten normativen Prämissen. Weil der Rassismus bekämpft werden muss, müssen die Schwarzen zusammenhalten und die Schwarzen tun dies auch schon zum Großteil, einfach weil sie darum wissen.

Shelby unterscheidet zwischen klassischem und pragmatischem Nationalismus. Ersterer will Solidarität um ihrer selbst willen, während letzterer sie nur zu dem politischen Zweck der Beendigung des Rassismus erhalten will. In einer Welt ohne Rassismus, so muss man wohl schließen, wird auch das Zusammengehörigkeitsgefühl der Schwarzen obsolet. In der Optik von Shelbys Analyse werden nun all die Elemente, die bei Du Bois und Weber noch als organischer Zusammenhang der Rassen betrachtet wurden, zu politischen Projekten, die von gänzlich autonomen Individuen in Angriff genommen werden. Die Solidarität ergibt sich nicht begrifflich aus dem Konzept der Rasse, sondern wird gesehen als politisches Projekt, das die Schwarzen annehmen sollen, weil es der einzige Weg ist, um eine vom Rassismus befreite Gesellschaft zu gründen. Aus dem Gemeinschaftsgefühl wird so das politische Projekt des Nationalismus, den Shelby aber nicht mit der Forderung nach einem autonomen Staat verbindet, sondern allein in die kulturelle Dimension verbannt. Die amerikanische Demokratie mit ihren Idealen, die Du Bois noch in seinem „The Conservation of Races" des Individualismus bezichtigt hatte, akzeptiert Shelby als angemessener Rahmen um die politischen Ziele der Afroamerikaner zu erreichen. Aus dem Gemeinschaftsgefühl wird so das politische Projekt des schwarzen Nationalismus und Shelby rechtfertigt es durch die Persistenz von Rassismus in den USA und der Welt, die den Schwarzen keine andere Wahl lässt, als sich untereinander solidarisch zu verhalten, bis — wie auch immer – der Rassismus sein Ende gefunden hat.

---

140 Vgl. T. Shelby, *We Who Are Dark. The Philosophical Foundations of Black Solidarity.* Cambridge, Mass., 2005.

Das Rassenzugehörigkeitsgefühl ist nach Shelby solange legitim, wie es Rassismus gibt. „Indeed what holds blacks together as a unified people with shared political interests is the fact of their racial subordination and their collective resolve to triumph over it" (56). Zwei Probleme ergeben sich aus diesem Ansatz. Zum einen ist es ja noch nicht bewiesen, dass der Weg hin zur nicht rassistischen Gesellschaft am besten erreicht wird, wenn die Schwarzen sich zueinander solidarisch zeigen und somit eine Nation in der Nation bilden. Appiah hatte ja eingewendet, dass das Denken in rassischen Kategorien, das der pragmatische Nationalismus ja wenigstens temporär fordert, konterproduktiv ist, allein schon deshalb weil es auf Mythen der Existenz von Rassen ruht. Shelby meint zwar, dass er Appiah dahingehend folgt, dass es keine Rassen mit Essenzen gibt, aber auch er muss ja ein Begriff von der Gruppe von Menschen haben, die sich nun solidarisch zueinander verhalten sollen. Schwarzer Nationalismus ist immer noch schwarz und solange Shelby nicht gezeigt hat, dass es Rassen gibt, ist auch sein schwarzer pragmatischer Nationalismus ohne Subjekt. Die normative Frage, ob sich die Schwarzen zueinander solidarisch verhalten sollen, steht bei ihm vor der Frage, ob es Rassen gibt, aber auch er muss ja sagen, dass die, die hier solidarisch sein sollen, Schwarze sind und damit steht er mitten in der Diskussion um die Frage nach der Rasse. Daraus ergibt sich das zweite Problem. Die Rechtfertigung der Norm der Solidarität löst noch nicht das Problem der Abgrenzung der Gruppe, die hier solidarisch sein soll. Shelby würde Du Bois' Satz, er fühle sich schwarz, wahrscheinlich dann für gerechtfertigt halten, wenn die Gesellschaft noch rassistisch ist. Shelbys Text versucht, die schwarze Solidarität normativ zu rechtfertigen. Du Bois und Weber waren versucht, dass Rassenzugehörigkeitsgefühl zu erklären. Sie haben der Analyse Shelbys voraus, dass sich aus ihrer Perspektive die Norm der rassischen Solidarität gewissermaßen begrifflich aus dem Rassekonzept ergibt. Wenn ich nämlich, um mit dem späten Du Bois zu sprechen, eine Begründung dafür habe, mich als Schwarzer zu fühlen, dann ergibt sich das solidarische Verhalten automatisch aus dieser Begründung. Die Existenz der Rasse beinhaltet dann nämlich die Tatsache, dass sich ihre Mitglieder auf bestimmte Art und Weise zueinander verhalten. Nach Shelby scheint es so, dass wir den Begriff der Schwarzen scheinbar Problemlos verwenden können, ohne ihn mit bestimmten Normen zu verknüpfen und dass sich das Zusammengehörigkeitsgefühl legitimieren muss an bestimmten politischen Zielen, die aus einer bestimmten Sicht legitim sind. Diese Trennung aber zwischen der scheinbar problemlos erörterten Gemeinschaft der Schwarzen und dem nachträglichen Zutun einer normativen Komponente, die für die Mitglieder der Gruppe bindend sein soll, übersieht, dass der Du Bois'sche Rassebegriff (und auch implizit der von Weber) die Tatsache der Wirklichkeit der Gemeinschaft nicht von bestimmten Verhaltensmustern oder Handlungen trennt. Schwarzsein ist nach dieser Konzeption kein Begriff wie Dicksein oder Kranksein. Solche Begriffe ergeben noch keine Imperative der Verhaltung, wie sie die Rasse doch zumindest suggeriert. Wenn man Teil einer Rasse ist und sich auch als Teil einer solchen fühlt, dann ergibt sich die Norm der Solidarität konzeptuell aus dem Begriff der Gemeinschaft, denn wo sonst sollte sich die Wirklichkeit der Gemeinschaft zeigen, wenn nicht an den Handlungen ihrer Mitglieder? Shelbys Trennung legt den Gedanken nahe, dass es die Wirklichkeit der Gruppe der Schwarzen gibt, ohne die von ihm aus der Politik deduzierten Verhaltensanweisungen der Gruppe. Die Rasse ohne die Normen wäre also gewissermaßen eine natürliche Tatsache, die von sich aus keine normativen Projekte, und seien es nur die basalen der gegenseitigen Solidarität, impliziert. Der Rassebegriff ist also ein naturalistischer und dieser ist, wie wir von Appiah lernen können, Bedeutungsleer. Shelbys Zutun der normativen Komponente, das sich aus dem Desiderat der Bekämpfung des Rassismus ergibt, legt den Gedanken nahe, als existiere die Gruppe der Schwarzen ohne Präskriptionen darüber wie sich ihre Mitglieder verhalten sollen und das wiederum ist abwegig, denn wie kann man von einer Gemeinschaft sprechen, ohne die Verhaltensmuster, die sie ihren Mitgliedern auferlegt, mit in Betracht zu ziehen? Wenn man Shelbys These als politisch versteht, kann man natürlich auch annehmen, er wolle eine bestimmte politische Praxis rechtfertigen oder sie ins Leben rufen. Vielleicht möchte er sagen, es sei gerechtfertigt, wenn sich Schwarze untereinander nepotistisch verhalten. Vielleicht möchte er aber auch sagen, zu viele Schwarze handeln unsolidarisch mit ihren Brüdern und Schwestern und sollten ihr Verhalten ändern. Der Charakter solcher Anweisungen wäre dann zu bestimmen und Shelby sagt explizit, dass sich die Norm der Solidarität nicht aus der Existenz der Gruppe ergibt, aber aus dem praktischen Grund der Beendung des Rassismus. Die Frage, die jetzt auftaucht, ist, ob es nach dem Ende des Rassismus noch Rassen gibt. So wie Shelby Gruppe und Norm trennt, scheint es nahe zu liegen, als wolle er sagen, nach dem Rassismus gebe es zwar noch schwarze Individuen, aber sie dürften sich nicht mehr nepotistisch zueinander verhalten. Sie dürften einander nur soweit respektieren, wie sie auch einen Weißen respektieren würden. Das Wiederum wirft die Frage auf, ob man dann sinnvollerweise noch von Rassen sprechen darf, denn wenn sich schwarze und weiße Bürger genau gleich behandeln, dann gibt es ja keine Unterschiede zwischen den beiden „Populationen" bis auf den, dass die einen schwarz sind und die anderen weiß sind und das muss für Shelby eine triviale Tatsache sein, denn sonst müssten die „Populationen" ja einen Unterschied machen. Wenn Rassen aber solche Gebilde sind, die sich nicht in ihrem Verhalten unterscheiden, dann unterscheiden sie sich nur durch ihre Pigmentierung und Kopfform und das sind ja Eigenschaften, von denen wir jetzt wissen, dass sie „an sich" keine Gemeinschaften stiften können. Wenn das aber wiederum der Fall ist, dann hat auch Shelby kein Recht, genau die Menschen herauszupicken für das Projekt der gegenseitigen Solidarität, die sich physisch gleichen, denn diese sind „an sich" keine Gemeinschaft. Das Wiederum lässt die Vermutung aufkommen, Shelby hätte sich die Realität der Rasse vor der von außen an sie herangebrachten Normen der Solidarität und des Nepotismus so zurechtgelegt wie Taylor. Das aber würde bedeuten, er hätte die Demarkation von dem was eine Rasse ist, den Rassisten überlassen und diese handeln ja, wie selbst Taylor weiß, nach einem Trugschluss.

Michael Omi und Howard Winant schreiben über ihre Position zur Rasse gegenüber Appiah: „we agree with [Appiah] as to the non-objective character of race, but fail to see how this recognition justifies its abandonment" (181). Rasse ist also auch nach diesen beiden Autoren, die ausgebildete Soziologen sind, ein Begriff, dem nichts in der objektiven Realität entspricht.[141] Nichtsdestotrotz argumentieren die zwei, dass diese Einsicht nicht notwendigerweise dazu führen muss, den Rassebegriff aufzugeben, wie Appiah und Michaels es fordern. Die Erklärung für den Unwillen von Omi und Winant findet man in der soziologischen Herangehensweise der beiden. Die Soziologie ist je die Wissenschaft, die sich mit den gesellschaftlichen Tatsachen befasst. Natürliche Prozesse oder Entitäten interessieren sie nicht. Der Rassebegriff soll also nach ihrer Sichtweise einer sein, der vollkommen sozial ist. Das heißt, dass sie annehmen, der Begriff Rasse hat keinen Referenten in der natürlichen Welt, sondern einen in der gesellschaftlichen. In dem Moment aber, wo Omi und Winant diesen Zug weg von der Natur und hin zur Gesellschaft durchführen, ändert sich die Bedeutung des Rassebegriffs fundamental. Rasse heißt jetzt nicht mehr eine Ansammlung von Elementen wie Hautfarbe, Akzent oder anderes,

---

141 Vgl. M. Omi und H. Winant, *Racial Formation in the United States. From the 1960s to the 1990s*. New York, 1994.

sondern der Prozess, wie solche Elemente mit Bedeutung verknüpft werden und gesellschaftlich relevant werden. Der Rassebegriff erhält somit eine strukturierende Gestalt. Rasse ist nicht mehr diese oder jene Hautfarbe und Kopfform, sondern die Praktik oder soziale Institution, wenn man will, die solche Attribute politischen Wert zuschreibt: „race is not a biologically given but rather a socially constructed way of differentiating human beings" (65). Man beachte, dass Rasse hier nicht, die differenzierten menschlichen Körper beschreibt, sondern das Prinzip oder den Prozess, nach welchem diese Körper differenziert werden. Die sozialkonstruktivistische Rassentheorie will also den Blick auf die Prozesse oder Prinzipien richten, nach denen soziale Akteure handeln, wenn sie Menschen auf bestimmte Weise differenzieren. Ironischer Weise müssen Omi und Winant sogleich eingestehen, dass die Art der Differenzierung, die wir vornehmen, wenn wir rassisch handeln, arbiträr sind, denn in Kontrast zu anderen sozialen Differenzierungsmechanismen, wie dem der Klasse, gibt es im Fall der Rasse kein System wie dem Arbeitsmarkt, der im Fall der Klasse dafür sorgt, dass Individuen einander auf bestimmte Weise behandeln und dass dieses Handeln auf eine „objektive" Tatsache wie der Klassenlage zurückzuführen ist. Hören wir hierzu nochmal Omi und Winant: "[R]ace is a concept which signifies and symbolizes social conflicts and interests by referring to different types of human bodies. Although the concept of race invokes biologically based human characteristics (so-called 'phenotypes'), selection of these particular human features for purposes of racial signification is always necessarily a social and historical process. In contrast to the other major distinction of this type, that of gender, there is no biological basis for distinguishing among human groups along the lines of race. Indeed, the categories employed to differentiate among human groups along racial lines reveal themselves, upon serious examination, to be at best imprecise, and at worst completely arbitrary" (55). Das Argument ist uns vertraut und ähnelt in gewisser Weise dem von Appiah. Es gibt nichts „in" der Rasse, das uns dazu berechtigen würde, eine Person auf eine bestimmte Art und Weise zu behandeln. Dass wir es scheinbar trotzdem tun, nehmen Omi und Winant zum Ausgangspunkt ihrer Untersuchung. Nach ihnen fängt die Arbeit erst da an, wo sie für Appiah aufhört, denn als Soziologen sind sie an den Prozessen interessiert, die Personen mit verschiedenen Hautfarben verschieden behandeln, wie etwa Segregationspolitiken oder *de facto* Rassismus auf dem Arbeitsmarkt. Die Tatsache, dass es keine biologische Rechtfertigung für solches Differenzieren gibt, wollen sich die beiden Autoren nicht zum Anlass nehmen, nichts über Rasse zu sagen, nur dass sie sich in ein eigentümliches Schweigen hüllen, wenn es darum geht, aufzuweisen, was denn das objektive Prinzip ist, dass die scheinbar so arbiträren Handlungen der Rassendifferenzierung steuert. Die beiden sagen zum Beispiel, dass die Rasse eine „dimension of human representation" sei (55), nur was hier wie repräsentiert wird, das verraten sie uns nicht. Das Analogon, das Omi und Winant sozusagen beruflich am nächsten liegt, ist das der Klasse. Aber wie schon angemerkt und wie schon Walter-Benn Michaels gesehen hat, kann man Rasse und Klasse nicht ohne weiteres in einen Sack stecken. Das Interessante bei der Analyse der Kategorie der Klasse ist ja, dass es einen objektiven Prozess gibt, durch den Individuen einer bestimmten Klasse zugeordnet werden. Im Kapitalismus ist das der Arbeitsmarkt. Wenn man sich jetzt überlegt, dass die Rasse ebenfalls ist, was einem zugeordnet wird, dann ja wohl nur in dem viel engeren Sinn, dass man in eine Rasse geboren wird, in sie hinein erzogen wird und eventuell sie als Identität akzeptiert. Es gibt für diese Prozesse, die man sehr wohl als sozial kennzeichnen kann, aber kein der Rasse nicht selbst immanentes Prinzip, das die Individuen so den verschiedenen Gemeinschaften zuordnet. Für die eigene Biographie ist die Frage, ob ich weiß bin oder schwarz zumindest in den USA mindestens so ausschlaggebend wie die, ob ich aus einer Arbeiterfamilie komme oder Teil der Kapitalisten-Klasse bin. Will man jetzt aber sagen, es gibt einen Mechanismus, der dafür sorgt, dass ich schwarz oder weiß bin, so wie der Arbeitsmarkt dafür sorgt, dass ich entweder Arbeiter bin oder Kapitalist, so kann man doch nur meinen, dass die Tatsache, dass schwarze Hautfarbe jenes impliziert und weiße Hautfarbe dieses, durch die Gesellschaft geregelt wird und das heißt, dass schwarzer und weißer Haut respektive bestimmte Bedeutungen zugeschrieben werden und diesen Prozess der Zuschreibung gilt es zu beschreiben. Jetzt sagen Omi und Winant ja explizit, dass sie denken, dass die Prozesse der Bedeutungszuschreibungen zum größten Teil arbiträr sind und damit sind wir wieder bei der Gegenüberstellung zwischen Natur und Kultur, Hautfarbe und Handlung angelangt, wie sie sich für die Soziologie stellt. Die beiden Autoren haben auch hier trotz allen Eifers einen objektiven Prozess der Bedeutungszuschreibung von Hautfarben oder ähnlichem zu finden, keine andere Alternative, als auf den scheinbar arbiträren Prozess der Zuschreibung von schwarzen und weißen Personen zu bestimmten sozialen Positionen und ähnlichem zu kommen. Wenn es darum geht den Link zwischen der Natürlichkeit der Hautfarbe und der sozialen Implikation einer solchen aufzuklären, flüchten sie sich in kryptische Formulierungen, wo der Term der definiert werden soll, benutzt wird in der Definition: „A racial project is simultaneously an interpretation, representation, or explanation of racial dynamics, and an effort to reorganize and redistribute resources along particular racial lines" (56). Oder: „[T]o recognize the racial dimension of social structure is to interpret the meaning of race" (57). Was hier gemeint ist, ist, dass wir immer schon in rassischen Projekten verstrickt sind und dass das alleinige Erwähnen der Kategorie Rasse ein politisches Manöver ist, bei dem der Rasse bestimmte Eigenschaften zugeschrieben werden. Wir tun Rasse ohne, dass wir wüssten wie oder warum oder doch zumindest ohne, dass wir eine Alternative hätten. Dieser Rassenuniversalismus steht aber bei Omi und Winant in eigentümlichem Kontrast zu der Art und Weise wie die beiden Autoren sich der Realität der Rasse nähern. Auf der einen Seite wollen sie sagen, Rasse ist sozial und Teil der Sozialstruktur, aus der wir nicht austreten können. Andererseits aber geben sie zu, dass – wie bei Appiah – die Hautfarbe, Sprechweise und Kopfform eines Menschen, also das was wir normalerweise als seine Rasse kennzeichnen würden, „von sich aus" keine soziale Komponente hat. Sie unterscheiden ja zwischen Geschlecht und Rasse und sagen, dass es im Fall der Rasse im Gegensatz zu dem des Geschlechts nichts „in" der Kategorie Rasse gibt, das uns dazu veranlassen würde, Menschen mit anderer Hautfarbe anders zu behandeln. Wenn man zum Beispiel eine Frau einstellt, dann weiß man, das sie eventuell ein Kind bekommen kann und deshalb Mutterschutz gewährleistet werden muss – zumindest in machen Gesellschaften. Stellt man jetzt aber einen Schwarzen ein, dann gibt es nichts in der Natur dieser Person, das soziale Konsequenzen vergleichbar mit der Schwangerschaft der Frau, hat. Die Unterschiede die Hautfarbe und Kopfform zum Beispiel in dieser Hinsicht machen, sind banal. Ein Schwarzer braucht eventuell weniger Sonnencreme als ein Weißer aber man will ja wohl kaum behaupten, dass die Differenzierungen zwischen weißen und schwarzen Menschen auf solche banalen Tatsachen beruhen. Wenn Omi und Winant aber dazu übergehen, den Begriff Rasse so zu verwenden, wie andere Soziologen etwa den des Kapitalismus, nämlich als eine soziale Konstruktion, die Individuen bestimmte Positionen in der Gesellschaft zuordnet, wie es ja zum Beispiel der Arbeitsmarkt tut, dann schulden sie uns eine Antwort, nach welchen Kriterien hier gehandelt wird. Die Aussage, dass jede noch so banale Handlung eine rassische Komponente hat und das jedes soziale Projekt ein rassisches ist, kann ja nur heißen, dass es irgendetwas gibt, das diesen Prozess steuert. Im Falle des Kapitalismus gibt es einen objektiv einsehbaren Prozess der Individuen Klassen zuordnet, aber selbst auf dieser Stufe müssen Omi und Winant ja argumentieren, dass Individuen Rassen zugeordnet werden, aber das ist ja nicht sinnhaft, denn man wird ja nicht zum Weißen, so wie man zum Kapitalisten etwa wird. Wenn man jetzt aber doch sagen will, dass die Kategorie des Weißen eine soziale ist, dann kann das doch nur heißen, dass es bestimmte Praktiken gibt, die bestimmen, dass Weißsein in der Gesellschaft eine bestimmte Bedeutung hat, die dann eventuell mit einer bestimmten Klassenlage korreliert. Weil Omi und Winant aber Weißsein „vor" dem Eintritt in die Klassenlage in naturalistischer Weise bestimmt haben (wie Frausein), haben sie keine begrifflichen Mittel um die Brücke zwischen der Hautfarbe und der sozialen Position zu schlagen. Sie sagen ja selber das die Zuweisungen der Rasse – jetzt verstanden als der Prozess, der eben solche Zuschreibungen vornimmt – arbiträr ist und wenn man das eingestanden hat, dann ist man wie Appiah nicht in der Lage, auch nur die kleinste Information abzugeben darüber, wie sich die Relation von so etwas wie Hautfarbe und Gemeinschaft darstellt. Wie Shelby machen auch Omi und Winant den Fehler, dass sie denken, man könne sich der Rasse in zwei analytisch getrennten Schritten nähern, dadurch nämlich, dass man zuerst die Rasse von allem „Sozialem" entkleidet, so dass nur der nackte Körper übrigbleibt und sich dann anschließend fragt, wie es kommt, dass diesem Ding so mannigfaltige Bedeutungen und Positionen zugeschrieben werden, die sich ja verständlicherweise nicht aus dem Ding des bloßen Körpers ergeben. Für Omi und Winant ergaben sich aus der Tatsache des weiblichen Körpers noch bestimmte Handlungsnormen und Institutionen wie Mutterschutz oder ähnliches. Der schwarze oder weiße Körper aber besitzt diese immanente Kraft nicht. Die Tatsache aber, dass Weiße und Schwarze sich auf bestimmte Art und Weise in der Klassenstruktur der Gesellschaft wiederfinden, wollten die beiden Soziologen als Prozess darstellen, der nach objektiven Kriterien funktioniert wie etwa der Arbeitsmarkt selber im Fall der Klasse. Und sie haben sich hier wieder des Begriffs der Rasse bedient nur um diesmal den Prozess zu kennzeichnen, der schwarzen oder weißen Körpern bestimmte soziale Positionen zuschreibt. Um hier aber nur annähernd an die Objektivitätskriterien der Klassenanalyse zu kommen, mussten sie sich in die Idee des rassischen Projekts flüchten, das wir ohne es zu wollen, gezwungen sind zu veranstalten. „[S]ociety is suffused with racial projects, large and small, to which all are subjected. This racial 'subjection' is quintessentially ideological. Everybody learns some combination, some version, of the rules of racial classification, and of her own racial identity, often without obvious teaching or conscious inculcation" (60). Was die Autoren also sagen ist, dass wir alle die Regeln unserer rassischen Identität lernen und dass es daraus kein Entrinnen gibt. Was aber die gesellschaftlichen Prinzipien sind, nach denen diese Regeln gelernt werden müssen, das wissen auch Omi und Winant nicht. Sie verweisen nur darauf, dass der ganze Prozess ideologisch sein soll. Das kann ja nur heißen, dieses ganze Erlernen ist das Spiegelbild eines objektiven Prozesses, den die soziologische Analyse eigentlich frei legen müsste, so wie die marxistische Soziologie den Akkumulationsprozess beschreibt, aus dem sich die Herrschaftssicherung der Kapitalisten durch die Proliferation von falschem Bewusstsein ergibt. Aber was soll hier dem objektiven Prozess der über den Arbeitsmarkt verteilten Klassenpositionen entsprechen? Von was ist die Ideologie der Rasse ein Abbild? Omi und Winant argumentieren hier mit der Idee des rassischen Projekts, das beide Funktionen erfüllen soll: zum einen die Beschreibung des sozialen Prozesses, der die Ideologie nötig macht, zum anderen aber die Konsequenz dieser Ideologie selber. Es braucht nicht viel Fantasie um zu sehen, dass dieses Projekt zum Scheitern verurteilt ist.

Bevor wir dazu übergehen, eine echte Verteidigung des Rassebegriff in Angriff zu nehmen, sei noch kurz auf den von Paula Moya und Hazel Markus in die Debatte eingereichten Gedanken, Rasse sei etwas das man tut, nicht das man ist, eingegangen. Die Autoren stellen sich die Frage, wie unsere Gesellschaft „creates and reacts to human difference" (6). In dieser Phrase steckt schon die ganze Ambiguität, die wir schon bei Omi und Winant fanden. Denn entweder ist die menschliche Differenz eine natürliche Angelegenheit, auf die die Gesellschaft reagiert, wobei man hierbei bedenken muss, dass die Pigmentierung oder die Kopfform „an sich" noch keine gesellschaftlichen Handlungen impliziert; oder aber die Gesellschaft kreiert die menschliche Differenz, wobei dann natürlich gefragt werden muss, nach welchen Maßstäben sie das tut. Wenn man jetzt sagt, Rasse ist etwas, das man tut und nicht das man ist, dann kann damit ja nur gemeint sein, dass wenn die Rassen schon nicht von innen durch Biologie oder Seele zusammengehalten werden, dann müssen sie sich zu Gemeinschaften entwickeln, dadurch, dass die sozialen Akteure ihnen im alltäglichen Umgang miteinander bestimmte Eigenschaften zuschreiben oder bestimmte Erwartungen an sie stellen. Die Frage ist natürlich jetzt aber, warum sie das tun und nach welchen Kriterien. Die Antwort, die jedes Kind parat haben dürfte, ist natürlich, dass ein Schwarzer wie ein Schwarzer behandelt werden wird, weil er schwarz ist. Wenn wir Schwarzsein in diesem Kontext naturalistisch verstehen, ergibt die Antwort natürlich keinen

Sinn, denn wie kann man jemand nach seiner Natur behandeln, wenn diese gerademal beim Sonnenbad oder beim Zahnarztbesuch relevant werden wird. Schwarzsein muss also ein Begriff oder Zustand sein, der aus der Biologie heraus weist. Wenn man jetzt annimmt, dass alles was nicht natürlich ist, notwendigerweise gesellschaftlich ist, dann steht man vor der Frage, wie Schwarzsein sozial zu verstehen ist und hier zeigt sich nun, dass die soziale Kategorie Schwarzsein erst geformt wird durch Praktiken, die wir tun, nur dass wir jetzt scheinbar keinen Halt mehr haben für dieses Tun, denn erst durch dieses soll ja die Kategorie Schwarzsein entstehen, so dass wir die Antwort des Kindes, das auf den schwarzen Menschen als Maßstab verweist, nicht theoretisch nachholen können. Max Weber hatte zumindest versucht, Rassen als Gemeinschaften durch die Kategorie des Subjektiven zu definieren. Die neueren soziologisch angehauchten Versuche unterschreiten dieses theoretische Niveau aber dezidiert.

Der fundamentalontologische Rassebegriff

Es ist nun an der Zeit positiv zu sagen, wie wir das Rätsel auflösen können, das uns Du Bois in seinen späten Schriften gestellt hat. Die Frage muss lauten: Wie lässt sich das Zeichen (*badge*) der körperhaften Eigenschaften mit einer Kultur verbinden? Nach Appiah und Michaels ist diese Verbindung immer strikt arbiträr, so dass Rasse nur ein natürlicher Begriff ist, über den die Philosophie schweigen muss. Nach Weber sollen unter bestimmten Umständen nicht-arbiträre Verbindungen entstehen, die wir allerdings im Vorherigen als unzureichend charakterisieren konnten. Es geht nun also darum zu zeigen, wie wir die Brücke schlagen können zwischen dem körperlichen Zeichen und der Kultur. Der Befund, dass es keine Rassen gibt oder das die Rasse eine Illusion darstellt, kontrastiert eigentümlich mit der alltäglichen Erfahrung, die wir bei Begegnungen mit Mitmenschen machen. Eine der ersten Fragen, die sich einem stellen, wenn man einen Fremden trifft, lautet: welcher Rasse gehört er an? Die Rasse, ebenso wie das Geschlecht, ist eine der ersten Kennzeichen einer Person, die wir wahrnehmen, wenn wir einen Fremden treffen. Die Rassentheorie, die wir bisher kenn gelernt haben, will uns zu verstehen geben, dass wir dieses eklatante Merkmal einer Person ausblenden und in gewisser Weise nur die wie auch immer konstituierte Persönlichkeit hinter der Rasse sehen. An Appiahs Beispiel mit dem Arbeitgeber, der seinen teuren Einstellungstest gar nicht erst am Schwarzen ausprobiert, weil er „weiß", dass Schwarze grundsätzlich schlecht bei solchen Tests abschneiden, kann man sehen, was die Rassentheorie stört an der Herangehensweise, die auf der Wirklichkeit von Kollektiven mit Eigenschaften beharrt. Nach Appiah darf der Arbeitgeber eben nicht die Verbindung zwischen schwarzem Körper und dem kulturellen Feature der schlechten Testkompetenz schlagen, auch wenn sie sich ihm rein statistisch anbietet. Die Frage ist doch nun aber, wenn der Arbeitgeber nicht aufgrund der Rasse der Person entscheiden darf, auf welcher Basis entscheidet er dann? Seine Entscheidung wird ja wohl hoffentlich eine sein, die irgendwie auf Gründen basiert und warum sollen solche Gründe nicht von der Art sein, dass sie auf der Rasse, zu der der Jobsuchende gehört, fußen? Die Entscheidung, ob der teure Test durchgeführt werden soll oder nicht, stellt sich ja in jedem Fall und warum sollte also der Arbeitgeber nicht ein so eklatantes Feature wie die Rasse in Betracht ziehen, wenn es darum geht, eine Entscheidung zu treffen? Wir können außerdem vermuten, dass der Arbeitgeber unabhängig von dem anstehenden Test ein Bild im Kopf hat von dem, was die verschiedenen Rassen kennzeichnet. Die Erfahrungen, die er im täglichen Umgang mit seinen Mitbürgern macht, wird ihn zu bestimmten, hier noch gar nicht zu wertenden Überzeugungen bezüglich der Kultur von Menschen mit schwarzer Haut führen und es wäre ein Trugschluss anzunehmen, das worauf diese Überzeugungen basiert, sei allein von denen generiert, die nicht zur Rasse, um die es geht, gehören, so als ob bestimmte kulturelle Eigenschaften Personen mit bestimmter Hautfarbe gewissermaßen von außen her aufgezwängt würden. Es verhält sich nun aber so, dass selbst die Kennzeichnung der Person, die hier den Test machen soll, von Appiah irgendwie in Angriff genommen werden muss und er kommt gar nicht darum her sich hier Bausteinen zu bedienen, die sozusagen über das Individuum hinausweisen. Die Charakterisierung des Arbeitssuchenden als Schwarzer ist eben nicht nur eine naturalistische seiner „bloßen" Hautfarbe, sondern seine Zugehörigkeit zu einer Rasse. Diese wiederum ist kein natürliches Faktum, sondern das, was man wohl am besten eine Gemeinschaft nennen sollte. Der Beweis, dass es sich so verhält muss nun erbracht werden.

Die Verbindung zwischen Körperlichkeit und Kultur, wie sie vom späten Du Bois postuliert wird, kann nicht erbracht werden, wenn wir mit den Mitteln der empirischen Philosophie oder gar der ebenfalls Tatsachenwissenschaft genannten Soziologie arbeiten. Von Heidegger können wir lernen, dass beide Projekte auf Prämissen beruhen, die eine Isolierung alltäglicher Zusammenhänge impliziert.[142] Die Tatsachenerkenntnis des Empirismus sowie der Weber'schen Soziologie isoliert Dinge aus einem Verweisungszusammenhang, der für unsere banalsten täglichen Orientierungen konstitutiv ist. Die von uns befragte Rassentheorie behandelt den menschlichen Körper mit seiner Hautfarbe und die Kultur, die er produziert, als faktenhafte Dinge (*rei*), die aus sich heraus keine Zusammenhänge generieren können. Der menschliche Körper ist in diesem Fall Objekt der Biologie oder Anthropologie, aber seine Handlungen, welche die Kultur konstituieren, können – wenn man eine essentialistische Argumentation zurückweist – nicht aus ihr erklärt werden. Omi und Winant hatten in ihrer Studie noch gesagt, dass sich die Rasse vom Geschlecht dadurch unterscheidet, dass die Rasse entgegen dem Geschlecht aus sich heraus keine sozialen Konsequenzen impliziert. Ein weibliches Körperding scheint also direkt bestimmte soziale Folgen zu haben, einfach weil es sich reproduzieren kann. Der Rasse wurden neben banalen Dingen wie Resistenz gegenüber Sonnenstrahlen keine solchen „direkten" Implikationen nachgesagt. Diese Herangehensweise verrät gewissermaßen den Isolierungsprozess, den die Rassentheorie vornimmt. Wenn man nämlich einmal den Körper vom kulturellen Objekt gelöst hat, ja wenn man überhaupt diese beiden Dinge als Dinge zum Objekt der Analyse gemacht hat, ergeben sich widersprüchliche Konsequenzen. Omi und Winants Vergleich impliziert einen biologistischen Materialismus, nach dem die Kultur gewissermaßen auf natürliche Prozesse reagiert und diese gewissermaßen einbettet. Es ist ja noch gar nicht klar, dass nur weil ein Körperding sich reproduzieren kann, es dieses auch tatsächlich tut. Zwischen dem weiblichen Körperding und der Reproduktion stehen nämlich eine ganze Reihe von Faktoren wie das Sich-Verlieben, eventuell die Heirat sowie die Übernahme von Verantwortung gegenüber Kindern, die sich nicht aus der Natur des weiblichen Körpers deduzieren lassen. Bei Argumenten wie diesen wird deutlich, dass die Isolierung von Körperding und Kultur stört und zur irgendwie gearteten Überwindung aufruft. Der Begriff der isolierten Kultur muss ebenso wenig ergiebig sein und dies zeigt sich an Walter-Benn Michaels Schluss, nach dem so etwas wie Bluesmusik nicht als Kultur einer Rasse angesehen werden kann, denn sie kann ja von jedermann gelernt und nachgespielt werden, so dass wir nicht die Rasse durch die Performationen, die ihre Mitglieder ausführen, definieren können. Wenn wir sagen

---

142 Vgl. M. Heidegger, *Sein und Zeit.* Tübingen, 2006. § 10.

Blues ist schwarze Kultur, dann können wir damit entweder meinen, dass Menschen mit schwarzer Hautfarbe statistisch gesehen häufig Blues spielen oder aber, dass der Blues ein Teil der schwarzen Rasse ist. Im ersten Beispiel, wo der Referent für schwarz das Körperding ist, lässt sich die Verbindung zwischen der Kultur (Blues) und den tatsachenmäßigen Eigenschaften des Schwarzen nur durch eine arbiträre Korrelation zwischen den beiden Einheiten begreifen und Michaels hat richtig gesehen, dass es in diesem Fall keine Möglichkeit mehr gibt, um von so etwas wie schwarzer Kultur zu sprechen. Der Begriff schwarze Kultur müsste demnach nichts weiter bedeuten als eine augenblickliche Korrelation zwischen der Produktion bestimmter Musikformen und bestimmten Körperdingen und es ist ja äußerst fraglich ob es das ist, was wir meinen, wenn wir von schwarzer, asiatischer oder weißer Kultur sprechen. Michaels Konklusion war gewesen, dass weil sich aus dem Körperding „an sich" keine Kultur ableiten lässt, es ein Fehler ist, anzunehmen, man könne jenseits von arbiträren Korrelationen sagen, dass Blues schwarze Kultur ist. Die Frage ist doch nun aber, ob wir das meinen, wenn wir von schwarzer Kultur sprechen? Deutet der Begriff wirklich auf eine Zweiheit, die Körperding mit selbstständigem Kulturding quasi gewaltsam verbindet?

Die Persistenz von einem Begriff wie schwarzer Kultur deutet darauf hin, dass sich die Dominanz der Tatsachenwissenschaften noch nicht auf alle Bereich des alltäglichen Lebens ausgebreitet hat. Jenseits der Isolierung von Dingen wie Körper und Kultur als separate Fakten liegt die alltägliche Umgangsweise mit Dingen, die eben nicht nach der Weise der Isolierung verfährt. In der Lebenswelt begegnen uns die Dinge nicht immer nur als Vorhandene, wie Heidegger sagt.[143] Innerweltliches Seiendes, wie zum Beispiel ein Blueslied, erschließt sich uns immer nur vor dem Horizont des In-der-Welt-Seins. Das heißt, dass bevor wir das Lied erfahren können, wir immer schon in einen Kontext eingebettet sind, den Heidegger Welt nennt. Diese Welt, aus der heraus sich die Dinge zu erkennen geben, haben wir immer schon im Rücken, wenn wir uns etwas nähern. Dieses etwas kennzeichnet Heidegger als innerweltliches Seiendes und er zeigt, dass solches uns in zweifacher Weise begegnen kann. Werden Dinge aus ihrem Kontext isoliert und Objekte ohne ihre innerweltlichen Bezüge, dann spricht er von Vorhandenem. Der Begriff soll kennzeichnen, dass in dieser gewisser Weise defizitären Form des Betrachtens

---

143 Vgl. M. Heidegger, *Sein und Zeit,* a.a.O. § 21.

um etwas geht, das wir in unserer alltäglichen Umgangsweise mit den Dingen gerade nicht vornehmen. In der Diskussion werden auch oft die Termini Anstarren oder Angaffen benutzt, um deutlich zu machen, dass diese Art sich den Dingen zu nähern, sich vom kulturelleingeübten, gewisser Weise lässigen Umgang mit innerweltlich Seiendem unterscheidet. Heideggers Argument ist nun, dass sich das Sein der Dinge in dieser isolierenden Art des Erfahrens uns gänzlich verdeckt bleiben muss. Die Rasse ist hier ein gutes Beispiel. Auf dem Weg der Isolierung haben wir uns den menschlichen Körper und die eigenständige Kultur als separate Entitäten zurechtgelegt. Jedoch weder der von uns in Betracht gezogene Körper noch die von ihm betätigte Kultur ergeben die von uns gesuchte Gemeinschaft: eine Gemeinschaft, die „generally of common blood and language" ist, wie Du Bois sich ausdrückt (177).

Innerweltliches Seiendes kann uns aber nach Heidegger noch auf eine andere Art und Weise begegnen als der defizitären des bloßen Vorhandenseins. Im alltäglichen „unreflektierten" Umgang mit den Dingen beziehen wir uns auf sie nicht so sehr in der Weise der Isolierung aus ihrem Kontext, wie es die empirischen Wissenschaften tun, sondern im gewissermaßen fließenden, flow-artigen Begegnen lassen. Nach Heidegger ist das Anstarren des bloß Vorhandenen etwas, das normalerweise erst eintritt, wenn bestimmte Dinge im alltäglichen Umgang problematisch werden. Das Blueslied begegnet einem eventuell ganz unscheinbar als Hintergrundmusik, die man mit summt, die einen begleitet oder ähnliches. Erst wenn sie abrupt abbricht, wende ich mich ihr eventuell dezidiert zu. Wenn ich das Lied dann noch in seine Teile zergliedere, eine Notenschrift anfertige und ähnliches wird es mir zu einem Vorhandenen. Bevor dies geschah allerdings, war mir das Lied ja schon auf eine bestimmte unterschwellige Art und Weise präsent und Heidegger benennt diese nicht-problematisierte Weise des Präsentseins von etwas als zuhanden. Zuhanden sind einem die Dinge, solange sie nicht aus ihrem Kontext herausgelöst sind und sich in ihrer unterschwelligen, nicht-problematisierten Weise zu erkennen geben. Der Begriff Zuhanden hat Konnotationen, die in die Sprache des Handwerks weisen und diese Schwingungen des Begriffs sind von Heidegger durchaus gewollt. Das Zuhandene ist in traditionalen Gesellschaften das dominierende Sich-zeigen der Dinge. In unserem alltäglichen Umgang ist es noch nicht gänzlich verschwunden und nach Heidegger ist selbst die Praxis der Wissenschaft gebunden an eben solche Arten des Umgangs mit den Dingen, nur das eben die Erfahrungsweise der positiven Wissenschaften sich nicht mehr einfangen lässt mit der Erfahrungsweise des Zuhandenen. Wissenschaften bedürfen des eingespielten, nicht-problematisierten Zugangs zu den Dingen, aber das Wissen, das sie erzeugen, ist das von Objekten, die losgelöst sind vom Kontext in dem sie entstanden sind. Der Witz in Heideggers Zugang ist nun, dass diese Isolierung der wissenschaftlichen Erkenntnis von ihrem weltlichen Kontext das eigentliche Sein der Dinge eher verdeckt als es uns zu zeigen.

In Anlehnung an den späten Du Bois haben wir im vorigen die Hautfarbe als ein Zeichen bestimmt. Es lohnt sich hier daran zu erinnern das Talcott Parsons in seinem Aufsatz zur Bürgerrechtsbewegung die Idee ins Spiel brachte, die Hautfarbe der Afroamerikaner werde bleiben als ein Symbol. Nach Heidegger verhält es sich nun so, dass Zeichen nicht Dinge sind, die primär ihres Zeichencharakters entbehren und dann von einem Subjekt diesen zugewiesen bekommen.[144] Im vortheoretischen Verhalten, wo wir innerweltliches Seiendes als zuhanden erfahren, waltet ein Hin-und-Her-Zeigen. Heidegger drückt das so aus: „Die Struktur des Seins von Zuhandenem als Zeug ist durch die Verweisungen bestimmt" (74). Der Ausdruck Zeug soll hier als Ersatzbegriff zu Ding stehen, da der Begriff des Dings als Äquivalent des Objekts, das sich nur als Vorhandenes zeigt, gedacht wird. Verweisung meint, dass das Zuhandene nicht einfach brach liegt, so wie das der Begriff des von seinem Kontext isolierten Objekts nahe legt. Bevor wir uns in den Prozess der Isolierung begeben, sind die „Dinge" – das Zeug – eben nicht eigenständig, so wie es vermeintlich die Notenschrift auf dem Papier oder die DNA für den Humanbiologen ist. In der „vortheoretischen Welt", wenn man den Begriff hier mal verwenden will, herrscht ein Verweisungszusammenhang, der eben gerade das ist, welches das Zuhandene als das erscheinen lässt, was es ist. Heidegger schreibt hierzu die in Gänze wichtige Passage: „Was zum Zeichen genommen ist, wird durch seine Zuhandenheit erst zugänglich. Wenn zum Beispiel in der Landbestellung der Südwind als Zeichen für Regen ‚gilt‘, dann ist diese ‚Geltung‘ oder der an diesem Seiende ‚haftende Wert‘ nicht eine Dreingabe zu einem an sich schon Vorhandenen, der Luftströmung und einer bestimmten geographischen Richtung. Als diese nur noch Vorkommende, als welche er meteorologisch zugänglich sein mag, ist der Südwind nie zunächst vorhanden, um dann gelegentlich die Funktion eines Vorzeichens zu übernehmen. Vielmehr entdeckt die Umsicht der Landbestellung in der Weise des Rechnungstragens gerade erst den Südwind in

---

144 Vgl. M. Heidegger, *Sein und Zeit,* a.a.O. § 17.

seinem Sein" (81). Wenn wir diese Einsicht auf das Rassenproblem anwenden, ergibt sich folgendes Bild: Hautfarbe und Kultur zu isolieren ist
bereits eine Voreinstellung, die den Zugang zum richtigen Erfassen der
Rasse verstellt. Im alltäglichen Umgang ist die Hautfarbe nicht das vorhandene Objekt, sondern etwas das zuhanden ist. Um das Phänomen abzugrenzen, nennen wir es Teint. Nun verhält es sich nicht so, dass wir als
Subjekte dem Objekt Hautfarbe kontinuierlich bestimmte kulturelle Muster ,anhaften', sondern im Teint erblicken wir die Rasse einer Person. Der
von den Soziologen so gern benutzte Begriff einer sozialen Konstruktion
greift zu kurz, denn er suggeriert, dass die Gesellschaft oder einfach wir
bestimmte kulturelle Muster oder Eigenschaften mit dem Objekt Hautfarbe verknüpfen, wobei natürlich nicht geklärt ist, wer hier genau am Werk
ist – nur die nicht zur Rasse gehören oder gerade diese? Die Lösung des
Problems ist gewissermaßen einfacher und doch schwerer zugänglich als
es sich die Soziologen ausmalen. Wenn das Subjekt, das die Verknüpfung
zwischen Hautfarbe und Kultureigenschaft leistet, die Gesellschaft als
Ganzes ist, dann muss man ja mindestens erwarten können, dass die Soziologie uns darüber aufklärt, nach welchen Prinzipien hier die Verknüpfung gemacht wird. Es scheint so, als könnten wir als aufgeklärte Akteure
erwarten, dass allen Rassen nur positive Kultureigenschaften zugeschrieben werden, denn wenn die soziale Konstruktion von der Gesellschaft geleistet wird und man nicht der Gesellschaft wieder metaphysische Eigenschaften zuschreiben will, dann muss man erklären, warum es überhaupt
dazu kommt, dass die verschiedenen Rassen auch verschiedene Kulturen
besitzen und sich diese nicht so einfach wegkonstruieren lassen. Operiert
man mit der Hautfarbe und der Kultur als vorhandenen Objekten, dann
bleibt im Grunde keine andere Wahl, als von so einer sozialen Konstruktion zu sprechen, denn die Tatsache zu leugnen, dass Menschen mit bestimmten Hautfarben bestimmte Eigenschaften zukommen, will nicht einmal Appiah leugnen. Die Idee der Rassen als sozialer Konstruktionen
stellt uns vor die Frage nach dem Subjekt dieser Konstruktion, wobei sich
schon hier in aller Deutlichkeit zeigt, wie das Problem liegt. Die Gesellschaft ist in diesem Ansatz nämlich beides: das was konstruiert und das
was konstruiert werden soll. Wenn man jetzt nicht sagen will, dass sich
die Zuschreibungen von kulturellen Mustern nur ausgehend von einer
Gruppe mit bestimmter Hautfarbe produziert haben, dann muss man eingestehen, dass der Prozess der sozialen Konstruktion nicht nur sozusagen
von außen an die Gruppen, um die es geht, herangetragen wurden, sondern
dass diese Gruppen auch selber daran beteiligt sind, ihre Hautfarbe mit

einem bestimmten kulturellen Muster in Verknüpfung zu bringen. Gehen wir aber soweit, dann stellt sich doch sofort die Frage, warum die soziale Welt ein so konfliktreiches Durcheinander von Meinungen darstellt, wo ständig darum gekämpft wird, was es heißt weiße oder schwarze, gelbe oder braune Hautfarbe zu haben. Die Idee der sozialen Konstruktion legt ein Maß an Rationalität nahe, das in der Wirklichkeit selten erreicht wird und von dem es auch fraglich ist, ob es lohnenswert ist es zu erreichen.

Die große Frage, die die Idee der sozialen Konstruktion aufwirft lautet also: wenn es wir als Subjekt sind, die den jeweiligen Hautfarben bestimmte kulturelle Muster zuschreiben, dann ist nicht ersichtlich, warum überhaupt so große Divergenzen zwischen den Eigenschaftszuschreibungen, die den verschiedenen Rassen anhängen, gibt. Wenn, so könnte man es formulieren, die Kultur mit der Hautfarbe nicht nur von außen heran an bestimmte Menschen mit bestimmten Hautfarben geknüpft wird, sondern alle Subjekte inner- und außerhalb der Rassen an diesem kooperativen Projekt beteiligt sind, dann ist nicht klar warum es so große Divergenzen darüber gibt, was es heißt weiß oder schwarz zu sein. Wenn man aber erst einmal gesehen hat, dass der Zuschreibungsprozess der sozialen Konstruktion inner- und außerhalb der Gruppen von Menschen mit bestimmten Hautfarben durchgeführt wird, dann muss einen die Frage nach den Prinzipien oder Standards, nach denen hier verfahren wird, zur Überlegung bringen, dass die Menschen mit gleicher Hautfarbe, die sich kontinuierlich und durchaus auch im Streit Eigenschaften und damit verbundene Normen zuschreiben, dies nicht als vorhandene Objekte namens Menschen mit so oder so einer Hautfarbe tun, sondern als Mitglieder einer Rasse. Natürlich kann man sagen, dass die Rasse – also die Verknüpfung von Hautfarbe mit Kultur – eine gesellschaftliche Konstruktion ist, aber man wird ihre Prinzipien erst aufdecken können, wenn man sich von den Objektivitätskriterien der empirischen Soziologie löst. Diese „Prinzipien" sind nämlich nichts anderes als das, was eine Rasse ausmacht: Eigenschaften und auf diese basierende Normen, die sich Gemeinschaften gegeben haben und die sie an ihre Nachfahren weitergeben möchten, wenn sie sich denn bewähren können. Dieses Geben kann jetzt aber nicht wieder wie in der objektivierenden Vorstellung als ein Verknüpfen vom Objekt Hautfarbe mit dem Objekt Kultur gesehen werden, sondern als kontinuierlicher Prozess eines durch eine bestimmte Rasse determinierten Individuums, das versucht, die an es weitergegeben und für sein Selbst konstitutiven Eigenschaften und den auf ihnen basierenden Normen im Lichte neuer Erfahrungen zu neuem Leben zu erwecken. Das Sein solch einer Rasse wird niemals erfahren durch die isolierende Betrachtungsweise der positiven Wissenschaften. Der Unterschied also zwischen dem Objekt Hautfarbe und dem Zeug Teint liegt darin, das während ersteres gerade dadurch definiert ist, dass es aus seinem Kontext herausgelöst ist, letzteres sich dadurch auszeichnet, dass es immer schon auf eine Eigenschaft verweist, ja ohne diese Eigenschaft gar nicht zu erfahren ist, die das Wesen einer Rasse ausmachen. Im alltäglichen Umgang wird dies deutlich.

Auf dem Albumcover von *Illmatic* grüßt Nas seine Leute.[145] Er schreibt: „One Love Black People". Der scheinbar banale Gruß erschließt sich uns erst, wenn wir sehen, dass „Black People" hier nicht einfach Menschen, die zufällig schwarze Haut haben meint, sondern was man wohl am besten eine Gemeinschaft nennt. Die Gemeinschaft, um die es geht, hat eine Geschichte. Sie ist unter uns seit jäh her und ihre Mitglieder, die sich hier angesprochen fühlen sollen, sind nicht einfach atomistische Einzelne, die sich versammeln, weil sie „entdecken", dass sie physisch gleich aussehen, sondern ihr Teint verweist auf eine geteilte Geschichte und ein geteiltes Schicksal. Durch den Gruß stellt der Dichter sich in eine Reihe von Personen, die sozusagen in eine Gemeinschaft geworfen sind, denn es heißt nicht „One Love to All Who Decide to Be Black" sondern „One Love Black People" was zeigt, dass das Schwarzsein kein voluntatives Element ist. All das wird deutlich in dem praktischen Vollzug des Grüßens – einer alltäglichen Geste, deren Selbstverständlichkeit Teil des Verweisungszusammenhangs ist, in dem der Grüßende steht. Auch zeigt sich hier Solidarität und Wertschätzung. Die Gegrüßten sind es wert geliebt zu werden. Ihre Qualität zeichnet sich durch das aus, was sie als Gemeinschaft erreicht haben und wie sie es getan haben. Kurzum: Der Gruß legt den kommunalen Aspekt der Rasse frei und zeigt uns ihr geschichtliches Sein.

Wenn die Rassentheorie davon spricht, dass die Rasse im Tun liegt und nicht so sehr im Sein, dann kann sie ja wohl nicht meinen, dass die Stabilität und Kohärenz, welche bei Betrachtung der verschiedenen Rassen sichtbar wird, gänzlich arbiträrem Tun geschuldet ist. Will man aber jetzt sagen, das Tun, das die Rasse ausmacht, ist eines, das sich auf etwas gründet oder zumindest orientiert, dann wird man ja wohl sagen wollen, dass dieses Tun, welches den Kern der Rasse konstituiert, sich danach richtet, wie die Personen, die zu einer Rasse gehören, sind. Wollte man sagen das Ras-

---

145 Vgl. Nas, *Illmatic*. Columbia, 1994.

sen-Tun hätte keinerlei Maßstäbe oder unterläge keinerlei Prinzipien, so müsste man die Solidarität und Kohärenz zwischen Menschen einer gleichen Rasse als komplett willkürlich abtun. Der Begriff der Rasse als etwas das man Tut soll aber genau das erklären, was es streng genommen verneinen müsste, würden die Autoren dieser Tradition zugestehen, dass das Rasse-Tun keinen Grund hat auf dem es sich orientiert. Nun ist aber klar, dass es in der Tat so ist, dass wenn man einen biologistischen Essentialismus vermeiden will, sich die Rasse mindestens ebenso wie im Teint im Handeln artikuliert. Wenn man einmal die von den soziologisch angehauchten Rassentheoretikern vorgeschlagenen Weg einschlägt und nur auf die Handlungen der Subjekte blickt, dann erscheint es als ein sich ständig wiederholender Zufall, dass sich Menschen mit gleicher Hautfarbe auf bestimmte Art und Weise zueinander verhalten. Die Antwort auf die Frage nach dem Grund der Rassenhandlungen wird aber doch wohl mit aller größter Wahrscheinlichkeit die Antwort hervorbringen, dass sich das Tun am Sein orientiert, dass wir also eine bestimmte Person so und so behandelt haben, weil sie eben Teil dieser oder jener Rasse ist. Wenn diese Rasse jetzt aber auch nur den geringsten Imperativ der Handlung generieren soll, dann darf sie keine biologisch verstandene Einheit darstellen. Das hat die Analyse von Walter-Benn Michaels klar gezeigt: aus dem Körperding lassen sich überhaupt keine kulturellen oder geistigen Muster generieren und es ist ein Fehler zu denken, eine Handlung lasse sich erklären durch Verweis auf eine biologische Größe wie die der Hautfarbe. Man verfehlt das Ziel jedoch grundlegend, nähme man an, die Handlungen, um die es hier geht, hätten keine andere Wahl, als sich am objekthaften Körperding zu orientieren. Wir haben oben den Begriff des Teint eingeführt um den Unterscheid zu markieren zwischen dem Objekt Hautfarbe, die zum Körperding gehört, und dem Tein, der zuhanden in der Lebenswelt ist. Das Rassen-Tun, wenn man sich einmal auf diesen Begriff einlassen will, orientiert sich an der Rasse einer Person und diese ist eben nicht einfach eine biologische Einheit, sondern eine gemeinschaftliche. Der Terminus der Gemeinschaft soll hier heißen, dass es sich bei den Rassen um Gruppen handelt, die ein Eigenleben haben. Er impliziert, dass in der alltäglichen Umgangsweise mit Personen verschiedener Rassen der Teint immer schon gemeinschaftlich aufgeladen ist. Das wird deutlich im Gruß des Rappers Nas. Die „black people", um die es hier geht, sind natürlich nicht Subjekte die zufällig die gleiche Hautfarbe haben, sondern eine Gemeinschaft, deren äußerliches Merkmal der schwarze Teint ist. Michaels' Argument, dass die Rasse ein Fehler ist, greift nur solange wir uns auf das Objekt

Hautfarbe beziehen. Macht man aber erst einmal den Schritt, eine Rasse als eine Gemeinschaft zu sehen, dann ist die Idee, dass man eine Handlung vollzogen hat, weil die Person mit der man agierte weiß war, sehr wohl begründbar. Man weiß zum Beispiel, dass Weiße nicht als Sklaven nach Amerika kamen und diese Tatsache wird ja wohl einen legitimen Einfluss darauf haben, wie man die Mitglieder dieser Gemeinschaft im alltäglichen Umgang behandelt.

Wenn wir uns an Webers Argument erinnern, wird auch klar, dass die Rassen schon vor dem sogenannten Rassenkontakt da waren. Weber hatte ja gesagt, dass das Gefühl der Rassenzugehörigkeit erst entsteht, wenn entweder eine physisch ähnliche Gruppe ein gleiches Schicksal erleidet oder wenn es zum Kontakt zwischen Menschen in Gruppen mit verschiedenen Hautfarben kommt und diese Gruppen zu gemeinsamem politischen Handeln genötigt sind. Allein die Idee, dass die Rasse als Gemeinschaft erst in dem Moment entsteht, wo sie auf physiognomisch andersartige stößt, verkennt woher die Dynamik stammt, die bei solchen Begegnungen immer eine große Rolle gespielt hat. Es ist ja nicht so, dass sich beim Kontakt zwischen Europäern und Afrikanern zwei Gruppen getroffen haben, die sich allein in ihrer Hautfarbe unterschieden. Der Kontakt, wie auch der zwischen Europäern und amerikanischen Ureinwohnern, gestaltete sich als so problematisch, weil hier verschiedene Gemeinschaften mit ganz verschiedenen Traditionen aufeinandertrafen. Das, was den Unterschied machte, war nicht die Hautfarbe – wie sollte sie es auch tun? Es war das, was diesen Gruppen ihr Leben gab und es war das Aufeinanderprallen dieser „Etwas", das die Kontakte so diffizil gestaltete.

In Chinua Achebes Roman *Alles zerfällt*, der den besseren englischen Originaltitel *Things Fall Apart* trägt, sieht man sehr deutlich, dass die Rasse natürlich schon eine Gemeinschaft war, bevor es zum Kontakt mit den Weißen kam.[146] Der Erzähler beschreibt den Protagonisten zu Beginn der Erzählung und natürlich bedient er sich dabei rassischer Termini. „Okonkwo war groß und massig, seine buschigen Augenbrauen und eine breite Nase verliehen dem Gesicht große Strenge. Er atmete geräuschvoll, und man erzählte sich, wenn er schlafe, hörten seine Frauen und Kinder ihn noch in den eigenen Hütten" (21-22). Wenn wir uns von der objektivierenden Annäherung an das Phänomen der Rasse lösen wollen, dann müssen wir uns davon verabschieden, die Rasse allein im Körper zu suchen. Im

---

146 Vgl. C. Achebe, *Alles zerfällt*. Frankfurt, 2012.

Teint zeigt sich zwar die Rasse am eindeutigsten, aber es sind doch vor allem die Handlungen, die bestimmend sind, wenn es um die Eigenschaften einer Gemeinschaft geht. Der Protagonist in Achebes Roman wird beschrieben als jemand, der unter anderem eine breite Nase hat und laut atmet. Beides jedoch, die Nase und die Atmung, müssen wir als Aspekte verstehen, die eine Rasse ausmachen. Man wird hier einwenden wollen, dass es doch einen eklatanten Unterschied gibt zwischen einer vererbten Körperlichkeit und einer gewollten Handlung. Das erste scheint je erst einmal jenseits unserer Kontrolle zu stehen, während das zweite unserem Willen unterliegt. Bestimmt, aber wenn wir den Gedanken ernst nehmen, dass Rassen Gemeinschaften sind, dann sind die Nase und die Atmung ebenwürdig. Natürlich ist die Atmung in einem anderen Sinn dem Willen unterworfen als die Form der Nase, aber die These von der Rassengemeinschaft ernst nehmen heißt, zu sehen, dass selbst eine Handlung wie das laute Atmen nicht von einer komplett autonomen Person vollzogen wird, sondern immer von jemandem, der Teil einer Rasse ist. Der Protagonist „will" die laute Atmung nicht als weltloses Subjekt, sondern als rassisches Individuum, als jemand der in einer bestimmten Tradition steht und der es, aus welchen Gründen auch immer, für angebracht hält, laut zu atmen. Dieses Dafürhalten ist eben keines, das in einem geschichtslosen Vakuum stattfindet, sondern immer vor dem Hintergrund der geteilten Lebenswelt, in der der Protagonist als rassisches Individuum eingelassen ist. Die Nase hat er geerbt, aber macht es nicht auch Sinn zu sagen, er habe das laute Atmen geerbt? Steht es nicht notwendigerweise in einem Kontinuum von Handlungen, in die sich Okonkwos Vorfahren begeben haben? Okonkwo hält es für richtig laut zu atmen und er hält es für angebracht als Mitglied einer Rasse und es ist diese Mitgliedschaft, die ihn zu der Person macht, die eine Entscheidung bezüglich einer Handlung trifft und somit das Rassenkontinuum am Leben hält. Die Rasse hat er in keinem voluntativen Sinn gewählt. In sie ist er einfach geworfen. Durch sein Handeln weltet seine Rasse.

Wenn sich nun aber die Rasse im Teint zeigt, dann ist es ja wohl auch den Begriff der Kultur nach seiner Beziehung zur Rasse zu befragen. Dabei ist zu beachten, dass der Begriff Kultur ebenso wie der des Körperdings auf einem Akt der Isolation beruht, der es uns ebenfalls unmöglich macht diesen Terminus in unproblematischer Weise mit der Rasse als einer Gemeinschaft in Verbindung zu bringen. Walter Benn-Michaels hat gezeigt, dass wenn man die Rasse allein durch die geteilte Kultur definieren will, man zu der Aussage sich gezwungen sehen muss, dass auch ein physisch weißer ein Schwarzer sein kann, allein weil er den Blues perfekt beherrscht. Wir hatten schon angemerkt, dass Michaels mit den Objekten Hautfarbe und Kultur als vorhandenen hantiert und dass er deshalb nicht sehen konnte, wie der Teint mehr ist als ein bloßes Naturding. Mit der Kultur verhält es sich nun ganz ähnlich. Nehmen wir einen Begriff wie den der schwarzen Kultur. In der alltäglichen Kommunikation benutzen wir ihn ständig. Man sagt zum Beispiel der Blues sei schwarze Kultur oder Musik. Nach der objektivierenden Haltung kann das nun nicht mehr besagen, als dass zu einem bestimmten Zeitpunkt eine statistische Korrelation zwischen Menschen mit schwarzer Hautfarbe und dem Spielen des Blues besteht. Man kann sich so gut vorstellen, dass zu irgendeinem zukünftigen Zeitpunkt die Schwarzen das Interesse am Blues verlieren und er nur noch von Weißen gespielt wird. Wird man bei solch einer Lage sagen, dass die Behauptung Blues sei schwarze Musik nichts Weiteres meint, als dass zufälligerweise physisch schwarze Menschen diese Musik produzieren? Reden wir wirklich nur von einer statistischen Korrelation wenn wir von schwarzer Musik sprechen? Oder verbirgt sich hinter dem Begriff der schwarzen Musik nicht noch etwas anderes? Die Antwort wird ja wohl positiv ausfallen müssen, denn warum sollte man überhaupt so einen Begriff wie schwarze Musik benutzen, wenn er doch im Grunde jenseits von Zufälligkeiten keinen Inhalt hat. Inhalt bekommt der Begriff erst, wenn der Terminus schwarz nicht mehr einen natürlichen Referenten hat, sondern eben einen gemeinschaftlich-rassischen. Das Adjektiv schwarz in dem Begriff schwarze Musik verweist auf Traditionen, die die schwarze Rasse herstellt und wir anerkennen diese Traditionen, wenn wir den Blues eine schwarze Musik nennen. In ihm artikulieren sich gewissermaßen die Seelen – um mit Du Bois zu sprechen – der Schwarzen.

Zum Schluss sei noch angemerkt, dass sich auch Kant dem Problem der Rasse zugewendet hatte.[147] Er geht dabei davon aus, dass die verschiedenen Rassen, die er manchmal gar nicht so nennen will, da doch jeder wie auch immer geartete Mensch sich mit jedem einer beliebigen Rasse fortpflanzen kann, gänzlich in den Bereich der von der Vernunft streng zu unterscheidenden menschlichen Natur gehören. So stellen sich denn auch der Kontakt und die Vermischung der verschiedenen Rassen als ein großes Naturschauspiel dar. Gelegentlich verwendet Kant dabei auch den Begriff

---

147 Vgl. I. Kant, Von den verschiedenen Rassen der Menschen, in ders. *Schriften zur Anthropologie, Geschichtsphilosophie, Politik und Pädagogik 1.* Werke Band 11. Hg. W. Weischedel. Frankfurt, 1977. S. 11-30.

des Volkes um deutlich zu machen, dass sich in dem bunten Treiben der Rassenreproduktion auch Elemente eines unter dem Imperativ der Vernunft stehenden Willens gesellt haben. Die Gemeinschaft, die sich im Begriff des Wortes Volk meldet, hat also immer den Beigeschmack des von der Natur des Menschen erhobenen mehr oder weniger vernünftigen Willens. Nun ist allgemein bekannt, dass sich für Kant die Begriffe Natur und Vernunft als ein Gegensatzpaar ausnehmen. Der kategorische Imperativ, zum Beispiel, meldet sich bei uns als Imperativ, eben weil wir durch unsere Triebe und bloß empirischen Neigungen nicht gänzlich im Reich der Vernunft stehen. Die Vermischung und Reproduktion der Rasse kann unter diesem Aspekt natürlich als ein gänzlich vorhandenes betrachtet werden. Der kategorische Imperativ gilt für uns alle egal welche Rasse wir haben, denn er entspringt eben nicht dem Bereich, in dem die Rassenprinzipien (Reproduktion, Vermischung) herrschen. Die Konsequenz, die sich für Kant dann allerdings ergibt, ist die, dass er von dem bunten Treiben der Vermischung und Erhaltung der verschiedenen Rassen nicht mehr sagen kann, hier würde nach Prinzipien gehandelt, die wirklich geschichtlich sind. Das quasi-animalische Treiben im Bereich der Rassenreproduktion und Vermischung kann also selber nicht mehr als vernunftbestimmt aufgefasst werden. Die Frage ist nun aber, ob dieses Vermischen und Erhalten der verschiedenen Rassen immer ohne den Gebrauch von Normen und Maximen vonstattengegangen ist und noch vonstattengeht, die uns als vernunftbegabten Wesen zukommen. Wenn sich jemand über die Grenzen der eigenen Rasse verliebt, dann spielen doch da Elemente eine Rolle, wo die Rasse in einem ganz eklatanten Sinn präsent ist. Bei der Entstehung von Völkern im Kant'schen Sinne ergibt sich das gleiche Bild: die Entscheidung sich zusammen zu tun ist doch wohl immer eine, in der die bestehenden Loyalitäten und Solidaritäten eine Rolle spielen und zu argumentieren, dass diesen Loyalitäten und Solidaritäten das daseinsmäßige Moment fehlt, bedeutet zu verkennen, wie sehr die verschiedenen Rassen immer schon Gemeinschaften sind, deren Vermischung und Reproduktion sich an den Traditionen orientiert, die die verschiedenen Rassen hervorgebracht haben.

Re-Kontextualisierung der Bürgerrechtstradition:
England als Bindeglied

Nachdem wir nun den Rassebegriff geklärt und uns ein Bild von der afro-amerikanischen Bürgerrechtstradition gemacht haben, steht es nun an, den Blick auf Europa zu werfen, wo sich in den Metropolen nach dem Ende der Kolonialzeit verschiedene rassische und ethnische Gemeinschaften angesiedelt haben und wo sich die Problematik der somatischen Differenz, wie sie zuerst in den USA aufgetaucht war, neu artikulierte. Wenn wir nun aber in dieser Weise von Europa handeln, so kann dies nicht geschehen, ohne dass wir vorher in groben Zügen nachgezeichnet haben, was das besondere an der europäischen Entwicklung darstellt. Immerhin haben ja alle Forscher, die sich mit dem Problem der Interaktion der Rassen beschäftigt haben, das eine oder andere Wort dazu sprechen müssen, was das besondere an dieser kleinen Region auf dem Globus ist, dessen Institutionen und Kultur den Rest der Welt so maßgebend beeinflusst haben.

Die Afroamerikaner waren natürlich auch auf dieses Problem gestoßen und es ist interessant zu sehen, wie sich sie sich das Bild des europäischen Sonderweges zurechtgelegt haben. In den USA sah es ja seit dem frühen 17. Jahrhundert so aus, dass sich die Schwarzen und die Weißen ein gemeinsames Territorium teilen mussten und das gesamte Gefälle, dass die Zivilisation der europäischen Gemeinschaft vom besonders dunklen Teil der Welt unterscheidet, hat sich hier wie in einem Mikrokosmos offenbart. Schon Du Bois hat sich darüber den Kopf zerbrochen, wieso die Weißen eine so eigenartige Gemeinschaft darstellen, die – so sein Fazit nach dem Ersten Weltkrieg – den gesamten Globus in Unheil ziehen könnten.[148] Leroy Jones, der in den sechziger Jahren schrieb, argumentierte die Europäer hätten sich nach der Renaissance vom christlichen Glauben abgewandt und daher rührten alle Besonderheiten der Weißen.[149] Jones' Argument war, dass sich die kulturellen Differenzen zwischen den ungläubigen oder

---

148 Vgl. W. E. B. Du Bois, The Souls of White Folk, in ders.: *Darkwater. Voices from within the Veil.* New York, 2003. S. 55-74.

149 Vgl. L. Jones (später umbenannt in Amiri Baraka), *Blues People. The Negro Experience in White America and the Music that Developed from It.* New York, 1980.

nicht mehr authentisch gläubigen Weißen und den stark christlich geprägten Afroamerikanern bis in die Unterschiede zwischen weißer und schwarzer Jazzmusik zeigen würden. Cornel West hat schließlich argumentiert, der Hass der Weißen auf die Afrikaner stamme daher, dass nach der Renaissance in Europa eine Wiederbelebung der antiken Schönheitsideale repräsentiert durch Statuen und ähnliches stattgefunden habe und dass wegen diesem Fokus auf weiße Vorbilder die Schwarzen keinen Platz mehr gefunden hätten im Schönheitsideal der europäischen Gemeinschaft.[150]

Bevor wir nun darangehen können, in sehr groben Zügen eine Skizze der Besonderheit der europäischen Entwicklung darzustellen, wollen wir versuchen die Dynamiken interrassischer Beziehungen zu erleuchten, indem wir ein klassisches Stück aus der kulturellen Überlieferung analysieren. Es sei noch darauf verwiesen, dass so skizzenhaft und grob auch unsere Darstellung der europäischen Entwicklung ausfallen mag, so unumgänglich ist sie. Es ist ein Trugschluss zu glauben, man könne sich die Beziehung zwischen den Weißen und denen, die es nicht sind, zurechtlegen, ohne ein Wort darüber zu verlieren, welche kulturellen Entwicklungen die Europäer hinter sich gebracht haben, denn diese Entwicklungen sind konstitutiv für den Habitus des noch so unwichtig erscheinenden puritanischen Hilfsarbeiter in Neu England zur Zeit der frühen Kolonisation beispielsweise. Die Entwicklung der europäischen Gemeinschaft muss daher in ihrem Wesen versucht werden zu erfassen. Bevor wir diesen Weg einschlagen, wollen wir jedoch einen Blick werfen auf ein Stück aus der kulturellen Überlieferung, an dem die Konturen der Beziehungen mindestens zwischen Schwarz und Weiß deutlich werden.

Disziplin und Begierde in Othello

Shakespeares um 1600 verfasstes Stück *Othello* wird in der Forschung zum Thema Rassismus und Kontakt zwischen den Rassen erstaunlich selten zu Diskussion herangezogen. Dies mag daran liegen, dass amerikanische Autoren sich am europäischen Kontext des Theaterstücks stoßen, während anderen eventuell die Genese des Stücks in der frühen Neuzeit zu weit entfernt ist von den Problemen der Gegenwart. Dabei fällt bei der nur

---

150 Vgl. C. West, Race and Modernity, in ders.: *The Cornel West Reader.* New York, 1999. S. 55-86.

sporadischen Lektüre sofort auf, wie modern und aktuell die Dynamiken sind, die Shakespeare hier entwickelt. Das Stück handelt von Othello, einem schwarzen Befehlshaber in der venezianischen Armee zur Zeit der Renaissance. Othello ist verheiratet mit der weißen Desdemona ohne die Zustimmung deren Vaters, der aus der Oberschicht stammt. Zu Beginn des Stücks befördert Othello einen unscheinbaren Soldaten namens Cassio, was den Neid des Fähnrichs Iago zur Folge hat. Iago hatte sich erhofft, anstelle von Casssio befördert zu werden und er heckt einen hinterhältigen Plan aus, mit dem er Rache an seinem afrikanischen Vorgesetzten üben kann: er versucht auf geschickte Weise, Othello davon zu überzeugen, dass seine Frau untreu ist und ihn mit Cassio betrügt. Für dieses Manöver nutzt Iago ein Taschentuch, das ursprünglich ein Geschenk von Othellos Mutter an ihren Sohn war und das der Afrikaner seiner Frau geschenkt hatte. Desdemona verliert das wichtige Stück Tuch, Iagos Frau findet es, Iago entreißt es ihr und er schiebt es Cassio unter. Iago gelingt es durch geschicktes Zureden zu seinem Vorgesetzten, den Eindruck zu erwecken, als sei er der vertrauensvollste Untergeben von Othello. Er orchestriert die Entwicklungen soweit, dass Othello schließlich das Geschenk seiner Mutter in den Händen von Cassio erblickt, was ihn vollends davon überzeugt, dass seine Frau ihn hintergeht. Rasend vor Wut erwürgt er sie. Iagos Frau, die den wahren Sachverhalt durchblickt, kann Othello noch von der Wahrheit überzeugen, bevor sie selber Opfer ihres schlauen Ehemannes wird, der sie auch noch tatsächlich ermordet. Othello wird sich seines Irrtums bewusst und begeht Selbstmord. Iago wird zwar verhaftet. Sein hinterhältiger Plan hat aber so viel Unheil angerichtet, dass sich nicht sagen lässt, das Gute hätte gesiegt. Das Stück ist eine Tragödie.

Othello ist erzählt um die beiden Protagonisten Othello und Iago herum. Sie beide bilden die Hauptfiguren und den entscheidenden Gegensatz, der das Stück trägt. Othello ist der Schwarze und Iago der Weiße und Shakespeare scheint uns hier zeigen zu wollen, wie die Dynamiken zustande kommen, die Mord und Selbstmord zur Folge haben. Als das Stück verfasst wurde, war England nach längerem Hin und Her, in dem seine Könige zwischen Katholizismus und Protestantismus unentschieden blieben, langsam in eine Konsolidierungsphase eingetreten, die es den Menschen erlaubte, durch das gesamte 17. Jahrhundert hindurch eine evangelische Identität auszubilden, die dann gegen Ende des Jahrhunderts so stark in der Gesellschaft verankert war, dass die Stuarts aufgrund ihrer spielerischen Nähe zum Katholizismus gestürzt werden konnten.[151] Der Protestantismus, den Shakespeare in seiner historisch jungen Form aus eigener Erfahrung kannte, war sicherlich ein kultureller und politischer Schritt nach vorne für die Bewohner der Insel, soweit er die Weichen stellte für die Entwicklung einer Marktgesellschaft, die sich auf seinem Boden entfalten sollte. Etwa zur selben Zeit, als Shakespeare schrieb, wurden auch die ersten amerikanischen Kolonien gegründet, die in der neuen Welt von Bestand waren und auch sie waren, im Gegensatz zu den von den Spaniern und Portugiesen eroberten Gebieten in Südamerika, protestantisch. Soweit der Protestantismus aber einen politischen und kulturellen Gewinn darstellte, sofern er England als evangelische Nation eine Identität gab und die kulturellen Böden für den Marktverkehr legte, sosehr muss den Menschen, die den Übergang von der durch den Katholizismus breitgestellten Sündenfreiheit zur asketischen Lebensführung des Protestantismus durchlebten, klar geworden sein, dass der vermeintliche Fortschritt durch einen hohen kulturellen Preis erkauft wurde.[152] Die Gegenüberstellung zwischen Zivilisation und „Barbarei", wie sie durch die neuen religiösen Eliten den Menschen vermittelt wurde, hatten die Engländer durch die Reiseberichte aus der Neuen Welt ständig vor Augen. Sie kannten sie aber nicht nur auch durch den Kontakt mit Afrika, sondern eben auch ganz besonders daher, dass die alten katholischen Lebensweisen noch nicht ganz aus dem gesellschaftlichen Leben verbannt waren. Shakespeares Stücke leben von der durch die neue Ordnung bedrohten alten Lebensweise. Die Disziplinierung der Bevölkerung im Namen des wahren Glaubens hatte zur Folge, dass die sexuelle Unbeschwertheit der katholischen Lebensweise – sie hatte die Gläubigen ja soweit in Ruhe gelassen, wie sie am Sonntag zur Messe erschienen und ihre Sünden beichteten – verloren gingen und durch neue Muster ersetzt wurden, von denen man nicht sicher sein könnte, ob sie die Menschen in ihrer Freizügigkeit nicht so beschneiden würden, dass die Freizügigkeit und katholische Gelassenheit nur noch als Erinnerung im neuen Leben fortwirken würden.[153] Man denke hier nur an die Art wie in einem Stück wie *As You Like It* die sexuellen Energien in Konkurrenz stehen zur sozialen Ordnung, die durch Institutionen wie der Monogamie

---

151 Vgl. P. Wende, *Großbritannien, 1500-2000.* Oldenbourg Grundrisse der Geschichte. München, 2001.

152 Vgl. M. Weber, *Die protestantische Ethik und der Geist des Kapitalismus,* a.a.O.

153 Vgl. M. Foucault, *Discipline and Punish. The Birth of the Prison.* New York, 1995; sowie S. Freud, *Das Unbehagen in der Kultur.* Frankfurt, 2003.

oder dem Erhalt von Hierarchien mit den wilden Begierden der Subjekte umgehen muss. In *Othello* findet sich die Dichotomie aus asketischer Zivilisation und freier „Barbarei" jedenfalls zwischen Othello und Iago. Shakespeare konnte das Stück im katholischen Venedig spielen lassen, weil er wusste, dass die Disziplinierungsmechanismen, die England beherrschten, auch zwischen den katholischen Italienern und dem aus Afrika stammenden Othello wirkten. Iago repräsentiert auf eine besondere Weise den fortschrittlichen Menschen. Sein Hass gegen Othello rührt nicht von erotischen Begierden, sondern der egoistischen Sucht, in ein höheres Amt erhoben zu werden. Sein perverser und mörderischer Plan kann nur soweit funktionieren, weil Iago alle anderen Charaktere in Hinterhältigkeit übertrifft. Diese Hinterhältigkeit ist es aber gerade, die ihn von Othello am meisten Unterscheidet. Die Tatsache nämlich, dass er fähig ist, sich als guter Freund zu präsentieren, wo er in Wirklichkeit auf Mord aus ist, genauso wie sein strikt strategischer Umgang selbst mit der eigenen Frau zeigen, dass Iago die alte Gelassenheit und die Fähigkeit ein emotional authentischer Mann zu sein, verloren hat. Sein Feindbild ist natürlich der Afrikaner, der für alles steht, was Iago im Namen des Fortschritts hat aufgeben müssen und worum er in seinem Innersten weiß, denn sein Hass lässt sich mit der reinen Sucht nach einem höheren Amt nur schwerlich erklären, wo doch uns als post-Lutherischen Zuschauern klar ist, dass Äußerlichkeiten wie ein besserer Beruf oder etwas mehr Sold nicht aufzuwiegen sind mit einer Seele in Harmonie.

In einer Unterhaltung mit Roderigo, der in Othellos Frau Desdemona verliebt ist, stellt sich Iago uns als jemand dar, der seine Begierden kontrollieren kann:[154] „If the balance of our lives had not one scale of reason to poise another of sensuality, the blood and baseness of our natures would conduct us to most preposterous conclusions. But we have reason to cool our raging emotions, our carnal stings, our unbitted lusts […]" (1.3.318). Iago ist ein Mensch der Vernunft. Die Triebhaftigkeit, der Eros, der seinen Gesprächspartner erfüllt, stellt sich für ihn als eine Gefahr dar und wird von ihm verurteilt als etwas Niedriges, dem sich das vernünftige Handeln zu entziehen hat. Im selben Gespräch charakterisiert Iago Othello auch als jemanden, der nicht in der Lage ist, eine kontinuierliche Beziehung einzugehen: „These Moors are changeable in their wills" sagt er in Bezug auf

---

154 Ich zitiere aus der Arden-Ausgabe, W. Shakespeare, *Othello*. Hg. E. A. J. Honigmann, London, 1997.

den Mann, der die Frau noch besitzt, in die Roderigo hoffnungslos verliebt ist (1.3.347). Roderigo wird hier daran erinnert, dass die Überlegenheit der Europäer darin Wurzelt, dass sie ihre sexuellen Begierden unterdrücken können: „thou shalt not covet thy neighbour's wife" wie es in dem Teil der Bibel heißt, den die Engländer gut kannten (Exodus, 20, 17).

Iago ist sich seiner eigenartigen Stellung wohl bewusst. Er sieht, dass er rationaler, kalkulierender und geduldsamer als Othello ist, aber er ist sich wohl auch im Klaren darüber, dass er diese Eigenschaften erhalten hat durch einen Faustischen Austausch, der seiner gesamten Existenz die Freizügigkeit und Gelassenheit raubt, die er natürlich in Othello beneidet. „The Moor is of a free and open nature" sagt er zum Beispiel (1.3.398). Die Überheblichkeit, die Iago als rationalen Menschen auszeichnet, kann er nicht mehr eintauschen gegen die Gelassenheit und Freizügigkeit des Schwarzen, so scheint es zumindest, denn die Charakterisierung von Othello als einer mit einer offenen Natur hat den Beigeschmack der Verniedlichung. Iagos Identität als rationaler Mensch, der seine Begehren im Zaum halten kann, hebt ihn, was die technischen Leistungen anbelangt, klar über das Niveau der Übrigen. Nicht einmal der Roderigo, der zwar wegen seiner hoffnungslosen Liebe traurig ist, schafft es sich solche genialen Tricks auszudenken wie Iago. Und so verwundert es auch nicht, dass Iago ihm gegenüber den Afrikaner beleidigend beschreiben kann als „lusty Moor" (2.1.293) oder dann später auch einfach als „black Othello" (2.3.29). Die asketische Lebensführung, die Iago meistert, bringt ihn in eine Position der Überheblichkeit, die ihn selbst von dem von Liebe getriebenen Roderigo unterscheidet. In biblischen Worten sinniert er über die Differenz, die ihn von seinen vermeintlich rückständigen Mitmenschen unterscheidet, denn er hat es gelernt zu verzichten und seine Überlegenheit lässt ihn nur Mitleid haben mit jenen, die sich noch nicht ausreichend diszipliniert haben: „How poor are they that have no patience!" (2.3.365).

Othello der Afrikaner bildet den Gegenpol zum weißen Iago. Es ist nicht ganz klar, ob Shakespeare einen Mauren oder einen Schwarzafrikaner im Sinn hatte, als er die Tragödie schrieb. Mit beiden waren die Engländer der frühen Neuzeit vertraut und beide hätten wohl militärische Positionen übernehmen können in den Stadtstaaten Italiens. Bezeichnend ist nun, dass Othello ein ranghoher Soldat ist, der im Stück auch noch gegen die osmanische Armee kämpft. Othellos Loyalität als Soldat gebührt also dem weißen Venedig und seine Funktion als Militär schränkt ihn gewissermaßen ein in seinem Handeln: strategisch hat er gegen die Feinde der kleinen Republik vorzugehen und die Tatsache, dass seine Verantwortun-

gen gegenüber seiner christlichen Heimat denen gegenüber den islamischen Feinden überwiegt, macht deutlich, dass der rassisch andere durchaus seinen Platz in der christlichen Gemeinschaft finden kann, wenn er nur
loyal bleibt. Der Respekt, der ihm von Seiten der venezianischen Machthaber entgegen gebracht wird, veranlasst Othello zu Stolz, aber es ist nicht
der einzige Stolz, den Othello verspürt. So sagt er von sich ganz einfach
im Gespräch mit Iago: „Haply for I am black" (3.3.267). Othellos Stolz
auf seine afrikanische Identität ist natürlich verwoben mit seiner Hand-
lungsweise, die ihn so eklatant von Iago unterscheidet. Das zeigt sich am
deutlichsten an dem Element des Plots, an dem Shakespeare auf geniale
Weise die Handlung auf ihren Höhepunkt zutreibt: dem Taschentuch. Hier
gilt es jetzt als erstes festzuhalten, dass es ein Geschenk von Othellos Mutter an ihren Sohn ist, das er als Zeichen seiner Liebe an Dedemona weiter-
gibt. Desdemona verliert es ausversehen, Iagos Frau findet es, Iago entnimmt ihr es und jubelt es Cassio unter, während er weiterhin Othello so
zuredet, dass er immer skeptischer seiner Frau gegenüber wird. Als Othello dann schließlich wie durch Zufall das Stück Tuch bei Cassio entdeckt,
ist ihm klar, dass seine Frau ihn hintergeht und Ioagos plan verwirklicht
sich. Zuerst ist es also wichtig zu sehen, dass das Taschentuch ein mütter-
liches Geschenk ist. Wir erfahren von Shakespeare nicht, wo sich Othellos
Familie befindet oder wo er aufgewachsen ist. Das Taschentuch fungiert
aber als Bindeglied der außereuropäischen Welt mit dem Venezianer Othello, der diesem symbolischen Stück Tuch viel Bedeutung beimisst. Familie, so scheint es hier, hat für Othello noch echte Bedeutung, während
Iago selbst seine eigene Frau instrumentalisiert, um sein perverses Verlangen nach Macht zum Ziel zu bringen. Der emotional aufgeladene Familienzusammenhalt, der über Symbole vermittelte Gehalt von Traditionen sowie die Ehrfurcht der Kinder an ihre Eltern haben im afrikanischen Kontext eine Bindekraft, die im protestantischen England nur noch selten an-
getroffen werden. Gegen die noch im Katholizismus waltende Spiegelung
der hierarchischen Aufstellung der Kirche, die in der Autorität des Papstes
gipfelt, in die Hierarchie der Familie hinein, hatten Luther und Calvin eingewandt, dass sie die dem einzelnen überlassene Glaubensbeziehung zwischen ihm und Gott stört. Noch in Nathaniel Hawthornes Darstellung des
Puritanismus im *Scarlett Letter* scheint diese Vereinzelung durch, die die
katholischen Großfamilien mit ihren Traditionen abgelöst hat.[155] Es ver-

---

155 Vgl. N. Hawthorne, *The Scarlett Letter.* New York, 2005.

steht sich von selbst, dass diese Vereinzelung des gläubigen Menschen im Protestantismus eklatant mit den Bindungen im Islam kontrastiert, mit denen aus den afrikanischen Stammesgesellschaften ganz zu schweigen. Alle Werte, die für Othello gelten, sind gewissermaßen zentriert in dem Taschentuch, das ihm seine Mutter gab. Und die Tugenden der Mutter wie Keuschheit und Treue will Othello in seiner Frau verkörpert sehen, deshalb schenkt er ihr wiederum das Taschentuch. Als Othello meint herausgefunden zu haben, dass Desdemona ihn betrügt, wird er rasend. Diese Raserei ist nun der Knackpunkt, an dem sich auch Shakespeares Einstellungen zur afrikanischen Kultur zur Geltung zu bringen meinen. Es wird oft eingewandt, dass dadurch dass Shakespeare Othello als übermäßig eifersüchtig präsentiert hat, er der schwarzen Kultur wilde, barbarische Züge zugeschrieben hat. Diese Kritik verfehlt aber die Logik der sich abspielenden Dynamik. Othellos Raserei ist nämlich sehr gut begründet und sie bildet gewissermaßen das Spiegelbild zu Iagos kalkulierter Intrige. Es sind keine triebhaften Naturanlagen, die Othellos Raserei zugrunde liegen, sondern sein auf der Keuschheit seiner Mutter zentrierter Stolz auf die Errungenschaften der Schwarzen. Iago weiß, dass sich Othello so verhalten wird, weil er selber nicht mehr zu solcher Selbstaufgabe in der Lage ist. Die Raserei und der Racheakt Othellos sind ja strategisch betrachtet äußerst unvorteilhaft. Der Vater Desdemonas, der zu Othellos Vorgesetzten zählt, wird wohl kaum den Mord an seiner Tochter durch den Afrikaner tolerieren und doch handelt Othello nach dem Kodex seiner Vorfahren. Hier zeigt sich nicht Egoismus, sondern die Dominanz der afrikanischen Sexualmoral, die in dem neuen Kontext gegen die Wand fährt.

In Othellos Eifersucht bricht das dünne Eis, das ihn von seinen weißen Mitmenschen trennt. Im routinemäßigen Gang der Dinge als Soldat muss Othello lediglich seine Loyalitäten gegenüber Venedig demonstrieren und das gelingt ihm sehr gut. Erst in dem Moment, wo seine eigene Identität als gut erzogener Sohn seiner Mutter auf dem Spiel steht, kommt es zum Eklat. In Iagos perversem Begehren nach der alten Lebensführung zeigt sich der Kontrast zwischen dem, was gewonnen wurde und dem was verloren ging. Iagos kalkulierter Umgang selbst mit der eigene Familie zu Gunsten von persönlichem Machtstreben basiert auf der Geduld (*patience*), die Othello im entscheidenden Moment nicht hat. Im Zuge seiner wachsenden Verdachte gegen Desdemona wird klar, dass Othello in diesem Bereich nicht die Geduld aufbringen kann, die Iago würdigt, ja diese Geduld scheint ihm unmenschlich, pervers und er ist bereit sein Leben zu geben für den Erhalt der Integrität seiner Ehre: „Had it pleased heaven to try me with affliction, had they rained all kinds of sores and shames on my bare head, steeped me in poverty to the very lips, given to captivity me and my utmost hopes, I should have found in some place of my soul a drop of patience [...]" (4.2.48-54).

Das Stück endet mit dem Tod von Othello, Desdemona und der Verhaftung von Iago, so dass nicht klar ist, ob der Preis den der asketische Mensch für seine kulturelle Überlegenheit zu zahlen bereit ist, es auch wirklich wert ist. Für die Zuschauer im England der frühen Neuzeit war ja das alte Leben mit seinen Bräuchen und Traditionen noch zum Greifen nahe und Shakespeare verstand es, seine Mitbürger über die Implikationen aufzuklären, den der Weg, den sie nun scheinbar unbeirrt beschritten, mit sich bringen würde. Die neuen Werte, die in Shakespeares Stück nur ansatzweise zu Institutionen geronnen waren, würden sich im Laufe der europäischen Entwicklung immer stärker auszeichnen, so dass die Tragik des Zerbrechens der alten Werte, für die Othello charakteristischerweise steht, zu immer problematischeren Widersprüchen führen würde. Shakespeare schrieb zu Beginn der Konsolidierungsperiode zweier Institutionen, die beide in England zuerst auf den Plan getreten sind und die die europäische Entwicklung erst zu dem Phänomen gemacht haben, als das wir sie heute kennen: die kapitalistische Wirtschaft und der moderne Staat. Beide Phänomene stehen gewissermaßen als Telos der europäischen Entwicklung am Übergang zur Moderne, aber sie sind eben nur Endpunkte einer Entwicklung, die schon viel früher ansetzt und die es nun gilt in den Blick zu nehmen.

In der Machenschaft: Montaigne und Mandeville

Wer den europäischen Imperialismus verstehen will, kann sich nicht auf Begriffe wie den der kapitalistischen Wirtschaft oder den liberalen Imperialismus allein verlassen, denn letztere sind auf ein jüngeres Datum datiert als die Unternehmungen mit denen die Europäer begonnen haben, sich den Rest des Globus anzueignen und zu unterwerfen. Die Entdeckung Amerikas durch Christopher Columbus 1492 soll uns als Anfangspunkt jener Entwicklung dienen, an dessen Ende sehr wohl die kapitalistische Wirtschaft und der moderne Staat stehen, aber sie sind eben nur Endpunkte und Teil einer Entwicklung, die ihre Wurzeln viel früher in der Geschichte des Abendlandes hat.

Der Kapitalismus und der moderne Staat wurden nicht erfunden und dann nach einem Plan gewissermaßen in die Tat umgesetzt, sondern sie entsprangen aus einem kulturellen Nährboden, der in der europäischen Geschichte schon bei den Griechen angelegt war.[156] Die Interpretation des europäischen Imperialismus sowie die Entwicklungen in Europa, die im modernen Staat und der kapitalistischen Wirtschaft münden, sind nicht zu trennen vom Denken dieser Gemeinschaft. Das Denken wiederum ist die Sache der Philosophen. Es liegt somit nahe, sich dem Problem zu nähern über die Art und Weise, wie sich die Denker, die die europäische Tradition geprägt haben, denkend verhalten haben. Nun ist es so, dass schon Hegel wusste, dass die Philosophie eigentlich nicht auf europäischem Boden entsprungen war und er hatte sich die Entwicklung der Philosophie zurechtgelegt als einen der Sonne, die aufgeht, parallel laufenden Prozess, der im Orient beginnt.[157] Somit ist es legitim anzumerken, dass es lange vor den Griechen Philosophie in China, Indien und Ägypten gab, nur dass sie eben noch unterschieden werden muss von den Entwicklungen, die dann bei den Griechen ansetzen. Hegel hat auch hervorgehoben, dass die Griechen – auch schon die frühen – eine Leichtigkeit und Jugendlichkeit des Geistes besaßen, die wir nicht bei den anderen Völkern mit ihren distinkten Philosophien antreffen.

Wenn wir diesen Gedanken ernst nehmen, dann muss mit dem Griechischen Denken eine Zäsur eingesetzt haben, die die Philosophie Europas vom Denken anderer Völker auf qualitative Weise unterschieden hat. Für Hegel stellt es sich freilich so dar, als sei das Philosophieren der Alten dem der Neuen so gegenübergestellt, wie etwa die alte Naturphilosophie und die moderne Physik. Das ist aber eine Einsicht, die nur auf Hegels eigenem Denken verständlich wird und die sich ihrerseits an einem Fortschrittsbegriff orientiert, der den Naturwissenschaften selber entnommen ist. In der Philosophie von Fortschritt auf diese Weise zu reden ist aber falsch, denn im Denken geht es nicht um ein kumulatives Aneinanderreihen von Einsichten, die dann in einem absoluten Wissen enden, sondern um ein jedes Mal aufs Neue unternommenen Versuch zu verstehen. Es ist somit aber dann kein Wunder, dass für Hegel das Philosophieren der Denker, die vor dem qualitativen Einschnitt, mit dem Hegel die eigentliche

---

156 Vgl. M. Heidegger, *Einführung in die Metaphysik.* Gesamtausgabe Band 40. Frankfurt, 1983.
157 Vgl. G. W. F. Hegel, *Vorlesungen über die Philosophie der Geschichte.* Werke Band 12. Frankfurt, 1986.

Philosophie auch beginnen möchte, relativ ahnungslos und hilflos dasteht.[158] Die Zäsur setzt natürlich ein mit den platonischen Dialogen, wo zum ersten Mal eine Theorie angeboten wird, die in nuce das Projekt der modernen Wissenschaften enthält. Für vorsokratische Philosophen wie Parmenides oder Heraklit war die Idee, dass die Wahrheit auf einer Korrelation zwischen Sein und Denken basiert, fremd. Für sie ist die Wahrheit die Unverborgenheit – der Begriff meint ein Sich-Zeigen der Dinge ohne die vom Menschen vorgenommene Repräsentation.[159] Die Vorsokratiker sind uns nur in Fragmenten überliefert und ihre Gedanken sind formuliert oft in der Form von Gedichten. Nichtsdestotrotz ist klar, dass es für sie eine genuin andere Art und Weise sich den Dingen zu nähern gibt, die im Laufe der europäischen Entwicklung verschüttet wurde. Wenn Wahrheit nämlich nicht gefasst wird als die Korrelation eines Begriffs mit einem Stand der Dinge in der Welt, sondern wenn die Wahrheit als Unverborgenheit darauf deutet, dass sich diese selber gewissermaßen lichtet, dann ändert sich auch das Menschenbild fundamental. Für die Vorsokratiker ist demnach der Mensch nicht das rationale Wesen, das allein in der Lage ist, die Welt wahrheitsgetreu abzubilden, sondern er ist vielmehr eine offene Frage. Das ist eine etwas partikulare Wendung, aber sie soll zum Ausdruck bringen, dass für die Griechen vor Plato es eine Möglichkeit gab, über Wahrheit und die Stellung des Menschen zu sprechen, die eine genuine Alternative darstellt zu dem, was später Subjekt genannt wird. Parmenides' und Heraklits Wirken ist datiert auf das fünfte Beziehungsweise sechste vorchristliche Jahrhundert also etwa zwischen Homer und Sokrates. Die Tatsache, dass für diese Denker Sein und Denken noch nicht geschieden sind, lässt sie für Hegel als Vorformen des echten Philosophierens erscheinen. In Wirklichkeit sind sie Denker jenseits der Metaphysik, die mit Platons Ideenlehre ihren Ausgang nimmt.

Platon scheidet das Denken vom Sein.[160] Der fundamentale Einschnitt, der mit dieser Revolution im Denken einhergeht, ist von Max Weber auf folgende Weise charakterisiert worden:[161] „Die leidenschaftliche Begeisterung Platons in der Politeia erklärt sich letztlich daraus, dass damals zu-

---

158 Vgl. auch G. W. F. Hegel, *Vorlesungen über die Geschichte der Philosophie I.* Werke Band 18. Frankfurt, 1986.
159 Vgl. M. Heidegger, *Parmenides.* Gesamtausgabe Band 54. Frankfurt, 1982.
160 Vgl. G. Steiner, *Heidegger.* Glasgow, 1982.
161 Vgl. M. Weber, *Wissenschaft als Beruf.* Studienausgabe Band I/17. Tübingen, 1994.

erst der Sinn eines der großen Mittel allen wissenschaftlichen Erkennens bewusst geworden war: des *Begriffs*. Von Sokrates ist er in seiner Tragweite entdeckt. Nicht von ihm allein in der Welt. Sie können in Indien ganz ähnliche Ansätze einer Logik finden, wie die des Aristoteles ist. Aber nirgends mit diesem Bewusstsein der Bedeutung. Hier zum erstenmal schien ein Mittel zur Hand, womit man jemanden in einen logischen Schraubstock setzen konnte, so dass er nicht herauskam, ohne zuzugeben: entweder dass er nichts wisse: oder dass dies und nichts anderes die Wahrheit sei, die *ewige* Wahrheit, die nie vergehen würde, wie das Tun und Treiben des blinden Menschen" (11). Die Scheidung von Sein und Denken ist für Weber der Beginn von dem was er einen Intellektualisierungsprozess nennt und er sieht richtig, dass in diesem historischen Moment die modernen Wissenschaften ihren Ursprung haben. Für Plato sind die Begriffe oder Ideen dasjenige, das das Seiende zu Seiendem macht. Eine gute Handlung, eine schöne Statue oder ein wahrer Satz sind nur insofern gut, schön und wahr wie sie an der Idee des Guten, dem Schönen und des Wahren teilhaben. Diese Ideen sind deshalb nicht Teil des Seienden. Sie verbürgen es gewissermaßen, denn ohne die Idee des Schönen gibt es einfach kein ästhetisches Bild oder ähnliches. Die Logik als die Wissenschaft der Regeln des Denken hat hier ihren Ursprung, denn für die Vorsokratiker ist der Gedanke, dass es eine formale Wissenschaft gibt, die uns anzeigt, wann wir richtig und wann wir falsch denken, abwegig. Aristoteles wird in seiner Kritik am Lehrer Platon die ersten Schritte in diese Richtung tun. Von seiner Darstellung bis zu Kants Kategorien, wo das Denken von den Bedingungen seiner Möglichkeiten her bestimmt wird, ist es dann nur noch ein Schritt der Verfeinerung. Was die Griechen allerdings von der Aufklärung trennt, ist natürlich das römische Denken und dann das Christentum, das die europäische Entwicklung maßgebend bestimmt hat.

Bei den Griechen und selbst noch bei den Römern sind die Worte der untergegangen Unverborgenheit noch spürbar. Sie konnten sich aber nicht behaupten, denn mit dem Entstehen der Metaphysik in den platonischen Dialogen wurden die Weichen Gestellt für eine immer erfolgreichere Beherrschung der Natur und Technisierung der Lebenswelt, die praktisch betrachtet, Vorteile verschafft, die dann kein Mensch mit „gesundem Menschenverstand" rückgängig machen will. Die Ideenlehre Platons, wie sie sich uns in der *Politeia* zeigt,[162] wurde von den Sekten der palästinensi-

---

162 Vgl. Platon, *Politeia,* 502d-507a.

scher Fischer, die später den Namen des Christentums annehmen sollten, in gewisser Weise einfach übernommen, so nämlich, dass anstelle der Idee des Guten, die in Platons Staatsschrift als Sonne, die das Licht der Erkenntnis stiftet, versinnbildlicht ist, einfach die Idee des allmächtigen Gottes gesetzt wurde. Die griechischen Götter, wie sie zum Beispiel in Homers *Ilias* erscheinen, stehen in spielerischer Kommunikation mit den Menschen. Der Gott der Juden und der Christen dagegen steht jenseits der versündigten Welt. Er ist der Garant des Guten, Wahren und Schönen und er hat einen Auftrag für die Menschen, der für die europäische Entwicklung wegweisen war und sich wie von selber aus dem durch die Teilung von Sein und Denken ermöglichten „Schraubstock" (Weber) ergibt: Man soll sich die Erde Untertan machen oder wie es die *King James Bible* lapidar sagt: „and subdue it".[163]

Nach der post-Platonischen Auffassung ist der Mensch nicht mehr die offene Frage, die der Unverborgenheit aufgeschlossen gegenüber tritt, sondern das animal rationale, das mit der Fähigkeit ausgestattet ist, das Seiende zu entdecken und es objektiv zu erfassen. Tatsachenerkenntnis, wie sie durch die Ideenlehre ermöglicht wird, geht einher mit technischer Bewerkstelligung von Mensch und Natur, die jetzt ebenfalls als Vorhandene erfasst werden. Der Metaphysik korreliert daher eine immer weiter fortschreitende technische Meisterung von Mensch und Umwelt, die im alttestamentarischen Imperativ der Naturunterwerfung von innerer und äußerer Natur ihr Pendant findet. In der antiken Philosophie spielen die alten Begriffe, die die griechische Kultur vor der platonischen Wende geprägt hatten, immer noch rein und selbst die besten Aspekte der christlichen Theologie kennen noch die Sprache der Unverborgenheit. Deshalb ist es natürlich falsch Platon als Positivist zu verurteilen, denn in den Gesprächen, die er seinen Lehrer Sokrates führen lässt, sind die nicht-metaphysischen Elemente des Denkens noch anzutreffen. In den Tragödien des Sophokles schwingen die Konsequenzen der Unverborgenheit noch mit, wenn die Welt sich offenbart nicht als Objekt der wissenschaftlichen Erkenntnis, sondern als Lebenswelt von in Einklang mit der Natur lebenden Menschen.[164] Aber die Metaphysik, wo sie einmal theoretisiert wurde, hat einen Stein ins Rollen gebracht, der den Intellektualisierungsprozess, von dem Weber spricht, zum Schicksal der europäischen Gemeinschaft ge-

---

163 Vgl. Genesis, 2, 28.
164 Vgl. M. Heidegger, Das Umwelterlebnis, in *Heidegger Lesebuch*. Hg. G. Figal. Frankfurt, 2007. S. 45-50.

macht hat und der mit seinem auf Weltunterwerfung und technischer Ver-
vollkommnung den Globus in seinem Ebenbild erschaffen musste. Als
Columbus 1492 in Amerika ankam, war der Gegensatz zwischen den Weißen und den Uhreinwohnern schon so weit ausgeprägt, dass sich die
Handlungsspielräume der Spanier im Grunde schon so weit verengt hatten, dass an ein autonomes Amerika gar nicht mehr zu denken war. Wer
hätte damals der spanischen Krone plausible machen können, die Schiffe
nicht mehr in die Neue Welt ausfahren zu lassen, wo es doch nur eine Frage der Zeit wäre, bis die Portugiesen oder die Holländer in See stechen
und die Schätze plündern, die auf der anderen Seite des Atlantik liegen?
Columbus' Projekt der Erdumsegelung war von der Kirche explizit gutge-
heißen worden und war der Krone natürlich soweit willkommen, als es
mehr Reichtum und Ruhm bedeutete. Die antiken Götter zeichneten sich
noch dadurch aus, dass sie – wie im römischen Reich – die Gottheiten der
unterworfenen Völker und Rassen noch in die bestehende Götterwelt integrieren konnten, während der christliche Universalismus ein Hegemonial-
streben beinhaltete, das es den Europäer schier unmöglich machte, sich
mit den Indianern oder Afrikanern auf gleicher Augenhöhe zu sehen. Die
Disziplinierung der Massen, die das Christentum für die germanische Welt
bedeutete, machte es den Christen natürlich einfach, sich als strategisch
überlegen zu fühlen, weil sie es nach technisch-militärischen Gesichtspunkten natürlich auch waren. Die durch die Metaphysik ermöglichte Ver-
gegenständlichung der menschlichen und umgebenden Natur wirkte wie
ein Katalysator im Prozess der technischen Entwicklung. Die Kirche be-
hielt zwar die Deutungshoheit, was die Natur des Kosmos anging, bis in
die frühe Neuzeit und achtete penibel darauf, dass die Philosophen und
„Wissenschaftler" nicht mit den Dogmen in Konflikt gerieten, aber sie
hatte diesen Prozess des verfügbar Machens doch mit in Bewegung gebracht, indem sie das Seiende als durch Gott verbürgtes theoretisiert hatte.
Augustinus und Aquinas wussten, dass nur Gott in Frage kam als Antwort
auf die Frage, warum überhaupt Seiendes ist und nicht nichts. Und die Befreiung aus der mittelalterlichen Metaphysik, die mit Descartes und Bacon
einsetzt, hat nicht die Scheidung von Sein und Denken reversibel gemacht,
sondern an die Stelle von Gott die Erfahrung beziehungsweise die Ratio
gesetzt. Sie haben so der modernen Physik, die mit Galileo und Keppler
einsetzt, einen paradigmatischen Platz in der Wahrheitsvorstellung der Europäer bereitet, der das Denken immer näher an die technische Rationalität
(Marcuse) der Neuzeit angeglichen hat.

Wenn die europäische Kultur seit Platons Gesprächen immer mehr in die Fänge der Metaphysik verstrickt war, so stellt sich uns natürlich die Frage nach der Bedeutung dieses Zusammenhangs im Besonderen für die Politik. Nach der Auffassung der neuzeitlichen Politikwissenschaft, die ihre Ursprünge nicht mit Unrecht in der *Politik* des Aristoteles sieht, kann man die Fragen nach der politischen Organisation einer Gemeinschaft als selbstständige Fragen betrachten, die nicht mit dem was wir hier als Denken oder Metaphysik charakterisiert haben, gemein haben. Die empirische Politikwissenschaft verfährt dann so, dass sie die institutionellen Gefüge, in denen eine Gruppe lebt, als Vorhandenes betrachten, das gewissermaßen isoliert werden kann von den nur ideologischen Denkungsarten, die das Leben eben dieser Gruppe bestimmen. Nur, die Probleme fangen allein schon bei der Definition der Gruppe an. Man kann natürlich sagen die Athener unter Perikles kannten die Demokratie und auch wir leben in einer solchen, weil alle Bürger am politischen Prozess teilhaben, aber diese Herangehensweise trifft nicht den Punkt, weil sie mit Begriffen umgehen muss, die nur in ihrem jeweiligen Kontext zu verstehen sind. Staat, Bürger, Beteiligung und ähnliche Begriffe haben in der antiken Polis einen grundverschiedenen Wert als in den durch Technik und Wissenschaft geprägten Massenkulturen, die aus dem lateinischen Christentum hervorgegangen sind. Das politische Denken seit Plato kann man im Grunde als Versuche deuten, mit den durch die philosophischen Einsichten begründeten Neuerungen des Denkens umzugehen. Platons Staat ist nicht der Versuch, eine politische Theorie zu erstellen, sondern gewissermaßen die organische Konsequenz aus seiner Ideenlehre.[165] Die Frage, wie sich Gemeinwesen zu organisieren haben, ja wer überhaupt ein Gemeinwesen ist, ergibt sich aus den Schlüssen, die man aus der Art und Weise zieht, wie die Theorie die Frage nach der Gerechtigkeit, dem guten Leben oder der Moralität beantwortet. Hegel hat betont, dass die politische Philosophie Platons erst in dem Moment entsteht, wo die Blütezeit der athenischen Demokratie schon dem Untergang geweiht war.[166] Man muss jedoch sehen, dass unter Bedingungen einer Zivilisation ohne kapitalistische Wirtschaft, rationaler Wissenschaft und entwickelter Technik sowie den habituellen Dispositionen in den Subjekten, die diesen Institutionen entsprechen und

---

165 Vgl. W. Bröcker, *Platos Gespräche*. Frankfurt, 1999. S. 213-330; sowie J. Annas, *An Introduction to Plato's Republic*. Oxford, 1981.

166 Vgl. G. W. F. Hegel, *Vorlesungen über die Geschichte der Philosophie 2*. Werke Band 19. Frankfurt, 1986.

die sie tragen, selbst eine so utopisch anmutende Vorstellung, wie die der herrschenden Philosophen umgeben von einer Wächterkaste, halbwegs annehmbar aussieht. Die politischen Denker entwickeln ihre Modelle anhand von einem Kontext, der ihnen historisch gegeben ist und den sie sich auf eine bestimmte Weise zurechtlegen, aber ihre Antworten gehen von der Prämisse aus, dass die von der Metaphysik bereitgestellten Funde über die Verfasstheit des Menschen korrekt sind. Wenn wir nun aber annehmen, dass hier gerade die Wurzel allen Übels liegt, dann können auch solche Annahmen wie die des Menschen als animal rationale oder vernunftbegabten Wesens nicht mehr einfach als Voraussetzungen der politischen Theorie fungieren. Die Frage nach der politischen Organisation erscheint geradezu nebensächlich verglichen mit dem kulturellen Equipment, das uns die Geschichte der Metaphysik mit hochentwickelter Technik und empirisch-experimenteller Wissenschaft bietet. Für Platon, der noch die unschuldige Umgangsweise der Vorsokratiker mit den Fragen der Wahrheit kannte, konnte sich noch so eine Utopie wie die der Philosophenherrschaft als relativ harmlos zeigen.[167] Sie fußt zwar schon auf der Neuheit der Ideenschau der Philosophenherrscher, kennt aber noch das von Perikles gepriesene Politikverständnis der Antike, nach dem der Staat nicht eine von Herrschern und Beherrschten abgeschieden Form der Machtausübung über ein bestimmtes Territorium ist, sondern der Ort, an dem sich der Mensch als politisches Wesen (Aristoteles) vervollkommnet.[168] Dieses antike Politikverständnis zieht sich in der Tradition bis in die Philosophie Augustinus' durch und es wird von politischen Denkern gelegentlich heraufbeschworen als Heilmittel gegen die Widersprüche moderner Politik. Wenn man den Gedanken allerdings ernst nimmt, dass der ausschlaggebende Moment in der europäischen Entwicklung Platons weitreichende Scheidung des Denkens vom Sein ist, dann muss man sehen, wie sehr das antike Politikverständnis von der von den frühen Griechen entwickelten Fassung des Menschen als Frage und nicht als animal rationale abhängt. Das unschuldige Fragen der Griechen nach den politischen Tugenden des Bürgers kann natürlich nur eine perverse Verzerrung bieten, versucht man es unter den Zwillingsinstitutionen des modernen Staates und der kapitalistischen Wirtschaft umzusetzen. Der Grieche konnte es sich erlauben, in der

---

167 Vgl. H. G. Gadamer, Platons Denken in Utopien. In ders. *Griechische Philosophie III*. Werke Band 7. Tübingen, 1991. S. 270-289.
168 Vgl. J. Coleman, *A History of Political Thought. From Ancient Greece to Early Christianity*. Oxford, 2000. S. 115-228.

Steuerung des Gemeinwesens einen Fehler zu machen, wie etwa die strategisch falschen Entscheidungen der Athener in Sizilien, von denen Thucydides berichtet.[169] Im Atomzeitalter sieht das anders aus. Niemand wir heute ernsthaft einen Politiker wollen, der in der Abwicklung von öffentlichen Angelegenheiten nach der Verwirklichung seiner ethischen Tugenden strebt. Das antike Politikverständnis beruht aber gerade auf dieser ethischen Prämisse; wenn wir uns den Gegensatz zwischen den beiden Modellen zuwenden, werden wir sehen, wie sich im Denken der modernen Philosophen die Weichen stellen, auf denen der Kapitalismus und der moderne Staat erwachsen sind und diese Zwillingsphänomene bilden den institutionellen Rahmen innerhalb dessen moderne Politik überhaupt möglich ist. Die Metaphysik ist hier gewissermaßen zu Institutionen geronnen, die jede Rasse auf der Welt sich nun gegenübersieht, seien es ehemalige Stammesgesellschaften in Afrika oder islamische Völker in Asien. Sie sind nicht das Produkt eines Meisterdenkers, sondern eher das Resultat von Antworten, die die europäischen Kulturen versucht haben zu geben, auf die durch die Metaphysik entfachten Kräfte.

Max Weber definiert den modernen Staat auf folgende Weise:[170] „Staat ist diejenige menschliche Gemeinschaft, welche innerhalb eines bestimmten Gebietes – dies: das „Gebiet", gehört zum Merkmal – das Monopol legitimer physischer Gewaltsamkeit für sich (mit Erfolg) beansprucht" (822) und er fügt hinzu: „In einem modernen Staat liegt die wirkliche Herrschaft, welche sich ja weder in parlamentarischen Reden, noch in Enunziationen von Monarchen, sondern in der Handhabung der Verwaltung im Alltagsleben auswirkt, notwendig und unvermeidlich in den Händen des Beamtentums, des militärischen wie des zivilen" (825). Die Antike wäre von dieser Definition erschreckt gewesen, stellt sie doch den Staat, die res publica, als eine Anstalt dar, die völlig losgelöst ist, von den ethischen Dispositionen der um das öffentliche Wohl bemühten aktiven Bürger. Für Cicero[171] ist es klar, dass das eigentliche Übungsfeld der Bürgertugenden in der Lenkung des Staats besteht, hier kommt sie zur Verwirklichung und hier erst konstituiert sie sich: „Nec vero habere virtutem satis quasi artem aliquam nisi utare; etsi ars quidem, cum ea non utare, scientia tamen ipsa

---

169 Vgl. Thucydides, *The Peloponnesian War.* Oxford, 2009. Buch 7, 75-87.

170 Vgl. M. Weber, *Wirtschaft und Gesellschaft,* a.a.O.

171 Vgl. V. Pöschl. *Römischer Staat und griechisches Staatsdenken bei Cicero.* Darmstadt, 1976; sowie J. Coleman, *A History of Political Thought,* a.a.O. S. 229-291.

teneri potest, virtus in usu sui tota posita est; usus autem eius est maximus civitatis gubernatio et earum ipsarum rerum, quasi isti in angulis personant, reapse, non oratione perfectio" (de rep. I 2, 15). Es ist also nicht genug Tugend zu besitzen, wie man etwa eine Kunst besitzen kann, man muss sie auch anwenden. Und wenn es auch irgendeine Kunst gibt, die man nicht zur Anwendung bringen kann und die man wie eine Wissenschaft halten kann, so kommt die Tugend doch erst im Gebrauch zur vollen Geltung – sie ist zum Gebrauch da. Ihr wichtigstes Anwendungsfeld ist die Staatslenkung und es ist ihre Angelegenheit, diejenigen Dinge, welche für die Wissenschaft in stillen Kammern ertönen, nicht durch Worte, sondern durch Taten zu verwirklichen. Cicero kennt den Staat nur als Ort, in dem genuine Kommunikation stattfindet. Die vortrefflichsten Individuen der Gemeinschaft kommen hier zusammen und beraten über das öffentliche Wohl. Wer ein guter Mensch ist – diese Kategorie wagten die Römer es noch zu benutzen – der geht in die Politik. Der Mensch ist nicht versündigt oder gefallen, sondern von Natur aus für das soziale Beisammensein geschaffen.[172] Es gilt seine besten Qualitäten durch praktisches Handeln in den Vordergrund zu stellen. In der Politik kommt der Mensch dem Göttlichen nahe: „Neque enim est ulla res, in qua propius ad deorum numen virtus accedat humana, quam civitatis aut condere novas aut conservare iam conditas" (de rep. I 12, 23). Denn es gibt nichts, worin menschliche Leistung dem Göttlichen näher kommen könnte, als durch das Gründen neuer oder das Bewahren schon bestehender Staaten. In der römischen res publica ist es nämlich nach Cicero so, dass die Herrscher über den Staat wenn nicht Philosophen im Sinne Platons, so doch mindestens die gebildetsten Männer in dem Gemeinwesen sind. Für Ciceros *De re publica* stand Platons *Politeia* soweit Pate, dass die Bürger, die über das römische Reich entscheiden, quasi das Beste sind, was die Kultur an Gebildeten hergeben kann und man liegt ganz falsch, vergleiche man sie mit einer Elite im modernen Sinne.[173] Für die Römer gab es keine Experten in Sache Politik, wie das der Elitenbegriff nahelegt. Die Tugendhaftigkeit, auf der die Lenkung des Staates basiert, unterscheidet sich vom bloßen Spezialwissen der Eliten schon allein dadurch, dass für die Römer es nicht auf Tatsachenkenntnis ankommt, sondern auf das moralisch richtige Verhalten, dass sich

---

172 Vgl. Cicero, *De re publica,* I, 25, 39-40.
173 Hierzu auch: J. Habermas, Die klassische Lehre von der Politik in ihrem Verhältnis zur Sozialphilosophie. In ders.: *Theorie und Praxis. Sozialphilosophische Aufsätze.* Frankfurt, 1978. S. 48-88.

für die Antike nicht von der Erkenntnis trennen lässt. Für Platon strahlt das Wissen von der Idee des Guten auf die Menschen herab wie eine Sonne.[174] Metaphysisch ist dieses Bild insofern es dieser Idee einen Platz jenseits des Seienden einräumt. Vorsokratisch ist es, soweit hier noch gar nicht an die Trennung von Wissen und Werten zu denken ist, wie sie für das moderne Politikverständnis bezeichnend ist. Über den Staatsmann schreibt Cicero deshalb: „Virtute vero gubernante rem publicam quid potest esse praeclarius, cum is quid imperat aliis servit ipse nulli cupiditate, cum quas ad res cives instituit et vocat, eas omnes complexus est ipse, nec leges imponit populo quibus ipse non pareat, sed suam vitam ut legem praefert suis civibus?" (de rep. I 52, 16). Was kann vortrefflicher sein, als wenn die Tugend den Staat regiert, als wenn der, der die übrigen beherrscht, selbst keiner Begierde dient, wenn der, der das, wozu er seine Mitbürger erzieht und ruft, selbst befolgt und wenn er nicht dem Volk Gesetze aufzwingt, denen er nicht selber gehorcht, sondern sein Leben wie ein Gesetz seinen Mitbürgern vorstellt? Das politische Problem für die Antike ist nicht, wie man Institutionen schafft, die, um ein Wort Kants zu benutzen, „selbst für ein Volk von Teufeln" (224) funktionieren,[175] sondern, wie man das Beste aus dem Menschen herausholen kann, um ihn dann seine Tugendhaftigkeit in der Lenkung der res publica verwirklichen zu lassen. Der moderne anstaltsmäßige Staat ist, wie Janet Coleman gezeigt hat, das Produkt einer Entwicklung, die sich durch das politische Denken des Mittelalters zieht und dabei immer mehr von den ethischen Dispositionen derjenigen, die den Staat lenken, abstrahiert.[176] Als Shakespeare *Othello* schrieb, also um 1600, war dieser Prozess, der angetrieben wurde durch die Wirren der konfessionellen Bürgerkriege zwischen Katholiken und Protestanten, soweit entwickelt, dass die Konturen dieses Staates bereits sichtbar wurden. Mit der Emanzipation des Staates aus seinem ethisch-kulturellen Kontext waren in Europa die Schranken gefallen, welche den einzelnen an eine sittliche Ordnung banden. Das biblische Gebot, sich die Erde Untertan zu machen, konnte von nun ab so in das Projekt der metaphysisch fundierten Fokussierung auf Tatsachenerkenntnis eingebaut werden, dass sich die technische Beherrschung von Natur und Mensch exponentiell steigerte. Der Strukturwandel in den ethischen Dis-

---

174 Vgl. Platon, *Politeia,* 514a-521b.
175 Vgl. I. Kant, Zum ewigen Frieden. Ein philosophischer Entwurf. In ders. *Schriften zur Anthropologie, Geschichtsphilosophie, Politik und Pädagogik 1,* a.a.O.
176 Vgl. J. Coleman, *A History of Political Thought,* a.a.O.

positionen, der aus dem graduellen Absterben der antiken politikrelevanten Tugendethik hervorging, lässt sich auch daran abmessen, wie sich die Konzeption der Freundschaft gewandelt hat zwischen Antike und Neuzeit.

In *De amicitia* befasst sich Cicero mit der Freundschaft und er tut dies in uns nun gewöhnter Kombinatorik aus griechischen philosophischen Quellen und den Realitäten der römischen res publica.[177] Für die Antike ist die Freundschaft ein integraler Bestandteil der politischen Deliberation.[178] Die Bürger, die sich in der Agora zusammentun, um über den Staat zu debattieren, müssen sich trauen. Sie können sich einander nicht fremd sein und ihre Tugendhaftigkeit muss sich sozusagen intersubjektiv bewährt haben. Die Tugend ist das gemeinsame Fundament von Staatsmann und Freund. Nur wer sie besitzt, kann wirklich in den Genuss der Freundschaft kommen: „vos autem hortor ut itam virtutem locetis, sine qua amicitia esse non potest, ut ea excepta nihil amicitia praestabilius putetis" (Amic. 104). Hier werden also die Dialogpartner ermahnt, dass es ohne Tugend keine Freundschaft geben kann. Cicero sieht Freundschaft als politikrelevant an. Die Tugendhaftigkeit, die die Bürger bei der Beratung über das allgemeine Wohl an den Tag legen müssen, findet in der Freundschaft sozusagen ihre Bestätigung und diese ist öffentlich im Sinne von publicus. Nur die, die die richtigen sittlichen Dispositionen haben, können sich untereinander befreunden und dass muss ja so sein, wenn die Freundschaft eine öffentliche Angelegenheit ist, in der sich Politik und Tugend verbinden. „Aliter amicitiae stabiles permanere non possunt; dispares enim mores disparia studia sequuntur, quorum dissimilitudo dissociat amicitias; nec ob aliam causam ullam boni improbis, improbi bonus amici esse non possunt, nisi quod tanta est inter eos quanta maxima potest esse morum studiorumque distantia" (Amic. 74). Anders können intakte Freundschaften nicht von Dauer sein. Aus unterschiedlichen Sitten folgen nämlich verschiedene Neigungen und diese Verschiedenheit bringt die Freundschaften auseiander. Aus keinem anderen Grund können die Guten und die Schlechten, die Schlechten und die Guten nicht Freunde sein, als weil zwischen ihnen der größtmögliche Abstand in Sitten und Mühen besteht. Die antike Bürgerfreundschaft kann nur funktionieren, weil der Staat sozusagen die ethische Arena bildet, wo die Bürger ihr sittliches Wesen offenbaren können. Die Freundschaft, wie sie Cicero vorschwebt, muss

---

177 Vgl. Cicero, *Laelius. De amicitia,* 1-104.
178 Vgl. H. Brunkhorst, *Solidarität. Von der Bürgerfreundschaft zur globalen Rechtsgenossenschaft.* Frankfurt, 2002. S. 23-39.

daher frei sein von allen utilitaristischen Beweggründen, die die Akteure andernfalls motivieren könnten, den Mitbürger so zu behandeln, wie man es wohl von Kants Volk von Teufeln erwarten könnte, dass sie sich verhalten. Dieser ethische Aspekt der Freundschaft wird von Cicero gleich zu Beginn des Buches unterstrichen: „Ut enim benefici liberalesque sumus non ut exigamus gratiam (neque enim beneficium feneramur, sed natura propensi ad liberalitatem sumus), sic amicitiam non spe mercedis adducti, sed quod omnis eius fructus in ipso amore inest, expetendam putamus" (Amic. 31). Denn wie wir nämlich wohltätig und freigiebig sind nicht, damit wir Dank herausschlagen (wir tun ja mit der Wohltat keinen Wucher, sondern wir sind natürlich zur Großzügigkeit veranlagt), so halten wir die Freundschaft nicht in der Hoffnung auf Gewinn, sondern weil ihr eigenster Genuss in der Zuneigung selbst liegt.

Im Feudalismus wurde politische Herrschaft legitimiert durch die kirchliche Autorität. Man gehorchte dem Herrscher, denn er war von Gott auserwählt und sein Reich war somit ein Element in der durch die kirchlichen Eliten interpretierten Ordnung des Kosmos. Hegel hat die mittelalterliche Ordnung, die auf der Lehre des Christentums fußte, mit dem Begriff der Positivität beschrieben, womit schon angedeutet ist, dass in der europäischen Entwicklung nach der Teilung des römischen Reiches 399 im Westen die christliche Religion nach und nach ihre ursprüngliche Vitalität verlor und sie dem einzelnen im Laufe der mittelalterlichen Entwicklung immer mehr wie ein bloß Gesetztes erschien, das sozusagen keine Relation mehr hat mit den Wünschen und Verlangen der Menschen, die in diesen Gemeinwesen lebten.[179] Mit dem Fall der Republik und dem Einzug des Christentums in den römischen Staatskörper ging die von Cicero noch so gepriesene Tugendlehre, die seit den frühen Griechen den Zugang zum Politischen bedeutet hatte, teilweise verloren. Schon Cicero hatte ja gegen die von Platon und Aristoteles berühmt gemachte vita contemplativa, die bei Aristoteles als das eigentliche gute Leben erscheint, mit der Idee zu vereinen gesucht, dass sich die reine Kontemplation nicht für die eigentliche Tugendhaftigkeit lohnt.[180] Es ist der im politischen Prozess aktive Bürger, der nicht wie in der *Politeia* Platons zum Herrschen gezwungen werden muss, um von der Erquickung des theoretischen Philosophenle-

---

179 Vgl. G. W. F. Hegel, *Frühe Schriften*. Werke Band 1. Frankfurt, 1986.
180 Vgl. W. Jaeger, Über Ursprung und Kreislauf des philosophischen Lebensideals. In ders.: *Scripta Minora I*. Rom, 1960. S347-394.

bens zum nützlichen Handeln überzugehen,[181] sondern der Bürger-Herr-scher, dessen Weisheit nur im politischen Leben zum Zug kommt, den Ci-cero verteidigt. Cicero hatte aber trotz aller Kritik am bloßen kontemplati-ven Dasein als Telos der griechischen Ethik nicht den Gedanken aus den Augen verloren, dass das zentrale Problem der Politik darin besteht, tu-gendhafte Staatsmänner auszubilden, die dann in der Lenkung der res pu-blica Vollendung finden. Natürlich steckt in der Selbstlegitimation der feudalen Herrscher immer auch ein Stück dieser Tugendethik, aber sie er-scheint doch nebensächlich, wenn man sie vergleicht mit der Auserwähl-lungsnarration der christlichen Kirche, die den Herrscher mit einer Legiti-mität ausstattet, die die politischen Eliten von den eklatanten Anforderun-gen der antiken Tugendethik entlastet. Der Begriff der Freundschaft muss-te sich im Zuge dieser Entwicklung drastisch ändern, denn die amicitia war ja bei Cicero noch die Bürgerfreundschaft, die Voraussetzung war für die Solidaritäten, die die antiken Staatsmänner verband. Als sich in der frühen Neuzeit, angefeuert durch die Re-Interpretation der peripatetischen Politiklehre in den italienischen Stadtstaaten der Renaissance[182] und ge-wissermaßen als Resultat der Konfessionskriege, der Staat immer mehr von der Tugendhaftigkeit der durch Freundschaft verbündeten Politik ent-fernte, konnte auch die Freundschaft immer mehr den Charakter eines pri-vaten Bundes annehmen, der sozusagen im Schatten der Politik steht und für diese nicht mehr konstitutiv ist.

Das Freundschaftbild von Cicero war, was auch schon für das von Aris-toteles gilt, von dem Gedanken bestimmt, dass man nicht mit beliebig vie-len Menschen befreundet sein kann.[183] Aristoteles hatte hier Prallelen ge-sehen zwischen Freunden und erotischen Partnern, denn in beiden Fällen kennen wir das Phänomen, dass man nicht seine Zuwendung an eine mehr als nur überschaubare Anzahl von Personen schenken kann. Cicero sieht die Bürger-Freunde aber dennoch als Gruppe, auch wenn sie klein sein mag. Denn in der Politik geht es ja um Beratung unter Staatsmännern und nicht um eine Konversation zwischen Zweien. Montaigne sieht nun, dass im politischen Leben, wie es sich für ihn darstellt, das Freundschaftsband nicht mehr die tragende Rolle spielt, die die Alten ihr noch zugeschrieben hatten und so kann er sie zu einem privat, wenn nicht gar sogar geheim

---

181 Vgl. *Politeia,* 497b-502c.
182 Vgl. J. G. A. Pocock, *The Machiavellian Moment. Florentine Political Thought and the Atlantic Republican Tradition.* Princeton, 1975.
183 Vgl. Aristoteles, *Nikomachische Ethik,* 1158a.

gestifteten Phänomen machen.[184] Für ihn sind die Freunde wenige, am besten man hat nur einen, denn wenn es hart auf hart kommt, muss man sich entscheiden:[185] „Les amitiez communes, on les peut departrir; on peut aymer en cestuy-ci la beauté, en ce autre la facilité de ses meurs, en l'autre la liberalité, en celuy-là la paternité, en ce autre la fraternité, ainsi du reste; mais cette amitié qui possède l'ame et la regente en toute souveraineté, il est impossible qu'elle soit double" (207). Die Freundschaft wird so zu dem was Brunkhorst ein Bonnie und Clyde-Phänomen genannt hat: sie ist Privatsache und genau deshalb interessant, weil sie entlastet ist von den Pflichten des politischen Handelns. Der Staat, den die englischen politischen Denker etwa zu der Zeit als Montaigne schreibt, beginnen zu denken, ist genau so einer, der die Bürger – sofern sie denn Ansatzweise vorhanden sind – sich als Fremde treffen und wo die Solidaritäten nicht mehr auf Freundschaft basieren.[186] Das Band, das das Gemeinwesen eint, kann jetzt nämlich allein schon wegen der schieren Größe aller am politischen Prozess Beteiligten nicht mehr durch persönliche Beziehungen geregelt werden. Das entlastet jetzt dann aber diese zwischenmenschlichen Beziehungen, die nahezu subversive Elemente vereinen: mit dem Freund brennt man durch, man verlässt die Zwänge der politischen Ordnung mit ihm. Natürlich kann die Leichtigkeit, die sich noch in Ciceros Schriften über Politik zeigt, nicht mehr erhalten bleiben, wenn politisches Handeln zum Massenphänomen wird. Schon für die Autoren, die in der Reformationszeit schreiben, muss es klar gewesen sein, dass man sich in der Politik keine Freunde macht – wie ja auch ein gebliebenes Sprichwort sagt. Je mehr die Politik sich von der Freundschaft trennt, so sehr scheidet sie auch vom antiken Tugendgedanken. Für Cicero durfte der Bürger den Freund nicht aus utilitaristischen Gesichtspunkten zum Freund machen, denn Freundschaft war Produkt und Förderndes von Tugend. Schon für Bacon, der nur kurz nach Montaigne schreibt, sah das aber anders aus.[187] Bacon hat ja bekanntlich dafür plädiert, die mittelalterlichen Idole zu zerstören und Wissen auf nichts als Erfahrung zu stellen. Es ist also nicht zu übersehen, dass

---

184 Vgl. H. Brunkhorst, *Solidarität*, a.a.O. S. 23.
185 Vgl. M. de Montaigne, De l'amitié. In ders. *Essais*. Band I. Paris, 1962. S. 197-212.
186 Vgl. Q. Skinner, *The Foundations of Modern Political Thought. The Age of Reformation*. Cambridge, 1978.
187 Zu Bacon vgl. M. Foucault, *Les mots et les choses. Une archéologie des sciences humaines*. Paris, 1966. S. 64-91.

die Metaphysik auch hier eine Rolle spielt.[188] Die Tatsachenerkenntnis, zu der Bacon aufruft, läuft parallel zu der in den Naturwissenschaften, die genau zu dieser Zeit ins Leben kommen. Freundschaft kann jetzt in der Tat ein Ziel haben, das außerhalb ihrer selbst liegt. Freundschaft ist „healthful and sovereign for the understanding" (141). Und Bacon schreibt weiter: „For friendship maketh indeed a fair day in the affections, from storm and tempests; but it maketh daylight in the understanding, out of darkness and confusion of thoughts" (141-142). Man hat den Freund, weil das das wissenschaftliche Forschen voranbringt. Freunde sind für Bacon ganz einfach praktisch. Sie erleichtern das Leben und sind sogar förderlich für das Geschäft: „But when all is done, the help of a good counsel is that which setteth business straight" (143).

Die Entstehung des modernen Staates schuldet den konfessionellen Bürgerkriegen ebenso viel wie dem Untergang der auf Bürgerfreundschaft beruhenden Tugendethik.[189] Beide Phänomene sind eingebettet in die durch die Metaphysik gestiftete Entwicklung des europäischen Denkens hin zum technischen In-Verfügung-Stellen und Kontrollieren durch Tatsachenerkenntnis. Die Wissenschaften, die durch das gesamte Mittelalter hindurch der Erforschung von Gottes Werk, wie ebenso der Begründung seiner Existenz galten, konnten sich zu Beginn der frühen Neuzeit aus ihrem kirchlichen Korsett befreien. Der durch Bacon geförderte Gedanke, dass sich die Wissenschaften von den alten Dogmen, die noch auf der antiken Ontologie ruhten, nach der – wie bei Aristoteles – die Dinge immer schon den Keim ihrer Verwirklichung in sich tragen, befreit werden müssen und sich nur auf die von ihrem lebensweltlichen Kontext abstrahierten isolierten Tatsachen konzentrieren sollen, ermöglichte die exakten Wissenschaften.[190] Wie Brecht richtig gesehen hat,[191] wohnte dem naturwissenschaftlichen Forschen nach den neuen Prämissen immer schon der Hauch von Revolution inne, einfach weil die Ergebnisse der empirisch-experimentellen Wissenschaften eben nicht mehr versuchten Gottes Werk zu

---

188 Vgl. F. Bacon, Of Friendship. In ders.: *The Essays.* Harmondsworth, 1985. S. 138-144.

189 Vgl. J. Coleman, *A History of Political Thought,* a.a.O. sowie Q. Skinner, *The Foundations of Modern Political Thought,* a.a.O. Coleman und Skinner beschreiben im Grunde ein und denselben Prozess, bewerten ihn nur unterschiedlich. Während Skinner in der Entwicklung einen Fortschritt zu vermuten scheint, sieht Coleman die Geschichte als Verfall.

190 Hierzu gut: M. Foucault, *Les mots et les choses,* a.a.O.

191 Vgl. B. Brecht, *Leben des Galilei. Schauspiel.* Frankfurt, 1963.

rechtfertigen oder zu begründen, sondern eben die Natur – ein Begriff der nach Bacon und Descartes seine aristotelischen Konnotationen abgestreift hatte.

Die moderne Physik hat als erstes vermocht, durch Beobachtung der von aller ihr inne wohnenden Strebungen entbundenen Natur die Dogmen der Kirche zu erschüttern. Ihr Einfluss auf das wissenschaftliche Forschen in dieser wichtigen Periode kann nicht unterschätzt werden, denn es waren nicht nur die neuen Naturwissenschaftler, die in den Bannkreis der neuen Methode gezogen wurden. Die Denker ganz allgemein, die in den wirtschaftlich am weitesten entwickelten Gebieten Nordeuropas von den neuen Einsichten wussten, begannen langsam aber sicher, die übernommenen Traditionen zu untergraben und in Frage zu stellen.[192] Die Frage, warum gerade die neuen, von der Tradition bereinigten Ansatzweisen des Denkens nun in den Mittelpunkt rücken, kann man sich leicht klar machen, wenn man sieht, dass das so geförderte Wissen, im Gegensatz zu dem der scholastischen Tradition, unmittelbare technische Konsequenzen hatte, die sich radikal unterscheiden von dem, der noch durch Aristoteles und in gewissem Sinne Platon gestützten Erkenntnis des Wesens der Dinge. Die scholastische Philosophie konnte oder versuchte zu verstehen. Die modernen Wissenschaften und ihre philosophischen Ableger konnten demgegenüber erklären[193] und die Erklärung beinhaltet jedes Mal einen Machtgewinn für denjenigen, der sie besitzt, denn Wissen vom objektiven Funktionieren des Systems Natur schließt ein, dass man die Prozesse, wenn nicht komplett nachahmen, so doch zumindest manipulieren kann.

Für die Antike waren Phänomene wie Sonnenaufgänge oder das Scheinen der Sterne nicht Prozesse, die neutral waren. Im Sonnenaufgang zeigt sich nicht das System Natur, sondern ein Teil der Lebenswelt: Dasein erschließt das Seiende nicht als objektivierten Prozess, sondern als Teil der Welt, als Ereignis, das nur durch Dasein als solches erfahrbar wird. Die scholastische Tradition hatte im Anschluss an die platonische Metaphysik das Seiende als von Gott gestiftet begriffen und sich dagegen gewehrt, Erfahrung von Verstehen auf Erklären umzustellen. Bacon und Descartes konnten den Zugang zum innerweltlich Seienden so von der aristotelischen Ontologie und dem Gottesbeweis trennen, weil sie erkannt haben, dass eine allein auf Empirie gestützte Herangehensweise eine Erklärung

---

192 Vgl. T. Parsons, *Das System moderner Gesellschaften.* München, 2009. S. 68-92.
193 Vgl. K.-O. Apel, Das Verstehen (eine Problemgeschichte als Begriffsgeschichte). In *Archiv für Begriffsgeschichte.* Band 1, Bonn, 1955. S. 200-223.

der Phänomene bieten kann, die komplett vom Glauben getrennt ist. Die traditionelle Moral der Scholastik ist ohne die Idee Gottes unverständlich. Bacons Hinweis, dass Freundschaft nützlich ist, funktioniert auch ohne Gott. Für die Denker der frühen Neuzeit musste aber, um die apodiktische Sicherheit zu erlangen, ein Schritt, den das klassische Denken charakterisiert hatte, umorganisiert werden. Da bei Platon und der Scholastik das Seiende durch die Idee beziehungsweise Gott als solches sich zu erkennen gibt, kann es zum Objekt der Erkenntnis werden. Für Bacon und Descartes war dieser Zuschnitt auf Gott, wie ihn die Tradition vorschrieb, zu sehr ans Dogma gebunden. Sie haben deshalb das Objekt bei dem innerweltlich Seienden belassen und das, was ihm den Charakter des ontischen verleiht, aus Gott ins Subjekt geholt. Ab diesem Moment war der Gegensatz zwischen res cogitans und res extensa Teil des europäischen Denkens und nur auf ihm ist das Projekt der Naturwissenschaft intelligibel.[194]

Die Engländer fanden sich seit etwa 1600 mit einem Staat (*status*) konfrontiert, der nicht mehr durch die Teilhabe an der gemeinsamen Religion legitimiert werden konnte. Elisabeth hatte zur Zeit ihres Todes den Protestantismus als festen Bestandteil der englischen Nation etabliert, aber aus den Gefechten, die dieser Etablierung vorausgegangen waren, hatte sich im englischen Denken die Idee festgesetzt, dass man den Staat auch einfach als einen Apparat, der losgelöst ist von den sittlichen Dispositionen der Herrscher und der Untergebenen, sehen kann.[195] Dieser Gedanke muss denen, die sich über solche Dinge Gedanken machten, Furcht eingeflößt haben, denn sie mussten diesem Staat natürlich gehorchen. Warum sollte man das aber tun, wenn doch dieser Staat nichts ist als eine Apparatur, die losgelöst von der Tugendethik der Herrscher existiert? Woher zieht der Staat seine Legitimation, wenn doch die Wissenschaften uns zeigen, dass die Art und Weise, wie das menschliche Leben funktioniert, erklärt werden kann, ohne den Verweis auf die göttliche Instanz, die das Seiende zu dem macht, was es ist? Im 17. Jahrhundert haben die Engländer sich vor allem mit Fragen wie diesen beschäftigt und die Tatsache, dass sie Theorien angeboten haben, die es vermochten, politisches Handeln unter dem Gesichtspunkt einer empirischen Erklärung von aus der Lebenswelt isolierten Tatsachen verständlich zu machen, ist der Grund dafür, dass wir heute Politik nur verstehen oder machen können, wenn wir uns auf die

---

194 Vgl. M. Heidegger, *Sein und Zeit,* a.a.O. § 19.
195 Vgl. P. Wende, *Großbritannien, 1500-2000,* a.a.O. und Q. Skinner, *Foundations of Modern Political Thought,* a.a.O.

Prämissen dieser Denker einlassen. Dadurch nämlich, dass diese Philosophen sich gezwungen sahen, eine Erklärung von der Frage, warum man eigentlich den Gesetzen eines Staates folgen soll, wenn dieser ethisch neutral ist, zu liefern, haben sie Prämissen eingeführt, die die Loyalität zum modernen Staat zwar verständlich machen, die aber auch normativ auf das Leben der englischen Gemeinschaft eingewirkt haben. Begriffe wie Freiheit, menschliches Handeln oder Solidarität haben in dieser wichtigen Periode eine neue Bedeutung bekommen und die Transformation, die durch dieses Denken ausgelöst wurde, ist so zentral für alles modernen Leben geworden, dass wann immer wir es mit politischen Fragen zu tun haben, wir auf Grundannahmen, die von den Engländern in dieser Zeit gemacht wurden, verwiesen werden.

Einige Autoren vertreten die These, der Liberalismus habe seine Ursprünge im Denken der Antike.[196] Das ist aber falsch. Das Wort Freiheit, wo es denn in der Antike auftaucht, kann nicht losgelöst betrachtet werden von der Idee des Harmonisierens mit der Ordnung der Polis. Natürlich kennt die Antike den zentralen Unterschied zwischen dem Freien und dem Sklaven oder Unfreien, aber der Gedanke, dass Freiheit ein Konzept ist, das dann verwendet wird, wenn sich der einzelne von der Polis abwendet und nicht mehr an ihre Normen gebunden ist, war für die Griechen wie für die Römer absurd. Die Ansätze des liberalen Freiheitsgedankens finden wir als erstes bei Hobbes. Er hat versucht zu zeigen, warum wir einem Staat und seinen Gesetzen Loyalität schulden, auch wenn dieser Staat nichts anderes ist als eine Anstalt im Weber'schen Sinne.[197] Um erst einmal zu dieser Einsicht zu gelangen, musste Hobbes sich fragen, wie es überhaupt verständlich gemacht werden kann, dass empirisch betrachtet, so etwas wie eine politische Gemeinschaft überhaupt funktioniert. Bei Cicero trifft man natürlich auf ähnliche Fragen, aber sie werden grundlegend anders behandelt. In *De re publica* entsteht der römische Staat nicht aufgrund der Kontemplation eines einzelnen – wie Cicero es den Griechen zuschreibt – sondern durch ein allmähliches Wachsen bei dem der Erfindungsgeist einer Vielzahl von Menschen über Generationen zusammengewirkt hat.[198] Hobbes lehnt aber so eine historische Begründung des Entstehens des Staates ab. Sein Anliegen der Rechtfertigung der Loyalität geht

---

196 Vgl. J. Gray, *Liberalism.* Milton Keynes, 1989.
197 Vgl. Q. Skinner, *Freiheit und Pflicht. Thomas Hobbes' politische Theorie.* Frankfurt, 2008.
198 Vgl. Cicero, *De re publica,* II, 1.

er vielmehr so an, dass er zunächst analytisch vorgeht. Ganz so wie die Physiker ein komplexes Teil in seine Bestandteile zerlegen, um dann herauszufinden, wie sie zusammenwirken, so separiert auch Hobbes die verschiedenen Teile des Staatskörpers, um dann zu sehen, wie sie ineinandergreifen.[199] Die Antike hatte sich damit begnügt zu zeigen, dass der Staat gut ist und man hatte daraus gefolgert, dass, wenn das der Fall ist, sich die im Staate Lebenden nicht nur gezwungen sehen, nach seinen Gesetzen zu handeln, sondern dass sie es dann auch aus freien Stücken machen wollen. Hobbes sieht sich aber einer anderen Lage ausgeliefert. Er hat ja die Erfahrung der konfessionellen Bürgerkriege in lebendiger Erinnerung und er sieht, dass der moderne Staat, wo er einmal separiert ist vom ethischen Gehalt der alle Bürger vereinenden Sittlichkeit, eine Zwangsveranstaltung ist, die sich nicht mehr auf die Kategorie des Guten verlassen kann. Strikt genommen ist diese Kategorie auch gar nicht mehr vereinbar mit der neuen, empirischen Herangehensweise an das Problem der Loyalität. Weder die scholastische Idee des durch Gott gewollten guten Charakters des Herrschers noch die aristotelische metaphysische Biologie akzeptiert Hobbes, der vor der Abfassung seiner politischen Schriften in den Anfängen der Naturwissenschaften herumspielte. Der moderne Staat als Apparatur muss für Hobbes in seiner durch Interdependenzen gestifteten Struktur erfasst werden und darum muss er zeigen, nicht dass er gut ist, sondern, auf was wir uns als Bürger eingelassen haben, dadurch, dass wir ihn geschaffen haben. Denn geschaffen haben wir ihn und darüber ist sich Hobbes vollständig im Klaren: es war gut, dass wir es taten.

Nach Hobbes ist der Staat bekanntlich das Produkt eines Vertrages, den wir geschlossen haben, um uns aus dem Naturzustand zu befreien. Das Element des Vertrags als Gesellschaftsvertrag war natürlich nicht neu. Schon in Platons *Politeia* tritt Thrasymachos mit dem Argument auf, dass Gerechtigkeit allein das sei, was ein Herrscher in Form von Gesetzen vorschreibt, wo die Relation zwischen Gerechtigkeit und Gesetz also durch die Übereinkunft geregelt wird, die den Herrscher zum Macher der Gerechtigkeit werden lässt.[200] Sokrates lässt dieses Argument in Platons Dialog nicht gelten. Hobbes hingegen folgt Thrasymachos, aber er führt eine Kategorie ein, die die Griechen nicht kannten, nämlich die Idee einer durch progressive Zivilisation von den Barbaren geschiedene politische

---

199 Vgl. J. Habermas, Die klassische Lehre von der Politik in ihrem Verhältnis zur Sozialphilosophie, a.a.O.
200 Vgl. Platon, *Politeia,* 336b-342e.

Gemeinschaft. Hobbes lebte ja zu einer Zeit, zu der die Engländer bereits Kolonien in Amerika besaßen und wo der Kontakt zu indianischen Völkern das kollektive Bewusstsein beherrschte. In einer rhetorisch wirksamen Geste erklärt Hobbes den Gegensatz zwischen den zivilisierten Europäern und den wilden Indianern durch die Idee der politischen Gemeinschaft, die die Engländer von den Ureinwohnern der Neuen Welt unterscheidet. Die politische Gemeinschaft ist also eine, die aus dem Zusammenschluss der im Naturzustand lebenden Menschen – hier ist nicht von Rassen oder Gruppen die Rede – gestiftet wird. Um nun plausible zu machen, warum die Menschen in Hobbes' hypothetisch angenommenen Naturzustand dazu übergehen, sich vertraglich zu binden, muss Hobbes darstellen, wie menschliches Handeln aussieht ohne das zivilisierende Band der Politik. Hier fällt nun sofort auf, dass Hobbes, der klar macht, dass das heuristische Bild des Kontrakts keine echte historische Gegebenheit darstellt, blind war gegenüber der banalen Tatsache, dass die Indianer, die er mit dem Naturzustand assoziiert, nicht verstreut und als einzelne durch die Wildnis streifen, sondern in Gemeinschaften leben. Wieso Hobbes das nicht gesehen hat, ist äußerst fragwürdig. Um nämlich den Kontrakt als eine Klugheitsentscheidung darstellen zu können, muss Hobbes gewisse Grundannahmen treffen bezüglich der Konstitution des Menschen. Hier wird nun in aller Klarheit deutlich, wie stark Hobbes mit der von der Scholastik überlieferten Tradition des Menschen als animal sociale bricht. Seine Anthropologie geht nämlich nicht mehr von der aristotelischen Vorstellung aus, dass der Mensch von Natur aus ein soziales Wesen ist, sondern er nimmt an, dass der Mensch, wenn er denn ohne die politische Gemeinschaft, die er gestiftet hat, betrachtet wird, vereinzelt und egoistisch ist.[201] Diese schwarze Anthropologie, die in krassem Gegensatz zu den Lehren der Kirche insofern steht, als sie ganz ohne den Mensch als Ebenbild Gottes auskommt, aber dennoch mit dem zur Reformationszeit modischen Bild des gefallenen Menschen in Einklang zu bringen ist, bildet den Grundstein, auf dem das ganze Gedankengebäude von Hobbes basiert. Nach Hobbes ist der Mensch also zuerst ein einzelner und es ist unschwer, hier das Luther'sche Erbe zu erkennen, denn für die Reformatoren war es ja der einzelne, der ohne Bindeglieder mit Gott in Verbindung treten soll-

---

201 Vgl. C. B. Macpherson, *The Political Theory of Possessive Individualism. Hobbes to Locke.* Oxford, 1962.

te.[202] Wichtig ist es nun zu sehen, dass Hobbes Aussagen darüber trifft, wie sich Begriffe wie Freiheit und Recht im Naturzustand darstellen. Im Naturzustand gibt es keine Gesetze, sondern nur atomistische Individuen, die sich gegenseitig bedrohen und somit herrscht hier der bekannte Krieg aller gegen alle. Dieser Kriegszustand leitet sich aber direkt aus der „politischen" Lage dieser Situation ab, denn das Individuum hat hier was Hobbes ein Recht der Natur nennt. Dieses Recht, das nicht durch die politische Gemeinschaft gestiftet wird, besagt einfach, dass man sich all das nehmen kann, was einem zum Überleben dienlich ist und es ist das „juristische" Pendant zu dem was Hobbes Freiheit nennt. Freiheit wiederum heißt für Hobbes nichts anderes als die Möglichkeit, den Willen, der den Abschluss einer im Verstand abgelaufenen Deliberation darstellt, in die Tat umzusetzen. Ganz banal gesagt: ein Mann, der ein einem Gefängnis aus zehn Quadratmeter steht, ist unfreier als einer, der in einem Gefängnis von 20 Quadratmeter sich befindet.[203]

Es ist wichtig sich der Tragweite bewusst zu werden, die in Hobbes' revolutionärer Konfiguration der Freiheitsidee zugrunde liegt. In der Zeit zu der Hobbes seinen Ansatz formulierte gab es zwei Diskurse, die Freiheit auf je verschiedene Arten fassten. In der auf Platon zurückgehenden Scholastik ging man davon aus, dass Freiheit dann zu finden ist, wenn das Individuum seine triebhaften Seelenteile durch die vernünftigen Parts seiner Psyche kontrollieren konnte.[204] In der republikanischen Tradition, die zu Hobbes' Zeiten von den sogenannten demokratischen Gentlemen vertreten wurden, sah man Freiheit als den Zustand an, der eintritt, wenn die Bürger in einer republikanisch Verfassten Gemeinschaft leben, wo es keine stehenden Heere gibt und die Bürger aktiv das Gemeinwohl formen.[205] Beide dieser Auffassungen hat Hobbes kritisiert, denn weder die scholastische Auffassung, noch die republikanische konnten mit seinem von den exakten Wissenschaften inspirierten Projekt in Einklang gebracht werden. Im Naturzustand verhält es sich so, dass der einzelne tun kann, was er will. Er hat also maximale Freiheit. Hobbes wollte nun aber sagen, dass auch dann, wenn das Individuum in einem modernen Staat lebt, es Freiheit be-

---

202 Zu Luther vgl. Q. Skinner, *The Foundations of Modern Political Thought,* a.a.O. S. 3-19.

203 Vgl. Q. Skinner, *Freiheit und Pflicht,* a.a.O.

204 Vgl. W. Euchner, *Naturrecht und Politik bei John Locke.* Frankfurt, 1979. S. 14-44.

205 Vgl. Q. Skinner, *Liberty before Liberalism.* Cambridge, 2004.

sitzt. Die scholastische und die republikanische Freiheitsidee war mit der Legitimation des modernen Staates, die Hobbes anging, nicht vereinbar, denn die Zügelung der Triebe durch die von Gott gegeben Vernunft und die republikanische Gemeinwohlfreiheit hängen noch der Imprägnierung der guten res publica nach, wie sie bis etwa 1600 noch in Teilen Europas vor allem in Italien zu finden war. Sie stehen mit dem Projekt des modernen Staats in Kontrast, denn beide benötigen zu ihrer Realisierung einen Kontext, der selber gewissermaßen ethische Qualitäten besitzt. Im Republikanismus scheint noch die antike Tugendethik durch, dessen Realisierung jedoch, wie Hobbes klar sah, nicht in einem Staat verwirklicht werden konnte, der größer war als eine Stadt und wo die Staatsreligion nicht mehr den Kitt liefern kann, um das Gemeinwesen zu integrieren. Die scholastische Freiheitsidee war sozusagen zu feudal, um mit dem modernen Staat, in dem eine Vielzahl von Sekten lebte und wo die Bürokratie den tugendhaften Herrscher in seiner Bedeutung verkleinerte, in Einklang gebracht zu werden. Hobbes hat daher gesagt, Freiheit sei ein Zustand, der sowohl für Menschen als auch für Tiere, ja sogar für anorganische Dinge gilt. Er verdeutlicht den Zusammenhang am Beispiel des Wassers. Wenn man einen Bach mit einem Staudamm versieht, dann kann das Wasser nicht mehr ungehindert frei fließen und Hobbes will hier sagen, wegen des Dammes ist das Wasser unfrei. Worauf es bei der Freiheit also ankommt, das ist nichts anderes als die sozusagen materielle oder physische Expansionsfreiheit eines Körpers.[206] Hobbes ging es darum zu zeigen, dass selbst unter Bedingungen eines modernen Staates, Freiheit möglich ist und um dieses Argument zu machen, brauchte er einen Freiheitsbegriff, der mit einem Zustand in Einklang gebracht werden kann, wo der einzelne Bürger seine Rechte der Natur an den Souverän delegiert hat und somit eine politische Gemeinschaft gründet. Die Souveränität des Herrschers ist nämlich für Hobbes nur dadurch zu sehen, wenn man ihn versteht als ein Kompromiss, den die atomistischen Individuen eingegangen sind, um einen Zustand der allgemeinen Sicherheit zu erlangen, wo sie besser und einfacher ihren natürlichen und egoistischen Veranlagungen nachgehen können. Dieser Staat ist aber nach Hobbes' Meinung keiner, der bei seinem Akt des Herrschens auf andere Aspekte des politischen Lebens zu achten hat, als das von ihm wie auch immer verstandene machpolitische Gemeinwohl. Hobbes hat gesehen, dass der Souverän, wenn er einmal konstituiert ist,

---

206 Vgl. Q. Skinner, *Freiheit und Pflicht,* a.a.O. S. 69.

keinerlei Abhängigkeiten mehr anhängen darf, denn diese würden ja den Herrscher in seiner absoluten Freiheit hindern, die er doch im Namen seiner Untergebenen haben soll. Das heißt aber für den einzelnen, der den Leviathan autorisiert hat, indem er ihm seine Hoheit über Fragen der Gerechtigkeit zu entscheiden gegeben hat, dass für ihn keine Sicherheiten existieren und dass ihm die Gesetze, so harsch sie auch sein mögen, nicht in seiner Freiheit berühren dürfen. Hobbes hat deshalb gesagt, dass der Zustand der Freiheit auch dann gegeben ist, wenn der einzelne in Furcht lebt vor einem Souverän, der absolute Macht im Staat hat und der sich allein dadurch legitimiert, dass er die egoistischen Interessen der einzelnen besser befördert, als das in einem Zustand der Abwesenheit von Recht und Ordnung der Fall wäre. Die Entscheidung den Leviathan zu errichten ist, das muss man in aller Klarheit sehen, eine pure Klugheitsentscheidung. Sie basiert auf dem Kalkül von rechnenden Nutzenverfolgern, die aus Angst vor dem Tod ein Gemeinwesen schaffen, dass Frieden stiftet und Gesetze erlässt. Hobbes' Anthropologie ist, wie wir gesehen haben, eine naturalistische. Sie orientiert sich an den im Entstehen begriffenen Naturwissenschaften und sieht die egoistischen Triebe des einzelnen als Ausgangspunkt für politisches Handeln. In der Literatur findet sich selten der Begriff des Utilitarismus für Hobbes doch im Grunde zeigen sich in seinem Denken bereits Prämissen, die die Utilitaristen des 18. Und 19. Jahrhunderts einfach übernehmen konnten.[207] Hobbes hat sich gefragt, was die Grundeigenschaften menschlichen Handelns sind, wenn man einmal, wie Bacon es empfiehlt, nicht mehr auf die Tradition achtet, sondern allein von der nüchternen Beobachtung ausgeht. Hier hat Hobbes, der den englischen Bürgerkrieg als Zeitzeuge erlebt hat, die scheinbar banale Beobachtung gemacht, dass Menschen immer den Tod zu vermeiden suchen und das Leben versuchen so lange wie möglich zu erhalten. Erwägungen dieser Art sind uns so geläufig, denn die Prämissen, die Hobbes eingeführt hat, sind in der modernen Welt zu Institutionen geworden, mit denen wir seit langem umgehen. Wenn es aber eine so banale Tatsache ist, dass der Mensch immer den Tod versucht zu meiden und dass sein positives Projekt darin besteht, das Leben so lange und glücklich wie möglich zu verlängern, warum sind dann die Alten und das Mittelalter, die Moslems und die Buddhisten nicht auf diese scheinbar einfache Idee gekommen?

---

207 Vgl. A. Honneth, *Kampf um Anerkennung,* a.a.O. Kapitel 1.

Der Begriff des Lebens ist in der Philosophie nicht einfach ein Zeichen für eine bestimmte Richtung innerhalb der philosophischen Forschung. Er ist gewissermaßen das, worum es der Philosophie immer schon geht. Sokrates' Frage nach dem guten Leben, Platons und Aristoteles Antwort darauf sowie das Denken der Römer und der Scholastik fußt wie auch die Fragen von Lao-Tse oder beispielsweise der islamischen Gelehrten auf dem Versuch, das Leben zu ergründen oder zu erfahren. Allen diesen so grundverschiedenen Ansätzen ist es gemein, dass der Begriff des Lebens hier immer mehr ist als das bloß medizinische Faktum des schlagenden Herzens und des zirkulierenden Blutes. Das Leben des Theoretikers, die tugendhafte Existenz oder die Teilhabe am Göttlichen sind Phänomene, in dessen Dienst die Menschen ihre biologische Existenz Jahrtausende lang gewillt waren zu stellen. Das physische Überleben in primitiven Gesellschaften ist ein ungleichviel härterer Kampf, als er es in der Neuzeit ist und dennoch finden wir bei allen alten Gemeinwesen Dinge wie Opfergaben oder ähnliches, die nicht utilitaristisch gerechtfertigt werden können, das heißt, sie erschweren eher noch den Kampf ums Dasein, als dass sie ihn erleichtern, denn in einer Situation von Mangel kann das Bringen eines Opfers eine „unkluge" Entscheidung sein. Sie ist es natürlich nicht, wenn man in Betracht zieht, dass es den Menschen im Leben immer um etwas geht, dass sie die rohe Existenz nie als Telos an sich auffassen. Hobbes' scheinbar harmlose Einführung der Idee des Lebens als biologisches Faktum, das die Menschen immer versuchen zu verlängern, ist ein Novum im Denken nicht nur Europas, sondern der Kultur allgemein. Hier wird zum ersten Mal ein naturalistischer Begriff vom Leben in die Philosophie eingeführt, der es Hobbes zwar erlaubt, eine kohärentes System der Legitimation von staatlicher Herrschaft jenseits von Gott und Tugend zu formulieren, der aber gleichzeitig so radikal mit dem Denken der Traditionen bricht, dass man gezwungen sein wird, hier von einer echten Zäsur zu sprechen. Der moderne Staat, der in den Wirren der Glaubenskriege aus seinem sittlichen Fundament gehoben wurde, erscheint nun als Klugheitsentscheidung, die sich aus der scheinbar banalen Tatsache ergibt, dass Menschen leben wollen. Menschen wollen natürlich leben. Nur wie? Die Antike hatte hier die Kategorien der genüsslichen Kontemplation oder der tugendhaften vita activa. Die monotheistischen Religionen schreiben den Lebenden eine Existenz in den Farben des wahren Glaubens vor. Immer aber wird etwas darüber gesagt, warum das Leben lebenswert ist, ja der Begriff des Lebens ist immer von der Gestalt, dass er im Ausnahmenfall den Gläubigen oder Tugendhaften dazu aufruft, seine biologische Existenz zu opfern im Namen des nicht naturalistisch verstandenen Lebens. Hobbes macht keine Aussagen mehr über den Charakter des guten Lebens und das obwohl sein ganzes System auf der Prämisse ruht, dass die Erhaltung des Lebens die Ultima Ratio ist, die von ähnlicher Gesetzmäßigkeit zeugt, wie das physikalische Gesetz von der gegenseitigen Anziehungskraft von Körpern. In beiden Fällen wird einem Seienden eine gesetzmäßige Bewegung zugschrieben und in jedem Fall lassen sich aus dieser Gesetzmäßigkeit bestimmte Konsequenzen deduzieren. Der Unterschied ist natürlich, dass die Naturwissenschaften eine empirisch-experimentelle Disziplin sind, deren Gegenstandsbereich aus seinem lebensweltlichen Kontext in *know that*-Wissen herausgehoben werden kann, ohne dass sich dabei das untersuchte Material ändert, wohingegen das Objekt der Wissenschaften vom Menschen, wenn sie denn ehrlich sind, es mit dem Dasein zu tun haben und das Dasein kann sich nur verstehend zu sich selber verhalten und tut dies in der Lebenswelt auch und zwar so, dass Begriffe wie der Mensch, Freiheit oder Gemeinwesen vor dem Hintergrund einer symbolisch geteilten Welt, in die wir geworfen sind, gesehen werden müssen. Wenn in der republikanischen oder scholastischen Tradition von Freiheit die Rede ist, dann ist damit immer ein bestimmtes Projekt gemeint. Selbst bei Hobbes verhält es sich so, dass er kein atheistisches Programm vorschlägt, bei dem die Naturwissenschaften die Kirche verdrängen. Das Lippenbekenntnis zur Christenheit ist natürlich immer dabei, denn Hobbes war auch ein Kind seiner Zeit und in dieser hatte die christliche Kirche noch nicht ihre Deutungshoheit in ethischen Fragen delegiert. Was Hobbes aber als Neuerer und auch als Liberalen kennzeichnet, ist die Tatsache, dass er die Freiheiten, die der Leviathan seinen Untertanen lässt, nicht mehr positiv beschreibt, sondern sie nur als negative Abwesenheiten von Schranken im Raum stehen lässt.[208] In diesen Freiräumen kann das Individuum freigesetzt werden sowohl von der christlichen Tugendethik, als auch von der republikanischen Verpflichtung zum guten Gemeinwesen. Die positiven Gesetze stellen den Rahmen dar, in welchem sich der einzelne bewegen kann und wie C. B. Macpherson mit aller Klarheit gesehen hat, handelt es sich bei Hobbes um die Legitimierung einer von allen traditionell-moralischen Elementen gereinigten Verhaltensdisposition, die Macpherson treffend Besitzindividualismus genannt hat. Der Begriff stützt sich auf den

---

208 Vgl. J. Habermas, Die klassische Lehre von der Politik in ihrem Verhältnis zur Sozialphilosophie, a.a.O.

zentralen Wert, den das Privateigentum in Hobbes' Philosophie spielt. Die Klugheitserwägungen, die den einzelnen dazu bringen, sich unter die Gesetze eines Herrschers, der allein das Gewaltmonopol beansprucht, zu stellen, werden auch damit begründet, dass eine solche Stellung unter dem Souverän dazu dienlich ist, das Privateigentum, welches der einzelne erworben hat, zu sichern.[209] Hiermit ist dann auch klar, dass wir es bei Hobbes mit einem Denker zu tun haben, der sozusagen die Weichen gestellt hat für die Entbindung der kapitalistischen Wirtschaft aus den Formen der religiös-ethischen Einbettung durch die kirchlichen Obrigkeiten, die in Hobbes auch sofort den Gegner des englischen Feudalregimes erkannt haben.

Hobbes hat das Gerüst geschaffen, in welchem sich die egoistischen Veranlagungen des europäischen Menschen voll entfalten konnten. Er hat selber noch an Gott geglaubt und hätte man ihn gefragt, ob man nach dem Dekalog handeln soll, so hätte er sicher affirmativ geantwortet. Trotzdem hat Hobbes mit seiner Theorie der Souveränität eine Möglichkeit geschaffen, wie man sich die Idee, dass der einzelne sich einem auch autoritär verhaltenden Herrscher und seinem bürokratisch verfassten Staat loyal gegenüber verhalten muss, plausibel erklären kann und es ist sein großer Verdienst, verständlich zu machen, worin der Grund für eine solche Unterwerfung bestehen kann. Was er damit aber auch bewirkt hat, das ist, dass der moderne Mensch von nun ab sich den politischen Fragen seiner Zeit in einer Weise nähern konnte, die radikal verschieden war von dem, was die Antike und auch die von ihr beeinflusste Scholastik sagte. Die utilitaristischen Grundannahmen und der szientistische Zuschnitt vom *Leviathan* haben es mit sich gebracht, dass egoistisches Verhalten, von dem Moment ab, an dem Hobbes die Feder aus der Hand lag, als rational erscheinen konnte. Vernünftig ist ja nach dem Hobbes'schen Modell die Befolgung von Gesetzen des Leviathan, weil dadurch ein System erhalten wird, was mich dazu in die Lage versetzt, mein eigenes Privateigentum und den lebenserhaltenden Aspekten, die damit verbunden sind, zu erweitern. Natürlich griffen im 17. Jahrhundert noch die ethischen Maßstäbe der traditionellen christlichen Institutionen, aber Hobbes hat insofern auf seine Gemeinschaft eingewirkt, als er eine Begründung geschaffen hat, die Gesetzestreue durch Gewinnmaximierung gerechtfertigt hat und als dieses Modell einmal in der Welt war, konnten sich die Menschen der frühen

---

209 Vgl. C. B. Macpherson, *The Political Theory of Possessive Individualism,* a.a.O.

Neuzeit auf eine Autorität berufen, jedes Mal, wenn sie abzuwägen hatten, ob sie sich egoistisch oder ethisch verhalten sollten. Den entscheidenden Schritt, die Moral als solche in Frage zu stellen, hat Hobbes nicht getan, aber er wurde doch erst auf dem Fundament seines *Leviathan* möglich, denn eine Rechtfertigung des Besitzindividualismus, wie er sie geschaffen hatte, ermöglichte es Nordeuropas durch den Protestantismus zum Schaffen veranlagten Bürgern, sich auf ihr Eigeninteresse zu stützen, auch wo dies noch mit der Sittlichkeit der Gemeinschaft kontrastierte, denn der moderne Staat erhielt seine Plausibilität nun nicht mehr durch seinen ethischen Charakter, der den puritanischen Sekten ja sowieso suspekt erschien, wo er doch von den falschen Christen bestimmt wurde, sondern auch durch seine Kräfte, dem einzelnen die strategische Verfolgung seines Privateigentums zu ermöglichen.

Die zweckrationalen Prämissen, die in Hobbes' *Leviathan* zum Vorschein kommen, sind auch von Locke, der normalerweise als der liberale Gegenspieler zu Hobbes begriffen wird, nicht gestrichen. Quentin Skinner hat darauf aufmerksam gemacht, dass die Hauptargumente, die Locke in der *Second Treatise* macht, schon von den sogenannten demokratischen Gentlemen in der Zeit vor der Republik von Cromwell vertreten wurden, so dass man eigentlich nicht von einem Novum sprechen kann.[210] Locke hat allerdings im Gegensatz zu den Anwälten und Autoren, die schon Hobbes' Gegenspieler waren, eine eigene Antwort auf philosophische Fragen gegeben, die ihn von diesen bloß politischen Schreibern unterscheidet. Der moderne Empirismus beginnt sozusagen mit Locke, aber das soll hier nicht weiter ausgeführt werden. Was uns interessieren soll, ist die Tatsache, dass Locke normalerweise als der Vordenker der Menschenrechte angesehen wird. Der Liberalismus, der mit den bürgerlichen Revolutionen des späten 18. Jahrhunderts zum politischen Durchbruch gelangt, verdankt Locke die Idee, dass das Individuum jedem einzelnen von Gott gegebene Rechte besitzt, die es gilt im modernen Staat zu beschützen. Diese Idee hat so weit reichende Folgen, dass man gar nicht stark genug betonen kann, dass die moderne Welt auf Prämissen ruht, die Locke in Auseinandersetzung mit der scholastischen Tradition und den neuen Wissenschaften ins Leben gerufen hat.

Locke wird häufig als der humanere Denker im Gegensatz zu Hobbes beschrieben und in der Tat verhält es sich so, dass er weder gewillt war,

---

210 Vgl. Q. Skinner, *Freiheit und Pflicht*, a.a.O.

dem Souverän die Mächte zuzuschreiben, die Hobbes ihm zuschrieb, noch den Naturzustand in den dunklen Farben zu malen, wie Hobbes es tat.[211] Der Naturzustand existiert aber und Locke folgt Hobbes dahingehend, dass auch er annimmt, dass die politische Gesellschaft erst in dem Moment entsteht, wo sich die von Natur aus vereinzelten Individuen und Familien zu einer Gemeinschaft zusammenschließen und so einen Kontrakt eingehen, der eine Regierung legitimiert und so den einzelnen in ihren eigenen Interessen schützt. Die Frage, die sich uns nun als erstes stellen wird, ist natürlich die nach den utilitaristischen Grundannahmen, die wir ja bei Hobbes gefunden hatten. Hier muss man nun in aller Klarheit sehen, dass sich bei Locke zwar nicht dieselbe schwarze Anthropologie wie bei Hobbes findet, dass aber trotzdem der Staat eine Utilitätsveranstaltung darstellt, die die einzelnen atomisierten, monadenhaften Individuen errichten, damit sie in der Verfolgung ihres privaten Glücks nicht gehindert werden. Der moderne Staat, dem Locke sich gegenüber sieht, erscheint ihm als eine Veranstaltung, die ihre Legitimation nicht durch ihren irgendwie konzipierten ethischen Charakter erhält, sondern die allein dazu da ist, dem einzelnen als Individuum dabei hilfreich zu sein, sein Eigentum zu beschützen und zu erweitern. Lockes Eigentumstheorie, die ja auch allgemeine Bekanntheit erlangt hat, besagt scheinbar banal, dass Eigentum immer dann entsteht, wenn man seine Arbeit mit einem Stück Natur vermischt, das heißt, ein Stück Acker gehört dann mir, wenn ich meine persönliche Arbeit da hineingesteckt habe und nicht das Stück Land vor sich hin wesen habe lassen. In dieser harmlos anscheinenden Theorie kann man natürlich die alttestamentarischen Wurzeln unschwer erkennen, denn wenn es ein Gebot Gottes ist, sich die Erde Untertan zu machen, dann kann es ja natürlich nur geboten sein, dass man das Stück Land nicht einfach nur anschaut, sondern es bestellt und seine Früchte erntet. Der protestantische Aspekt bei Locke ist dennoch hervorzuheben, denn die Tatsache, dass durch das gesamte europäische Mittelalter andere Eigentumsbegriffe herrschten, sollte uns darauf aufmerksam machen, dass das Gebot der Arbeit, also das von den reformierten Gemeinden aus den Klöstern geholte Gebot des ora et labora, schon Teil des Produktivitätsimperatives ist, der dann später von seinen religiösen Wurzeln befreit werden konnte. Dieser Zwang zum Machen war den Griechen komplett fremd und selbst die Römer haben davor zurückgescheut, in der Produktivität einen Zweck an

---

211 Vgl. W. Euchner, *Naturrecht und Politik bei John Locke*, a.a.O.

sich zu sehen. Im Mittelalter trifft man noch auf Konzepte wie das der Allmende, das heißt Land, das keinem gehört und das einfach Teil der Landschaft ist und wo man sich was pflücken kann, wenn es denn passt. All
solche Gelassenheit im Umgang mit der Natur, die ja in der auf die Antike
zurückweisenden Tradition sowieso noch gar nicht das System war, zu
dem es die Neuen gemacht haben, musste natürlich verschwinden, wenn
man den Locke'schen Eigentumsbegriff zugrunde legt. In ihm drückt sich
das Ende der politischen Gelassenheit in der europäischen Entwicklung
aus und es kann natürlich nicht übersehen werden, welche direkten Konsequenzen dieses Konzept hatte für die Transformation des europäischen
Imperialismus. Wie Hobbes so kannte natürlich auch Locke die Reiseberichte aus der Neuen Welt und auch er sah sich der Frage ausgesetzt, wie
sich die Europäer gegenüber den Ureinwohnern Amerikas zu verhalten haben und er hat sein Eigentumskonzept so gebaut, dass es eine perfekte Legitimation für die Appropriation beziehungsweise den Diebstahl des Landes der Indianer darstellte. Die Indianer lassen nämlich nach der
Locke'schen Perspektive das Land einfach nur Land sein. Sie beuten es
nicht aus bis zum geht nicht mehr. Die Europäer konnten mit dem
Locke'schen Konzept, das ja im Grunde nur eine Umformulierung des
biblischen Gebots zur Weltausbeutung war, ihre räuberische Praxis rechtfertigen, denn für sie waren die Indianer natürlich faul und das schöne
Land lag ja einfach ungenutzt herum.

Der Locke'sche Eigentumsbegriff ist wichtig, aber er ist nur ein kleiner
Teil, wenn auch ein essentieller, eines Ansatzes, der als Reaktion auf die
Erfahrung des modernen Staates angesehen werden muss, dem sich Locke
wie auch schon sein Vorgänger Hobbes gegenüber sah. Wir haben gesehen, dass Locke wie auch Hobbes die Loyalität zu diesem Staat und seine
ganze Existenz aus den zweckrationalen Erwägungen des Schutzes des Individuums in seiner Glückssuche besteht. Hobbes war ein Rechtspositi-
vist, dessen Recht der Natur nichts anderes besagt, als dass das Individuum im Naturzustand sich alles aneignen kann, was ihm seine Kräfte erlauben. Im Prozess der Konstitution des politischen Gemeinwesens wird dieses Recht an den Staat delegiert. Ab diesem Moment ist Recht einfach das,
was der Leviathan in Form von Gesetzen erlässt. Locke war von dieser
Herangehensweise schockiert, sie befreit das Individuum zwar aus dem
Naturzustand, aber da dieser bei Locke sowieso nicht so finster aussah,
musste dieser Gewinn abgewogen werden mit der Tatsache, dass in der
politischen Gemeinschaft das Individuum sich nun einer Gefahr ausgesetzt
sieht, die jene des Naturzustands auf ein unendliches transzendiert. Der

Souverän ist nach Hobbes an keine wie auch immer konzipierten Rechte gebunden, denn nach Hobbes naturalistischer Auffassung kann es solche jenseits des institutionalisierten Staates nicht geben. Das Recht der Natur ist für ihn ja nur ein anderes Wort für die ursprüngliche Freiheit, die der Einzelne im Naturzustand besitzt und die ihn befähigt sein nacktes Überleben zu sichern. Locke hat gesehen, dass wenn der Souverän an kein Recht gebunden ist und wir als Bürger das Gewaltmonopol an ihn delegieren, dann ist das Individuum einer Gefahr ausgesetzt, die größer ist als jene, die entsteht, wenn das Individuum im Naturzustand gegen seine Mitmenschen kämpft, denn in dieser Situation ist der Kampf eins gegen eins und nicht Leviathan gegen das rechtlose Individuum. Locke hat deshalb gesagt, dass das Individuum Menschenrechte hat, die ihm von Gott gegeben sind und die Aufgabe des Staates und seiner Magistrate kann sich nur dadurch legitimieren, dass er die Menschenrechte der Bürger, die in diesem Staat leben, schützt.

Locke war wie Hobbes stark von den durch die exakten Wissenschaften ins Leben gerufenen anti-traditionellen Theoremen beeindruckt, aber er hat es nicht vermocht das traditionelle Naturrecht, das auf Aristoteles und Cicero zurückgeht und in dem die Dinge nicht als isolierte Tatsachen auftreten, sondern als Elemente eines Kosmos, welche die Keime ihrer Verwirklichung in sich tragen, kohärent zu transformieren. Er hing ihm in vielen Punkten immer noch an. So kam es dann auch, dass Locke die Begründung der nicht veräußerlichen Rechte, die dem Menschen von Natur aus gegeben sind, als von Gott gegeben darstellte. Der Begriff der Natur trägt hier noch die Konnotationen von der aristotelischen metaphysischen Biologie, aber Locke lässt ihn in einer Spannung zum modernen Naturbegriff stehen, denn in den Punkten Eigentum, Glück und Individuum steht Locke schon auf der Seite der Neuen, wie es ja auch Hobbes tat. Locke verwendet den Namen Menschenrechte noch nicht, bei ihm sind sie wie bei Hobbes Rechte der Natur, aber er sieht sie theistisch als von Gott gegeben. Im System haben sie aber keine andere Form als die von Rechten, die es dem Einzelnen erlauben, sich Eigentum anzuzeigen und das zu tun, was der Selbsterhaltung förderlich ist, denn auch nach Locke streben die Menschen nach dem, was dem Leben zuträglich ist und auch wenn Begriffe wie Leben, Eigentum oder „estates" bei ihm noch die christlichen Konnotationen haben, so konnten sie diese doch schnell verlieren, denn als Theorie kommt Lockes Ansatz vom Staat, der veranstaltet wird, um die Interessen der in ihm lebenden Individuen zu schützen, auch ohne diese religiöse Begründung aus. Das Recht auf Leben mag sich Locke noch so dargestellt haben, dass es hier um ein Leben aufgrund der christlichen Vorstellung geht, aber der Begriff kann ganz leicht in den naturalistischen Begriff umgewandelt werden, zumal Hobbes ja schon mit dem empiristischen Lebensbegriff operierte.

Die Geburt der Menschenrechte ist bei Locke eine Antwort auf die Antinomien des modernen Staates. Sie sichern den Einzelnen in seinem Streben nach Selbsterhaltung vor den Gefahren einer Regierung, dessen einziger Existenzgrund die Erhaltung des Eigentums und des produktiven Lebens des Individuums ist. Eigentum, Leben und Wohlfahrt des Einzelnen müssen gesichert werden, nur dafür sind Staaten da. Die natürlichen Rechte, die Gott jedem Einzelnen gegeben hat, bilden den Bezugspunkt politischen Handelns. Wie schon vor ihm Hobbes so sagt auch Locke nichts darüber, was die Individuen mit ihrer jüngst erkauften Freiheit anfangen sollen jenseits vom Produktivitätsimperativ, den er sich bei Luther und Calvin abgeschaut hat. Die natürlichen Rechte des Individuums schaffen gewissermaßen eine Schutzschicht um den Einzelnen, die der Staat nicht penetrieren darf. Der von Macpherson in die Diskussion eingebrachte Begriff des Besitzindividualismus bringt auf den Punkt, was die Neuerungen betrifft, die die Idee der von Gott verliehenen Rechte angeht, die der Staat zu achten hat und deren Bekümmerung seine einzige raison d'être darstellt. Von nun ab ist das Individuum befreit aus der Sittlichkeit, die die christliche Kirche bis zu diesem Zeitpunkt halbwegs konsequent dem Einzelnen auferlegt hatte. Die Unterdrückung egoistischer Neigungen, die ja immer nur als Produkt einer bestimmten kulturellen Konstellation zu sehen sind und sich nicht aus der Natürlichkeit des menschlichen Körpers ergeben, war Teil der religiösen Tradition und wurde auch von solchen Autoritäten wie Montaigne und Shaftesbury nicht ernsthaft angegriffen. Lockes eigener Theismus verrät uns ja noch, dass der Begründer der natürlichen Rechte selber sich ebenso wenig wie Hobbes ein Leben jenseits der durch die Kirche gestifteten Verpflichtung zu ethischem Handeln vorstellen konnte und doch hat seine Konzeption der Beziehung zwischen dem bürokratischen, von seinen sittlichen Elementen gereinigten Staates mit den atomisiert aufgefassten, zur Selbsterhaltung veranlagten Individuen eine Grundlage geschaffen, auf der sich der dem Frühkapitalismus eigene Rahmen für einen Konkurrenzkampf von monadenhaften Individuen, die nur um ihr materielles Glück bemüht sind, bilden konnte. Von nun ab sah sich die bürgerliche Welt mit der ihr eigene Dichotomie zwischen blankem Egoismus und dem Appell an moralisches Handeln konfrontiert, die Max Horkheimer als Charakteristikum der bürgerlichen Epoche darge-

stellt hat.[212] Und in der Tat verhält es sich so, dass die englischen Philosophen, die mit dem Erbe von Hobbes und Locke umgehen mussten, irgendwie zu versuchen hatten die Gegensätze zwischen den nun legitimierten
auf bloßen Nutzen zielenden Interessen mit dem, was sie von den Alten
und der kirchlichen Tradition als moralisches Handeln geerbt hatten, in
Einklang zu bringen. Dass der Begriff der Menschenrechte, wie er bei
Locke auftaucht, politisch gesehen in erster Linie der Protektion der durch
Puritanismus und den protestantischen Sekten entfesselten Strebungen
nach Gewinn dient, kann man wohl kaum leugnen. Lockes Idee, dass die
natürlichen Rechte von Gott gegeben sind, ändert nichts an der Tatsache,
dass die individuellen Rechte den Einzelnen nun eine Möglichkeit gab,
sich abseits von den Moralvorstellungen und der Sittlichkeit des Gemeinwesens auf ihr eigenes Streben nach Besitz zu konzentrieren und wo dieses Streben noch wie bei den Puritanern mit der religiösen Ethik harmoni-
sierte, da konnte sich natürlich über den embryonalen Markt in England
die Tauschbeziehungen so intensivieren, dass sich die kapitalistische Wirtschaft, wie Max Weber eindrucksvoll gezeigt hat, in ihrem organischen
Nährboden entwickeln konnte.[213] Die Menschenrechte sind, wenn die
oben angeführten Überlegungen zutreffen, die politische Ermöglichung
der kapitalistischen Wirtschaft. Das muss man klar sehen und es ist natürlich auch ganz einleuchtend, wenn man sich klar macht, dass das Projekt
des Kapitalismus nicht eine Nebenerscheinung zum in dieser Periode auf-
tretenden liberalen Denken ist, sondern, dass umgekehrt Liberalismus und
Kapitalismus natürlich ein und dasselbe Projekt betrachtet aus verschiedenen Perspektiven darstellt. Die Menschenrechte, das hat Marx klar gesehen, sind die politische Waffe, mit der das Bürgertum gegen die feudalen
Strukturen der Herrschaft vorgegangen ist. Bei Hobbes und Locke, wo der
Markt erst noch zu realisieren bleibt, sind diese Ansätze nicht zu übersehen. Die Legitimation von Herrschaft misst sich bei ihnen an der Kompetenz des politischen Systems auf dem Gebiet der Ermöglichung von Nut-
zenmaximierung und zwar nicht der von Gemeinschaften oder Gruppen,
sondern von Individuen.

Das Individuum ist natürlich keine Erfindung des Liberalismus, aber
vor der frühen Neuzeit hat es innerhalb der europäischen Tradition einen

---

212 Vgl. M. Horkheimer, Egoismus und Freiheitsbewegung. Zur Anthropologie des
bürgerlichen Zeitalters. In ders.: *Traditionelle und kritische Theorie. Fünf Aufsätze.* Frankfurt, 2003. S. 43-122.
213 Vgl. M. Weber, *Die protestantische Ethik und der Geist des Kapitalismus,* a.a.O.

Konsens gegeben, der darauf hinausläuft, dass der Einzelne so stark an die ihm gehörende Gemeinschaft gebunden ist, dass er wie noch bei Chaucer nur über die ihm zugewiesene Rolle in seiner Einzelhaftigkeit verstanden werden kann.[214] Das Individuum ist Bauer, Ritter oder Feudalherr und nur via diese Deskriptionen, die den Einzelnen einer Gruppe zuordnen, ist man dem Menschen zugänglich. Der moderne Individualismus ist natürlich nicht verständlich ohne Luther und Calvin. Sie haben den Einzelnen aus dem kirchlichen Kontext, indem ihn die katholische Kirche über Jahrhunderte eingebettet hatte, entnommen und ihn auf sich selbst gestellt. Aber selbst in der reformierten Kirche, die ja anfangs gar keine echte Trennung wollte, galten für den Einzelnen die zehn Gebote und die scholastische Tugendethik. Die utilitaristische Theorie die Hobbes und Locke eingeführt haben und ihre nun rechtlich verbürgte Freiheit, die den einzelnen es möglich macht, ihr Eigenwohl strategisch zu verfolgen, war natürlich anti-feudal insofern sie das Individuum aus den durch die Ständegesellschaft gestifteten Rahmen erlöst hat. Die natürlichen Rechte, die Locke nun dem Individuum gegen den modernen Staat in die Hand gab, waren deshalb individualistisch zugespitzt. Das kann in erster Linie mit dem Angriff auf die feudalen Strukturen erklärt werden, die die Entwicklung der Produktivität hinderte, die Calvin seinen Gefolgsleuten aus religiösen Gründen nahelegte. Die Idee der Eigenverantwortung, die als zentrale These des Protestantismus angesehen werden muss, ist ja nur plausibel, wenn man sich klar macht, dass der einzelne von den Solidaritäten, die sich aus der ständischen Ordnung ergeben, befreit wird. Wenn ich immer sagen kann, mein Patron oder Lehnsherr wird im Zweifelsfall mich durchbringen, auch wenn nur unter sklavischen Zuständen, dann werde ich nicht die Dispositionen ausbilden, die, wie es Luther und Calvin wollen, dazu beitragen, dass ich für meine Existenz, in die ich ja einfach hineingeboren werde, selbst zu sorgen habe. Locke hat gesehen, dass dieser Individualismus, wie er in den reformierten Kirchen gepredigt wird, sehr produktiv sein kann im Bezug auf die Herstellung von Gütern und er muss gesehen haben, dass wenn das die raison d'être der wahren Kirche ist, dass dann auch der Staat die Aufgabe haben muss, die einzelnen in ihrer materiellen Glücksverfolgung zu unterstützen. Es müssen Gründe wie diese gewesen sein, die Locke dazu gebracht haben müssen, die Rechte, die er von den Obrigkeiten unbedingt respektiert sehen wollte, nur für Individuen und

---

214 Vgl. G. Chaucer, *The Canterbury Tales*. Hg. H. Bergner. Stuttgart, 1996.

nicht für Gemeinschaften zu bestimmen. Natürlich war selbst der für Lockes Zeiten moderne Staat noch so bürokratisch und technisch unterentwickelt, dass man ihn in seinem täglichen Walten in der Form von Magistraten und Town Hall Meetings praktisch greifen konnte, vor allem in den amerikanischen Kolonien.[215] Deshalb wäre die Idee eines Gruppenrechts für bestimmte Sekten oder Ethnien für ihn sicher gleich erscheinen wie der Erschaffung eines neuen Staates. Im *Letter Concerning Toleration* hat Locke zwar für Religionsfreiheit Partei ergriffen, aber er hat den einzelnen Sekten nicht die Jurisdiktion über ihre eigene Angelegenheiten überlassen, wohl auch wegen der Furcht, die neu abgekapselten Gemeinschaften könnten wieder solche Gesetze erlassen, die mit dem liberalen Programm eines aus seiner Gemeinschaft extrahierten Individuums in Kontrast stehen. Das transformierende Potential des frühen Liberalismus basiert auf der Annahme, dass eine politische Gemeinschaft erst dann legitim ist, wenn die Regierung die in ihr lebenden Menschen als Individuen behandelt, die subjektive Rechte haben. Für die individualistische Kultur der vom Protestantismus geprägten Gemeinschaften war das natürlich weniger verheerend als in katholischen oder irgendwie nicht protestantischen Gemeinschaften, die früher oder später mit dem modernen Staat konfrontiert wurden und denen in einer solchen Konfrontation wohl kaum etwas anderes übrig blieb, als den einzelnen auf die Locke'sche Art und Weise von der Willkür der Regierung zu schützen. Die Willkürfreiheit aber, die Locke und Hobbes dem Einzelnen mit auf den Weg gegeben haben, hat Kräfte entfesselt, die es so in der Geschichte Europas nicht gegeben hat. Die Menschenrechte haben dabei zwei Dinge gleichzeitig getan. Sie haben den einzelnen aus seinen organischen Solidaritätsbeziehungen herausgerissen und ihm absolute Willkürfreiheit des Handelns überlassen, natürlich unter Bedingungen, die zweckrationales Gewinnstreben normativ gemacht haben, denn nach den Enclosures war es vorbei mit der Allmende und die caritas, die Herrscher und Untergeben verband, wurde zerstört. Das *OED* listet den ersten Eintrag zu Enclosure auf das Jahr 1574, man muss aber wohl annehmen, dass erst nachdem Locke dem Individuum seine Willkürfreiheit gegeben hatte, sich die besitzindividuellen Dispositionen bei den Akteuren voll durchgeschlagen haben. Und damit sind wir auch bei der zweiten Konsequenz, die die Menschenrechte hatten. Sie haben die

---

215 Vgl. A. de Tocqueville, *Democracy in America*. Hg. P. Bradley. New York, 1994. S. 60-97.

politischen Rahmenbedingungen gelegt, in denen der Frühkapitalismus entstehen konnte.

Für Marx ist es immer klar gewesen, dass der Kapitalismus und die bürgerlichen Revolutionen des späten 18. Jahrhunderts, die, wie oft gesagt wird, die Ideen der Philosophen in die Tat umgesetzt haben, eine organische Einheit bilden. Und in der Tat ist das Projekt der Entfesselung der Marktkräfte undenkbar ohne ihren juristisch-politischen Boden, der dem modernen Naturrecht entsprang und dem wir heute in der Form von Menschenrechten begegnen. Hobbes und Locke schrieben in einer Gesellschaft, in der es zu ihrer Zeit bereits eine quasi-bürgerliche Revolution gegeben hatte, aber ihre Ideen sind natürlich von den kontinentalen Denkern aufgenommen und variiert worden, so dass man hier sehr wohl von einer Kontinuität sprechen kann. Die bürgerliche Philosophie hat im politischen Denkens Rousseaus und Kants ihren kontinentalen Ausdruck erhalten, aber wie Marx in der *Deutschen Ideologie* zu recht meint, haben die Deutschen lediglich die Taten, die in England und Frankreich durchgeführt wurden, in Gedanken gefasst. Kant kann zwar mit der hedonistisch-utilaristischen Komponente in Hobbes' Politik nichts anfangen.[216] Er übernimmt aber von ihm den individuellen Zuschnitt der subjektiven Rechte, die den einzelnen aus seinem kulturellen Kontext entreißen und ihm die Willkürfreiheit geben, die er nach seinem eigenen „Geschmack" entwickeln kann. Die Liberalen haben immer betont, dass diese Idee der Willkürfreiheit ein essentielles politisches Gut darstellt und die Idee, dass der einzelne machen und tun kann was ihm oder ihr beliebt, stellt sozusagen den Kern der liberalen Philosophie dar. An den Beispielen von Hobbes und Locke kann man aber schon sehr gut erkennen, dass diese Freiheit in der gesellschaftlichen Praxis darauf hinausläuft, so viel Eigentum anzusammeln wie möglich, um sich dann hinter den subjektiven Rechten zu verschanzen. Die Kategorie des Grundeigentums, über das der einzelne verfügen kann, wie ihm es gerade passt, ist nicht wegzudenken aus den bürgerlichen Revolutionen des 18. Jahrhunderts. Die Menschenrechte sind somit von Rousseau und Kant auch nicht in ihrem individualistischen Geburtsfehler korrigiert worden und bei aller Kritik, die Kant an den Engländern übt, übernimmt er doch von ihnen die Idee, dass die unveräußerlichen Rechte des Menschen diesem alleine als Monade zukommen. Er revolutio-

---

216 Vgl. I. Kant, Über den Gemeinspruch: Das mag in der Theorie richtig sein, taugt aber nicht für die Praxis. Teil II, in ders.: *Schriften zur Anthropologie, Geschichtsphilosophie, Politik und Pädagogik,* a.a.O. S. 143-164.

niert mit diesem Schritt ein Gedanke, der nicht nur in der scholastischen Tradition verankert war, sondern der natürlich auch mit allem politischen Denken außerhalb Europas kollidiert. Das strategische Verfolgen des eigenen Interesses konnte durch die moderne Naturrechtstradition legitimiert werden und auch wenn Kant sofort gesehen hat, dass die utilitaristischen Grundannahmen des Hobbes einen anti-kommunalen Zug tragen, so hat doch seine Reparatur an der Denkfigur, wonach die Menschenrechte nicht den Hedonismus des einzelnen schützen sollen, sondern eine auf Konsens basierende post-religiöse Gemeinschaft bilden, nicht mit dem Zug gebrochen, der den einzelnen aus dem Kontext entlässt in dem er ja überhaupt nur wo etwas wie eine vernünftige Identität ausbilden kann.

Habermas hat gezeigt, dass sich die französische revolutionäre Tradition nicht auf die von Hobbes bis Locke zurückgreifende Politik berufen hat, sondern immer auch die von Rousseau eingeführte Idee artikuliert hat, dass ein Gemeinwesen nur dann gerecht ist, wenn es vom Allgemeinwillen beherrscht ist.[217] Das Demokratieprinzip, nachdem die Adressaten der Gesetze auch ihre Autoren sein müssen, hat somit Eingang gefunden in die kontinentale Philosophie in der Vorrevolutionären Zeit. Die Revolution selber hat aber insoweit mit der durch Hobbes und Locke gestifteten Naturrechtstradition übereingestimmt, dass die Idee, dass die unveräußerlichen Rechte auch auf Gemeinschaften angewendet werden sollen, kein Gehör fand. Die Idee der Volkssouveränität ist ja von sich aus noch kein liberales Projekt, denn sie sagt nichts aus darüber, ob innerhalb des Volkes nicht auch paternalistische Strukturen herrschen, ob bestimmte Gemeinschaften oder Rassen nicht ihre eignen Normen fortführen können, ohne sie aus dem Gefüge von bedeutungsrelevanten Kulturkontexten in die Anomie des Individualismus zu entlassen. Die Metaphysik, die seit den Griechen das Denken des Abendlandes dominiert hat, hat in dieser entscheidenden Phase ihr eigentliches politisches Gesicht enthalten, denn die Kräfte, die durch die Kirche und ihre Tugendethik im Bann gehalten wurden, konnten natürlich nicht mehr gestoppt werden, wo es keiner Autorität mehr erlaubt war, dem einzelnen vorzuschrieben, wie er oder sie sich verhalten sollte. Die Liberalen haben gedacht, dass mit der Idee der Willkürfreiheit sich das Reich der Freiheit an sich auftut, aber sie haben übersehen oder nicht sehen wollen, dass das Wünschen nach einer bestimmten Hand-

---

217 Vgl. J. Habermas, Naturrecht und Revolution. In ders.: *Theorie und Praxis,* a.a.O.

lungsoption immer aufgrund eines bestimmten Wissens transpiriert und dieses Wissen ist immer ein organischer Bestandteil einer Kultur welche wiederrum nur als Gruppe oder Gemeinschaft überleben kann. Die metaphysische Veranlagung des europäischen Denkens hin zu Naturbeherrschung und Kontrolle durch Tatsachenwissen war bis zu diesem Zeitpunkt, als Rousseau und Kant die Gedanken von Hobbes und Locke referierten, durch die kirchliche Autorität in Grenzen gehalten worden, aber hatte sich das Individuum einmal aus dem Kontext der kirchlichen Sittlichkeit befreit, so konnte es den Veranlagungen nachgehen, die sein persönliches Gut maximierten. Damit dieses Projekt aber gelingen konnte, bedurfte es der Zerstörung der Idee der Sittlichkeit als solcher und sie wurde auch geliefert, wieder in England und wieder von einem Denker, der sich in der neuzeitlichen Tradition der von den Naturwissenschaften geschaffenen Welt befand: Sein Name war Bernard Mandeville.

„To separate labor from other activities of life and to subject it to the laws of the market was to annihilate all organic forms of existence and to replace them by a different type of organization, an atomistic and individualistic one" (163). Mit diesen Worten skizziert Polanyi die große Transformation, die wir als industrielle Revolution kennen.[218] Um aber den Kapitalismus zu etablieren, mussten in der europäischen Kultur Schranken gebrochen werden, die bis Dato die egoistischen und anti-kommunalen Dispositionen der Subjekte in den Bann gehalten haben. In diesem Zusammenhang ist ein Gedanke zentral, der für die Ideengeschichte des okzidentalen Rationalismus nicht unterschätzt werden kann: die Idee der Gerechtigkeit.

In Platons *Politeia* verteidigt Sokrates die Idee, dass der Mensch gerecht sein soll, auch wenn es seinem Eigennutz nicht dienlich ist.[219] Plato entwirft seine Utopie als den Versuch eine konsistente Antwort auf die Frage zu geben, ob es die Gerechtigkeit überhaupt gibt und auch wenn sein idealer Staat beschrieben wird aus der Einsicht in die Schwierigkeiten mit der Idee, dass die Gerechtigkeit konzipiert wird, als die Norm, jedem zu geben, was ihm gebührt, so ist doch klar, dass die Griechen es nicht hätten akzeptieren können, dass die strategische Verfolgung von egoistischen Interessen mit der wie auch immer gearteten Gerechtigkeit harmonisiert. Der Widerspruch zwischen Eigennutz und Gerechtigkeit war den Al-

---

218 Vgl. K. Polanyi, *The Great Transformation.* New York, 1944.
219 Vgl. Platon, *Politeia,* 427d-434d.

ten im Gedächtnis und artikuliert sich an jeder Stelle, wo die Frage nach der Gerechtigkeit gestellt wird.[220] Platons Insistieren auf einem Staat, in dem die verschiedenen Stände jeweils das tun, was sie am besten können, sowie seine Idee, dass die Philosophen die Herrschaft über die Polis übernehmen, deutet darauf hin, dass es für die Alten als ausgemacht galt, dass Gerechtigkeit ein kommunales Prinzip ist. Sie wird bei Aristoteles entfaltet als eine Tugend und diese ist konstitutiv für das Gemeinwesen, in dem die Individuen leben und handeln.

Die Gegenüberstellung von Eigennutz und Gerechtigkeit war ein essenzieller Bestandteil des antiken Denkens. Auch da, wo sie Gerechtigkeitskonzeptionen in Utopien ausarten, wie in der *Politeia*, da ist es doch immer klar, dass Gerechtigkeit und egoistischer Nutzen kollidieren. Und so ist es natürlich auch bei Cicero. In einer leider nicht im Original erhaltenen Passage von *De re publica* erörtert Cicero den von Thrasymachos in der *Politeia* erhobenen Einwand, dass Gerechtigkeit nichts weiter sei, als der Wille des Mächtigen in Gesetzen ausgedrückt und dass, wenn man der Formel folgt, jedem zu geben was ihm gebührt wie es zu Beginn von Platons Utopie erörtert wird, man kein erfolgreiches politisches Projekt durchbringen kann, wie etwa eine florierende Polis und, wie später bei den Römern, ein großes Reich.[221] Bei aller machtpolitischen und metaphysischen Durchdringung des römischen Denkens ist es nun von großer Wichtigkeit, dass Cicero in seiner Schrift vom Staat, dieses Argument nicht durchgehen lassen will. In der Paraphrase des Originals, das nicht überliefert ist, heißt es: „Omnibus populis qui florerent imperio, et Romanis quoque ipsis qui totius orbis potirentur, si iusti velint esse, hoc est si aliena restituant, ad casas esse redeundum et in egestate ac miseriis iacendum" (Lacantius, 5.16.4, Buch III bei Cicero, De rep.). Alle Völker also, die ein florierendes Reich besitzen, und besonders die Römer, die sich die ganze Welt unterwerfen, müssten, wenn sie gerecht sein wollten – in dem Sinne, jedem das seine zu geben, wie Simonides ihn in der *Politeia* vertritt – in ihre Häuser zurückkehren und in Armut und Elend vor sich hin leben. Cicero verteidigt trotz der Einsicht, dass die so verstandene Gerechtigkeit Nützlichkeitserwägungen im Wege steht, die Tugend der Gerechtigkeit. In *De amicitia* wird ausdrücklich darauf verwiesen, wie schön die Passagen gewesen sein müssen, in denen Ciceros Laelius die Gerechtigkeit vertei-

---

220 Vgl. Aristoteles, *Nikomachische Ethik,* Buch 5.
221 Vgl. Cicero, *De re publica,* Drittes Buch.

digt[222] und das Denken in Europa hat in der Folge dieser Tradition immer die Ethik des Gebens, was dem anderen gebührt, verteidigt gegen alle Einwände, wie sie Thrasymachos und seine Gefolgsleute wohl eher aus rhetorischem Eifer als aus wirklicher Überzeugung geäußert haben. Die christliche Ethik predigt ja gerade die nicht ökonomisch nützliche Existenz und sie ist zu verstehen, vor dem Hintergrund der antiken Ablehnung des egoistischen Nutzens gegenüber der Gerechtigkeit – sei sie verstanden als die Restituierung dessen, was dem anderen gebührt oder als der gerechte Staat, in dem jeder das tut, was seiner Natur entspricht und wo eine Korrespondenz herrscht zwischen den Teilen der Seele und den Aktivitäten in der Polis. Nachdem aber im Zuge der Legitimation des modernen Staates und der Protektion vor seinen Auswüchsen die individuellen Menschenrechte als subjektive Rechte, die die Willkürfreiheit des einzelnen schützen, gefestigt waren, konnte sich die kapitalistische Wirtschaft in England und manchen Teilen Nordeuropas entfalten. Das metaphysische Projekt der Kontrollierung und des Verfügbar-Machens von äußerer und innerer Natur konnte erst jetzt in der Konstellation, die Adam Smith später als „commercial society" beschreiben wird, zur vollen Entfaltung kommen und in Mandevilles um 1700 verfassten *Fable of the Bees* konnte die Frage nach egoistischem Nutzen und Gerechtigkeit neu gestellt werden.

Mandeville hat einfach gesagt, dass das öffentliche Wohl am besten gesteigert werden kann, wenn der einzelne alle ihm bekannten Moralvorstellungen über Bord wirft und genau die Laster verfolgt, die von der kirchlichen Autorität und den Anhängern der Tugendethik (Shaftesbury und andere) verlangt werden.[223] „Private vices, public benefits" war sein Motto (19), das in einer kleinen Formel die Logik der kapitalistischen Marktgesellschaft in sich trägt und in der zum ersten Mal in der europäischen Entwicklung ein „rationales" Argument für Ungerechtigkeit artikuliert wurde. Mandevilles Apologie des Lasters ist die konsequente Denkweise, die mit der durch die utilitaristischen Menschenrechte gebauten Marktgesellschaft in Einklang steht. Die Produktivität des ökonomischen Bereichs gilt von nun ab als Generator einer Rationalität, die in starkem Kontrast zu allen in der westlichen Entwicklung gelieferten Gerechtigkeitsvorstellungen steht und die das egoistische Handeln, das in der schwarzen Anthropologie Hobbes' noch schüchtern als Systembestandteil fungiert, auf den Thron

---

222 Vgl. Cicero, *Laelius. De amicitia,*.

223 Vgl. B. Mandeville, *The Fable of the Bees and Other Writings.* Hg. E. J. Hundert. Indianapolis, 1997.

der gemeinschaftlichen Akzeptanz gehoben hat. Von nun ab besitzt die kapitalistische Wirtschaft ein ihr eigene Rationalität, der sich Regierungen und Individuen unterzuordnen haben, wollen sie überleben.

Empire Kapitalismus

„Take up the white man's burden!" (82) schrieb Kipling als er sich fragte, warum die Engländer in Asien und Amerika Kolonien schafften und versuchten, die traditionalen Gesellschaften, die sie dort fanden, in produktive Marktgesellschaften umzuwandeln, die mit dem von den Engländern dirigierten Weltmarkt harmonisierten.[224] Auch Joseph Conrad, der den englischen Imperialismus aus nächster Nähe kannte, sah sich vor die Frage gestellt, was eigentlich der Sinn sein konnte für ein so grausames Unterfangen, das die Welt nach europäischen Maßstäben transformierte. Seine Antwort, die er Marlowe im *Heart of Darkness* in den Mund legt, ist die Zivilisation.[225] Dieser Begriff, der auf das Lateinische civilitas zurückgeht und den man am besten mit Höflichkeit übersetzt, hatte im langen 19. Jahrhundert, wie Jürgen Osterhammel gezeigt hat, eine christliche Konnotation.[226] Die Gegenüberstellung der Metropole mit den Kolonien, oder, was das gleiche ist, mit England und dem dunklen Teil der Welt wurde gezogen nach dem Muster der Gemeinschaften, die christlich waren und denen, die es nicht waren. Es ist aber ein Fehler zu denken, die Religion sei das ausschlaggebende Kriterium gewesen für die Intervention der Briten in der Welt. Wie wir gesehen haben, hatten in der englischen Gesellschaft bereits im 17. Jahrhundert Entwicklungen stattgefunden, die eine durchaus andere Perspektive nahe legen. Der modernen Staat und vor allem die kapitalistische Wirtschaft waren nämlich zu Beginn der imperialen Periode bereits soweit fortgeschritten, dass man von institutionellen Zwängen sprechen kann, die die Engländer dazu brachten, sich den Globus buchstäblich unter den Nagel zu reißen.

Wie Eric Hobsbawm eindrücklich gezeigt hat, war die industrielle Revolution nur möglich, weil die Briten zu einem frühen Zeitpunkt in der Lage waren, sich Absatzmärkte in den Kolonien in Asien, Afrika und

---

224 Vgl. R. Kipling, *Selected Poems.* London, 2000.
225 Vgl. J. Conrad, *Heart of Darkness.* Hg. O. Knowles. London, 2007.
226 Vgl. J. Osterhammel, *Die Verwandlung der Welt,* a.a.O.

Amerika zu unterhalten, die eine duale Funktion hatten.[227] Auf der einen Seite fungierten sie als Lieferanten für Rohmaterialen, die dann in Großbritannien, dem sogenannten Workshop der Welt, bearbeitet wurden. Auf der anderen Seite aber – und das wird leicht übersehen – dienten die Kolonien in der nicht-weißen Welt als wichtige Absatzmärkte, die die in den britischen Fabriken produzierten Waren den Kapitalisten abnahmen. Die industrielle Revolution, die den entscheidenden Einschnitt in der wirtschaftlichen Entwicklung der Menschheit darstellt, war nur möglich, weil die Briten in einem nie davor dagewesenen Maß Baumwolle importierten, es in ihren Fabriken zu Textilien verarbeiteten und es danach in die Kolonien schickten, wo die neuen Produkte die autarken Ökonomien zerstörten. Wenn Gemeinschaften, wie die Chinesen im 19. Jahrhundert, sich weigerten ein britisches Produkt anzunehmen, zögerten die Briten nicht ihre Royal Navy einzusetzen, die manchmal als die US Air Force des 19. Jahrhunderts bezeichnet wird, weil sie in der Tat überall auf dem Globus zur Stelle war, um britische Interessen zu vertreten, oftmals mit Gewalt. Das Opium wurde so sprichwörtlich nach China gebombt, denn die Wichtigkeit der kolonialen Absatzmärkte war den britischen Ökonomen nicht entgangen.

Warum aber sollte die wirtschaftliche Entwicklung der Briten auf eine derart dreiste Art und Weise die Politik vor sich her treiben? Wie kam es, dass in dieser Gesellschaft die Anforderungen des Marktes so eine Dominanz erreichen konnten? Einen Teil der Antwort auf diese Frage haben wir bereits kennen gelernt: Die Legitimation des Egoismus und die Verwerfung der durch die christliche Tradition überlieferte alte Gerechtigkeit waren bereits um 1700, als Mandeville zur Feder griff, in Rückzugsgefechte verstrickt. Die Philosophen der frühen bürgerlichen Epoche in England haben die ideologischen Voraussetzungen geschaffen, durch die die kapitalistische Wirtschaft sich als eine Institution entfalten konnte, die ihre eigene, sozusagen systeminterne Logik besitzt. Die Briten sahen sich nach dem Erscheinen von Mandevilles Bienenfabel in eine eigentümliche Situation versetzt. Sie hatten die Egoismen ihrer bürgerlichen Gesellschaftsmitglieder soweit entfesselt, dass kapitalistische Produktivität eine Logik entwickeln konnte, die in scharfem Kontrast zur traditionellen Morallehre stand, die aber dennoch so dominant in der Politik wurde, dass sie von niemandem angezweifelt werden konnte. Schon Locke hat immer betont,

---

227 Vgl. E. Hobsbawm, *Industry and Empire*. Harmondsworth, 1980.

dass selbst der niederste englische Arbeiter zivilisatorisch höher stand als ein afrikanischer König, einfach weil er besser gekleidet ist und eine bessere Diät bekommt. Dieser Materialismus, den selbst Marx nicht angezweifelt hat, musste von den Briten irgendwie in Einklang gebracht werden mit der traditionellen Morallehre, die auf der seit der Antike gepriesenen Form der Gerechtigkeit zurückgeht, wie sie in der *Politeia* und bei Cicero erscheint, und der Denker, der sich vor die Aufgabe gestellt sah, dieses Rätsel zu lösen, war Adam Smith.

Mandeville hatte nicht viel übrig für die von der christlichen Tradition überlieferten Moralvorstellungen. An einer Stelle in der *Fable* argumentiert er, die Moral sei eine Erfindung von Politikern, die dadurch ihre Macht sichern wollten.[228] Man mag darin eine Wiederholung antiker antisokratischer Elemente sehen, wichtig ist es festzuhalten, dass Mandeville ähnlich wie schon vor ihm Hobbes und Locke die klassischen Moralvorstellungen mit dem Nützlichkeitsdenken in seinem Schreiben zu vereinen dachte. Seine Pointe war natürlich, dass das, was die Tradition Moral nennt, die Nützlichkeit eher hemmt als sie zu fördern und dass, wenn es einen Konflikt gibt zwischen Nützlichkeitserwägungen und der klassischen Gerechtigkeits- oder Morallehre, dass dann immer die Produktivität vorzuziehen ist, weil sie Stärke, Reichtum und Innovationen fördert. Der Schotte Smith wollte diese bittere Pille nicht schlucken. In den Highlands lebten im 18. Jahrhundert noch Clans und die Denker der schottischen Aufklärung konnten deshalb einen so wichtigen Beitrag zum Denken der britischen Inseln leisten, weil sie – ähnlich wie Shakespeare vor ihnen – die Kontraste zwischen traditionalem und modernisierten Lebensweisen aus eigener Erfahrung kannten.[229] Smith hat in der *Theory of Moral Sentiments* Mandevilles Ansatz kritisiert.[230] Nach Smith besitzen wir einen angeborenen moralischen Sinn, der ähnlich fungiert wie der aus der Linguistik bekannte Sprachinstinkt. Dieser Sinn muss gepflegt werden und er brauch den richtigen Stimulus, aber er ist ein Teil des menschlichen Wesens ebenso wie sein Können im Rechnen oder seine Fähigkeit, Dinge in der Erinnerung zu speichern. Smiths Job war es jungen Oberklasse Briten Moralphilosophie beizubringen und man kann in dieser institutionellen

---

228 Vgl. B. Mandeville, *The Fable of the Bees,* a.a.O. S. 36. Siehe auch W. Euchner, Versuch über die Bienenfabel, in ders.: *Egoismus und Gemeinwohl. Studien zur Geschichte der bürgerlichen Philosophie.* Frankfurt, 1973. S. 74-131.

229 Vgl. G. Davie, *The Scottish Enlightenment and Other Essays.* Edinburgh, 1991.

230 Vgl. A. Smith, *The Theory of Moral Sentiments.* Indianapolis, 1982.

Tatsache sehen, dass es im 18. Jahrhundert in Großbritannien noch genug Gegenkräfte gab, die versuchten, die von den „aufgeklärten" Philosophen entfesselten Egoismen in ihre Schranken zu weisen. Smith gehörte gewissermaßen zu ihnen, aber in seiner Tätigkeit als Philosoph widmete er sich auch den Fragen, die Hobbes, Locke und Mandeville am meisten umtrieben und das waren Fragen nach dem, was wir vorher mit Produktivität beschrieben haben.

Der Angriff auf die feudalen Strukturen Großbritanniens, den man bereits auf die Glorious Revolution von 1688 datieren kann,[231] hat die alten Rechtsstrukturen auf den Inseln weitgehend zerstört und mittelalterliche Institutionen wie die Zünfte in den Abgrund getrieben. Durch die antistaatlichen Programme des britischen Bürgertums konnte sich so schnell der frühe Kapitalismus entfalten. Für Locke oder Mandeville war er ein Phänomen, das man sich vor der industriellen Revolution denken muss, also ohne weitreichende Proletarisierung und den massenhaften Slums von London oder Manchester. Wo bei Locke die Förderung der Produktivität durch kapitalistische Unternehmungen noch theistisch gefärbte ist, verliert sie diese Färbung bei Mandeville. Bei Smith nun regt sich noch einmal die Abneigung gegen die von den Philosophen in ihrer ökonomischen Nützlichkeit erkannten Egoismen, aber selbst Smith kann nicht darum her, die kapitalistische Logik zu bestaunen und sie letztendlich zu legitimieren. In seinem Werk herrscht der eklatante Widerspruch zwischen der *Theory of Moral Sentiments*, die die klassische Morallehre naturalistisch untermauert, und dem *Wealth of Nations,* der den Kapitalismus aus soziologischer Perspektive gewissermaßen positivistisch ohne jegliche moralischen Erwägungen betrachtet. Der Riss, der die europäische Gemeinschaft im 18. Jahrhundert durchzieht, verläuft geradewegs durch Smith. Im System der Marktgesellschaft (*commercial society*) verhalten sich die Subjekte wie strategische Egoisten. Sie geben dem Bäcker Geld, nicht weil sie ihn mögen, sondern weil sie seine Brötchen wollen und Smith stellt sich die Marktgesellschaft vor als ein System, das sich reproduziert und das funktioniert, weil obwohl jeder nur sein eigenes Glück maximieren will, er paradoxerweise das Glück aller erweitert. Die Moral hat hier keine Erwähnung gefunden, denn wie Mandeville betrachtet auch Smith die wirtschaftlichen Aktivitäten als Selbstzweck: egoistische Individuen erweitern das

---

231 Und natürlich auch zu einem gewissen Grad auf die Militärdiktatur von Cromwell in der Mitte des 17. Jahrhunderts.

Gemeinwohl, wenn sie nur konsequent egoistisch handeln und der Staat die Rahmenbedingen schafft für Vertragsfreiheit und die Zerstörung von feudalen Rechten.[232] Im Gegensatz zu Mandeville aber will Smith nicht seine soziologischen Einsichten in die Moraltheorie integrieren, denn das hätte zur Folge haben müssen, dass die Moral etwas ist, das im Marktsystem eine bestimmte Rolle spielt, etwa so etwas wie die Disziplinierung der Massen für niedere Arbeiten, wie Mandeville schamlos sagt.[233] Horkheimer hat argumentiert, die Bourgeoisie arbeite mit der Komponente des moralischen Handelns lediglich um die Massen an ihre spartanische Lebensweise zu gewöhnen und sie zur Zurückhaltung in ihren Egoismen zu zwingen.[234] Das Argument übersieht aber, wie sehr sich die englischen Philosophen auf die Idee eingestellt haben, die gesamte Gesellschaft weg von der klassischen Morallehre hin auf Nützlichkeit umzupolen. Die moralischen Zugeständnisse die Smith in seiner Moraltheorie macht, sind nicht zu verstehen als Nachrichten für das im Entstehen begriffene Proletariat, das zu Zurückhaltung gebracht werden soll, sondern als Elemente eines Rückzugsgefechts, das die Kirchen und eine Handvoll Philosophen gegen die von den Utilitaristen eingeführten anti-sozialen Lehren aufgebracht haben. Smith hat als Wissenschaftler auf die Gesellschaft geblickt und eine System gesehen, dass sich selbst stabilisiert durch das Ineinandergreifen von Egoismen, die sich durch den Markt ergänzen, aber als Philosoph hat er sich geweigert, die anthropologischen Annahmen, die seinem Gesellschaftsbild entsprechen, zu vindizieren. Deshalb besteht eine Kluft zwischen der *Theory* und dem *Wealth of Nations*, die das Denken nach dem Entstehen des Kapitalismus charakterisiert: auf der einen Seite stehen diejenigen, die wie Mandeville die „public benefits" des utilitaristisch verstandenen Gesellschaftssystems preisen und die klassische Moral als Hindernis für kapitalistische Produktivität sehen, während auf der anderen Seite eine kleine Schar von Kritikern des neuen Systems stehen, die nicht gewillt sind, die seit Jahrhunderten gewachsenen, auf der klassischen Vorstellung beruhenden Idee der Gerechtigkeit als anti-egoistischem Handeln über Bord zu werfen.

---

232 Vgl. I. Hont und M. Ignatieff, Needs and Justice in *The Wealth of Nations,* in dies.: *Wealth and Virtue. The Shaping of Political Economy in the Scottish Enlightenment.* Cambridge, 1983. Mit stark apologetischen Zügen.

233 Vgl. B. Mandeville, An Essay on Charity Schools, in ders.: *The Fable of the Bees and Other Writings,* a.a.O. S. 109-130.

234 Vgl. M. Horkheimer, Egoismus und Freiheitsbewegung, a.a.O.

Es ist eine bedauernswerte Tatsache, dass die christlichen Kirchen in der Zeit des Imperialismus nicht in der Lage waren, die kolonialen Unternehmungen zu bekämpfen, sondern sich lediglich als Gehilfen der Imperialisten angeboten haben. Allerdings muss man die Logik des Ineinandergreifens sehen. Die East India Company war eine kapitalistische Unternehmung und kein religiöser Verein und die Kirchen waren selbst da, wo sie in Asien oder Amerika aktiv waren, von der Hoffnung getrieben, die Dominanz der Utilitaristen einzudämmen. Der Kapitalismus brauchte die Überseeterritorien als Rohstofflieferanten und als Absatzmärkte und deshalb waren es systemische Imperative, die die Europäer in die dunklen Teile der Welt trieben. Dieser Prozess begann im 17. Jahrhundert, also zur Zeit der Genese des frühen Kapitalismus und die Marxisten haben richtig gesehen, dass es marktinterne Anforderungen waren, die die Briten bis zur Hochphase des Imperialismus nach Asien, Afrika und Amerika jagten. Die anderen europäischen Mächte, vor allem Frankreich, hinkten seit dem 17. Jahrhundert hinterher, so wie die französischen Physiokraten der Smith'schen Mehrwerttheorie hinterherhinkten, denn die Entfaltung des frühen Kapitalismus gelang am besten in jenem vom Protestantismus und seinen Sekten geprägten Land. Zur Zeit der industriellen Revolution, also im langen 19. Jahrhundert, vollzog sich die Verwandlung der Welt nach europäischem Muster mit so rasanter Geschwindigkeit, dass Marx und Engels 1848 behaupten konnten, die Bourgeoisie behandele die Welt wie ein Theater und erschaffe sie in ihrem Ebenbild. Marx' Einsicht in die von den strategischen Interessen des Kapitals getriebenen imperialen Politiken ist bedeutend, nicht zuletzt, weil der im Londoner Exil lebende Philosoph wie kein anderer beobachtet hat, was die Engländer in Asien mit ihrer von Produktivität getriebenen Interventionen anrichteten.

Marx hat ein geschultes Auge dafür gehabt, wie die kapitalistische Wirtschaft das gesellschaftliche Leben ganzer Gemeinschaften transformiert und er hat mit Abscheu auf die Vorgänge herabgesehen, die die Liberalen in Angriff nahmen, als sie die neuen Lebensformen in Europa institutionalisierten. In Europa war die kapitalistische Transformation der Lebensformen bei aller Gewaltsamkeit allerdings eine endogene Entwicklung, was heißen soll, dass für die protestantischen Engländer der Übergang von den feudalen Strukturen zur Moderne nicht so krass ausfallen konnte, wie beispielsweise in Indien, wo das gemeinschaftliche Leben des individualistischen Protestantismus entbehrte, der den Übergang für die englischen Massen immerhin die Gestalt eines Übergangs und nicht den einer Penetration gab.[235] Marx wusste, was die Ausbreitung kapitalistischer Strukturen für traditionale Gesellschaften bedeutet, aber seine eigene Verstrickung in die Hegel'sche Dialektik hat es ihm nicht erlaubt, die Zerstörung der traditionellen Gemeinschaftsstrukturen als einen genuinen Verlust wahrzunehmen. Immerhin wusste er, dass die indischen Lebensformen eine religiös-kulturelle Kohäsion besaßen, die seit Jahrtausenden bestanden hatte und wo vergleichbar mit dem europäischen Mittelalter der einzelne Teil einer Struktur war, die ihm eine Rolle in einem Ganzen zuschrieb, welche ihm Anerkennung und Respekt gewissermaßen auf organische Weise zusprach. Weil Marx aber von der Idee besessen war, dass die Vereinzelung und Atomisierung, die der Kapitalismus dem einzelnen bescherte, notwendig war, um ihn in eine Gesellschaft, wo die Klassengegensätze aufgehoben sind, zu überführen, hat er gedacht, dass die traditionalen Gemeinschaften erst durch die Qualen der bürgerlichen Epoche durchgehen müssen, bevor sie befreit werden können. Jerry Cohen hat diese Denkfigur so beschrieben, dass es in der feudalen Gesellschaft, zu der man mit Abstrichen auch Indien zählen kann, eine undifferenzierte Einheit gibt, die sich darin äußert, dass der Arbeiter eine organische Beziehung zu dem von ihm erbauten Produkt besitzt.[236] Ein süddeutscher Bauer beispielsweise, der in der Winterzeit eine kunstvolle Uhr schnitzt, erkennt seine Individualität in dem Produkt, das er angefertigt hat. Die Uhr trägt seine individuellen Züge und ist sein Unikat. Der Kapitalismus entreißt den einzelnen aus dieser organischen Einheit und wirft ihn seinen Mitmenschen als Konkurrent entgegen. Der Arbeiter verkauft seine Arbeitskraft und stellt ein Produkt her, an dem er lediglich eine rekurrierende Operation vollzieht und dessen Endprodukt ein standardisiertes ist, in dem er sich nicht wider erkennt. Die befreite Gemeinschaft hat Marx sich vorgestellt als eine, in der die Individuen zwar aus ihrer organischen Verbundenheit mit der Sozialstruktur entrissen sind, wo aber eine differenzierte Einheit besteht. Diese dialektische Denkfigur, die Marx aus der Hegel'schen Phänomenologie gewonnen hatte, hat es ihm nicht erlaubt zu sehen, dass die sozialen Transformationen, die der Kapitalismus überall auf dem Globus vorgenommen hat, einen irreparablen Schaden angerichtet haben, die scheinbar nicht mehr so einfach revidiert werden können. In den Konflikten zwischen den Liberalen und den Konservativen hat Marx des-

---

235 Vgl. E. Said, *Orientalism*. London, 2003.
236 Vgl. G. A. Cohen, The Dialectic of Labor in Marx, in ders.: *History, Labour, and Freedom. Themes from Marx*. Oxford, 1988.

halb immer für die Liberalen Partei ergriffen, obwohl er den Kapitalismus – ihr Projekt – an allen Stellen bekämpfen wollte.[237] In Marxens Schriften zu Indien scheint aber dennoch eine gewisse Melancholie durch, die verrät, dass Marx zwar von seiner Dialektik überzeugt war, aber dennoch sich nicht ganz frei machen konnte von dem Gedanken, dass die von den Engländern auf den Weg gebrachte Ordnung einen furchtbaren Verlust vor allem für die Asiaten darstellte. Dieser melancholische Ton bei Marx muss beachtet werden, will man verstehen, wie der Imperialismus die traditionellen Ordnungen in Asien vergewaltigt hat. Marx kann sich der Parteinahme für die asiatischen Traditionalisten (Hindus, Moslems, Buddhisten) nur erwehren, indem er sich ständig sagt, dass diese Menschen durch diese Hölle gehen müssen, um das Paradies zu sehen. Hier ist was er 1853 schreibt:[238] „However changing the political aspect of India's past must appear, its social condition has remained unaltered since its remotest antiquity, until the first decennium of the 19th century. The hand-loom and the spinning-wheel, producing their regular myriads of spinners and weavers, were the pivots of the structure of that society. From immemorial times, Europe received the admirable textures of Indian labor sending in return for them her precious metals, and furnishing thereby his material to the goldsmith, that indispensable member of Indian society, whose love of finery is so great that even the lowest class, those who go about nearly naked, have commonly a pair of golden earrings and a gold ornament of some king hung around their neck. Women as well as children commonly wore massive bracelets and anklets of gold or silver, and statuettes of divinities of gold and silver were met with in the households. It was the British intruder who broke up the Indian hand-loom and destroyed the spinning-wheel. England began with driving the Indian cottons from the European market; it then introduced twist into Hindostan and in the end inundated the very mother country of cotton with cottons" (13-14). Marx sieht, dass die bürgerliche Gesellschaft Herrschaft nicht aufhebt, sondern unter dem von den bürgerlichen Engländern konzeptualisierten Maßstab der Produktivität ganze Kontinente zur Aufgabe ihrer traditionellen Lebensweisen zwingt. Was im *Kapital* ursprüngliche Akkumulation heißt,

---

237 Vgl. S. Avineri, *The Social and Political Thought of Karl Marx*. Cambridge, 1969.
238 Vgl. K. Marx, The British Rule in India, in ders.: *Karl Marx on India. From the New York Daily Tribune*. Hg. I. Husain. New Delhi, 2005.

vollzieht sich für Marx vor den Augen der Europäer in den Kolonien:[239] „The profound hypocrisy and inherent barbarism of bourgeois civilisation lies unveiled before our eyes, turning from its home, where it assumes respectable forms, to the colonies, where it goes naked" (50).

Die kapitalistische Verkehrsform, der moderne Staat sowie Technik und empirische Wissenschaft waren zur Zeit des liberalen Imperialismus bereits Tatsachen, von denen die entscheidenden politischen Köpfe der Europäer annahmen, dass sie Errungenschaften darstellten, die keinem Volk vorenthalten werden durfte. Die Einsicht in die Dialektik der Aufklärung oder die von Husserl und Heidegger diagnostizierte Problematik der europäischen Metaphysik ist eine Erscheinung, die erst nach dem Ersten Weltkrieg auftrat. Die Liberalen betrachteten im 19. Jahrhundert, das gewissermaßen das ihre ist, die Steigerung von Kapitalakkumulation, die Errichtung von bürokratischen Staaten, wo es keine gab, sowie die Einsetzung von Technik und Wissenschaft als Dinge, die es im Namen der Zivilisation durchzusetzen gab.[240] Selbst Kiplings poetische Interpretation der Bürde des weißen Mannes war eine Interpretation eines Prozesses, den die liberalen Geister der Epoche des Kapitals eher durchführten, als dass sie ihn durchschauten. Der Drang gegen alle asiatische oder afrikanische „Faulheit" hat bestimmt puritanische Wurzeln und es ist nicht unwichtig anzumerken, dass ein so liberaler Kopf wie James Mill einer protestantischen Theologenfamilie entsprang. Was aber dennoch auch für das 19. Jahrhundert gelten muss, ist dass die Kirche, die in seinem reformatorischen Off-Shoot die kulturellen Grundlagen für die Expansion des Kapitalismus gelegt hat, sukzessive eine kritische Stellung gegenüber den Liberalen einnahm, die jetzt in Namen der Willkürfreiheit die exponentielle Vermehrung von Reichtum durch Ausbeutung europäischer und indigener Arbeitskraft vorantrieben.

Thomas McCarthy hat gezeigt, dass die Liberalen in dieser Epoche die eklatanten kulturellen Unterschiede zwischen den Weißen und allen andersartigen mit Theorien von gattungsgeschichtlicher Entwicklung interpretierten.[241] Bei den Schotten finden sich die Anfänge dieses Denkens und sie kamen zur vollen Blüte in der Soziologie eines Auguste Comte,

---

239 Vgl. K. Marx, The Future Results of British Rule in India, in ders.: *Karl Marx on India,* a.a.O.

240 Vgl. E. Hobsbawm, *The Age of Capital. 1848-1875.* London, 1977.

241 Vgl. T. McCarthy, *Race, Empire, and the Idea of Human Development.* Cambridge, 2009.

der vom positivistischen Zeitalter sprach im Gegensatz zum metaphysischen. Die seit Bacon exponentiell sich entwickelnden exakten Wissenschaften wurden nun von den Europäern auf das Dasein gerichtet, mit der Konsequenz, dass Völker, die nicht durch den okzidentalen Rationalismus entzaubert wurden, als irrational dargestellt wurden. Konvergenz mit der kapitalistischen Wirtschaft und dem bürokratischen Staat konnten so als Inklusionskriterium für nicht-westliche Gemeinschaften gelten, die in einer Welt lebten, die die Europäer nur aus germanischen Sagen oder vielleicht den homerischen Epen kannten. Wie Carl Schmitt richtig gesehen hat, meinten die Engländer mit Demokratie natürlich nicht, dass die von ihnen unterworfenen Völker in Asien, Afrika und Amerika das Gemeinwohl des British Empire mitbestimmen durften, denn das hätte bedeutet, dass eine Unmenge dunkelhäutiger Menschen über das Wohl einer kleinen Insel entschieden hätte.[242] Die Ideologien, welche die Liberalen entwarfen, um auf der einen Seite den feudalen Strukturen in Europa entgegen zu wirken, während man auf globaler Ebene autokratisch herrschte, waren Doktrinen von menschlicher Entwicklung, die so aussahen, dass das Stadium einer atheistischen, kapitalistischen und von Technik und Wissenschaft geprägten Zivilisation einen kulturellen Fortschritt bedeutete, der es den Imperialisten erlaubte, über die Barbaren zu herrschen. Was die Liberalen vor allem störte, war die Tatsache, dass die Hindus und die Buddhisten, genauso wie die Moslems und die Naturvölker in Gemeinschaften lebten, wo der einzelne ein organischer Teil seiner Gemeinschaft ist. Die subjektiven Rechte, mit denen die Liberalen die kirchlich legitimierten Autoritäten in Europa bekämpften, waren in der angelsächsischen Tradition erwachsen aus dem Problem des neutralen, anstaltsmäßigen Staats, wie wir gesehen haben. Sie waren aber auch die Waffe, mit der das europäische Proletariat geschaffen wurde, denn um dem einzelnen seine Arbeitskraft abzunehmen, musste er als zweckrational handelnder homo oeconomicus gesehen werden und das wiederrum war nur möglich, solange er oder sie nicht Teil einer Zunft oder Vasall eines Herrn war. Die liberalen Imperialisten haben auf die gemeinschaftlichen Strukturen der Inder, Afrikaner oder Indianer reagiert, indem sie ihnen einen imperialen Staat vorsetzten, der autoritär verfuhr und es nach ihnen auch durfte, solange seine Unterworfenen nicht rational waren und die Rationalität, die die Liberalen im

---

242 Vgl. C. Schmitt, *Die geistesgeschichtliche Lage des heutigen Parlamentarismus.* Berlin, 2010. S. 15.

Kopf hatten, war jene, die wie Hobbes und Locke impliziert hatten, an ihre egoistischen Interessen entbunden von den Claims der Gemeinschaft dachten.

Natürlich hatten die Liberalen auch eine Konzeption von Gemeinwohl, aber der Begriff war spätestens seit Mandeville durchdrungen von den Produktivitätsannahmen der kapitalistischen Wirtschaft. Schon Edmund Burke hatte nach 1789 bemerkt, dass die individualistisch zugeschnittenen Menschenrechte die integrative Kraft der alten Ordnung untergraben würde: „but the age of chivalry is gone" hatte er gesagt und das neue Zeitalter erkannte er als eines in dem die „shopkeepers" und Egoisten das Sagen haben würden. Burke war ein Gegner bestimmter Teile des Imperialismus,[243] aber diese Tatsache allein unterscheidet ihn nicht unbedingt von den Liberalen, die natürlich hier und da auch mal die Brutalität, mit der die Europäer in den Kolonien herrschten, kritisierten. Politische Denker artikulieren ihre Gedanken immer in einem bestimmten politischen Kontext und die Entscheidungen, die sie treffen, haben einen dualen Charakter. Auf der einen Seite sind sie normative Handlungsanweisungen, aus denen hervorgeht, wie sich Akteure in einer bestimmten Situation zu verhalten haben. Auf der anderen Seite sind sie aber immer auch gleichzeitig Interpretationen eben derselben Situation, in der zu handeln ist. Marxens Dictum, dass die Philosophen bisher immer nur die Welt anders interpretiert hätten, dass es aber darum ginge sie zu verändern, ist streng genommen kein so radikaler Bruch mit der vor-marxistischen Philosophie, denn Marx wusste natürlich genau, dass praktisches Handeln nur dann von Bedeutung ist, wenn es aufgrund einer Beobachtung passiert, die akkurat ist. Burke hat die Neuerungen, die durch die Erweckung der liberalen Kräfte in England und Frankreich ins Leben gerufen wurden, kritisiert, aber seine Kritik stand auf dem Boden einer Kultur, zu der schon der moderne Staat und zu einem bestimmten Grad die Wissenschaft und die Technik gehörten. Anders bei den Asiaten. Als sich im späten 19. Jahrhundert al-Afghani gegen das British Empire auflehnte, wählte er dezidiert die Symbolik der alten islamischen Ordnung, um die technischen und politischen Neuerungen zu bekämpfen, die die Kolonialherren in Vorderasien einführen wollten.[244] Al-Afghani wusste, wie nach ihm Gandhi, dass es in der alten

---

243 Vgl. H. L. Gates, *Tradition and the Black Atlantic. Critical Theory in the African Diaspora.* New York, 2010.

244 Vgl. P. Mishra, *Aus den Ruinen des Empire. Die Revolte gegen den Westen und der Wiederaufstieg Asiens.* Frankfurt, 2013.

Ordnung Werte gab, die unter dem Druck des okzidentalen Rationalismus zusammenbrechen mussten und als er vor die Wahl gestellt wurde, hat er ohne zu zögern die alte Ordnung vorgezogen, was sich auch allein schon im Kleidungsstil von Denkern wie ihm zeigt, denn al-Afghani wusste, dass das Anerkennungsgeflecht, aus dem die Traditionen in der islamischen Welt waren, den Menschen genuine Bedeutung verlieh und die technischen Innovationen wogen seiner Meinung nicht auf gegen die Wärme und Vernunft der alten Ordnung.

Al-Afghani mag eine Ausnahme gewesen sein, denn wie Edward Said gezeigt hat, mussten die Moslems genauso wie die Hindus und Buddhisten den Imperialismus bekämpfen, was nur realistisch war, solange sich die Einheimischen auf bestimmte Aspekte moderner Politik einließen.[245] Deshalb war die Dekolonisation nur möglich, solange es den Farbigen gelang, die europäischen Institutionen für ihre eigenen Zwecke zu adoptieren. Der anstaltsmäßige Staat, die kapitalistische Wirtschaft genauso wie Wissenschaft und Technik waren ja Institutionen, die schon in Europa nach der frühen Neuzeit den Subjekten als autonome Gegenstände begegneten. In die eisernen Gehäuse mussten sich nun auch die Asiaten und Afrikaner einfinden, wollten sie dem Imperialismus Paroli bieten. Dieses Dilemma ist Leuten wie al-Afghani oder Gandhi natürlich nicht entgangen. Die zu Institutionen geronnen Praktiken der Europäer, aus denen der moderne Staat, Kapitalismus und Technik wurden, stellen natürlich aus einer bestimmten Perspektive einen Gewinn dar: sie verlängern das physische Leben, erklären Sachverhalte und steigern Macht. In Asien sah es deshalb eine ganze Zeit lang so aus, als könnte man sich dieser Institutionen bedienen, wie man ein Werkzeug benutzt, also rein utilitaristisch verbunden mit einem Telos, das von der nicht korrumpierten Kultur gestiftet wird. Das übersieht natürlich, dass dieses Institutionen ganz besonders stark kulturelle Institutionen sind, was heißt, dass sie die Praxis der Menschen, die in ihnen Leben, ganz eklatant tangieren. Die Dekolonisation hat ironischer Weise die nicht-europäischen Völker von der direkten Herrschaft der Weißen befreit, aber mit der Konsequenz, dass die modernen Institutionen nun überall auf der Welt fest verankert sind.

---

245 Vgl. E. Said, *Culture and Imperialism.* London, 1994. S. 263.

Nach den Kolonien: Hanif Kureishi

Die europäischen Konservativen des 19. Jahrhunderts waren Männer wie Burke, Carlyle oder John Ruskin. Sie waren trotz aller institutioneller Macht, die durch die Kirchen noch an ihrer Seite war, nicht in der Lage, die alte Ordnung gegenüber den liberalen Kräften zurückzubringen. Al-Afghani, der frühe Du Bois und die vielen chinesischen Intellektuellen, die im 19. Jahrhundert die USA bereisten, hatten den Europäern gegenüber den Vorteil, dass sie die Neuerungen als fremde Kulturelemente bekämpfen konnten.[246] Dass sie etwas besaßen, das den Weißen abhanden gekommen war, war den hellsten unter ihnen klar und deutlich. 1903 ging Du Bois noch davon aus, dass die Afroamerikaner ein kulturelles Potential besaßen, das gewissermaßen als Antidot gegen die von Zweckrationalität vereinnahmten Europäer wirken könnte.[247] Die alten europäischen Konservativen, wie zum Beispiel Carlyle, hatten noch den Mut, die technischen Neuerungen zu kritisieren,[248] aber schon bei Denkern wie Matthew Arnold oder Thomas Macaulay war die Technik ebenso wie Wissenschaft und das Kapital, das sie förderte, so stark zu dem geworden, was die Konservativen bewahren wollten, dass die Vereinigung zwischen Konservatismus und der kapitalistischen Wirtschaft, inklusive der mit ihr verwobenen exakten Wissenschaften und die durch Marktanforderungen ständig revolutionierte Technik, so eng war, dass man von einer seit dem 19. Jahrhundert bestehenden Symbiose zwischen Kapitalismus und Konservatismus sprechen kann.

Der englische Konservatismus im 20. Jahrhundert hat nach Carlyle aus den Augen verloren, was im 17. Jahrhundert noch konservativer Common Sense war: die Idee nämlich, dass die neue Ordnung inklusive der von ihr hervorgebrachten modernen Technik und die exakten Wissenschaften, die sie tragen, einen genuinen Verlust darstellen, dem gegenüber das Denken sich verhalten muss und diese Anfreundung zwischen Konservatismus und Technik sieht man am deutlichsten im Denken von Michael Oakeshott, dem englischen Konservativen, der nach dem Advent des liberalen Zeitalter des Kapitals versuchte, die Traditionen, die nun im Westen mit dem

---

246 Vgl. P. Mishra, *Aus den Ruinen des Empire,* a.a.O.
247 Vgl. W. E. B. Du Bois, *The Souls of Black Folk,* a.a.O.
248 Vgl. L. Marx, *The Machine in the Garden. Technology and the Pastoral Ideal in America.* Oxford, 1967.

Rücken zur Wand standen, zu bewahren.[249] Oakeshott sagt, dass es in der Moderne einen Überschuss an theoretischem Wissen gibt, dass sich gewachsenen Traditionen, wie sie die Kirchen verkörpern, gegenüber feindlich verhält. Diese Idee steht noch im Einklang mit den christlichen Lehren der frühen Neuzeit, die die scholastische Verbindung zur alten Tugendlehre aufrechterhalten wollten. Oakeshott aber bricht mit ihr in dem Moment, wo er sagt, selbst die Naturwissenschaften besäßen Traditionen, die analog fungieren zu denen in kultureller Gemeinschaft und Politik. Dieser Zug nun verrät die neue Allianz zwischen Empirismus und Konservatismus, die sich im 20. Jahrhundert aufgetan hat. Sie führt von Oakeshott direkt zum Denken von Karl Popper, das ja auch konservativ genannt worden ist, aber dieser Konservatismus steht nun in krassem Gegensatz zu dem von al-Afghani oder Gandhi, die die Spinning Jenny mit dem Hand-Loom bekämpfen wollten. Für die Asiaten war die moderne Wissenschaft ein integraler Bestandteil des westlichen Projekts, zu dem sie sich verhalten mussten und in den Anfängen des politischen Islam wird der westliche Individualismus gegeißelt zusammen mit dem technischen Überbau, der aus ihm entstanden ist.[250]

Gandhi war ein Sohn des British Empire und sein Denken speist sich aus der Erfahrung mit der imperialen Konstellation, die er als Anwalt in Südafrika kennen lernte. Die asiatischen Intellektuellen, wie noch der während der Meiji Ära schreibende Japaner Soseki, mussten, um das Empire zu denken, erst einmal eine intellektuelle Auseinandersetzung mit der abendländischen Kultur wagen – das geschah hauptsächlich an westlichen Universitäten.[251] Die Ressourcen, die die Heimatgesellschaften der farbigen Intellektuellen bereitstellten, galt es nun so zu mobilisieren, so dass die kapitalistische Wirtschaft, der moderne Staat, sowie Technik und Wissenschaft, nicht den Schaden anrichten konnten, den sie in Europa begangen hatten. Das merkten natürlich auch die Europäer, denn spätestens nach dem Entstehen von krassen Klassengegensätzen und weitreichender Entfremdung hofften die Weißen noch auf ein Stück Gemeinschaft, so wie es dem späten Marx in seiner leichten Melancholie vorschwebte, als er an Indien dachte. Bei Max Weber ist dieses Motiv offensichtlich und es er-

---

249 Vgl. M. Oakeshott, *Rationalism and Politics and Other Essays.* London, 1962.

250 Vgl. P. Mishra, *Aus den Ruinen des Empire,* a.a.O.

251 Vgl. H. Murakami, Introduction, in: Natsume Soseki, *Sanshiro.* Hg. J. Rubin, London, 2009. S. xxiii-xxxvi.

scheint, wie bereits angemerkt, in den Texten des frühen Du Bois.[252] Was diese Denker aber ebenso sehr wussten, ist, dass es ironischer Weise nur die Gebildeten sein konnten, die in der Öffentlichkeit ein treffendes Argument gegen die modernen Pathologien machen konnten. Zweckrationalität, wie von Weber beschrieben, hatte die europäische Gemeinschaft schon so weit vereinnahmt, dass eine intelligente Kritik an ihr nur erfolgreich sein konnte, wenn man Alternativen aufspüren konnte und das wiederrum legte nahe, dass man sich die europäische Entwicklung ansah und die Widerstände, die sich auch hier gegen den Kapitalismus aufgebaut haben, als Anknüpfungspunkte zu nehmen begann. Das hat Du Bois grandios in seinem Frühwerk getan. Seine Biographie verrät aber auch, dass die afrikanischen oder asiatischen Denker, die etwas gegen die Entfremdungstendenzen der westlichen Moderne tun wollten, sich in den Debatten, die in der Öffentlichkeit stattfanden, einbringen mussten und das hieß, dass sie eine politische Meinung bilden mussten, die sie wiederum in einem der kämpfenden Camps etablierte. Jede noch so banale politische Überzeugung trägt nämlich immer den Charakter der Anknüpfung in sich. Wenn sie artikuliert wird, stellt sich das diskursive System, die textlich verfasste Situation, in der es auftritt, in einem bestimmten Licht dar und weil Diskussionen immer auch Selbstreflexionen sind, entstehen durch Artikulationen Allianzen, die gegen die Zukunft offen sind. Die wichtigen farbigen Intellektuellen des 20. Jahrhunderts werden vereint in dem Gedanken, dass die nicht-westlichen Gemeinschaften ein Rationalitätspotential besitzen, das es unter dem Eindringen von westlichem Einfluss zu bewahren gilt. Dieser Zug vereint al-Afghani mit Du Bois und Stuart Hall. Weil der Konservatismus aber seine Heirat mit den Liberalen nach Carlyle etabliert hatte, waren es oft Konservative – emblematisch beim späten Tocqueville – die für die Kolonien und gegen Unabhängigkeit waren. Das trieb die asiatischen und afrikanischen Intellektuellen in die Arme der Sozialisten, die nach 1945 weitgehend für Unabhängigkeit waren.[253] Die Idee der Unabhängigkeit ist aber, auch da wo sie wie in Vietnam sozialistisch untermauert war, nicht falsch zu verstehen als eine Kopie der europäischen Lebensformen mit farbigem Gesicht. In ihr artikuliert sich die von Du Bois propagierte These, dass die neuen Nationen das indigene Potential der nicht-

---

252 Vgl. Für den amerikanischen Kontext vgl. T. J. Lears, *No Place of Grace,* a.a.O.
253 Vgl. exemplarisch, M. Großheim, *Ho Chi Minh. Der geheimnisvolle Revolutionär.* München, 2011.

individualistischen Gemeinschaft mobilisieren könnten, um eine bessere Moderne zu schaffen.

Der späte Du Bois, Ho Chi Minh, Stuart Hall – das waren Männer der Linken, die den Rassismus der europäischen Proletarier schluckten, weil sie erkannten, dass der europäische Konservatismus nicht mehr in der Lage war, die Aufgabe zu übernehmen, die Leute wie al-Afghani oder Gandhi noch für sich in Anspruch zu nehmen begonnen hatten, weil das, was die neuen Konservativen bewahren wollten, schon die zersetzenden Institutionen wie die kapitalistische Wirtschaft und die staatliche Bürokratie beinhaltete. In ihren Schriften scheint aber durch, dass der Kapitalismus einen genuinen Sinnverlust in den Gemeinschaften angerichtet hatte, aus denen diese Denker ursprünglich kamen oder mit denen sie sich identifizierten. Als sich in Großbritannien nach der Dekolonisation und dem Labour Zwischenspiel nach 1945 die Konservativen neu aufstellten, hatten sie schon die Lehren, die Oakshott und Popper gezogen hatten, wiederholt.[254] Ihr politisches Programm war nicht mehr, wie noch bei Carlyle, mit dem anti-technischen, nicht-empirischen versehen sondern umarmte nun die Errungenschaften der Metaphysik. Der Ausweg aus dem europäischen Gedankengebäude, das die kapitalistische Wirtschaft und den modernen Staat hervorgebracht hatte, schien nun nur noch an der radikalen Linken durch, wo man der Idee der Modernisierung zumindest teilweise kritisch gegenüber stand.[255] Noch bei einem so von den Post-Strukturalisten beeinflusstem Autor wie dem Stuart Hall Schüler Paul Gilroy scheint dieser konservative Zug durch, etwa wenn Gilroy von den überentwickelten Gesellschaften des Westens spricht.[256] Dieses Denken war selbstverständlich auf dem Kontinent seit dem frühen 19. Jahrhundert Teil der Resistenz gegen die liberale Moderne. In Husserls Spätwerk scheint das Unbehagen an der Moderne noch einmal durch und der kontinentale Konservatismus ließ sich den Kampf gegen die Liberalen nicht dadurch vermiesen, dass die neuen Konservativen auf der Insel und in den USA hart daran arbeiteten, den Kapitalismus zum integralen Bestandteil konservativer Politik zu machen, als die wir sie heute kennen. Den Asiaten – Denkern wie Soseki, Gandhi oder al-Afghani – ging es um eine Art des *conservare*, die sich noch nicht wie Thatcher oder Reagan den Kapitalismus und die

---

254 Vgl. D. King, *The New Right. Politics, Markets and Citizenship.* Basingstoke, 1987.
255 Vgl. H. Marcuse, *Counterrevolution and Revolt.* Boston, 1972.
256 Vgl. P. Gilroy, *The Black Atlantic,* a.a.O.

Technik auf die Fahne geschrieben hatte. Für die USA gilt natürlich, dass Konservatismus Rückgang zu den Ideen von 1776 hieß und diese waren liberal. Deshalb wurde der Bruch mit dem politischen Konsens der westlichen Welt nach `45 am eklatantesten sichtbar, als die Tories in Großbritannien den Neokonservatismus in die Tat umsetzten.[257] Stuart Hall hat diesen fundamentalen Bruch in der politischen Landschaft als erster auf den Nenner gebracht, als er vom Thatcherismus sprach, der die neoliberale Epoche eingeleitet hat.[258] Wenn wir heute über Globalisierung sprechen, dann meinen wir damit eine Konstellation, die auf politische Entscheidungen der Neokonservativen am Ende der 1970er Jahre zurückgeht. Ab 1965 hatte die katholische Kirche ihren Frieden mit der liberalen Ordnung gemacht und der etablierte Konservatismus, den wir heute kennen, ist nicht mehr denkbar ohne seine enthusiastische Unterstützung für das Kapital.

Die britische Arbeiterklasse hatte unter den Umstrukturierungen, die Thatcher vornahm, am meisten zu leiden und sie entlud ihre Unzufriedenheit im Rassismus, der den Immigranten aus den ehemaligen Kolonien entgegen sprang.[259] Das neoliberale Projekt, das nun von Politikern eingeleitet wurde, die sich selber als Konservative verstanden, ist mittlerweise von links, wie von rechts kritisiert worden.[260] In den von einem sozialdemokratischen Konsens getragenen 1960er Jahren sah es in Europa noch so aus, dass der Wohlfahrtsstaat sich zunehmend in Widersprüche verstricken würde, je weiter er seinen Bereich in die Zone des kapitalistischen Tauschverkehrs bringt. Claus Offe und Habermas haben damals richtig gesehen, dass wenn der Staat zunehmend wirtschaftliche Entwicklungen initiiert und durch den Markt verursachte Ungleichheiten ausbessert, er für das Volk eine Angriffsfläche bietet, die sich in einem liberalen System nicht so zum Vorschein gebracht hätte.[261] Je mehr der Wohlfahrtsstaat den Kapitalismus zu kompensieren versucht, um so mehr erscheinen die durch

---

257 Vgl. D. Kavannagh, *Thatcherism and British Politics. The End of Consensus.* Oxford, 1990.

258 Vgl. S. Hall, The Great Moving Right Show, in: *The Hard Road to Renewal. Thatcherism and the Crisis of the Left.* London, 1988. S. 39-56.

259 Vgl. P. Gilroy, *There Ain't No Black in the Union Jack. The Cultural Politics of Race and Nation.* London, 2009.

260 Vgl. J. Gray, *False Dawn. The Delusions of Global Capitalism.* London, 1998; sowie D. Harvey, *A Brief History of Neoliberalism.* Oxford, 2005.

261 Vgl. C. Offe, *Strukturprobleme des kapitalistischen Staates. Aufsätze zur politischen Soziologie.* Frankfurt, 2006, sowie J. Habermas, *Legitimationsprobleme im Spätkapitalismus.* Frankfurt, 1973.

den Marktaustausch entstandenen Ungleichheiten als politische Ungleichheiten und könne als solche angeprangert werden. Das wiederum führt zu Legitimationskrisen, denn die sozialstaatlichen Massendemokratien müssen nun Probleme lösen, die im liberalen Kontext gar nicht erst in ihre Domäne fallen, wie zum Beispiel Gehaltsunterschiede bei Beamten. Sind letztere durch den freien Markt bestimmt, muss der Staat nicht fürchten, dass die Bürger und Bürgerinnen protestieren gegen eine Ungleichheit, die nun eine unpolitische ist. In dem Maße aber, in dem der Staat sich für die Diskrepanzen in der Eigentumsverteilung verantwortlich zeigt, muss er Argumente aufbringen, die seine Politiken rechtfertigen. Man kann die neoliberale Revolution, die Ende der 70er Jahre aus Großbritannien und den USA auch auf den Kontinent übergriff, verstehen als die Konsequenz, die konservative Politiker aus den Legitimationskrisen der 1960er Jahre gezogen haben. Der Staat hat sich aus den Widersprüchen des Wohlfahrtskapitalismus einfach herausgezogen, indem er weite Teile seiner Domäne an den Markt abgegeben hat. Die große Welle von Privatisierungen, Deregulierungen und gewerkschaftlicher Auflösung müssen verstanden werden als ein fast den ganzen Westen überspannendes Projekt, in dem die Staaten sich aus den Legitimationskrisen der Nachkriegsperiode, die ja eine prosperierende war, zu entziehen begannen.

Es ist eine Ironie der Geschichte, dass ausgerechnet eines der Länder, das aus dem Zweiten Weltkrieg erfolgreich hervorgegangen ist, wirtschaftlich in der Zeit nach dem Krieg viel schlechter aufgestellt war, als das besiegte Deutschland.[262] Großbritannien, der einstmalige Workshop der Welt, war verglichen mit Deutschland oder gar Japan nach '45 vergleichsweise rückständig. Thatcher und die Liberalen, die ihre Politik entwarfen, versuchten durch das Freisetzen von bis dato im Zaum gehaltenen Marktkräften, diesen Zustand zu ändern, aber das Resultat neoliberaler Politik auf den britischen Inseln war, dass weite Teile der ehemals produzierenden Gebiete – wie etwa die Midlands – verelendeten und das Proletariat, das von nun ab quasi überflüssig war, nicht mehr in den Schutz der linken Hand des Staates fiel. In dieser Situation mussten die Immigranten aus dem in Auflösung begriffenen Empire ihren Platz in der Gemeinschaft finden und das war eine heikles Unterfangen, denn der Abbau von Arbeitsplätzen, der bedingt war durch den Abzug des Kapitals in low-income

---

262 Vgl. A, Gamble, *Britain in Decline. Economic Policy, Political Strategy and the British State*. London, 1985.

Länder, wo zu einem Bruchteil des britischen Lohns produziert wurde, erschien den britischen Arbeitern in den Farben der uns seit diesem Zeitpunkt so gut bekannten Das-Boot-ist-voll-Politik. Das Resultat war das Erstarken faschistischer Kräfte auf den Inseln und später auch dem Kontinent, das die von den Propagandisten der Dekolonisation beschworene Allianz zwischen der weißen Arbeiterklasse und den farbigen colonials zerstörte. Diese politische Situation bildet den Kontext für das frühe Werk von Hanif Kureishi, der als Sohn eines Pakistanis und einer Engländerin in den Vorstädten von London aufwuchs und der in seinen Stücken, Drehbüchern, Filmen und Geschichten die gesellschaftlichen Widersprüche, die sich um die Begriffe Immigration, Staatsbürgerschaft und Solidarität spinnen, thematisieren.[263]

Die somatisch differenten Europäer, die sich ihre politische Situation in den 1980er Jahren erklären mussten, mussten irgendwo Anknüpfungspunkte finden für die Dilemmata, in die sie verstrickt waren. Die kulturelle Hegemonie der USA im 20. Jahrhundert hat es da natürlich nahe gelegt, dass die schwarzen Europäer über den Atlantik blickten um sich Inspiration geben zu lassen von der schwarzen Minderheit dort, die ja, wie wir gesehen haben, relativ erfolgreich gegen den Imperialismus europäischer Prägung gekämpft hatten. Kureishis Oeuvre steht allerdings eher in der literarischen Tradition Großbritanniens als in der der USA. *The Buddha of Suburbia* – sein erster Roman – ist verglichen worden mit Mark Twains *Huckelberry Finn*. Dieser Vergleich übersieht aber, dass der Roman zwar popkulturelle Themen aus den USA aufgreift, jedoch mit seinem Witz, seiner geradezu provokanten Darstellung von Sexualität eher in die Tradition von Dickens und Oscar Wilde steht. *The Buddha of Suburbia* ist ein Bildungsroman, in dem die literarischen Traditionen Englands im Spiegel der post-kolonialen Situation gebrochen werden. Das gleiche Thema der ethnischen Differenzen und sexuellen Provokation im England nach 1968 erscheint in den frühen Scripts von Kureishi. Man findet es in *My Beautiful Laundrette, London Kills Me* oder *My Son the Fanatic*. Wenn wir aber das politische Denken der farbigen Europäer verstehen wollen, dann müssen wir uns dem Genre von Texten zuwenden, in denen der Autor von der Fiktion in die Argumentation überwechselt und Kureishi hat das glücklicherweise auf brillante weise getan.

---

263 Zusammenfassend zum Werk von Kureishi vgl. K. C. Kaleta, *Hanif Kureishi. Postcolonial Storyteller.* Austin, 1998.

Kureishi hat uns einen Essay überliefert, der schon in seinem Namen Auskunft darüber gibt, wo das politische Denken der farbigen Europäer seine Inspirationen gesucht hat. Er heißt „The Rainbow Sign".[264] Dieser Titel lässt zuerst an die Schwulenbewegung oder die Hippies denken und diese Konnotationen sind dem Autor sicher willkommen gewesen. Der Name steht aber in einem größeren, politischen Zusammenhang. James Baldwin hatte ja, wie wir sahen, seinen Aufsatz zur amerikanischen Rassenfrage in den 1960ern mit dem Namen *The Fire Next Time* versehen und er hatte sich dabei eines biblischen Zitats benutzt. Im Buch Genesis heißt es nämlich: „God sent Noah the rainbow sign, no more Water, the fire next time". Baldwin spielte mit dem Titel auf die vergebende Haltung der Schwarzen und die Dringlichkeit der Verbesserung der Situation an. Kureishi entnimmt dem Zitat den ersten Teil und obwohl er nicht wie der Pfarrerssohn Baldwin in der christlichen Tradition steht, verwendet er das biblische Bild um sein Argument für den Multikulturalismus und gegen das Empire in die Tradition der in den USA erwachsenen Bürgerrechtstradition zu stellen. Baldwin hatte in seinem Aufsatz seine Begegnung mit dem Fundamentalisten Elijah Muhammad geschildert und er hatte trotz aller Bewunderung für den Mann und sein Engagement nicht für die schwarzen Fundamentalisten Partei ergriffen, sondern mit Du Bois die Tatsache hervorgerufen, dass Schwarze und Weiße ihre Probleme nur gemeinsam lösen könnten. Das Motiv des aufeinander angewiesen Seins, das Du Bois als Bedingung für schwarze Emanzipation gesehen hatte, hat Baldwin dahingehend interpretiert, dass er das Selbstbewusstsein der Weißen von der Anerkennung ihrer ehemaligen Sklaven abhängig gemacht hat. Kureishi kennt beide Traditionen afro-amerikanischer Politik, die Multikulturalisten wie Baldwin oder Du Bois und die Separatisten wie Muhammad oder Farrakhan. Beide Autoren, Baldwin und Kureishi, sehen sich einer identischen Situation gegenüber. Auf ihrer Seite befinden sich radikale Fundamentalisten, die den europäischen Imperialismus bekämpfen wollen mit einer Auslegung des politischen Islam, der den Farbigen zwar eine Identität gibt, aber um den Preis, dass die kulturelle Verwobenheit der Rassen ersetzt wird durch ein manichäisches Gegenüberstellen von Gut und Böse. „[I]n an old copy of *Life* magazine, I found pictures of the Black Panthers. It was Eldridge Cleaver, Huey Newton, Bobby Seale

---

264 Vgl. H. Kureishi, The Rainbow Sign, in der.: *Dreaming and Scheming. Reflections on Writing and Politics.* London, 2002. S. 25-56.

and their confederates in black vests and slacks, with Jimi Hendrix hair-cuts. Some of them were holding guns, the Army.45 and the 12-gauge Magnum shotgun with 18-inch barrel that Huey specified for street fighting. I tore down my pictures of the Rolling Stones and Cream and re-placed them with the Panthers. I found it exhilarating. These people were proud and they were fighting. To my knowledge, no one in England was fighting. There was another, more important picture. On the cover of the Penguin edition of *The Fire Next Time,* was James Baldwin holding a child, his nephew. Baldwin, having suffered, having been there, was all anger and understanding. He was intelligence and love combined. As I planned my escape I read Baldwin all the time, I read Richard Wright and I admired Muhammad Ali" (29). Kureishi kennt also beide Facetten der afro-amerikanischen Politik, diejenigen, die an eine multikulturelle Ge-meinschaft glauben und die, die Separation wollen. In den USA hat der fundamentale Islam der schwarzen Moslems immer eine poppige Kompo-nente, die es manchmal so aussehen lässt, als hätte diese religiös-politi-sche Strömung den bloßen Charakter einer Sekte, die eine einmalige Er-scheinung in der politischen Landschaft der USA darstellt.[265] Und in der Tat verhält es sich ja so, dass Elijah Muhammad und Farrakhan ganz ein-deutig von Hollywood beeinflusst sind, wenn sie ihre eschatologischen Beschreibungen mit Raumschiffen und ähnlichem versehen. Es gilt aber festzuhalten, dass für Kureishi der fundamentalistische Islam, den er von in England lebenden Pakistanis kennt, sich nicht allzu sehr vom Islam der Afroamerikaner unterscheidet. Es gibt jedoch einen Unterschied, der zwi-schen der Situation Baldwins und der von Kureishi liegt. Für Baldwin den Amerikaner steht es überhaupt nicht zur Debatte, ob die Anhänger von Elijah Muhammad eine ganze Gesellschaft nach islamischen Prinzipien umbauen. Für ihn ist der Islam von Muhammad eine Spielart amerikani-scher Zivilreligion, dessen Mitglieder sich durchaus als Amerikaner wahr-nehmen.[266] Anders in England. Die Pakistanis, die in Europa leben, haben ihre kulturelle Verbindung mit den Emigrationsgesellschaften noch nicht so krass abbrechen müssen, wie die Afroamerikaner mit Afrika. Der poli-tische Islam ist hier mehr als nur eine Zivilreligion. Er stellt eine genuine politische Alternative dar, die in der Lage ist, ganze Staaten nach ihrem

---

265 Vgl. M. Gardell, *In the Name of Elijah Muhammad. Louis Farrakhan and the Nation of Islam.* Durham, 1996.

266 Vgl. F. Kelleter, *Con-Tradition. Louis Farrakhan's Nation of Islam, the Million Man March and American Civil Religion.* Heidelberg, 2000.

Muster zu konzipieren. Den Unterschied kann man sich einfach klarmachen, wenn man sich ansieht, wie die Mitglieder der Black Muslims sozialisiert sind und wie es die des politischen Islam in England sind. Die Afroamerikaner, die Farrakhan in seinen Million Man March gefolgt sind, sind alle in christlichen Familien aufgewachsen, haben eine amerikanische Schulbildung genossen und sprechen außer dem Englischen keine andere Sprache. Die Kinder der Pakistanis dagegen kennen den Islam als Kultur, die ihr Elternhaus prägt. Die Geschlechterrollen sind im Haushalt so verteilt, wie in der islamischen Kultur seit Jahrhunderten. Man spricht Urdu neben dem Englischen. Es gibt Koranschulen, wo Geistliche lehren, die in einer alten Tradition stehen. Aus Gründen wie diesen haftet dem Islam der Afroamerikaner etwas Künstliches an, das den Kindern der Immigranten in Europa nicht gegeben ist. Trotzdem aber sieht Kureishi, dass das politische Muster der Abwendung von den weißen Teufeln sowohl für Elijah Muhammad als auch für den konvertierten Jungen pakistanischer Abstammung aus dem Londoner Süden auf die gleiche Politik hinausläuft. In beiden Fällen wird nach Kureishi übersehen, dass die Rassen in der post-kolonialen Situation für ihr eigenes Selbstbewusstsein voneinander abhängig sind. James Baldwin lehnt den Fundamentalismus von Elijah Muhammad ab,[267] weil er seiner Meinung nach übersieht, dass „the black and the white, deeply need each other" (96). Kureishi verteidigt Baldwin gegen den Fundamentalisten Cleaver: „How strange it was to me, this worthless abuse of a writer who could enter the minds and skins of both black and white, and the good just anger turning to passionate Islam as a source of pride instead of to a digested political commitment to a different kind of whole society. And this easy thrilling talk of 'white devils' instead of a close analysis of the institutions that kept blacks low" (31).

So wie Baldwin Elijah Muhammad im Süden von Chicago besucht, so besucht Kureishi in den 90er Jahren Pakistan und somit auch seine entfernte Familie, die dort lebt. Kureishi beschreibt diese Reise als eine, in der der junge Autor sich in relativ wohlhabenden Zirkeln bewegt und auf Leute trifft, die aus der Generation seines Vaters stammen, der ein westliches Selbstverständnis besitzt. Der politische Islam ist nun aber nicht mehr nur eine sektenartige Bewegung im Ghetto von Chicago, wo im Christentum sozialisierte Schwarze von einer reinrassigen Gemeinde im Herzen der USA träumen, sondern eine echte politische Alternative, die nach dem

---

267 Vgl. J. Baldwin, *The Fire Next Time,* a.a.O.

Zusammenbruch des real existierenden Sozialismus die einzige ernstzunehmende Alternative gegenüber der liberalen Moderne zu sein scheint. Der Islam hat noch nicht wie die katholische und natürlich auch die protestantische Kirche seinen Frieden mit dem Liberalismus gemacht und auch wenn der bürokratische Staat und die kapitalistische Wirtschaft in allen islamischen Gesellschaften fußgefasst hat, so schallt in den Rufen der Muezzin doch immer noch das Versprechen an die alte Ordnung mit, die die Gläubigen zu einer Abwehrhaltung gegenüber den Europäern treibt, weil sie sich erhoffen, dass die Traditionen der vor-kapitalistischen Epoche durch ein Verbannen der Weißen erreicht werden kann. Kureishi weiß das. Sein Bericht über die Reise in das Land seines Vaters ist geprägt von dem Respekt, den er den Traditionalisten entgegen bringt und der eigenen Hilfslosigkeit gegenüber der Hingabe an die Religion, die er als Intellektueller nicht so recht vollziehen kann. Die Islamisierung der pakistanischen Gesellschaft, von der Kureishi enttäuscht ist, weil sie die Tatsache übersieht, dass die Pakistaner und die Engländer sich im Namen ihrer eigenen Identität brauchen, erkannt Kureishi jedoch als ein Projekt, das den Menschen ein Versprechen vorsetzt, das mit den Entfremdungstendenzen der Moderne brechen kann. „Islamization built no hospitals, no schools, no houses; it cleaned no water and installed no electricity. But it was direction, identity" (35-36). Wie Du Bois vor ihm, so ist auch Kureishi wie gefangen von dem Sinn für Gemeinschaft, den die Farbigen außerhalb der Metropole besitzen: „there was security and much love. Also there was a sense of duty and community – of people's lives genuinely being lived together, whether they liked each other or not – that you didn't get in London. There, those who eschewed the family hadn't succeeded in creating some other form of supportive common life. In Pakistan there was that supportive common life, but at the expense of movement and change" (39).

Kureishi weiß, dass er als Kind der 1960er Jahre in London, als Popmusikkind den von Traditionen geprägten Moslems in Pakistan als Außenstehender gegenüber treten muss. Er sieht klar, dass das traditionelle Leben der islamischen Gemeinschaften in Karachi lebt von einem Gemeinsinn, der in der liberalen Gesellschaft verloren gegangen ist. Sein Respekt gilt der Tradition. Die Frage, die offen bleibt, ist, wie er mit seinem eigenen Habitus als Pop-Autor und Kind der 68er umgeht. In einer eindrücklichen Passage in „The Rainbow Sign" wird sein Dilemma reflektiert: „I strode into a room in my uncle's house. Half-hidden by a curtain, on a verandah, was an aged woman servant wearing my cousin's clothes, praying. I stopped and watched her. In the morning as I lay in bed, she swept the floor of my room with some twigs bound together. She was at least 60. Now, on the shabby prayer mat, she was tiny and around her the universe was endless, immense, but God was above her. I felt she was acknowledging that which was larger than her, humbling herself before the infinite, knowing and feeling her own insignificance. It was a truthful moment, not empty ritual. I wished I could do it" (44). Der Respekt, den Kureishi der alten Frau gegenüber zeigt, steht im Kontrast zu seinen eigenen säkularen Werten, seinem Habitus als westlicher Künstler und bei aller Kritik die Kureishi an der Schwarz-Weiß-Malerei der Islamisten hegt, weiß er, dass die Frau auf der Gebetsmatte ein Leben führt, das im Kapitalismus nur noch als Farce bestehen kann. Das soll aber nicht heißen, dass Kureishi alles Traditionelle nach 1789 als Kitsch abtut, sondern er sich im Klaren darüber ist, dass der Islam in der Lage ist, dem einzelnen einen Platz in der Gemeinschaft zu sichern, der den atomisierten Individuen des Westens abhanden gekommen ist.

In *My Beautiful Laundrette* gibt es einen älteren Pakistani, der in Armut in Süd-London lebt, obwohl er gebildet ist und dem Islam gegenüber kritisch steht. Er verkörpert in Kureishis Texten, den von der westlichen Philosophie beeinflussten Einwanderer der ersten Generation, der – wie Kureishi selber – sich als Teil der Linken sieht, aber von der britischen Arbeiterklasse desillusioniert ist. Der Enthusiasmus für die revolutionäre Kraft der britischen Arbeiter haben neben Kureishi natürlich auch Stuart Hall und C. L. R. James geteilt, nur dass Kureishi in seinen Stücken und Romanen der marxistischen Idee, dass der Rassismus in der Arbeiterklasse lediglich vom britischen Bürgertum orchestriert wird, nicht ganz geteilt hat. Seine Protagonisten auf jeden Fall sind enttäuscht von den faschistischen Tendenzen in der weißen Arbeiterschicht und machen auch keinen Hehl daraus, dass die Allianz zwischen den Arbeitern und den Immigranten, wie sie noch vor dem Krieg für Leute wie Ho Chi Minh als genuine Alternative verstanden wurde, nicht gegen alles gefeit ist. Und so schreibt Kureishi dann weiter: „It was interesting to see that the British working class (and not only the working class, of course) used the same vocabulary of contempt about Pakistanis – the charges of ignorance, laziness, fecklessness, uncleanliness – that their own, British middle class used about them. And they weren't able to see the similarity" (46). Diese Überlegungen stehen schon in dem Teil des Essays, in dem sich Kureishi nach der Reise nach Pakistan wieder England zuwendet. Die Zeitdiagnose, die er in dieser Partie anbietet, ist voll von der Überlegung, dass das post-Thatcher

Britannien in zweierlei Hinsicht eine Enttäuschung darstellt. Auf der einen Seite ist da der gebrochene sozialdemokratisch Konsens, den die Rechten im Namen des freien Marktes gebrochen haben und der die desillusionierte britische Arbeiterschaft immer mehr in Richtung Xenophobie treibt, denn die Tatsache, dass die Immigranten nun als Teil des englischen Klassensystems fungieren, heißt auch, dass es auf dem Arbeitsplatz zu Situationen kommt, wo Asiaten den Weißen Instruktionen geben müssen und diese Tatsache gepaart mit dem Übernehmen von Arbeitsstellen durch Einwanderer, die dem Kapital gelegen kommen, weil sie oft hart arbeiten, fleißig sind und bereit sind außerhalb der gewerkschaftlichen Organisation zu arbeiten, bedeutet dass in den Augen derjenigen, die die Jobs verloren haben, die Ausländer die Arbeitsplätze wegnehmen. Der Druck wurde von den Tories natürlich noch erhöht, als die wohlfahrtstaatlichen Schutzinstitutionen, die durch die Arbeiterbewegung erkämpft wurden, zu großen Teilen gekappt wurden, denn das Ressentiment innerhalb der Arbeiterschaft hat sich damit natürlich vergrößert. Eine strukturgebende, sozialstaatliche Intervention, die den Markt wieder-politisiert hätte und die Verantwortung für den Imperialismus gegen die Schulden gegenüber der weißen Arbeiterschaft aufgewogen hätte, ist nicht zustande gekommen, weil Thatchers Priorität auf der Befriedigung des Kapitals lag und das wollte die Anarchie auf dem Arbeitsmarkt, die die Arbeiter in die Hände der Rassisten trieb. Die zweite Überlegung, die Kureishis Text über England markiert, ist die, dass England zwar technisch viel weiter Entwickelt ist als Pakistan, dass aber die ehemalige Kolonie ein kulturelles Potential besitzt, das in der westlichen Moderne verloren gegangen ist. Das neoliberale England erscheint, wie auch im *Black Album* oder in *Love in a Blue Time*, als eine entfremdete Gemeinschaft, die vom Geld besessen ist und wo das öffentliche Leben einem Witz gleichkommt: „One has opinions in England, but they are formed in private and clung to in public despite everything, despite their often being quite wrong" (51). Diese Konstellation spiegelt sich auch in den ethnischen Beziehungen wider, wo die verschiedenen Gruppen strategisch ihre eigenen Chancen verbessern wollen und der Fundamentalismus blüht. „The fierce truculent pride oft he Black Panthers is here now, as is the separatism, the violence, the bitterness and pathetic elevation of an imaginary homeland. This is directly spawned by racism" (47). Wie genial beobachtet in der Kurzgeschichte *My Son the Fanatic,* wendet sich die junge Generation der Pakistanis ab vom Säkularismus der europäischen Moderne und wird von ihren eigenen Vätern nicht mehr verstanden. Kureishi benutzt seine Erfahrung im islamischen Pakistan, um den Idealismus der junge Fanatiker zu bremsen, aber er kommt nicht darum her, die positiven Aspekte des Drittweltlandes gegen die Indifferenz des neoliberalen Londons aufzufahren. „In Pakistan it was essential to have knowledge because political discussion was serious. It mattered what you thought. People put chairs in a circle, sat down, and *talked.* What was said to each other was necessary. Intellectual dignity was maintained, earned anxiety was expressed; you weren't alone; ideas and feelings were shared. These things had to be said, even in low voices, because absolute silence was intolerable, absolute silence was the acceptance of isolation and division. It was a relief to argue, to exercise intelligence in a country where intelligence was in itself a weapon and a threat" (51). Natürlich schwingt hier mit, dass eine kritische Öffentlichkeit in Pakistan eine Opposition zur islamischen Doxa der Regierenden ist, aber man verkennt die Stoßrichtung von „The Rainbow Sign", wenn man annimmt, Kureishi wolle den westlichen Diskurs gegen die islamische Tradition ausspielen. Die Diskussionen in Pakistan haben die aufklärende Qualität, weil sie in einer von Traditionen bestimmten Gemeinschaft stattfinden und Kureishi, der die Verstrickungen seines Habitus in die Pathologien der entfremdeten neoliberalen Gesellschaft erkennt, weiß, dass die Vitalität der öffentlichen Deliberation vom kulturellen Nährboden einer echten Gemeinschaft lebt. Deshalb der Respekt für die betende Frau im Haus seines Onkels.

Kureishi bleibt seinem Idol treu und wie Du Bois und Baldwin vor ihm, legt er Wert darauf, dass es nach dem Empire ein genuines Lernen von einander nur geben kann, wo die verschiedenen Rassen sich eingestehen, dass ihre Identitäten reziprok aufeinander angewiesen sind. Baldwin schrieb, dass die Weißen die Anerkennung ihrer ehemaligen Knechte brauchen, einfach weil sie durch ihr Unrecht in einer seelischen Sackgasse stehen, aus der sie nur ihre ehemaligen Opfer befreien können. Unrecht muss vergeben werden und der Akt der Vergebung ist nur befreiend, wenn er ernst gemeint ist, genuin aus dem Mund des Opfers stammt und nicht strategisch motiviert ist. In diesem Dilemma stecken die weißen Amerikaner noch immer, deren Kinder Gangsta Rap hören und die keinen Hollywood Film produzieren können ohne den guten Schwarzen, der moralisch handelt und wie noch in *Uncle Tom's Cabin* das gute Gewissen der Nation darstellt. Kureishi sieht die Abhängigkeit der Kolonien mit der Metropole nicht im Licht von Entwicklung oder Technik, sondern wie Baldwin als ethischen Imperativ, den die Farbigen verspüren, denn sie müssen Europa von seinen Identitätskrisen befreien: „The two countries, Britain and Pakistan, have been part of each other for years, usually to the advantage of Britain. They cannot now be wrenched apart, even if that were desirable. Their futures will be intermixed. What that intermix means, its moral quality, whether it is violently resisted by ignorant whites and characterized by inequality and injustice, or understood, accepted and humanized, is for all of us to decide" (56).

Der Modellfall der französischen Entwicklung

Einleitung

Luhmann bemerkt irgendwo, dass es in Frankreich jetzt Ghettos gibt. Frankreich, das Hexagon, war natürlich eine imperiale Macht ähnlich wie England. Es gilt außerdem als genuine Heimat der Menschenrechte. Weil aber die französische Politik die Idee des durch individuelle Rechte aus seinem kulturellen Kontext enthobenen Individuums von den frühen Engländern übernommen hat, konnte sich auch in Frankreich der Kapitalismus ausbreiten. Der Unterschied zwischen den Engländern und den *philosophes* ist dennoch von Bedeutung, denn die französische Politik, die wie in keinem anderen Land den eklatanten Bruch zwischen dem feudal-katholischen Absolutismus mit der Demokratie gemacht hatte, stand seit je her in einem Spannungsverhältnis zur modernen Gesellschaft, das den Angelsachsen unbekannt blieb. Das wird vor allem deutlich, wenn man sich dem Denken der französischen Linken zuwendet. In Großbritannien waren, wie wir gesehen haben, die anti-modernistischen Strömungen, die gegen die Etablierung von modernen Maschinen und Menschenrechten protestiert haben, meistens Konservative, die noch die alte Ordnung über die kirchliche Tradition kannten.

Im Hexagon hat bereits seit den Tagen von Rousseau eine Kritik an dem von Empirismus und Utilitarismus getragenen Denken der Briten stattgefunden, dass sich deutlich in Rousseaus eigenem Werk widerspiegelt.[268] Der Schotte Hume hatte noch darauf verwiesen, dass moralisch-politischer Fortschritt synchron läuft mit der Entwicklung in den materiellen Verhältnissen einer Gemeinschaft, sprich, er hat argumentiert, dass die kapitalistische Modernisierung nicht nur einen Gewinn im materiellen Bereich der Gesellschaft bedeutet, dadurch etwa, dass immer mehr Personen immer mehr Reichtum anhäufen können, sondern er hat versucht zu zeigen, dass Fortschritt in den Geisteswissenschaften und den mit ihnen verbrüderten Künsten analog zu dem in der Wirtschaft verläuft:[269] "The ages

---

268 Vgl. L. Strauss, *Naturrecht und Geschichte,* a.a.O. Kap. 6.

269 Vgl. D. Hume, Of Luxury, in *Private Vices, Public Benefits? The Contemporary Reception of Bernard Mandeville.* Hg. J. M. Stafford. Ismeron, 1997. S. 618-626.

of refinemnt are both the most happy and the most virtuous" (619).
Rousseau, der die Idee der individuellen Menschenrechte von Locke übernommen hatte, will sich nicht auf die Fortschrittsgläubigkeit der Briten
einlassen. In seinen Preisschriften hat er versucht zu zeigen, dass die europäische Entwicklung ein Potential verschüttet hat, das dem edlen Wilden,
den Rousseau aus Berichten von amerikanischen Indianern kannte, noch
zustand.[270] Gedanken, die sich bei den Briten im Denken von so konservativen Geistern wie Burke oder Carlyle finden, tauchen in Frankreich auf
der Linken auf und das ist eine bedeutende Tatsache, denn die französische Linke wird sich bis in unsere Tage hinein die Einsicht in die Pathologien, die die Modernisierung, wie die Liberalen sagen, mit sich gebracht
hat, nicht nehmen lassen. Rousseau hat mit seiner Idee des Gesellschaftsvertrages Freiheit als Selbstbestimmung definiert und sich auch damit
konträr zu den Utilitaristen verhalten, für die ja der Begriff lediglich die
Abwesenheit von externen Schranken bedeutet hat. Das macht den eklatanten Riss aus, der zwischen Hobbes und Rousseau steht. Rousseau ist
den Engländern aber dahingehend gefolgt, dass er für die Menschenrechte
in ihrem individualistischen Zuschnitt Partei ergriffen hat und er hat nicht
gesehen, dass diese wichtige Entscheidung den einzelnen aus dem kultur-
religiösen Kontext herausgerissen hat, der ihn noch mit der anti-egoisti-
schen Tugendethik der Alten verband. Deshalb wäre es falsch zu denken,
Frankreich sei ein weniger kapitalistisches Land als Großbritannien. Es
muss aber festgehalten werden, dass die französische Linke in der Zeit
nach 1789 meist die Rolle gespielt hat, die auf der Insel von den Konservativen übernommen wurde, einfach weil seit Rousseau die französische
Linke sich in Opposition zu den Utilitaristen verhalten hat, auch wenn sie,
wie wir gesehen haben, die politischen Entscheidungen für die individuellen, „metaphysischen" (Burke) Rechte von den frühen Gesellschaftsver-
tragsdenkern übernommen hat.

Wie Robert Castel eindrucksvoll gezeigt hat, hat der französische Kapitalismus im 19. Jahrhundert sein dominantes Legitimationsprinzip von Besitz auf Lohnarbeit umgestellt.[271] Er spricht von der Lohnarbeitsgesell-
schaft, die in dieser Zeit entstanden ist, denn vor dem Zeitalter des Kapitals galt es als verrufen, sich sein Brot mit Arbeit verdienen zu müssen,

---

270 Vgl. J. J. Rousseau, *Abhandlung über die Wissenschaften und die Künste.* Hg. B.
      Durand. Stuttgart, 2014.
271 Vgl. R. Castel, *Die Metamorphosen der sozialen Frage. Eine Chronik der Lohn-
      arbeit.* Konstanz, 2008.

was sich durch die massenhafte Ausbreitung von immer mehr zunehmend gesicherten Arbeitsverträgen ins 20. Jahrhundert hinein geändert hat. In der Mitte des letzten Jahrhunderts galt es als nicht verpönt, eine Anstellung zu besitzen und daraus sein Leben zu bestreiten. Diese Situation ist nun wieder unter Beschuss gekommen, denn in Zeiten des Neoliberalismus sind Arbeitsverträge ein kostbares Gut geworden. Natürlich muss man auch sehen, dass bis in die Mitte des 19. Jahrhunderts hinein in französischen Kolonien noch Sklaven gehalten wurden und dass bis nach 1945 Frankreich und Großbritannien sich in Rivalität um koloniale Absatzmärkte befanden. Die französische Linke, wenn man einmal den eher liberal eingestellten Tocqueville dazu nehmen möchte, hat zwar den angelsächsischen Sklavenmarkt verdammt, wie es Tocqueville in *Democracy in America* tut. Sie hat aber, wie André Jardin für den Fall Tocqueville zeigt, nicht dafür Sorge getragen, dass die Kritiker des Ancien Régime sich kritisch den eigenen imperialen Gelüsten gegenüber verhalten hätten.[272] Obwohl Tocqueville die Versklavung der Afroamerikaner aufs Schärfste anprangert, verteidigt er die kolonialen Abenteuer der Franzosen in Algerien.

Tocqueville hat in gewisser Weise das Erbe von Rousseau nicht ganz ausgeschlagen, was sich darin zeigt, dass er der neuen politischen Formation, die er mit dem Begriff Demokratie betitelt hat, dem im 19. Jahrhundert noch Konnotationen von Pöbelherrschaft und ähnlichem anhängen, in vielen Bereichen misstraut hat. Die Entfremdungstendenzen der durch Menschenrechte legitimierten Ordnung sind ihm auf jeden Fall nicht entgangen und obwohl er in den politischen Debatten in der zweiten Hälfte des Jahrhunderts gegen die Arbeiterbewegung Partei ergriffen hat,[273] hat er den Sinnverlust der modernen Gesellschaft klar im Auge gehabt. Ein Argument gegen das Imperium hat auch er freilich nicht parat gehabt, denn anders als Rousseau war Tocqueville ein Kind des Zeitalters des Kapitals und stand inmitten der politischen Kämpfe zur Zeit der Industrialisierung Frankreichs, wo der Imperativ der Gewinnmaximierung schon so ubiquitär war, dass sich allein die ihrer politischen Vormachtstellung entmachteten katholischen Konservativen gegen die Kapitalisierung der Lebensverhältnisse gelegentlich aufbäumen konnten. Der anti-modernistische Zug, der uns aus Rousseaus Werk entgegen strahlt, hat sich allerdings in der französischen Linken nicht so einfach ausknipsen lassen und in ge-

---

272 Vgl. A. Jardin, *Tocqueville. A Biography.* London, 1988.
273 Vgl. E. Hobsbawm, *The Age of Capital,* a.a.O.

wisser Hinsicht ist er politisch stärker geblieben als die von Carlyle erhobenen Vorwürfe gegen die neue Ordnung. Natürlich ist Frankreich auch die Heimat der cartesianischen Philosophie und Denker wie Auguste Comte stammen nicht von ungefähr aus Frankreich. Dennoch gilt es zu konstatieren, dass die Kritik an dem, was Tocqueville Demokratie nennt, in der französischen Gemeinschaft vor allem auf der linken nie zu dem technikgläubigen Konstrukt geworden ist, zu dem man ja eigentlich die englischen Fabians zählen muss, die zwar auch Sozialisten waren, wo aber die Kritik an der wissenschaftlich-technischen Moderne weitgehend fehlt.

Fanon und die Philosophen

Das British Empire, aus dem mit den USA, Kanada und Australien drei eigenständige Nationalstaaten hervorgegangen sind, hatte das Glück, dass der Prozess der Dekolonisation hier weitgehend ohne Blutvergießen von sich ging. Dieses Glück blieb den Franzosen verwehrt.[274] Natürlich hatte es schon seit der Unabhängigkeit Haitis im späten 18. Jahrhundert Bewegungen zur Entbindung unterworfener Völker aus den Fängen des Imperiums gegeben, aber die eigentliche Befreiung blieb bis auf die Zeit nach dem Zweiten Weltkrieg begrenzt.

Seit Napoleons Expedition nach Ägypten war die Idee einer Befreiung traditionaler Gemeinschaften von den paternalistischen Strukturen, in denen ihre Mitglieder lebten, Teil der Raison d'Être des französischen Imperialismus. Die durch die kapitalistische Wirtschaft entfesselten zweckrationalen Imperative, die, nachdem die Bourgeoisie triumphiert hatte, Teil französischer Imperial-Politik waren, drängten auch die Grande Nation zur Unterjochung von Asiaten und Afrikanern im Namen der Erschaffung von Absatzmärkten und Rohstofflieferanten, die die heimischen Industrien, wo das sich sammelnde Proletariat die Materialien in Waren umwandeln sollte, belieferten. Die französischen Orientalisten wie Renan schufen in der französischen Öffentlichkeit, in der sich seit dem 18. Jahrhundert die Bürgerinnen und Bürger versammelt hatten, das Bild einer interessanten, aber minderwertigen Kultur, die es im Namen der Zivilisation zu erheben galt.[275] Auch wenn die französischen Intellektuellen der Idee einer morali-

---

274 Vgl. J. Requate, *Frankreich seit 1945*. Göttingen, 2011. S. 61-88.
275 Vgl. E. Said, *Orientalism*, a.a.O. S. 123-148.

schen Überlegenheit der Europäer gegenüber den Asiaten und Afrikanern kritischer gegenüberstanden als ihre englischen Zeitgenossen, so war doch auch auf dem Kontinent klar, dass die durch den Markt freigesetzten Kräfte im Zusammenspiel mit einem bürokratischen Staat, der dem einzelnen keine ethischen Vorschriften macht, Errungenschaften darstellten, die man den Anderen nicht vorenthalten konnte. Nun ist es aber nicht so, dass die kapitalistische Wirtschaft und der anstaltsmäßige Staat gewissermaßen wie vom Reißbrett in die Kolonien gepflanzt werden sollten, denn ein offizielles politisches Programm für Staat und Kapital gab es im ganzen langen 19. Jahrhundert nicht. Vielmehr war es so, dass die Europäer sich darin überein waren, dass die kulturellen Errungenschaften der Moderne, an deren Spitze sie sich sahen, nur so den Minderwertigen überbracht werden konnten, wenn bestimmte Institutionen gegeben waren und diese wiederum verlangten eine Eingliederung in den kapitalistischen Tauschverkehr und den administrativ organisierten Staat. Eine Inklusion in die Geldwirtschaft, die von der Metropole dirigiert wurde, brauchte den Afrikaner oder Asiaten als Produzenten oder Konsumenten und je mehr letztere sich dem durch puren Egoismus getriebenen Imperativ der Kapitalakkumulation unterwarfen, desto eher wurden sie Teil der Zivilisation, von der die Franzosen dachten, dass sie besser sei als die oft clanhaften, mit Paternalismus versehenen Strukturen im Senegal, Indochina oder der Karibik.[276]

Nach 1945 waren es vor allem die Kommunisten, die für eine schnelle Überführung der Kolonien in die Unabhängigkeit plädierten, was nicht verwundert, wenn man bedenkt, dass Lenin die imperiale Periode als Konsequenz des Hochkapitalismus angeprangert hatte. Ho Chi Minh, wie wir schon gesehen haben, schlug sich im Paris der Nachkriegszeit auf die Seite der Kommunisten, weil die sich ein unabhängiges Indochina vorstellen konnten und Unabhängigkeit war es, was die politischen Köpfe, die noch durch die Kolonialschulen gegangen waren und die Transformation in den Traditionen ihrer Herkunftsländer miterlebt hatten, wollten.[277] Auch auf den vielen panafrikanischen Kongressen, die von Du Bois initiiert wurden und wo sich eine schwarze anti-Kolonialbewegung hervortat, suchte man den Anschluss an die Linke.[278] In Frankreich war dieses Ersuchen von Koalitionen mit den aus der europäischen Arbeiterbewegung hervorgegangenen Strömungen besonders ergiebig, weil es ja hier eine Tradition gab,

---

276 Vgl. J. Osterhammel, *Die Verwandlung der Welt,* a.a.O. S. 1173-1187.
277 Vgl. M. Großheim, *Ho Chi Minh,* a.a.O.
278 Vgl. D. L. Lewis, *W. E. B. Du Bois. The Fight for Equality,* a.a.O. S. 118-152.

die der Moderne kritisch gegenüber stand. De Gaulle, der für die Linke eine breite Angriffsfläche darstellte, war nicht gewillt das Imperium kampflos an die Asiaten und Afrikaner abzutreten und da wo, wie in Vietnam oder Algerien, sich Widerstand regte, reagierte der General mit der Entsendung von Truppen. Das Resultat waren zwei blutige Dekolonisationskriege, die eine Erblast in der französischen Gemeinschaft hinterlassen haben, die sich noch heute auswirkt. Für die politischen Köpfe der Dekolonisation war natürlich die Anbindung an die Sowjetunion insofern eine gute Partie, weil sie ihnen den leninistischen Staat ermöglichte, mit dem sie, wie in Vietnam, die materielle Modernisierung der Gesellschaft vorantreiben konnten, die natürlich inhärentes Element der Sowjetideologie war.[279]

Das modernitätskritische Element der Linken war in Europa, wo die politische Kultur noch durchsetzt war mit Erinnerungen an traditionelle Lebensformen, stark genug, um den Denkern, die sich mit der Dekolonisation befassten, eine Skepsis zu vermitteln, die insofern gut mit den asiatischen oder afrikanischen politischen Traditionen vereinbar war, als sich in den Kolonien die Erinnerung an eine nicht-kapitalistische Vergangenheit ebenfalls noch lebendig hielt und so das Denken der im kolonialen Bildungssystem erwachsenen Autoren bestimmte. So auch bei Frantz Fanon.

Fanon unterscheidet sich von Du Bois dadurch, dass der Karibe nicht den traditionalistischen Hang zu den alten Werten der nicht-kapitalistischen Gesellschaft des Afroamerikaners hat und natürlich war Fanon auch ein Student der Psychologie und somit rein professionell schon viel kontaktfreudiger mit dem okzidentalen Rationalismus. Aber schon in seinem Frühwerk argumentiert Fanon, dass die Emanzipation der unterjochten Afrikaner und Asiaten nur dann gelingen kann, wenn sie sich wie der erwachsen gewordene Sohn der Autorität des Vaters widersetzen.[280] Für Fanon, der die Psychoanalyse genauso kannte wie die Hegel'sche Phänomenologie, war der Akt der Emanzipation ein kathartisch gewaltsamer. Die von einem Minderwertigkeitskomplex vereinnahmten kolonialen Subjekte brauchten den Befreiungsschlag, um sich von ihrer kindhaften Inferiorität zu befreien. Fanon, der selber einen französischen Vater hatte,[281] hat ähn-

---

279 Zum leninistischen Staat in Asien vgl. E. Hobsbawm, *Age of Extremes. The Short Twentieth Century 1914-1991.* London, 1994.

280 Vgl. F. Fanon, *Black Skin, White Masks.* New York, 2008. S. 185-190.

281 Vgl. die Dokumentation *Frantz Fanon. Black Skin, White Mask,* von Isaac Julien, 1996.

lich wie vor ihm Du Bois gesehen, dass das reziproke Abhängigkeitsverhältnis von Herr und Knecht Konsequenzen für die Identität beider Partien hat, aber im Gegensatz zu Du Bois war Fanon davon überzeugt, dass ein revolutionärer Akt unvermeidlich sei, um die ehemaligen Sklaven und Knechte von der Psychologie der Unterwerfung zu befreien.

Die Hegelinterpretation von Du Bois, die wir im Denken von James Baldwin in modifizierter Form wiedergefunden haben, gleicht in vielen Punkten der von Fanon, aber die Idee der Revolution, die ja zu Fanons Zeiten die Marxisten bereits aus der Hegellektüre entwickelt hatten, schien dem aus der Karibik stammenden Psychologen näher als dem um die Konservierung von afrikanischen Werten und Traditionen besorgten Du Bois, der aus der Hegel'schen These vom Selbstbewusstsein als einem anerkannten die Konsequenz zog, dass ein Separatismus, wie ihn Marcus Garvey und nach ihm Elijah Muhammad gefordert haben, in die Leere gehen würde, weil Weiße und Schwarze kulturell schon zu sehr ineinander verstrickt waren, um getrennt zu werden. Du Bois war aber wachsam genug um zu sehen, dass die Afroamerikaner ihren nicht ausgetragenen Kampf mit den weißen Imperialisten damit bezahlten, dass sie oft Selbsthass und Fatalismus ausgesetzt waren.[282] Diese Tendenzen in der afroamerikanischen Kultur werden zum Teil aufgefangen durch die schwarzen Kirchen, die Du Bois auch bald in ihrer Wichtigkeit erkannt hat, aber sie führen auch dazu, dass die Afroamerikaner eher als ihre karibischen Nachbarn oder ihre afrikanischen Verwandten Demagogen wie Garvey damals oder Farrakhan heute verfallen. Du Bois hat immer die Bildung der Schwarzen im Sinn gehabt als Gegengift zur Anarchie des amerikanischen Kapitalismus, aber Fanon, der sich mit der Emanzipation von Gesellschaften wie Algerien oder Indochina gegenüber sah, hat darauf gepocht, dass die ehemaligen Knechte sich von ihrem Inferioritätskomplex, den Du Bois der Realist natürlich auch bei den Afroamerikanern sah, durch eine Revolution befreien würden. Und so ist es dann auch in vielen Teilen der Welt gekommen.

Fanons Frühwerk entstand noch in der Metropole zu einer Zeit, als der Krieg in Algerien noch nicht voll entbrannt war.[283] Vietnam war nach Dien Bien Phu unabhängig und wie China Teil der kommunistischen Welt. Fanons berufliche Karriere hat den jungen Arzt mitten in den Algerien-

---

282 Vgl. W. E. B. Du Bois, On Being Ashamed of Oneself. An Essay on Race Pride, in: ders. *Writings,* hg. N. Huggins. New York, 1996. S. 1020-1025.
283 *Black Skin, White Masks* erschien zuerst auf Französisch 1952 in Paris.

krieg geschleppt, wo er sich an die Seite der FLN geschlagen hat, um den Prozess der Emanzipation vom Imperium zu dokumentieren. Die Prämisse der Notwendigkeit der gewalthaften Katharsis hat er nicht abgelegt. Marx hat geschrieben, dass die Bourgeoisie sich eine Welt nach ihrem Ebenbild erschafft und von Husserl stammt die Frage nach der Sinnhaftigkeit einer Europäisierung des Globus. Du Bois ließ sich noch von der Idee leiten, dass die nicht-westlichen Traditionen ein Vernunftpotential besaßen, das die farbige Welt gegen die kapitalistische Wirtschaft und die mit ihr verflochtenen Erosionserscheinungen immunisieren würde. Fanon hat gesehen, dass egal welchen Status die in Europa erwachsenen Institutionen haben, sich die kolonialen Subjekte eine echte Zukunft nur bauen könnten, wenn sie sich gegen ihre ehemaligen Herren aufrichten. Eines seiner Hauptthesen war, dass sich die psychologischen Dispositionen, der Habitus des neuen, europäischen Menschen unter den kolonialen Subjekten verbreitet wie eine Krankheit. Er betrachtete sozusagen die Europäisierung der Einheimischen und sein Fazit war, dass die letzteren nur dann ein sinnvolles politisches Projekt aufbauen könnten, wenn sie den ehemaligen Herren gewaltsam vertreiben würden.[284]

Seit dem 18. Jahrhundert gab es in Frankreich eine reiche Tradition öffentlicher Deliberation in der die Intellektuellen eine wichtige Rolle spielten. Spätestens seit der Dreyfus-Affäre, in der Emile Zola für Dreyfus Partei ergriff, war es Gang und Gebe, dass sich die professionellen Philosophen, die meist an den elitären Hochschulen des Hexagons ausgebildet worden waren, ihr Wissen in Zeitungen, Salons oder Talkshows für ihre politischen Argumente nutzten. Diese Idee des öffentlichen Intellektuellen wurde nach 1945 in Frankreich besonders deutlich und sie ist aufs Engste verbunden mit dem Namen Jean Paul Sartre.[285] Letzterer war nämlich, wie man seiner Autobiographie entnehmen kann, zwar von bürgerlichem Haus kommend, hatte sich aber schnell auf die Seite der Linken geschlagen.[286] In den 1930er Jahren finden wir ihn in Berlin beim Studium von *Sein und Zeit* und so wie die meisten französischen Philosophen im 20. Jahrhundert bei den Deutschen in die Schule gegangen waren, so war auch Sartre, der von Gary Gutting als Vaterfigur der französischen Intellektuellen im letzten Jahrhundert bezeichnet worden ist, hingezogen zum Denken der deutschen Modernitätsskepsis. Sartres philosophisches Denken war phänome-

---

284 Vgl. F. Fanon, *Black Skin, White Masks,* a.a.O. S. 64-120.
285 Vgl. J. Requate, *Frankreich seit 1945,* a.a.O. S. 209-212.
286 Vgl. J. P. Sartre, *Les mots.* Paris, 1972.

nologisch, aber im Gegensatz zur phänomenologischen Bewegung in Deutschland, die eine ganze Generation vor ihm aktiv war, hat Sartre die Lehre vom Sein und von der Lebenswelt nie als genuin politisches Projekt verstanden, als das es auf der anderen Seite des Rheines oft aufgefasst wurde.[287] Und so verwundert es nicht, dass Sartre sich Hegel und Marx zu gewendet hat und die in der phänomenologischen Bewegung prävalente Skepsis gegenüber der Moderne mit der Theorie des Klassenkampfes und der emanzipativen Wirkung von Unabhängigkeitsbewegung verband. Man darf nicht vergessen, dass in *La nausée* der im Radio übertragenen Gesang einer Afroamerikanerin die Rolle einer Unterstreichung der Bedeutungslosigkeit aller Existenz spielt, wobei Sartres Parteinahme für die unterdrückten dieses Erde sich gewissermaßen parallel zur existentialen Sinnlosigkeit des Daseins zur Geltung bringt.[288] In dem bluesigen Gesang artikuliert sich für den Denker, der für traditionelle Institutionen wie Familie, Heimat oder Nation nicht viel übrig hatte,[289] gleichzeitig die Klage über das Unrecht, das in der Welt herrscht, verbunden mit einer sozusagen gleichursprünglichen Einsicht in das notwendige Fehlen von jeder Transzendenz, die der Banalität des Daseins einen die bloße Existenz überschreitenden Sinn verleihen könnte. Sartre hat den Enthusiasmus für die liberale Moderne nicht geteilt, aber er gehörte nicht zu denjenigen, die die modernen kulturellen Entwicklungen als uneigentlich kritisiert haben, was sich zum Beispiel auch daran zeigt, dass Sartre enthusiastischer Kinogänger war und es wohl Zeit seines Lebens blieb.[290] Wenn man in *Sein und Zeit* den Fingerabdruck der Jugendbewegung in Deutschland um 1900 sieht, mit ihrem Drang nach dem was man ein Erlebnis nannte und dem tiefsitzendem, vielleicht aus der Romantik stammenden kritischen Blick auf die wissenschaftlich-technische Moderne, dann kann man Sartres Überzeugungen als über die deutsche Philosophie geleiteten Weg zu den modernisierungskritischen Überlegungen von Rousseau, den Sartre natürlich kannte, sehen. Die Idee, dass die nicht-kapitalistischen Gesellschaften Asiens und Afrikas ein Vernunftpotential besaßen, das den Europäern verloren gegangen war, hätte also sicher auch bei Sartre Anklang gefunden. Und in der Tat sind die Überlegungen, die Sartre im berühmten Vorwort zu Fa-

---

287 Vgl. H. G. Gadamer, Die phänomenologische Bewegung, in ders.: *Hermeneutik im Rückblick,* Gesammelte Werke Band 10. Tübingen, 1995.
288 Vgl. J. P. Sartre, *La nausée.* Paris, 1964.
289 Vgl. die Dokumentation *Human, all too Human,* von der BBC, ausgestrahlt 1999.
290 Vgl. J. P. Sartre, *Les mots,* a.a.O.

nons *Les damnés de la terre* von einem solchen Hauch der Hoffnung auf Befreiung der kolonialen Subjekte getragen.[291] Fanons Argument von der post-kolonialen Revolution, von der ja noch gar nicht klar war, ob sie eine bürgerliche sein würde, muss Sartre aus seinem marxistischen Schlaf aufgeweckt haben, denn wo der Philosoph vorher noch auf das revolutionäre Proletariat gehofft hatte, tritt in der Nachkriegszeit, wie Axel Honneth gezeigt hat, die Beschäftigung mit den Afrikanern, Arabern und Asiaten, die sich gegen die europäische Vorherrschaft auflehnen.[292] Sartre hat in seiner Arbeit zur Judenfrage klar gemacht, dass er den liberalen Universalismus, der den Anderen nur als abstrakten Menschen, aber nie als Juden, Moslem oder Buddhisten respektiert, nicht teilen kann und er hat der post-kolonialen Debatte in der französischen Öffentlichkeit so einen wichtigen Impetus gegeben.[293] Der Prozess der Dekolonisation erschien den französischen Intellektuellen nach 1945 nicht als weltbürgerliches Projekt, sondern als Kampf um Akzeptanz echter Differenz und zwar nicht im liberalen Sinn von individuellen Idiosynkrasien, wo die Kultur gewählt wird wie ein Drink auf einer Cocktailparty, sondern als supraindividuelles Element, das dem einzelnen erst seine Identität gibt. Dieser anti-liberale Zug in Sartres Denken ist natürlich umso ikonoklastischer, weil er ja entstanden ist auf dem Boden der Nation, die die Ideen der bürgerlichen Philosophen – und diese waren liberale – als erstes in die Tat umgesetzt hat. Ein Grundzug der französischen Geistesgeschichte nach 1945 ist die Verweigerung der großen Denker des Hexagons einfache Loblieder auf die bürgerlichen Verfassungen zu singen, die die Gesellschaft geformte haben, in der sie aufwuchsen. In einer solchen Situation, die aus dem Tandempaar Fanon-Sartre entsprungen ist, hat sich das französische Denken der Nachtkriegsperiode entwickelt und bis zu dem Tod der Kinder Sartres in der letzten Epoche des 20. Jahrhunderts hat sich daher eine Parteinahme für die verdammten der Erde halten können, die relativ einzigartig ist für die europäische Linke.

Als es in Frankreich im Zuge der Dekolonisation zu einer großen Welle von Einwanderern aus den von Kriegen gebeutelten Gesellschaften kam, hat sich in Frankreich sehr schnell eine Abwehrhaltung herausgebildet, wie sie seitdem charakteristisch ist für ganz Europa: die Arbeiterklasse,

---

291 Vgl. J. P. Sartre, Preface, in F. Fanon, *The Wretched of the Earth*. New York, 2004. S. xliii-lxii.

292 Vgl. A. Honneth, *Kampf um Anerkennung,* a.a.O. Kap. 7.

293 Vgl. J. P. Sartre, *Anti-Semite and Jew*. New York, 1995.

die nach dem fordistischen System immer mehr Arbeitsplätze an Übersee-
produktionen verlor, machte die Ankunft der Immigranten aus den ehemaligen Kolonien für die Verdrängung aus dem Arbeitsmarkt verantwortlich.[294] Die Liberalen, die natürlich auch in Frankreich zuallererst an Produktivität dachten, verteidigten den Abzug des Kapitals in die Dritte Welt
mit dem Mandeville'schen Slogan von der Gemeinnützigkeit von ihrem
Eigeninteresse und überließen den Kampf um immer weniger werdende
Jobs in der Metropole den weißen und farbigen Arbeitern, die so natürlich
in Konkurrenzkämpfe verstrickt wurden. Die Xenophobie der Proletarier
fand in Frankreich wie auch schon vorher in Großbritannien dadurch Ausdruck, dass die kommunistischen Parteien, deren Vordenker im Sartre-Pa-
radigma der befreienden schwarzen Revolution dachten, in weiten Teilen
die Anhängerschaft der vom Arbeitsmarkt abgekoppelten Proletarier verloren.[295] Der working class Tory in England fand so bald sein Pendant in
Frankreich und natürlich war es nur eine Frage der Zeit, bis offen rassistische Parteien unter der Arbeiterschaft Gewinn erzielen konnten. In der
Frage nach einer generöseren Immigrationspolitik sowie einer aus der kolonialen Vergangenheit erwachsenen Verantwortung für die Einwanderer
aus den Kolonien haben sich Protestbewegungen in den 60er und 70er
Jahren entwickelt, an denen Sartre stark beteiligt war.[296] Seine Präsenz als
öffentlicher Intellektueller hat der Bewegung sicher Auftrieb gegeben,
aber zu der Zeit, als es zu den Protesten kam, war Sartre längst nicht mehr
die einzige Deutungshoheit auf dem Parkett der französischen Öffentlichkeit. Die Generation nämlich, die zur Zeit des Krieges noch nicht erwachsen war, war mittlerweile aus den grandes écoles hervorgegangen und
auch wenn man mit Gutting annimmt, dass deren intellektuelle Entwicklung im Schatten ihres Ziehvaters Sartre stand, so gilt es doch nüchtern zu
konstatieren, dass ihr politisches Denken sich radikal von dem ihres Meis-
ters unterschied. Michel Foucault, der auf denselben Schulen studiert hatte
wie Sartre, teilte die Modernitätsskepsis Sartres aber nicht dessen an Marx
angelehnte Interpretation von moderner Politik. Schon Fanon war auf Distanz zu Marx gegangen, als er sich die Dynamik der Dekolonisation ansah
und Foucault, von dem wir nicht wissen, ob er Fanon überhaupt gelesen

---

294 Vgl. J. Requate, *Frankreich seit 1945*, a.a.O. S. 196-198; sowie P. Weil, *La France et ses étrangers. L'aventure d'une politique de l'immigration de 1938 à nos
jours*. Paris, 2005.
295 Vgl. J. Requate, *Frankreich seit 1945*, a.a.O. S. 180-181.
296 Vgl. D. Eribon, *Michel Foucault. Eine Biographie*. Frankfurt, 1999. S. 425-444.

hat, brach nun mit der Theorie des Klassenkampfes komplett. Sartres Modernitätsskepsis ist natürlich klar sichtbar, wenn man sich klar macht, dass die Sinnlosigkeit der menschlichen Existenz, wie sie der Protagonist als Historiker in *La nausée* erfährt, nicht dadurch aufgewogen werden kann, dass die Menschen an Gott glauben oder wie Hegel oder Marx an ein Ziel der Geschichte, in dem sich die Gattung selbst verwirklicht. Sartre ist aber dennoch den Meisterdenkern soweit gefolgt, dass er moderne Politik als nur dann intelligibel angesehen hat, wenn man den Bedarf an Anerkennung vom Menschen zugrunde legt.[297] Aus dieser Perspektive erscheinen die Arbeiterbewegung und der koloniale Befreiungskampf als Resultat einer politischen Komponente des Daseins. Sartre ist aber nicht so weit gegangen, um daraus wiederum der menschlichen Existenz einen Sinn nachzuweisen, was ja eigentlich nahe liegt, wenn man die Hegel'sche oder Marx'sche Idee einer auf Befreiung gepolten Gattungsgeschichte für bare Münze nimmt. Der Existenzialismus hätte konsequenterweise einen Rückzug aus allen teleologisch angehauchten Politikinterpretationen bedeutet, wie es Camus im Streit mit Sartre ja auch gesehen hat, aber Sartre selber hat an der Gleichursprünglichkeit von komplettem Sinnverlust und emanzipativer Politik im Namen des auf Befreiung angelegten Daseins festgehalten. Der Widerspruch zwischen einer Existenz ohne Sinn und der Parteinahme für das Proletariat und die Schwarzen ist den jungen Denkern, die auf Sartre gefolgt sind, nicht entgangen und sie haben sich entweder ganz von der existentialistischen Daseinsanalyse verabschiedet, wie bei Louis Althusser, oder sie haben, wie Foucault, die Idee verworfen, dass moderne Politik irgendwie gedacht werden kann als in Beziehung stehend zu einer irgendwie gearteten Daseinsinterpretation. Foucault befand sich im Mai `68 im Maghreb und wurde als zwei Jahre vorher sein Erstlingswerk *Les mots et les choses* veröffentlicht wurde, von Sartre scharf angegriffen, der in dem Buch das letzte Bollwerk, das die Bourgeoisie noch der Revolution entgegen halten konnte, sah.[298] Die Tatsache, dass Foucault die entscheidenden Revolten-Tage der 1968er Bewegung in Nordafrika verbrachte, zeigt, dass dieser Philosoph, der das Denken im Hexagon nach Sartre so entscheidend geprägt hat, durchaus mit der Problematik der Dekolonisation vertraut war. Im Maghreb hat Foucault einen dezidiert nichtwestlichen Lebensstil kultiviert und die Idee einer Erhabenheit der ehema-

---

297 Vgl. A. Honneth, *Kampf um Anerkennung,* a.a.O. ebd.
298 Vgl. D. Eribon, *Michel Foucault,* a.a.O. S. 241-265.

ligen Kolonialherren gegenüber den Einheimischen war ihm fremd. Sartre hat richtig erkannt, dass Foucault mit der marxistischen Orthodoxie gebrochen hatte, als er *Les mots et les choses* schrieb, aber der alte Denker hat übersehen, wie stark doch die modernitätskritischen Elemente in dem Buch waren, mit dem Foucault die politische Öffentlichkeit betrat.

Nach Foucault ist es ein Fehler zu denken, im politischen Handeln gäbe es Maßstäbe, die sich aus Erkenntnis deduzieren lassen. In vernunftkritischer Absicht demaskiert Foucault die Idee einer Rationalität, die es uns erlauben könnte, die Erscheinungen, die sich vor unseren Augen abspielen, nach einem allumfassenden Raster zu beurteilen. Die Geschichte der okzidentalen Entwicklung ist eine Besonderheit auf der Welt, aber die Idee, der die Philosophen von Kant bis Sartre anhingen, dass es die empirische Realität transzendierende, normativ wirksame Ideen gibt, hat Foucault in ähnlicher Weise verworfen wie Richard Rorty. Bei beiden Autoren ergibt sich das Bild einer Kritik an der Idee von Letztbegründungen von politischen Werten. Der Philosoph beobachtet politische Prozesse, aber die Idee, dass er oder sie in Besitz einer Wahrheit ist, die es ihm erlaubt, die Selbstwahrnehmung der von ihm beobachteten Akteure als Ideologie oder falsches Bewusstsein zu entlarven, ist eine intellektuelle Sackgasse. Es muss diese Idee gewesen sein, an der Sartre sich so sehr gestört hat, denn sie impliziert, dass die Philosophie nicht mehr den Rang einer Metawissenschaft hat, sondern lediglich Momentaufnahmen machen kann von einem Kontext heraus, dessen Prämissen vom Philosophen nie gänzlich durchschaut werden können, so dass sich das politische Urteil jenseits von bloßer Doxa verbietet. Nach Foucault wandeln wir von Kontingenz zu Kontingenz und die Implikationen für politisches Handeln oder die Rolle von Intellektuellen sind abzusehen. Die Denker dürfen sich nicht anmaßen, mehr zu wissen als die Akteure. Ihre Urteile sind sosehr fehlbar wie die der Handelnden. Trotzdem müssen Intellektuelle sich im politischen Prozess einbringen, aber sie begehen leicht einen Fehler, den Foucault implizit Sartre vorwirft: nämlich dass sie sich anmaßen, die Arbeiter als geblendete Masse zu sehen, die in Wirklichkeit die Revolution wollen, nur dass sie es noch nicht so recht realisiert haben und deshalb meinen die Einwanderer seien an allem Schuld. Nach Foucault wissen diejenigen, die Teil einer bestimmten Situation sind, wer leidet und wer nicht und die Intellektuellen müssen einfach kontextabhängige Unterstützung liefern für diejenigen, die an der Gesellschaft leiden.[299] Ein großes Narrativ wie entweder das liberale Bild eines graduellen Annäherns an die Werte von 1789, die wie bei Francis Fukuyama das Telos der Geschichte repräsentieren, oder das marxistische Bild einer graduellen Emanzipation der Gattung durch von zweckrationalem Handeln getriebenen Klassenkämpfen verwirft Foucault, weil es impliziert, dass es der Philosophie möglich ist, einen Maßstab zu entwickeln, der unsere von Kontingenz beherrschte Situation transzendiert. Diese Idee ist natürlich in erster Linie gedacht als eine Kritik des okzidentalen Rationalismus und auch wenn Foucault in den 60er Jahren im Großen als bürgerlicher Kritiker der marxistischen Linken gesehen wurde, muss man sehen, dass die von Fanon in den Raum gestellte These von der Notwendigkeit einer schwarzen Emanzipation gegen die durch die verschiedenen epistemischen Kontexte – Foucault wird später sagen Diskurse – zu kultureller Arroganz veranlassten Europäer richtig ist. In dem 1966 erschienen Werk wird die Idee eines kumulativen Fortschritts in den Geisteswissenschaften als Meisternarrativ verworfen und man muss diesen Gedanken sowohl vor dem Hintergrund des vom Ethnologen Claude Levi-Strauss entwickelten Strukturalismus sehen, als auch im Hinblick auf die von Fanon erhobenen Vorwürfe gegen die koloniale Arroganz der Franzosen. Foucault hat es verweigert, sich zu den Grundlegenden politischen Fragen seiner Zeit zu äußern. Wir wissen nicht, was er von Menschenrechten hielt oder ob er dachte, die Demokratie sei eine bessere politische Organisation als eine Monarchie oder ähnliches. Es gibt allerdings in Foucaults intellektueller Entwicklung eine Stellungnahme, die sein politisches Denken auf den Punkt bringt. Das ist seine notorische Parteinahme für die islamische Revolution 1979 im Iran.[300]

Foucaults Anliegen war es, die Idee, dass politisches Denken eine epistemologische Komponente hat, aus der Philosophie zu verbannen. Die Richtigkeit einer politischen Entscheidung hängt vom Kontext ab, in dem sie artikuliert wird. Dieser Kontext ist eine Welt im Heidegger'schen Sinne oder eine Lebensform wie sie der späte Wittgenstein gedacht hat und Foucault war überzeugt davon, dass es jenseits dieser Kontexte, die Heidegger ja sehr wohl nicht-relativistisch beschrieben hat, als er die These von der Seinsvergessenheit der Moderne formulierte, keine Anhaltspunkte für falsch und richtig gibt. Wir schlittern von Kontingenz zu Kon-

---

299 Vgl. G. Gutting, *Foucault.* Oxford, 2005.
300 Vgl. D. Eribon, *Michel Foucault,* a.a.O. S. 402-424.

tingenz und Urteile sind uns nur innerhalb der Sprachspiele, in die wir eingelassen sind, möglich. Jeder Versuch, ein transzendentes Prinzip jenseits dieser Spiele zu entwirren, macht sich der kulturellen Hegemonie schuldig.[301] Die vielen Thesen, die der als Jungkonservativ beschriebene Autor in seinem Leben aufgestellt hat, wie die von der Disziplinargesellschaft oder des Verschwinden des Menschen aus den Geisteswissenschaften, sollten seiner Meinung nach nicht als Elemente eines philosophischen Systems gesehen werden, sondern als Interventionen einer von Kontingenz bestimmten Welt. Im Falle der Parteinahme für die islamische Revolution im Iran gibt es aber sehr wohl begründungskonstitutive Elemente in Foucaults Denken, die sich durch sein ganzes Werk ziehen. Foucault war von denselben modernitätskritischen Gedanken geleitet wie Sartre nur radikalisierte er die Idee einer Kritik der westlichen Vernunft. In der gewaltsamen Machtübernahme des Ayatollahs gegen den vom Westen gestützten Schah sah Foucault die Fanon'sche Revolution seitens der von der Metaphysik weitgehend verschont gebliebenen Persern gegen die westliche Moderne. Er war fasziniert davon, dass der Ayatollah, der eine Zeit lang im französischen Exil lebte, so gut wie keine Stellungnahmen abgab und mehr schwieg als sich zu äußern. Foucault muss darin das Gegenteil der Vernunft erblickt haben und er konnte nicht widerstehen dem Westen, der mit der Idee der Vernünftigkeit seiner Lebensform so viel Unheil in die Welt gebracht hatte, eine echte politische Alternative vor die Tür zu setzen.

Auf einem bekannten Bild von Goya sieht man einen Gelehrten über seinem Schreibinstrument träumend sitzen, während über ihm Fledermäuse und Geister aufsteigen mit der auf dem Stich versehenen Inschrift: „el sueno de la razon", was man entweder als der Schlaf der Vernunft oder der Traum der Vernunft übersetzen kann.[302] In den 1990er Jahren hatte sich um dieses Bild unter Philosophen eine Debatte entspannt, in der die eher französisch angehauchten Autoren sueno mit Traum übersetzten, weil sie meinten, die Idee der Vernunft selber führe geradewegs in den Totalitarismus. Die eher vom deutschen Idealismus beeinflussten Denker übersetzten sueno mit Schlaf und argumentierten das gerade Gegenteil, die Geister der Moderne würden wach in dem Moment, in dem die Vernunft ihre Augen schließt. Bei einer ganzen Reihe von französischen Intellektu-

---

301 Vgl. D. Hoy und T. McCarthy, *Critical Theory*. Oxford, 1995.
302 Vgl. D. Hoy und T. McCarthy, *Critical Theory*, a.a.O., Umschlag.

ellen, zu denen man neben dem eben genannten Foucault auch Lyotard und Baudrillard zählen kann, gehörten eindeutig dem ersten Camp an und als einer ihrer wichtigsten Vertreter kann auch Jacques Derrida gesehen werden, der als letzter Vertreter der modernitätsskeptischen Linken betrachtet werden muss.

Derrida war der Überzeugung, dass sich sprachliche Äußerungen nie vollends als wahr oder falsch erweisen würden, weil die Sprache ein selbstreferentielles System sei. Gemeint war, dass wir als sprachlich begabte Wesen zwar Urteile fällen können, dass diese aber immer im Medium der Sprache kommuniziert werden müssen und so wie die Historisten dachten, dass jede Meinung immer nur innerhalb einer historischen Situation geäußert werden könne und es deshalb keine diese Kontexte transzendierende Meinung geben kann, so dachte auch Derrida, dass weil wir uns bei der Aussprache von Sätzen der Sprache bedienen müssen, es auch keinen Satz geben kann, der jenseits der in die verschiedenen sprachlichen Situationen eingelassenen Kontexte steht.[303] Wie vor ihm Foucault so predigte auch Derrida als öffentlicher Intellektueller eine Kritik an der abendländischen Entwicklung, die er des Logozentrismus bezichtigte. Gemeint war die in der westlichen Philosophie entwickelte Idee, dass es kontextunabhängige Standards von wahr und falsch gäbe, die sich in der Metaphysik zur Geltung gebracht hätten. Befreiung vermutete Derrida, der selber im Maghreb als Europäer aufwuchs, in der modernen Kunst und gegen Ende seines Lebens im liberalen Verfassungsstaat, auch wenn nicht ganz klar ist, wie letztere mit seiner Philosophie in Einklang zu bringen ist. Eindeutig am Fall Derrida ist aber, dass es sich hier nochmal um einen öffentlichen Intellektuellen, eine Stimme der französischen Öffentlichkeit handelt, der der modernen Gesellschaft in weiten Teilen kritisch gegenüberstand und auch wenn nicht bekannt ist, wie er sich zur islamischen Revolution 1979 im Iran verhalten hat, so wissen wir doch, dass er dem logozentrischen Westen vorwarf, die politischen Geister, mit denen wir zu kämpfen haben, in die Welt gerufen zu haben. Derrida war der letzte Mann der französischen intellektuellen Linken, die dieses Rousseau'sche Erbe antrat und der Einfluss von Fanon, der sich in den Schriften vielleicht nicht mit direkter Referenz nachweisen lässt, der aber gewissermaßen über

---

303 Vgl. J. Habermas, *Der philosophische Diskurs der Moderne. 12 Vorlesungen.* Frankfurt, 1991.

Derridas Parteinahme für die Schwarzen in Südafrika oder die Afroamerikaner steht,[304] ist wohl nicht zu leugnen.

Mit dem Tod Derridas im Jahr 2004 verlor die französische Öffentlichkeit den letzten modernitätskritischen Intellektuellen von echtem Rang. Die Tradition der Parteinahme für die Immigranten und die Kinder der Unterdrückten in den Kolonien, die durch das Tandem Fanon-Sartre angestoßen wurde und in der sich der traditionelle misstrauische Blick der französischen Linken auf moderne Technik und exakte Wissenschaft artikulierte, endet hier. Aber die Debatte in der Öffentlichkeit um das koloniale Erbe und die Stellung des Westens in der Welt war mit Derridas Tod natürlich nicht abgebrochen. Und so darf es nicht verwundern, dass Frankreichs Intellektuelle in der Ära, in die die Unruhen in den Vorstädten, die ein kleines kulturelles Erdbeben im frühen 21. Jahrhundert in der französischen Gesellschaft bedeuteten, von Intellektuellen interpretiert und kommentiert wurde, die sich aus den modernisierungskritischen Ansätzen von Frankreichs großen Denkern befreien wollten. So auch bei André Glucksmann und Alain Finkielkraut, zwei Philosophen, die weder den kapitalismuskritischen Duktus, noch die Parteinahme für die verdammten der Erde teilten. Hatten Sartre, Foucault und Derrida noch mit den Schwachen und Entrechteten solidarisiert, so gingen Glucksmann und Finkielkraut nun daran, den Kapitalismus zu rechtfertigen und die zivilisatorische Leistung des Westens zu preisen. Interessanterweise fanden sie in der französischen intellektuellen Tradition wenige Anknüpfungspunkte für ihre eurozentrische Position und so verwundert es nicht, dass sie den Anschluss an angelsächsische Traditionen suchten, von denen sie meinten, dass sie die von ihnen so geliebten Errungenschaften des Westens besser verstanden hätten.

Die erste Feuerprobe der Néoréacs, wie sie bald getauft wurden, kam mit dem zweiten amerikanischen Golfkrieg 2003. Entgegen der französischen Öffentlichkeit, die den Einsatz, der nicht mit den Spielregeln der UN legitimiert worden war und der auf offensichtlichen Täuschungsmanövern basierte, kritisierte und Frankreich in das von Donald Rumsfeld so genannte alte Europa zusammen mit Deutschland und dem sozialistischen Spanien trieb, argumentierten Glucksmann und Finkielkraut für die Aggression mit der plumpen liberalen Montur, dass die in Europa entwickelte

---

304 Vgl. J. Derrida, Racism's Last Word, in *'Race', Writing, and Difference,* Hg. H. L. Gates, a.a.O. S. 329-338.

Demokratie die beste Form politischer Organisation sei und die Europäer berechtige, diejenigen zurechtzuweisen, die ihre Lehre in der Politik noch nicht gemacht hatten. Gemeint waren natürlich vor allem die Moslems. Finkielkraut kritisiert in *Au nom de l'autre* eplizit die Parteinahme der linken Intellektuellen in Frankreich für Fanons verdammten der Erde.[305] Er wittert in diesem Akt der Solidarität das Ausstellen eines politischen Freibriefes an die nicht-westlichen Völker. Im Namen des Anderen sei alles möglich und der Andere – eine Idealisierung orientalischer Kulturen – würde auf den Thron der Unfehlbarkeit erhoben bei einer gleichzeitigen Verneinung der Errungenschaften des Westens. In einem Interview hat Finkielkraut sogar argumentiert, der Kolonialismus sei eine positive Entwicklung gewesen, weil sie die niederen Völker zivilisiert hätte. Er hat diese Stellungnahmen wieder zurückgenommen, aber sie verrät, wo sich das Denken der neuen Intellektuellen im Hexagon bewegt. Man ist nicht mehr geneigt, wie noch Rousseau oder Sartre, in der liberalen Moderne ein Problem zu sehen, sondern sucht den Anschluss an die notfalls mit Gewalt durchgesetzte Verbreitung der westlichen Lebensform. Der Linken hat Finkielkraut schlicht Anti-Amerikanismus vorgeworfen.

Glucksmann hat in *Le discours de la haine* ähnliche Positionen vertreten wie sein Kollege Finkielkraut.[306] Auch hier zeigt sich die Abkehr von der Parteinahme für die verdammten der Erde im Namen einer modernitätsskeptischen Solidarität wie sie noch sein Lehrer Sartre gefordert hatte. Weil Sartre Fanon gefolgt war, erkannte er, dass der Hass der kolonialen Subjekte eine durch Gründe verständlich zu machende Erscheinung in der Dritten Welt war. Für Glucksmann ist er nur noch ein nicht mehr zu begründendes Phänomen der Anderen.

Rasse und Klasse

Die französischen Vorstädte oder banlieues sind der sozialstaatliche Ersatz für die in der ersten Hälfte des letzten Jahrhunderts in Frankreich noch bestehenden Bidonvilles, die man als lumpenproletarische Slums beschreiben kann.[307] Nach dem Zweiten Weltkrieg erlebte Europa eine ökonomische Prosperität, die in Frankreich mit dem Titel der trente glorieuses be-

---

305 Vgl. A. Finkielkraut, *Au nom de l'autre*. Paris, 2003.
306 Vgl. A. Glucksmann, *Le discours de la haine*. Paris, 2004.
307 Vgl. J. Requate, *Frankreich seit 1945*, a.a.O. S. 218-220.

zeichnet wird.[308] In dieser Zeit gelang es den westlichen Gesellschaften, das vom Krieg zerstörte Europa wieder aufzubauen und die Periode ging mit einer starken Geburtenexplosion einher, die von den sozialdemokratisch angehauchten Regierungen auch sehr wohl gewollt war. Im liberalen Großbritannien markiert der sogenannte Beveridge Report den Punkt, an dem der Kapitalismus der liberalen Ära gewissermaßen sozialstaatlich gezähmt wurde. In Frankreich war man in derselben Periode darum bemüht, den Klassenkonflikt, der seit der Pariser Kommune in den 1870er Jahren nie wirklich verstummt war, mit wohlfahrtsstaatlichen Zugeständnissen an die Arbeiterschaft zu entschärfen. Aus den Steuereinnahmen des Wohlfahrtsstaates begann man in dieser Ära, die Slums vor den Toren der Innenstädte, die seit dem Zeitalter des Kapitals in ein bourgeoises Westend und einen proletarischen Osten geteilt waren, in moderne Wohnanlagen umzubauen, die – ganz im Sinne der modernen Architektur – hygienische und ästhetische Heime der immer noch in den Industrien wie Peugeot oder Renault arbeitenden Proletarier sein sollten. Die deutsche SPD verabschiedete sich zu Beginn der prosperierenden Ära von der dem Sozialismus eigentlich inhärenten Idee der Planwirtschaft und der Abschaffung von Privateigentum und verstand sich ab diesem Zeitpunkt als politisches Organ einer post-revolutionären Arbeiterschaft. In Frankreich haben sich die kommunistischen Parteien zwar länger Gehalten, aber die erfolgreichen linken Strömungen der trente glorieuses hatten sich ebenfalls von Revolution und Kommandoökonomie verabschiedet. In der banlieue der trente glorieuses lebte ein Proletariat, das die bürgerliche Demokratie anerkannt hatte und sich mit der durch die Sozialdemokratie erkauften Teilhabe am Wohlstand der Nation weitgehend zufrieden gab.

Der Roman der das Leben in dieser friedlichen, wenn auch monotonen banlieue auf den Punkt gebracht hat, ist die Geschichte der kleinen Josyane, der Protagonistin von Christiane Rocheforts Zweitwerk *Les Petis Enfants du siècle*, das 1961 in Frankreich erschien.[309] Der Roman erzählt aus der ersten Person der Protagonistin vom Leben in Bagnolet, einer bekannten Pariser Vorstadt. Ihr Vater ist Arbeiter, die Mutter Hausfrau und gezeichnet vom Kinderkriegen. Das Leben in den Betonsiedlungen ist langweilig. Kultur ist allein durch das Fernsehprogramm präsent, ist also Massenkultur, aber die kleine Familie kann in relativem Wohlstand leben. Es

---

308 Zum wirtschaftlichen Aufschwung nach dem Krieg vgl. E. Hobsbawm, *Age of Extremes,* a.a.O.

309 Vgl. C. Rochefort, *Les Petits Enfants du siècle.* Stuttgart, 1991.

gibt Urlaube mit dem kleinen Auto und die Einkäufe erledigt man in der nachbarschaftlichen Co-op. Das Proletariat, das hier gezeigt wird, hat sich mit der bürgerlichen Ordnung angefreundet und von echtem Leiden kann nicht die Rede sein.

Les Petits Enfants ist ein Bildungsroman, der die Phasen von der Kindheit in die Adoleszenz der kleinen Josyane verfolgt und natürlich spielt die Entwicklung hin zur Erweckung der eigenen Sexualität in dem französischen Werk eine entscheidende Rolle. Josyane verliert ihre Unschuld früh an einen Immigranten, der in der monotonen Vorstadt eine echte Sensation ist: „Les Italiens étaient à Sarcelles. Ils construisaient des nouvelles maisons" (96). Zwar wird sich die Protagonistin am Ende für einen Franzosen als Partner entscheiden, aber die Begegnung mit Guido, dem italienischen Maurer, in den sie sich als erstes verliebt, signalisiert die Wende, die sich in den Vorstädten abspielen wird, beginnend mit den 60er Jahren, als die banlieue aufhört der Platz der integrierten Arbeiterschaft zu sein und sich zum Heim der Ausländer aus Südeuropa, dem Maghreb, Afrika und Südostasien wandelt.[310] Der Begriff banlieue genauso wie der Ton von solchen Namen wie Sarcelles, Seine Saint-Denis oder Vitry sur Seine wird erst mit dem Einzug der post-kolonialen Einwanderer seine explosive Konnotation bekommen, mit der wir diese Begriffe im mentalen Lexikon abgespeichert haben. Die Konflikte, die heute die französische Gesellschaft bestimmen, ziehen ihre politische Sprengkraft aus dem Wandel, der sich am Ende von Christiane Rocheforts Roman abzeichnet. Der italienische Arbeiter signalisiert gewissermaßen das Ende der monotonen, aber politisch befriedeten Welt der banlieue während der trente glorieuses. Diese Kehrtwende wird auch erkennbar, wenn man sich den Soziologen zuwendet, die sich mit den Vorstädten befasst haben.

Pierre Bourdieus in den 60er Jahren angefertigte, großangelegte Studie zur französischen Klassengesellschaft kann als Pendant zu *Les Petits Enfants du siècle* angesehen werden, denn ähnlich wie Rochefort in ihrer literarischen Darstellung, so zeichnet auch Bourdieu in seiner auf Umfragen und Erhebungen basierenden Analyse das Bild einer Gemeinschaft, die zwar stratifiziert ist, wo aber relativer Frieden herrscht.[311] Bourdieu hat die Marx'sche These von der Bourgeoisie als herrschender Klasse, die ein aus ihrem materiellen Bedarf an Mehrwertsteigerung resultierendes Inter-

---

310 Vgl. P. Weil, *La France et ses étrangers,* a.a.O.

311 Vgl. P. Bourdieu, *Die feinen Unterschiede. Kritik der gesellschaftlichen Urteilskraft.* Frankfurt, 1982.

esse daran hat, das Proletariat zum möglichst wohlfeilen Verkauf seiner Arbeitskraft zu zwingen, mit der Idee verbunden, dass sich die Reproduktion von sozialen Klassen stabilisiert durch eine den niederen Schichten antrainierte Psychologie der Identifikation mit der symbolischen Welt der jeweiligen Klassen, die sich im ästhetischen Urteil artikuliert und die er Habitus nennt.[312] In der marxistischen Tradition war man bis hin zu Luckács *Geschichte und Klassenbewusstsein* noch von der eschatologischen Hoffnung auf das revolutionäre Proletariat ausgegangen, von der sich in *Die feinen Unterschiede* keine Spur mehr finden lässt. Bourdieu mag politisch der kommunistischen Linken nahe gestanden haben, aber in seinen wissenschaftlichen Arbeiten fehlt jeder Verweis auf die französische Arbeiterschaft als revolutionäres Subjekt. Das französische Proletariat mag Hausmannskost vegetarischer Diät vorziehen und nicht mehr als drei Komponisten aufzählen können, aber eine Umwälzung der Gesellschaft, wie sie Luckács noch vor sich sah, scheint Bourdieu nicht vor Augen gestanden zu haben, als er sich nach seinem Aufenthalt in Algerien dem Thema zugewendet hat.

Das Bild ändert sich rabiat, wenn man Bourdieus Studien aus den 1990er Jahren hinzunimmt und der Faktor, der den Unterschied macht, ist natürlich der der Immigration, der die Vorstädte von einem Gebiet der Langeweile aber Befriedung in eine Problemzone verwandelt hat.[313] Die in der Amerikanistik ewig diskutierte Gretchenfrage, ob es die Rasse oder die Klasse sei, die den Ausschlag gibt, wenn es um Unterdrückung geht, lässt sich am Beispiel der banlieue leicht klären. Spätestens ab Mitte der 60er Jahre hat, wie oben angemerkt, das Proletariat seinen Frieden mit der bürgerlichen Demokratie gemacht und die Tatsache, dass es eine Klasse im Marx'schen Sinne repräsentiert, hat nicht dazu geführt, dass sich der Mangel an finanziellen Mitteln oder der relativ schlechte Bildungsstand als genuine Repressionen seitens der Bourgeoisie darstellen ließ. Das Solidaritätsdenken der Arbeiter war nie in der Form supra-national, wie sich das Rosa Luxemburg oder Luckács erhofft hatten. Die Idee des Klassenbewusstseins hatte vor allem in Frankreich einen nationalen Bezugspunkt und die multiplen Identitäten der Arbeiter wurden wie ein Lichtstrahl gebrochen an ethnischen Linien wie zum Beispiel der der Religion oder der

---

312 Vgl. A. Honneth, Die zerrissene Welt der symbolischen Formen. Zum kultursoziologischen Werk Pierre Bourdieus, in der.: *Die zerrissene Welt des Sozialen. Sozialphilosophische Aufsätze.* Frankfurt, 1999.

313 Vgl. P. Bourdieu et al., *Das Elend der Welt.* Konstanz, 2010.

Herkunftsregion.[314] Klassengegensätze sind solange nicht virulent, wie sich das Solidaritätsprinzip vertikal durch die verschiedenen Klassen durchsetzt, was in Frankreich in den 60er Jahren eindeutig der Fall war. In den Kontexten, wo die die Klasse überschreitende Identifikation mit der nationalen oder ethnischen Gruppe fehlte, wie zum Beispiel im Baskenland, da wurde der Klassengegensatz als politische Repression erfahren.

Menschen sind in der Lage die Härten einer armen Existenz in Kauf zu nehmen, solange sie wissen, dass diejenigen, die mehr haben, zu ihnen gehören und versucht sind ihre besseren Mittel zum Wohl der leidenden zu verwenden. Sobald aber die unteren Schichten sich exklusiv aus einer homogenen Ethnie oder gar Rasse zusammensetzen, fehlt das solidaritätsstiftende Moment der die beiden Gruppen vereinigenden Sittlichkeit und der Klassengegensatz wird als Verletzung wahrgenommen. Im englischen Kontext ist dieser Sachverhalt relativ gut belegt. Christopher Hill hat zum Beispiel gezeigt, dass der Antagonismus zwischen dem aufstrebenden Bürgertum und dem feudalen Regime nie in gänzlich materiellen Farben gemalt wurde, wie das die marxistische Perspektive eigentlich nahe legen würde.[315] Die Bürger haben in der alten Ordnung, der sie sich fügen mussten, nicht Menschen ihres gleichen gesehen, sondern Nachfahren der Normannen, die viele Jahrhunderte vorher in der Insel eingefallen waren. Um rhetorisch erfolgreich zu sein, brauchte die aufstrebende Bourgeoise das Feindbild des anderen Herrschers, der eben nicht mehr Teil derselben Rasse war, sondern aus Frankreich kam und somit nicht demselben Kulturkontext entstammte. Die Situation in den französischen Vorstädten ist dahingehend mit dieser Konstellation vergleichbar, als auch hier erst die soziale Klassenlage als Affront aufgefasst wurde, als die post-kolonialen Zuwanderer und ihre Kinder sich alle in derselben Klasse wiederfanden und sogar räumlich gesehen in den gleichen Wohnsiedlungen zusammengezogen wurden.

Die Einwanderer aus den ehemaligen Kolonien waren natürlich schon durch den offenen Rassismus gedemütigt, der die weiße Vorherrschaft in ihren Heimatländern sicherte. Catherine Delcroix hat an einer Studie zu einer maghrebinischen Familie gezeigt, wie sich hier über die Generationen die Einfügung in die Klassengesellschaft mit der vom Kolonialismus

---

314 Vgl. R. Castel, *Die Metamorphosen der sozialen Frage,* a.a.O.
315 Vgl. Ch. Hill, The Norman Yoke, in ders.: *Puritanism and Revolution. Studies in the Interpretation of the English Revolution of the 17th Century.* New York, 1964.

herrührenden Revolte verbinden kann.[316] Die Familie Nour – der Name ist
natürlich geändert – lebt seit je her in der banlieue. Der Vater, ein Moslem, hat noch während der trente glorieuses in den Fabriken des Hexagons
eine Anstellung gefunden und er hat seine Frau, die er noch in Nordafrika
gefunden hatte, so schnell wie möglich zu sich nach Frankreich geholt.
Das Paar hat Kinder bekommen, die in die französischen Schulen gegangen sind und, wie das Beispiel der Tochter zeigt, sie waren sogar recht erfolgreich auf diesem Weg. Der Vater hegt keinen Hass gegen die Franzosen, aber nach einem Arbeitsunfall ist er gezwungen vom geringen Hilfs-
paket des Staates zu leben. Die Rollenverhältnisse in der Familie sind, was
die erste Generation angeht, konventionell, das heißt die Frau ist zuhause
und arbeitet nicht. Der Vater ist vor allem darum besorgt, dass seine Söhne Arbeit finden und durch mehrere Krisen hindurch gelingt ihnen das
auch teilweise, auch wenn Delcroix deutlich macht, dass die Anstellungen
prekär sind. Die Klassenlage der Nours wird kompensiert durch einen engen Familienzusammenhalt, der auch nicht zerbricht, als der Vater eine
zweite Frau nehmen will, was zu starken Auseinandersetzungen mit seiner
ersten Ehe führt. Obwohl Delcroix die Familie als eher friedlich ansieht,
konstatiert sie doch, dass sich gerade unter der zweiten Generation Wut
auf die Franzosen breit macht, denn es entgeht den Kindern natürlich
nicht, dass sie verglichen mit einem ethnischen Franzosen viel geringere
Chancen haben in der Klassenhierarchie aufzusteigen und die Idee, dass
die oberen Schichten ein Teil ihrer Gemeinschaft sind, kann auch der französische Republikanismus nicht den Außenseitern weiß machen. Widerstand regt sich. Bei der Familie Nour wird dies vor allem an der Biographie der Tochter deutlich, die das Kopftuch trägt und auf die Universität
gehen will. Sie knüpft Freundschaften mit Französinnen, erfährt aber oft
Ablehnung. Die kulturelle Identität als muslimische Araber, die das Exklusionskriterium in der Gesellschaft für die Nours darstellt, wird der Bezugspunkt für eine Politik der Würde, denn aufsteigen will die Tochter nur
als gläubige Moslemin, die natürlich weiß, dass die französische Bourgeoisie erst einmal nicht Teil ihrer sittlichen Solidargemeinschaft ist. Dem
Klassenkampf liegt ein post-kolonial motivierter Rassenkampf zugrunde.

---

316 Vgl. C. Delcroix, *Ombres et lumières de la famille Nour. Comment certains
résistent face à la précarité.* Paris, 2001.

Akhenaton

Der post-koloniale Protest, der sich in England im Werk von Hanif Kureishi gezeigt hat, kann als Artikulation der farbigen Minderheiten dieser Gesellschaft aufgefasst werden und es ist sicher nicht falsch anzunehmen, Kureishi sei eine authentische Stimme der asiatischen und schwarzen Bevölkerungen des Landes. Aber kann man dasselbe sagen von den meist französisch-stämmigen Intellektuellen des Hexagons? Sind nicht die an den Eliteuniversitäten ausgebildeten Philosophen und Wissenschaftler allein schon durch ihre bürgerlichen Biographien unter dem Verdacht, dass es sich hier um Stimmen der Mitte der Gesellschaft handelt und nicht um welche, die diese mit dem Enthusiasmus eines direkt Betroffenen kritisieren?[317] Wie wir gesehen haben, haben die französischen Intellektuellen bis Derrida noch das Fanon'sche Erbe einer notwendigen post-kolonialen kathartischen Befreiung geteilt und die Parteinahme von solchen Größen wie Foucault oder Sartre mit der Immigrantenbewegung kann natürlich interpretiert werden als eine gegenseitige Befruchtung zwischen politischem Handeln und daraus resultierendem Denken. Und vielleicht ist es wirklich so, dass bis zum Tode von Derrida die Immigranten und ihre Nachfahren sich in der Öffentlichkeit durch Stimmen repräsentiert fühlten, die ihre Belange halbwegs authentisch zum Ausdruck brachten. Wenn man das aber so sieht, dann muss man nüchtern feststellen, dass mit dem Aufschwung der Neoréacs die banlieuesards ohne Stimme in den Zeitungen, Seminaren und Diskussionsforen da standen. Die Lücke, die sich hier gebildet hat, konnte so ausgefüllt werden mit dem Diskurs von popkulturellen Autoren, die biographisch Teil der Lebenswelten der Immigranten waren. So kann man jedenfalls erklären, dass ab etwa der Mitte der 90er Jahren, als der französischsprachige Rap den im englischen Idiom verbliebenen Rock als dominante Popkultur abgelöst hatte, es Künstler gab, die in der Öffentlichkeit für die Perspektive der Nachfahren der Immigranten vehement Partie nahmen. Ab diesem Moment nämlich gab es Künstler, die meist selber einen Migrationshintergrund hatten, in den Siedlungen aufgewachsen waren und sich selber als banlieuesards verstanden, als sie ihre Meinungen in Interviews, Talkshows und Liedtexten verbreiteten. Wenn wir diese Sicht annehmen, dann eröffnet sich über die Popkultur ein neues politisches

---

317 Zur elitären Verfassung des französischen Bildungssystems vgl. P. Bourdieu, *The State Nobility. Elite Schools in the Field of Power.* Cambridge, 1996.

Fenster, denn die französischen Rapper beanspruchten nicht weniger als Sprachrohr zu sein eben jener arabischen, afrikanischen und asiatischen Bevölkerungsgruppen, die seit den 1960er Jahren das traditionelle Proletariat in der banlieue abgelöst hatten.

Es ist oft betont worden, dass sich die französischen Rapper, die schon früher als die deutschen zur Muttersprache gefunden hatten, sich sehr früh von ihren amerikanischen Vorbildern abgegrenzt haben.[318] Das ist sicher richtig, man muss allerdings sehen, dass so ähnlich wie sich Kureishi auf James Baldwin bezogen hatte, sich die Rapper auf die schwarzen Amerikaner als Exponenten eines Kampfes, den jene in den USA führten und den die banlieuesards gewissermaßen unter veränderten Umständen in Europa zu kämpfen hatten, bezogen. Die amerikanischen Protestfiguren wie Elijah Muhammad oder Malcolm X erscheinen uns wie poppige Parodien der echten Moslems in der Dritten Welt und doch muss man sehen, dass selbst sie für die Einwanderer aus den ehemaligen Kolonien authentische Referenzpunkte in der modernen Politik waren.[319] Das sieht man schon allein an der Figur des Sportlers Muhammad Ali, der ja ein Afroamerikaner war, der unter Malcolm X zum Islam der Black Muslims gefunden hatte. Obwohl die Black Muslims mit ihren teilweise erfundenen Traditionen schlecht in das Bild der seit Jahrhunderten vom Islam geprägten Gemeinschaften passen, haben doch viele Muslime in der Dritten Welt mit Muhammad Ali sympathisiert und in ihm bei seinem epochalen Boxkampf gegen George Foreman in Zaire zu Zeiten von Mobutu 1974 den Vertreter der islamischen Tradition gegen den westlichen Foreman mit christlichem Namen und europäischem Hund gesehen.[320] Der politische Diskurs der Afroamerikaner hat auch in der französischen Rap-Musik diese Rolle einer Leitfigur für den verspäteten Anerkennungskampf der ehemaligen kolonialen Subjekte gespielt. Deshalb muss man bei aller Abgrenzung, die die französischen Rapper gegenüber ihren amerikanischen Kollegen geübt haben, nicht aus den Augen verlieren, dass der Kampf der schwarzen

---

318 Vgl. D. Hüser, *Rapublikanische Synthese. Eine französische Zeitgeschichte populärer Musik und politischer Kultur*. Köln, 2003.

319 Neben dem bereits besprochenen Fall von Kureishi verweise ich auf das Album des Frankfurter Rapper D-Flame mit dem Namen *Daniel X. Eine schwarze deutsche Geschichte.* Universal, 2002; sowie die vielen Baseballmützen mit dem X vorne drauf, die in den 90ern bei farbigen Jugendlichen auf der ganzen Welt beobachtet werden konnten.

320 Vgl. D. Van Reybrouck, *Kongo,* a.a.O. S. 423-429.

Amerikaner nach Befreiung eine Leitfunktion übernommen hat, die es den banlieuesards ermöglichte, den Kampf gegen ein von ihnen als rassistisch empfundenes Frankreich mit der von Fanon als befreiend diagnostizierten Revolte zu führen. Die amerikanische Inner-City, die in der historischen South Bronx den Ursprung des Hip Hop markiert, konnte von den frühen französischen Rappern, die vor allem aus der Pariser banlieue stammten, auf die Problemviertel des Hexagons angewandt werden. Das urbane Desaster, das die in der schwarzen, protestantischen Kirche sozialisierten amerikanischen Blacks in ihren Wohnvierteln wahrnahmen, ließ sich so von den jungen Künstlern der Pariser Peripherie auf Europa anwenden. Der politisch aufgeladene Kulturtransfer blieb allerdings meistens auf die kulturindustrielle Popkultur beschränkt und transportierte die Einsichten, die Du Bois oder Baldwin gegeben hatten, nur in stark modifizierter Form. Die genuin philosophischen Texte, die in der frühen französischen Hip Hop Bewegung wirklich rezipiert wurden, reduzieren sich auf *The Autobiography of Malcolm X* und dessen gelungene Verfilmung durch Spike Lee sowie gelegentlich die Reden von Martin Luther King, die bei den Schwarzen wahrscheinlich im Elternhaus präsent waren, sonst aber auch in der Nationaledukation Teil des Curriculums waren. Abd Al Malik, ein Rapper der seit dem Anfang der 2000er Jahre auch als Autor tätig ist, fragt in seinem Pamphlet *Le dernier Francais:*[321] „Pourquoi ont ils assassiné Malcolm?" (157) und der Verweis hier ist emblematisch für die bei den banlieuesards verbreitete Sicht auf die revolutionären, islamischen Afroamerikaner als ein Teil derselben Bewegung, zu der auch sie gehören. Martin Luther King, der den Separatismus der Black Muslims nicht teilte, wird bei den moderaten unter den Rappern natürlich auch in Anspruch genommen und es wird ihm dabei gelegentlich eine afro-zentrische Politik nahe gelegt. So auch bei der aus Marne-la-Vallée stammenden Rap-Gruppe X-Men auf dem in den 90er Jahren populären Lied „Retour aux pyramides", wo es heißt: „Je suis un King comme Martin Luther".[322] Die Parallele zwischen den amerikanischen Inner-Cities und der französischen banlieue wurde zu Beginn der Bewegung eher vermieden, man wollte nicht als Kopie eines amerikanischen Bildes angesehen werden, aber je autonomer und selbstbewusster die Szene wurde, umso unbefangener wurde auch der Umgang mit dem Begriff Ghetto. So auch bei der aus Vitry-

---

321 Vgl. A. Al Malik, *Le dernier Français. Récit.* Le Cherche Midi, 2012.
322 Vgl. X-Men, Retour aux pyramides, auf dem Soundtrack von *Ma 6-T va cracker.* 1997.

sur-Seine stammenden Formation 113: „C'est le ghetto comme a Harlem".[323]

Die Rapper wissen natürlich, dass sie im offiziellen Bildungssystem Fremdkörper sind und die Tatsache, dass sie aus der Nationaledukation oft herausfallen, wird von ihnen gedeutet als Teil des Problems, in dem sie stecken. Paradigmatisch kann hier ein Text von 113 gelten, in dem die Rapper reflektieren, dass sie durch ihre fehlgeschlagene schulische Laufbahn sich den Weg in eine bürgerliche Existenz verschlossen haben und man tröstet sich damit, dass man wenn auch nicht die Bildung der nationalen Curricula hat, so doch mindestens die, die über die amerikanische Rap-Musik mit geschwappt ist. So heißt es in dem Song „Les regrets restent", dass man zwar keine offiziellen Bildungsabschlüsse habe, „mais bon j'ai pas tout perdu, j'ai ma culture de ghetto et ma litérature de rue".[324] Dass diese Kultur des Ghettos und die so bezeichnete Literatur der Straße eben doch intellektuell wertvoll sind, wird deutlich, wenn wir uns dem Rapper zuwenden, der wie kein anderer Künstler des modernen Frankreich dem Problem, das Jacques Chirac „fracture sociale" genannt hat, Ausdruck verliehen hat.

Akhenaton wuchs als Sohn süditalienischer Immigranten in der Gegend von Marseille auf und begann sich in den 80er Jahren für die gerade in New York erwachsene Hip Hop Kultur zu begeistern.[325] Familiäre Beziehungen in die amerikanische Metropole ermöglichten ihm mehrfach dorthin zu reisen und die Subkultur aus erster Hand zu beobachten. Zurück in Marseille nach verworfenen Überlegungen ein Biologiestudium aufzunehmen, gründete er die Gruppe I AM mit der er ab den späten 80ern beginnt Platten aufzunehmen. Zur Gruppe gehören Künstler arabischer, afrikanischer und französischer Abstammung und man gab sich einen multikulturellen Anstrich indem man Lieder schrieb, die auf die Bedeutung und die Werte der außerhalb des Westens stehenden Kulturen abhob. Akhenaton hat sich selber den Namen eines ägyptischen Pharaos gegeben und auf den frühen Alben von I AM geht es immer um dubiose Kulturbrücken, die die Heimat Marseille der Gruppe mit dem Orient verbinden. Auf dem Cover von *Ombre est lumière,* dem zweiten Studioalbum der Gruppe, wird zum Beispiel suggeriert, dass Marseille einst Teil der ägyptischen Zivilisation

---

323 Vgl. 113, *Foute la merde.* Alariana, 2002.
324 Vgl. 113, Les regrets restent, auf *Les princes de la ville.* Alariana, 1999.
325 Vgl. D. Tödt, *Vom Planeten Mars. Rap in Marseille und das Imaginäre der Stadt.* Wien, 2011.

gewesen sei. Solche Theorien sind natürlich frei erfunden, aber wenn I AM einen Punkt mit ihren Texten machen wollten, so war es, dass sie ihre Heimatstadt als multikulturellen Schmelztiegel ansahen, auf den sie sehr stolz waren. Dieses Motiv der von orientalischen Einflüssen beherrschten Immigrantenmetropole Marseille hat Akhenaton nie aufgegeben auch wenn er und seine Musik viele Transformationen durchlebt haben.

Akhenaton hat erkannt, dass das Konfliktpotential Frankreichs nicht mehr in der traditionellen Klassenstratifikation liegt, sondern, dass die Kategorie der sozialen Klasse erst durch die in den banlieue lebenden Immigranten zu einer Verletzung der Anerkennung eben solcher post-kolonialer Gruppen wird. Zwar haben sich einige Rapper auch explizit in einen klassenkämpferischen Diskurs gestellt, wie etwa die in Paris angesiedelten Gruppen des Cercle Rouge oder die ebenfalls in Paris wirkende Gruppe Assassin,[326] aber selbst wenn man sich solchen Künstlern zuwendet wie dem ethnisch französischen Rapper Don Choa von der auch aus Marseille stammenden Gruppe Fonky Family, dann fällt schnell auf, dass die Idee des Kampfes, die sich in der Musik artikuliert, immer von der offenen Wunde des europäischen Imperialismus genährt ist. So auch bei Akhenaton. Er hat gar nicht erst versucht seine eher kleinbürgerliche Familiengeschichten zu verneinen, wie aus den Fotoserien auf dem Cover des in den späten 90ern erschienen Albums *Métèque et Mat* zu sehen ist,[327] sondern hat die Tatsache in den Vordergrund gestellt, dass seine Familie Immigranten sind und dass das Sizilien, aus dem sie kommen, ja die Heimat der „Neger Europas" darstellt, wie er sich an einer Stelle ausdrückt. Der Hass auf die ehemalige Kolonialmacht, die die arabischen und afrikanischen Immigrantenkinder natürlich in die französische Subkultur hineingetragen haben, hat Akhenaton als den Dynamo erkannt, der die Bewegung politisch trägt und er hat sich mit diesen Emotionen solidarisch gezeigt. Das geht so weit, dass Akhenaton oder Chill, wie er von seinen Freunden genannt wird, eine Araberin geheiratet hat und zum Islam konvertiert ist. Diese biographischen Informationen sollen nur das Argument untermauern, dass Akhenaton richtig gesehen hat, was der Stachel in der „fracture sociale" ist. Wie kein anderer hat er es vermocht, die Erfahrung des Lebens in der banlieue als einem „ghetto francais" (Ideal J) poetisch zu ver-

---

326 Vgl. etwa das Coverartwork von der CD *Cercle Rouge* von Cercle Rouge Productions, 1998 oder den Assassin-Song L'état assassine, auf dem Soundtrack von *La haine,* Delabel, 1995.

327 Vgl. Akhenaton, *Métèque et mat.* Hostile, 1995.

arbeiten. Das liegt vor allem daran, dass in Akhenatons Texten immer eine Spannung besteht zwischen der Zerbrechlichkeit der eignen Lebensgeschichte und ihrer historischen Bedeutung. Die politischen Erfahrungen der Existenz im französischen Ghetto werden immer gebrochen im Licht der politisch unschuldigen eigenen Biographie. Die adoleszenten Charakterzüge des lyrischen Ichs werden dargestellt in Akhenatons starken Stücken als ein Kontrast zu den geschichtlichen Situationen in denen sie sich bewähren müssen. Der Protest ist somit immer einer, der seine Energien aus einer verletzlichen Identität zieht, die aber gerade nicht heroisiert wird, sondern die sich als genuin einfach und eben unschuldig entlarvt. Ein paar Auszüge werden deutlich machen, was gemeint ist.

Auf dem Stück „Né sous la même étoile" geht es um die Tatsache, dass in der französischen Gesellschaft von Chancengleichheit nicht die Rede sein kann.[328] Die erste Strophe, die von Shurk'n gerappt wird, kontrastiert das Leben eines bürgerlichen Jugendlichen mit dem eines der Unterschicht (im Video gespielt von einem Schwarzen). In Akhenatons Strophe reflektiert das lyrische Ich die verletzenden Erlebnisse von Hänseleien basierend auf der Immigrantenkultur und hier wird dann das Bild gezeichnet einer Alltäglichkeit, die Empathie wecken muss, einfach weil die biographischen Details, die geschildert werden, dem Leiden ein humanes Gesicht aufsetzen: „Pâle de peur devant mon père, ma seur portait le voile. Je revois à l'école les gosses qui la croissent se poilent. C'est rien Léa, si on était moins scrupuleux, un peu de jeu de feux on serait comme eux. Mais j'ai pleuré pour avoir un job comme un crevard sans boire, les 'Je t'aime' à mes parents seul dans mon lit le soir". Immer wieder kontrastiert Akhenaton das Thema der unschuldigen, alltäglichen biographischen Erfahrung mit der Geschichtlichkeit der Situation in der sie stattfindet. So auch auf „Quand ca se disperse",[329] „Quand ils rentraient chez eux"[330] oder dem Intro zu *Sol Invictus*.

Das Leiden an der Existenz im Ghetto geht oft einher mit einer heroischen, an Narzissmus grenzenden Darstellung der eigenen Lebensgeschichte, aber diese Tendenz fehlt bei Akhenaton komplett: „Est-ce qu'on

---

328 Vgl. I AM, Né sous la même étoile, auf dem Album *L'école du micro d'argent*. Delabel, 1997.
329 Vgl. Akhenaton, Quand sa se disperse, auf seinem Album *Sol Invictus*. Hostile, 2001.
330 Vgl. I AM, Quand ils rentraient chez eux, auf dem Album *Revoir un printemps*. Hostile, 2003.

se rappellera, j'étais trop normal pour être un star?".[331] Das Problem der Ghettoisierung ist symbolisch vermittelt durch die architektonische Monotonie der Hochhaussiedlungen, auf die Akhenaton an entscheidender Stelle rekurriert und wo er seine Biographie verortet. Er nennt sie „les constructions élevées".[332] Die ständige Konfrontation mit der Polizei, die in der banlieue als Repräsentant des repressiven Staates gesehen wird, wird auf demselben Song von Akhenaton geschildert („Sa finit par des gardes à vue: regarde la rue!") und immer wird die soziale Konstellation verbunden mit der eigenen Lebensgeschichte, denn es ist diese Verbindung, die die Rapper in ihrer Position als Sprachrohr der banlieuesards legitimiert („Je sais de quoi je parle […] J'ai dû fêter mes vingt ans avec trois bouteilles de Valstar"). Die Lebenswelt der banlieue ist also ein fester Bestandteil einer Populärkultur, die im Hexagon über soziale und ethnische Schranken hinweg konsumiert und rezipiert wird. Und natürlich sind es die Rapper, die mit ihren Texten das Licht der Öffentlichkeit auf die Schattenseiten der V. Republik werfen und somit den jugendlichen Ausgegrenzten eine Stimme verleihen, die sich in Frankreich auch in den Unruhen artikuliert. Die Söhne – bei den Emeuten fehlen Frauen – der algerischen, senegalesischen oder anderer post-kolonialer Subjekte gehen auf die Straße, denn sie empfinden ihr Dasein als Verletzung ihrer Würde. „C'est donc ca nos vies?" fragen I AM und die Antwort muss zwar positiv ausfallen, aber sie macht klar, dass man mit der Ausgrenzung von der Zivilsphäre in der französischen Gesellschaft nicht zufrieden ist. Politischer Bezugspunkt bleiben aber selbst für den weißen Akhenaton die revolutionären Afroamerikaner, in dessen Tradition er und I AM immer ihre eigenen Bemühungen gesehen haben.[333] Die Literatur der Straße und Kultur des Ghettos, von der 113 erzählen, haben doch zumindest dem Kampf gegen den Rassismus in Frankreich soweit eine modernitätsskeptische Komponente gegeben, als in der amerikanischen Rap Musik immer auch ein Hauch vom „incomplete" Charakter der liberalen Moderne weht, wie Tricia Rose anmerkt.[334] Die Kritik der banlieuesards speist sich aus diesen traditionalen Momenten.

---

331 Vgl. Akhenaton, Intro, *Sol Invictus,* a.a.O.
332 Vgl. I AM, Demain c'est loin, vom Album *L'école du micro d'argent,* a.a.O.
333 Vgl. I AM, Libère mon imagination, auf *L'école du micro d'argent,* a.a.O.
334 Vgl. T. Rose, *Black Noise,* a.a.O., Schlusskapitel mit Verweis auf Cornel West.

Einblick 1: die Vorstädte

Das Phänomen der Vorstadtunruhe, der Emeute in der banlieue ist erst erschienen, nachdem die post-kolonialen Einwanderer in Frankreich angekommen sind. Journalisten, Politiker und Wissenschaftler sind sich darüber einig. Seit den 80er Jahren ist die Vorstadtrevolte Teil der französischen Realität und sie ist aufs Engste verwoben mit dem Problem der rassistischen Exklusion von jungen Menschen in der Peripherie der französischen Städte. Die Namen der Orte, an denen es in der Geschichte immer wieder zu solchen Auseinandersetzungen gekommen ist, sind Teil des kulturellen Gedächtnisses des Hexagons: Seine Saint-Denis bei Paris, Vaulx-en-Velin bei Lyon oder das Viertel Neuhof in Strasbourg. Die meist farbigen Jugendlichen unterscheiden sich vom traditionellen Proletariat dadurch, dass sie von der Wirtschaft nicht mehr gebraucht werden.[335] Während die Arbeiter im 19. Jahrhundert noch den Motor der kapitalistischen Entwicklung darstellten, sind die Jugendlichen mit Migrationshintergrund wirtschaftlich überflüssig. Das verbindet sie mit den Armen in der Dritten Welt, Fanons verdammten der Erde, die weder gewerkschaftlich organisiert sind, noch dem Kapital mit dem Instrumentarium des Streiks irgendwelche Zugeständnisse abtrotzen können. Der Wohlfahrtsstaat ist ihre einzige Überlebenschance und jeder banlieuesard weiß, dass er ein abhängiges Verhältnis pflegen muss zu den besitzenden Klassen, die mit Argwohn auf die ökonomischen Almosen blicken, die sie an die aus algerischen, vietnamesischen oder afrikanischen Familien stammenden Bürger abtreten müssen. Dagegen richtet sich Protest derjenigen, die in der gesellschaftlichen Praxis eine Kontinuität mit der imperialistischen Ausbeutung sehen, der ihre Vorfahren ausgesetzt waren. Angriffsziel ist der französische Staat, der die sozialen Verhältnisse verteidigt.

Im Folgenden soll auf die Ereignisse vom Jahr 2005 eingegangen werden, wo sich die längsten und bis dato am weitesten ausgebreiteten Emeuten ereignet haben, die Frankreich bis jetzt erlebt hat. Wir werden das historische Material noch einmal lesen, auch wenn bereits historische Studien vorliegen, um die politische Situation, die sich an die Riots angeschlossen hat, verständlich zu machen.[336] Anfangen müssen wir, wie so oft bei solchen Unruhen, bei den Rappern, denn die Spannungen, die das politische

---

335 Vgl. L. Wacquant, *Urban Outcasts,* a.a.O.
336 Vgl. M. Moran, *The Republic and the Riots. Exploring Urban Violence in French Suburbs 2005-2007.* Oxford, 2012.

Feld beherrschen, liegen schon bevor die Ereignisse die Subjekte einholen in der Form von Diskursen in der Luft, die von den banlieuesards aufgefangen und artikuliert werden. 2005 war es der aus einer kongolesischen Familie stammende Rapper Monsieur R, der ursprünglich in Belgien aktiv war und in der Hip Hop Bewegung der 90er Jahre eher eine Außenseiterrolle gespielt hat, der den Auftakt zu den Unruhen gegeben hat. Mitte der 90er finden wir ihn noch zu Gast bei der deutschen Hip Hop Sendung Freestyle, wo er zusammen mit einem weißen Belgier einen Auftritt hat, in dem der Kolonialismus angegriffen wird.[337] Das Leben im Hexagon muss den jungen Mann radikalisiert haben, denn seine Stücke werden von Dekade zu Dekade aggressiver, was auch damit zu tun haben mag, dass der aus einer Emigrantenfamilie stammende Künstler die Annäherungen der französischen Regierung an die pro-Mobutu Regimes im kongolesischen Kinshasa nicht gut hieß. Wie dem auch sei, in den frühen 00er Jahren schreibt er einen Song, dessen Text so vielsagend ist, wie das aktuelle Verhältnis der banlieuesards zum Staat: „La France est une garce, n'oublie pas de la baiser".[338] Dieser Song erregt in den französischen Medien nach einem Muster, das man von anderen Rap Gruppen wie NTM oder Ministèr Amer kennt, aufsehen. Polizeigewerkschaften oder andere Repräsentanten der Ordnung erheben Einspruch gegen den Hass, der ihnen aus den Vorstädten entgegen schallt, wo sie ihre Patrouillen durchführen müssen. Das Land ist in Aufruhr: ist es wirklich so schlimm? Ist die Grande Nation wirklich nicht mehr als eine Schlampe? Für die banlieuesards, die sich in Schlangen vor der ANPE, der französischen Arbeitsagentur wiederfinden und die sich einer zunehmenden Law and Order Politik, die aus den Ghettos der USA importiert wird, gegenüber sehen,[339] fällt die Antwort positiv aus. Im Oktober kommt es zum Eklat.

Auf Besuch in einem Problemviertel macht Nicolas Sarkozy, damals Innenminister, eine Bemerkung, die ebenfalls eine lebhafte Diskussion in der Öffentlichkeit auslöst. Als er durch eine Hochhaussiedlung umringt von Polizisten streift, beklagt sich eine maghrebinische Anwohnerin über die Randale in der Nachbarschaft und benutzt dabei den in der Umgangssprache der banlieuesards geläufigen Begriff „racaille", den man mit „Ge-

---

337 Vgl. Freestyle ausgestrahlt auf Viva.
338 Vgl. Monsieur R, FranSSe, auf dem Album *Politikment Inkorrekt,* 2004.
339 Vgl. L. Wacquant, *Bestrafen der Armen. Zur neoliberalen Regierung der sozialen Ungleichheit.* Opladen, 2009.

sindel" übersetzt hat (4).[340] Die Jugendlichen in den Vorstädten bedienen sich dem Vokabular der französischen Proletarier, sie sprechen nicht das Idiom der bürgerlichen Stadtteile. Aber sie ändern es um und geben den Begriffen neue Konnotationen. Das ist vor allem da evident, wo die banlieuesards das sogenannte Verlan sprechen, bei dem die Silben vertauscht oder die Wörter umgedreht werden. Anstatt „racaille" sagt man „caillera" oder aus „fou" wird „ouf". Dass aber ein ranghoher Politiker die ausgegrenzten Jugendlichen als Gesindel oder Pack beschimpft, hat eine neue Dimension. Die französischen Politiker dürfen ihrem republikanischem Selbstverständnis nach nicht unterscheiden zwischen einem obdachlosen Penner oder einem Millionär, solange nur beide französische Staatsbürger sind. Die für Marx so zum Himmel schreiende Hypokrisie der liberalen Ordnung, die den einzelnen als abstraktes Individuum unabhängig von seiner materiellen, kulturellen Existenz sieht, hat den französischen Politikern seien sie Generäle, Bürger oder Linke wie Jospin ein Idiom nahe gelegt, das gemäß dem bürgerlichen Selbstverständnis der Nation das Sprechen in den Klängen der eigentlichen Bevölkerung verbietet. Selbst der Erzähler im *Père Goriot* von Balzac redet den Leser, dem er die intimsten Abgründe der bürgerlichen Welt preis gibt, im höflichen Sie („vous") an. Der Innenminister, der selber einer osteuropäischen Immigrantenfamilie entsprang, hat es nicht für nötig gehalten, an diesem bürgerlichen Ritual zu partizipieren. Als Mann des Volkes, als den er sich ausgeben wollte, wollte er die Sprache des Volkes sprechen und so hat er die Frau am Fenster mit arabischen Wurzeln nicht korrigiert, sondern den Begriff „racaille" in die Politik überführt. Das Proletariat und die Kapitalisten haben sich darüber weniger beschwert, als die Linke, die richtig gesehen hat, dass hier schlechte Zeichen stehen. Sarkozy hat sich für seine Sprache nicht entschuldigt. Die Arbeiter fanden, er spricht Klartext. Die Kapitalisten lächelten über den Knüppel, den ihr Mann bereit war im Namen der Distinktion (Bourdieu) auszupacken. Die banlieuesards wussten, dass sie nun gedemütigt waren.

In der letzten Oktoberwoche dann kam es zum Überlaufen des Fasses. In Clichy-sous-Bois, einer im Norden von Paris liegenden Vorstadt, befanden sich drei muslimische Jugendliche arabischer und afrikanischer Abstammung auf dem Rückweg von einem Fußballspiel.[341] Es war Ramadan.

---

340 Vgl. G. Kröncke, Zwei Mal Frankreich, *Süddeutsche Zeitung*, 3.11.2005, S. 4.
341 Vgl. für Bildmaterial die gute Dokumentation, *Quand la France s'embrase,* von M. Dufresen, gedreht für France 2, 2007.

Die drei fuhren auf einem Motorroller und als sie ein Polizeiauto hinter sich sahen, dass die drei anhalten wollte, begannen sie zu fliehen. Auf der Flucht aus Angst vor den Gesetzeshütern, die die Ausweise kontrollieren wollen, weil sie glauben, die drei hätten auf einer Baustelle etwas geklaut oder ähnliches, versuchten sie sich in einem mit elektrischen Hochspannungsleitungen versehen Haus zu verstecken. Banou, Ziad und Metin, so die Namen der drei, klettern über die Zäune und landen in einer tödlichen Falle. Banou und Ziad, die von tunesischen und malischen Eltern stammen, sterben auf der Stelle. Metin überlebt und kommt ins Krankenhaus.[342] Das Gerücht über die von der Polizei fliehenden Jugendlichen, die dabei zu Tode kommen, verbreitet sich wie ein Feuer. Die Jugendlichen in den Stadtteilen sprechen davon, dass die zwei Jungs von der Polizei getötet wurden – auf jeden Fall sehen sie den französischen Staat in Verdacht, zwei von ihnen in den Tod getrieben zu haben und das reicht um den Funken überspringen zu lassen. Am Abend brennen die ersten Autos.

Die banlieuesards haben, wie Gerd Kröncke richtig geschrieben hat,[343] eine klare Vorstellung davon, wer ihr Feind ist: „Viele Jugendlichen sehen diesen Staat als Feind, und jeder Polizist ist ein Agent des Staates" (3). Das Muster des Kampfes der jetzt ausbrechen wird zwischen den banlieuesards und dem Staat ist seit den frühen 80ern bekannt: Die banlieuesards versammeln sich über ihre Kommunikationswege wie Smalltalk, Handy und Internet und treffen sich an den Plätzen, wo sie ihren von Langeweile und Monotonie geprägten Alltag verbringen: auf den Spielplätzen, den Foyers der Hochhäuser oder den Bushaltestellen, wo nie ein Bus kommt. Die Nachricht vom Tode von Ziad und Metin verbreitet sich wie ein Lauffeuer und dann kommt der Angriff auf Gegenstände, die eigentlich ein provozierendes Motiv haben. Es wird oft angemerkt, dass die Aufstände in der banlieue nicht nach dem Muster des demokratischen, zivilen Ungehorsam von satten gehen, weil man nicht wie andere soziale Gruppen mit Plakaten durch die Innenstädte läuft und demonstriert, sondern privates und öffentliches Eigentum angreift. Ende November jedenfalls brennen in Clichy-Sous-Bois, wo sich der Zwischenfall ereignet hat, die ersten Autos, was der Anpfiff zum Kampf für die banlieuesards ist. Durch das Anzünden der Autos, die ja eigentlich ihren Nachbarn gehören und auch von öffentlichem Eigentum wie Bussen oder Schulen von dem sie eigentlich

---

342 Vgl. G. Kröncke, Ein brennendes Gefühl von Macht, *Süddeutsche Zeitung*, 4.11.2005, S. 3.
343 Vgl. G. Kröncke, Ein brennendes Gefühl von Macht, a.a.O.

profitieren, locken die banlieuesards die Polizeikräfte in ihre Stadtteile: und darum geht es ihnen. Sie suchen die offene Konfrontation mit der Polizei, so als wollten sie den in ihren Lebensläufen ständig unterschwelligen Konflikt zwischen ihnen und der bürgerlichen Ordnung endlich in klaren Farben sehen. Dafür braucht es eine klare Frontenstellung: banlieue gegen Staat, banlieuesards gegen Polizei, Gesindel gegen Ordnung. Die Nachricht der brennenden Autos im nördlichen Clichy-sous-Bois erreicht sofort die Polizeizentralen in Paris, wo die Spezialkräfte für Unruhen, die CRS, stehen, die auf der Stelle mobil gemacht werden und in den Norden abrücken. Sind sie da erwartet sie eine bekanntes Bild: die Autos und einige Gebäude brennen und die banlieuesards, die Täter, haben sich nicht verdrückt, sondern erwarten mit hochgezogenen Kapuzen und Steinen in der Hand die CRS. Natürlich wird die Feuerwehr alarmiert, denn der Staat muss jetzt versuchen Schaden zu begrenzen. Damit die Feuerwehr allerdings arbeiten kann, müssen zuerst die banlieuesards vertrieben werden, denn die warten natürlich nur auf die roten Fahrzeuge, um sie mit Steinen und Molotowcocktails einzudecken. Die CRS müssen also Territorium gewinnen und sie können dies nur, indem sie die Angreifer in Gefechte mit Tränengas und Gummigeschossen verwickeln, was natürlich auch sofort geschieht. Die banlieuesards warten mit ihren Aktionen, bis es Nacht wird, denn dann verwandelt sich die Vorstadt in eine andere Welt. Die Spielplätze, wo tagsüber Kinder spielen, sind jetzt verlassen. Die Jugendzentren, wo es sie denn gibt, sind geschlossen und diejenigen, die Arbeit haben, liegen im Bett um am Morgen früh aufstehen zu können. Die Siedlungen, die natürlich bei der Polizei bekannt sind, sind jetzt das Revier der banlieuesards und die liefern sich nun eine Steinschlacht mit den CRS, bei der die brennenden Autos wie Trophäen für die jungen Rebellen erscheinen. So also auch Ende Oktober in Clichy-Sous-Bois. Was die Unruhen diesmal unterscheidet, von allen die es vorher gegeben hat, ist die Tatsache, dass die Kämpfe diesmal nicht auf die nördliche Vorstadt von Paris begrenzt bleiben, sondern sich ausweitet auf das ganze Hexagon: In der Nacht vom 3. November brennen allein in Paris 500 Autos.[344]

Um die Ereignisse in der banlieue zu verstehen, müssen wir unseren Fokus ausweiten auf die Verhältnisse, die zu jener Zeit in der französischen Politik herrschen, denn die Reaktionen des Staates auf die Gewalt

---

344 Vgl. G. Kröncke, Krawalle erschüttern ganz Frankreich, *Süddeutsche Zeitung*, 5./6. 11.2005, S. 1.

wird eine entscheidende Rolle spielen bei den politischen Entwicklung im Anschluss an die Emeuten. Frankreich wird zur Zeit der Unruhen von einer konservativen Regierung geführt. Jacques Chirac ist Präsident und besorgt um einen fähigen Nachfolger für ihn im Elysee Palast, denn bald stehen Präsidentschaftswahlen an. Dominique de Villepin ist sein Premierminister und verkörpert das Bürgertum der rechten Mitte. Er hat ein offenes Ohr für die Liberalen, wie wir noch sehen werden. Innenminister ist, wie wir schon erörtert haben, Sarkozy, der ein Emporkömmling ist. Er hat sich durch seine Zeit als Bürgermeister vom bürgerlichen Neuilly-sur-Seine einen Namen gemacht als Law-and-Order Politiker der Reichen. Die Krise in den Vorstädten wird zum Testfall für die zwei relativ jungen Politiker, die beide hohe Ambitionen auf das Amt des Präsidenten hegen und deshalb jeden Schritt genau planen müssen. Wer jetzt den falschen Zug macht, verspielt sich seine Karten bei der nächsten Wahl, wo Chiracs Nachfolge entschieden werden wird.

Villepin reagiert mit einer Rede in der Nationalversammlung in der ersten Novemberwoche auf die Unruhen, wo er die Werte der Republik gegen die Gewalt in den Vorstädten verteidigt:[345] „Ordnung und Gerechtigkeit werden das letzte Wort haben" (1). In der Diskussion, die sich anschließt, wird schnell klar, dass der Innenminister mit seiner Politik der starken rechten Hand des Staates (Wacquant/Bourdieu) Mitschuld trägt an der desolaten Situation in den Vorstädten. Jedenfalls kritisiert eine Polizeigewerkschaft, dass Sarkozy Konfliktvermittlerstellen und ähnliches in den kritischen Stadtteilen gestrichen hatte. Jetzt ist der Konflikt auf jeden Fall da und die Politik muss sich schnell etwas einfallen lassen, denn die Proportionen der Riots sprengen alles vorher da gewesene. Seit Beginn des Jahres, so bilanziert Rudolph Chimelli, sind in ganz Frankreich 30 000 Autos in Flammen aufgegangen und mehr als 9000 Polizisten wurden in den Gefechten angegriffen.[346] Monsieur R, dessen Song den Auftakt für die Ereignisse gegeben hat, sieht sich nun in seiner Idee bestätigt: für die banlieuesards ist Frankreich eine Hure und in der offenen Auseinandersetzung mit den Ordnungskräften können die Vorstädter unter Beweis stellen, dass sie bereit sind zu kämpfen für eine Existenz in Würde.

Das Wochenende vom 5. Und 6. Oktober markiert den Punkt, an dem die Unruhen auf die großen Städte Frankreichs übergreifen. In Toulouse,

---

345 Zitiert in G. Kröncke, Krawalle erschüttern ganz Frankreich, a.a.O.
346 Vgl. R. Chimelli, Die Vorstadt-Intifada, *Süddeutsche Zeitung*, 5./6.11.2005, S. 4.

Bordeaux, Montpellier, Rennes, Lilles, Mulhouse und Strasbourg gehen allein in diesen zwei Tagen 2200 Autos und etliche Gebäude in Flammen auf.[347] Sarkozy zögert nicht, sondern er hetzt die CRS in die Ghettos und seine Politik kommt an. In den Umfragen liegt er vorne und das zeigt, dass sowohl das Bürgertum als auch die französischen Proletarier in ihm den Mann des Volkes sehen, der mit dem Pack in den Vorstädten aufräumt. Er verkörpert den guten osteuropäischen Immigranten, der kleinbürgerliche Ordnungsvorstellungen in die Politik trägt und nicht davor zurückschreckt, den Kampf mit den banlieuesards auf ihrer Augenhöhe zu führen, was natürlich Unsinn ist, denn es ist ein ungleicher Kampf zwischen dem Repressionsapparat des Staates und den mit Molotowcocktails und Steinen bewaffneten Vorstädtern. Natürlich steht der Innenminister nicht ohne Rückendeckung in der Öffentlichkeit da. In den Tageszeitungen und Talkshows melden sich nun Finkielkraut und Glucksmann zu Wort und sie verteidigen die rechte Hand des Staates mit dem Argument des anti-weißen Rassismus, der angeblich die einzige Triebfeder der banlieuesards ist.[348] Die Linke steht ihnen mutig gegenüber in der Form der noch in der 68er Bewegung gebildeten Aktivisten und Denkern wie Daniel Cohn-Bendit oder der vage an der Sartre-Derrida Tradition anschließende Alain Badiou. Was aber auffällt in den Debatten ist, dass die Linke nicht mehr den Ton angibt. Glucksmann und Finkielkraut mit ihrem Argument, dass sowohl in der banlieue als auch in der Dritten Welt die Werte des Westens verteidigt werden müssen, haben Ansehen in der Nation, die nach dem Le Pen Debakel von 2002 samt selbst der Linken hinter den Gaullistischen Chirac gekrochen war, um den rassistischen Front National unter Le Pen, der in der Vorrunde zur Präsidentschaftswahlkampf den Favoriten der Sozialisten Jospin aus dem Rennen geschmissen hatte, zu stoppen.[349] Chirac repräsentierte in dem Moment seines Triumphes die bürgerliche Mitte und er verstand sich als der Mann, der die Republik vor den Faschisten gerettet hatte, aber er musste, um die Franzosen in ihrer Furcht vor dem Gesindel in ihren Vorstädten zu beschwichtigen, eine Sprache finden, die inklusiv war in dem Sinne, dass sich das Volk durch ihn repräsentiert fühlte. Seine Strategie lag nun darin, die Unruhen in den Vorstädten als eine Sinnkrise

---

347 Vgl. Leitartikel, ohne Autor, *Süddeutsche Zeitung*, 7.11.2005, S. 1.
348 Vgl. paradigmatisch A. Finkielkraut, *Au nom de l'autre*, a.a.O.
349 Vgl. A. Badiou, *Wofür steht der Name Sarkozy?* Zürich, 2008.

zu verstehen, die Resultat der Immigration war.[350] Er predigte das alte Lied der fehlenden Werte und diese Werte wurden von Finkielkraut und Glucksmann dann in der Debatte erläutert als die Werte des Westens, die natürlich nichts anderes waren als die der liberalen Moderne, die diese Intellektuellen nun bedroht sahen durch die aus dem Süden stammenden banlieuesards, die aus welchem Grund auch immer nicht sehen konnten, dass die Willkürfreiheit und der Kapitalismus die letzte Antwort sind auf die Fragen der politischen Organisation. Das Leitbild, das ihnen trotz Irakkrieg und Bush vor Augen stand, waren die USA, von wo Finkielkraut unzweideutig seine Idee des Kampfes der Kulturen geliehen hatte. Chirac konnte in der Debatte nur Stichworte geben, es lag an den Intellektuellen sie zu deuten und so verwundert es nicht, dass der Präsident den Notstand ausrief und Ausgangssperren verhängte. Die banlieuesards hatten es zuweilen beinahe vermocht das Zentrum von Paris – also die bürgerlichen Stadtteile – zu penetrieren, aber die massiv zusammengezogenen CRS hinderten sie natürlich daran. Spätestens ab diesem Moment waren das Bürgertum und seine Apologeten hinter dem flic Sarkozy (Badiou) versammelt, der eben nicht wie Villepin den banlieuesards mit bürgerlicher Höflichkeit begegnete, sondern sie als Pack beschimpfte und versprach die Ghettos mit dem Kärcher zu säubern und ähnliches. Das Proletariat und die Kleinbürger standen dem Spektakel kritisch gegenüber. Sie hatten doch noch in der Wahl von 2002 deutlich gemacht, dass ihre Antwort auf die Probleme der Vorstädte nach dem rassistischen Muster des FN gestaltet werden sollte, aber sie gewannen wahrscheinlich in diesem Moment Gefallen an Sarkozy, dem Rattenmann (Badiou), denn er sprach doch ihre Sprache und legte keine Samthandschuhe an, wo es um die Ausländer ging. Finkielkraut und Glucksmann kann man vorhalten, dass durch ihre konstante Beschreibung der banlieuesards als eines vormodernen Haufens Halbwilder, die Gefahr des Rechtsextremismus und Rassismus auf Seiten der französischen Arbeiter und der übrigen Schichten völlig aus den Augen verloren ging. Der politische Islam, den Bush im Irak zu bekämpfen glaubte, wurde für sie zum Ziel aller Kritik im Namen der liberalen Ordnung, denn die banale Theorie vom Kampf der Kulturen funktioniert natürlich nur zwischen den Rassen und nicht innerhalb von ihnen. Der faschistische Front National entging so den Angriffen von Frankreichs ange-

---

350 Vgl. G. Kröncke, Chirac sieht Frankreich in einer Identitätskrise, *Süddeutsche Zeitung*, 15.11.2005, S. 8.

sehensten Denkern und die banlieuesards wurden zur Zielscheibe und Projektionsfläche nationaler Ängste, geschürt durch den ständigen Abbau von Arbeitsplätzen und ihrem Outsourcing in die ehemaligen Kolonien, von wo ironischer Weise die Eltern der banlieuesards teilweise geflohen waren.

Einblick 2: Die Studenten

2005 war das Jahr der banlieuesards, 2006 das der Studenten. Rodney Barker hat gezeigt, dass die Herrschenden eine Menge von Zeit und Mitteln dafür verwenden, um sich zu legitimieren.[351] Er unterscheidet zwischen Legitimität und Legitimation. Ersteres ist ein Zustand, der eintritt, wenn eine Regierung als legitim anerkannt wird, während letzteres eine Praktik ist, die Regierende, Bürger und Rebellen durchführen, um sich selbst in ihren Identitäten zu bestätigen. Die banlieuesards verfügen über eine genaue Vorstellung darüber, wie sich ein banlieuesard zu kleiden hat und man tritt fehl, wenn man in den Tennis Shirts und Nike Schuhen nur den Versuch sieht, die Statussymbole der bürgerlichen Schichten zu imitieren oder in diesen Praktiken nur das Produkt von Warenfetischismus sieht. Mit der teuren sportlichen Kleiderordnung legitimieren sich die banlieuesards untereinander. Sie bestätigen sich gegenseitig in ihrer Identität als diejenigen, die im eigentlichen Besitz der Symbole sind, welche Mitgliedschaft und Führung in der Gesellschaft bedeuten: eben teure Markenklamotten. Die ständigen Klagen darüber warum ein Jugendlicher algerischer Abstammung, dessen Mutter als Putzhilfe arbeitet, 60 Euro für ein Polohemd ausgibt, anstatt es, wie es sinnvoll wäre, gegen ein Second Hand Produkt einzutauschen und die Euros für einen Besuch im bürgerlichen Theater zu sparen, verfehlt die anerkennungstheoretische Dimension der Identität der Unterschichten. Natürlich weiß der banlieuesard, dass er das Geld rationaler einsetzen könnte, wenn er sich nur wie ein ökonomisierender Akteur verhalten würde, aber er kennt seine politische Situation und es ist diese, die es ihm gebietet, sich so zu verhalten, wie es seine Peergroup erwartet. Mit der Symbolik des bürgerlichen Golfplatzes oder des Tenniscourts, den die banlieuesards natürlich nie von innen gesehen haben, zei-

---

351 Vgl. R. Barker, *Legitimating Identities. The Self-Presentations of Rulers and Subjects.* Cambridge, 2001.

gen die Ausgegrenzten den Studenten und sich selber, dass sie auf ihre eigene Identität stolz sind und zumindest partiell über das Verfügen, was sie natürlich von den bürgerlichen Schichten unterscheidet: das Geld, das sie in Wahrheit nicht haben. Die banlieuesards müssen eine Fassade aufrechterhalten, die ihnen ihr Selbstwertgefühl als Gruppe widerspiegelt und sie in den Augen der bürgerlichen Schichten nicht als Penner erscheinen lässt. Die Kleiderordnung der bürgerlichen Jugendlichen, auf die trotz allen Umsatzes, den die Sporthersteller in den Vorstädten machen, die Werbekampanien der Modefirmen abzielen, ist bemüht darum so auszusehen, dass die Distinktion (Bourdieu) zu den banlieuesards erhalten bleibt. Das Tennishemd muss zerknittert sein. Die teuren Sportschuhe werden auch nur zum Sport benutzt. Die verschiedenen Gruppen bestätigen sich so in ihrer Verschiedenheit und die Mitglieder wissen sofort, wie sie sich zu verhalten haben, wenn sie einen der jeweiligen Gruppen antreffen. Die Tatsache, dass die banlieuesards Rebellen im wahrsten Sinne des Wortes sind und nicht mit ihrer Symbolik versuchen einem bürgerlichen Standard hinterherzurennen, wird klar, wenn man mit Barker annimmt, dass die Praktik der Legitimation essentieller Bestandteil von Herrschaft und ihrer Herausforderung ist: „Rebels [...] represent the most acute challenge to the legitimating self-identification of rulers, because they present to government its own mask carried by other players" (101). Barkers Begriff von Regierung darf hier nicht einfach verstanden werden als der französische Präsident und sein Kabinett, sondern als die ganze klassenmäßige Perpetuierung der bürgerlichen Ordnung, die natürlich ihren historischen Ursprung in der Aufsteigung der Bourgeoisie hat. Die Bourgeoisie schickt ihre Kinder natürlich noch immer auf die besten Schulen, die das elitäre Schulsystem des Hexagons zu bieten hat und so darf es nicht verwundern, wenn die nächste Gruppe, der wir uns zuwenden müssen, die Studenten sind, die seit den Maitagen 1968 ebenfalls ein rebellisches Element in der französischen Gemeinschaft darstellen, auch wenn sie anders motiviert sind und auch anders handeln als die Rebellen aus der banlieue.

2002 agierten die banlieuesards und die Studenten gemeinsam, als es darum ging, sich hinter Chirac zu stellen gegen den faschistischen Front National[352] und die Allianz, die in diesem Moment bestand, hätte eigentlich eine Epoche einleiten können, in der es Solidarität gab über Klassengrenzen hinweg, wie sie sich die 68er noch im Bezug auf das Proletariat

---

352 Vgl. A. Badiou, *Wofür steht der Name Sarkozy?* a.a.O.

erhofft hatten. Dazu ist es nicht gekommen. Finkielkraut und Glucksmann haben in der Allianz, in der sie richtig eine Parteinahme für die verdammten der Erde (Fanon) erblickt haben, eine Gefahr gewittert und ein nicht minimaler Anteil am Zerbrechen dieser Allianz geht wahrscheinlich auf das Konto dieser beiden Professoren, die wie immer die liberale Moderne in Gefahr sahen. 2005 hatten sich die Studenten ruhig verhalten. In den Soziologieseminaren der Hochschulen wurde das Problem natürlich behandelt, aber es kam zu keiner Demonstration oder öffentlichen Parteinahme, als im Oktober die Vorstädte brannten. Die hohe Jugendarbeitslosigkeit, die die banlieuesards unverhältnismäßig hart trifft, war bis zum Jahr 2006 ein Problem der Vorstädte geblieben und die Studenten rührten sich nicht, als 2005 die Explosion kam. Sie wussten natürlich, dass es diese hohe Arbeitslosigkeit gab, aber dieses Wissen war rein theoretisch und deshalb nicht motivierend. Wenn ich weiß, dass 23 Prozent aller Jugendlichen keine Arbeit haben, dann tangiert mich das erst ab dem Moment, wo entweder ich selber von diesem Problem betroffen bin oder diejenigen, die es trifft, meine Leute sind, also sittlich irgendwie mit mir in einer Beziehung stehen. 1968 hatten die Studenten ihre Solidarität uneingeschränkt auf die Proletarier ausgebreitet in der Hoffnung, sie würden ein Interesse daran haben, irgendwie den Kapitalismus abzuschaffen, was sich als falsch erwies. 2005 wussten die Studenten natürlich um das Leid an der Peripherie, aber das solidaritätsstiftende Moment fehlte. Die banlieuesards waren andere, verschieden von den in den Innenstädten wohnenden Familien und die Polizeikräfte wurden eher als Schutz empfunden anstatt als ein Affront gegen die eigenen Leute. Die Studenten wurden erst in dem Moment wach, in dem ihre eigenen Karrieren von derselben Arbeitslosigkeit betroffen wurden, die sie eigentlich glaubten, für immer in die Vorstädte verbannt zu haben. Die Politik korrigierte sie in ihren Vermutungen.

Als Ende der 70er Jahre in den meisten westlichen Demokratien die Weichen gestellt wurden für die neoliberale Ordnung, war Frankreich eine Ausnahme.[353] Thatcher, Reagan und Kohl hatten in den 80er Jahren die von Hayek, Popper und Milton Friedman verfochtene Lehre von der Selbstregulierung des Marktes weitgehend übernommen und sich in den politischen Kampf mit der Linken und den Gewerkschaften gestürzt.[354] Im Hexagon wurde allerdings just zu dieser Zeit der Sozialist Francois Mit-

---

353 So das Argument in J. Requate, *Frankreich seit 1945,* a.a.O.
354 Vgl. D. Harvey, *A Brief History of Neoliberalism,* a.a.O.

terand in den Elysee Palast gewählt, was zum einen damit zu erklären ist, dass die 68er Bewegung in Frankreich stärker und einflussreicher war, als in den übrigen Ländern. Zum anderen kann man aber auch darauf verweisen, dass sich die Linke in Paris resistent zeigte gegenüber dem liberalen Modell, das ja in den Verfassungen der beiden ältesten Demokratien, also der USA und eben Frankreich, anders gelagert war. Der Unterschied zwischen 1789 und 1776 ist auch der zwischen Rousseau und Hobbes und weil die liberale Tradition in Frankreich immer mit der Modernitätsskepsis des *Contrat Social* verbunden war, mussten die Auswüchse des Kapitalismus, der ja doch mit Rousseaus Parteinahme für die Menschenrechte heranwuchs, in einem anderen Licht erscheinen als in einer Gesellschaft, wo die politische Ordnung seit je her besitzindividualistisch legitimiert war. Der französische Sozialismus, der ja so ehrwürdige Denker wie Emile Durkheim oder Emile Zola zu seinen Ahnen zählen darf, hat es auf jeden Fall vermocht, als der Wind in Richtung freier Markt wehte, sich gegen den Strich zu verhalten, wie ein Kind das nicht hören will. Natürlich steckt hinter dem Auflehnen gegen die angelsächsische Moderne ein gutes Stück imperialer Neid, denn das frankophone Imperium, das von Anfang an einen pädagogischen, hochkulturellen Anstrich hatte, war im Vergleich zum englischen, puritanischen Modell verschwindend klein. In Mitterand artikulierte sich noch einmal der Gedanke einer anderen Moderne, die ja durch das Werk der philosophischen Tradition, die wir oben besprochen haben, auch modernitätsskeptische Elemente aufnehmen konnte. Natürlich haben auch die französischen Sozialisten auf exakte Wissenschaft und moderne Technik nicht verzichten wollen, aber sie haben immerhin die linke Skepsis gegenüber dem Markt integriert in ein Modell eines Wohlfahrtskapitalismus, der den Arbeitern einen größeren Anteil am Sozialprodukt ermöglichen sollte. Leider fiel die Ära Mitterand genau in die Zeit, als die trente glorieuses zu Ende gingen. Es ist aber falsch das Ende der Prosperität allein den Sozialisten in die Schuhe zu schieben. Mit der graduellen Inklusion der Arbeiterschaft in die Teilhabe am gesellschaftlichen Reichtum stiegen auch die Löhne, denn die wohlfahrtsstaatlichen Leistungen, die das Proletariat nun genoss, mussten aus Steuern finanziert werden. Mit hohen Lohnnebenkosten verlor die nun weitgehend abgesicherte Arbeiterschaft das Interesse des Kapitals, das sich ja seit 1848 jenseits des Rahmens des Nationalstaats bewegt hatte und unter den sich abzeichnenden Bedingungen noch weniger Gründe sah, sich in irgendeiner Form patriotisch zu verhalten. Die Neuerungen in den Kommunikationstechnologien vereinfachten diesen Schritt. Die Arbeiter und die Regierung mussten von diesem

Moment mit ansehen, wie immer mehr Jobs nach Asien und später Osteuropa abwanderten und eine gespaltene Population zurückließen. Auf der einen Seite standen nämlich nun jene Arbeiter, die Arbeit hatten und in den Genuss der sozialistischen Kompensationspolitik kamen, so dass sie einen Mindestlohn hatten, relativ früh in Rente gehen konnten oder Recht auf verbilligten Fernverkehr besaßen. Auf der anderen Seite standen nun aber diejenigen, die erst gar keine Arbeit hatten und sich somit auch nichts von den sozialstaatlichen Leistungen kaufen konnten, die das beschäftigte Proletariat genoss. Ihre einzige Brücke zur Teilhabe am Wohlfahrtskapitalismus war das Arbeitslosengeld, aber das hatte selbst Mitterand nicht so anheben können, dass man von echter Partizipation sprechen kann. Lohnarbeit wurde so von einem verpönten Kontrakt zu einem raren Gut[355] und es ist natürlich kein Zufall, dass die Xenophobie in genau dieser Zeit aufkam, denn der Kampf um Arbeitsplätze wurde ab diesem Moment geführt zwischen einem Proletariat, das sich von einem Schwindel betrogen sah und den Ausländern, die in der Hoffnung auf eine ökonomisch verbesserte Existenz in die Metropole gekommen waren.[356]

Seit den 80er Jahren war auch die Sozialistische Partei zur Sozialdemokratie übergegangen, das heißt, man hielt fest am Modell des Wohlfahrtskapitalismus. Dadurch aber, dass die Sozialpolitik den Wirtschaftsstandort Frankreich für Produktion unattraktiv machte, indem sie die Arbeiter zumindest ansatzweise in den Genuss von bürgerlichen Freiheiten stellen wollte, untergrub der französische Sozialismus seine eigene Legitimität. Die Sozialdemokratie kann dem Kapital nur gut zureden und auf den hohen Bildungsstand der Arbeiter und die gute Infrastruktur verweisen, aber sie hat keine Verfügungsmacht über es, denn der Akkumulationsprozess bleibt Privatsache. Nach `89, als der Sowjetkommunismus zusammenbrach, schien endgültig klar, dass die kommunistische Alternative für Mitterand nicht mehr in Frage kam, aber sein Modell blieb ein Skelett, denn das betrogene Proletariat machte ihm die Rechnung auf und nicht den Kapitalisten, die als Privatmänner agierten und deshalb die Freiheiten der liberalen Ordnung genossen, die wohl nur noch in den Politologie Seminaren von Luis Althusser und einigen Hinterzimmern der katholischen Orthodoxie zur Debatte stand. In der Dekade zwischen 1980 und 1990 ver-

---

355 Vgl. R. Castel, *Die Metamorphosen der sozialen Frage,* a.a.O.
356 Vgl. P. Weil, *La France et ses étrangers,* a.a.O.

doppelte sich die Zahl der Arbeitslosen beinahe[357] und seitdem ist die uns so vertraute Bekämpfung der Arbeitslosigkeit, in der die Politik vor dem Kapital in die Knie geht, Primat der französischen Innenpolitik. Die Vorwahlen von 2002 haben gezeigt, dass das französische Proletariat bereit ist, die bürgerliche Ordnung mit dem Faschismus zu quittieren, wenn nicht echte Änderungen anstehen und das obwohl die augenscheinlichen Opfer des FN schon jetzt doppelt so stark an der Arbeitslosigkeit leiden wie ihre weißen Nachbarn.

Nach den Unruhen in den Vorstädten bestand politischer Handlungsbedarf. Die wohlfahrtskapitalistische Ausnahme Frankreichs war natürlich Beobachtern in aller Welt nicht entgangen und den Konservativen war dieses Modell natürlich seit je her ein Dorn im Auge gewesen, soweit sie von der liberalen Orthodoxie ihrer meist angelsächsischen Kollegen beeindruckt waren. Dass die Liberalen Frankreich im Visier hatten ist auf jeden Fall klar. Der kanadische Historiker Timothy B. Smith veröffentlichte 2004 eine Monographie, in der er in bester liberaler Weise dem französischen Sozialstaat die Schuld an der Krise in den Vorstädten gab.[358] Sein Argument war, dass die Unterschichten vom Arbeitsmarkt abgehalten werden würden, weil dieser zu stark reglementiert sei, das wiederum weil der Sozialstaat zu generös den Arbeitern gegenüber sei. Natürlich ist Smiths Observation richtig, dass es einen eklatanten Bruch gibt zwischen den Arbeitern, die Arbeit haben und denen die bei der ANPE anstehen müssen, aber seine Vorschläge zur Lösung des Problems, bei denen er immer das Schreckgespenst der amerikanischen Ghettos an die Wand malt, bestehen aus denselben liberalen Bausteinen, die Thatcher und Reagan in den 80ern ihren Wohlfahrtsstaaten verordnet hatten: Smith plädiert in seinem Buch dafür den Mindestlohn abzuschaffen, das Rentenalter nach oben zu korrigieren und die Arbeiter aus ihrem Dornrösschen-Schlaf des gezähmten Kapitalismus aufzuwecken, indem man ihnen zum Beispiel Vergünstigungen im öffentlichen Verkehr und lange Sommerferien streicht. Nach Smiths Interpretation blieben die banlieuesards außen vor, weil die Firmen sie nicht einstellen konnten, denn sie müssten ihnen dann zu lange Verträge mit zu vielen Sicherheiten bieten. Es ist nicht schwer in Smiths Traumwelt, das Modell des kanadischen Staates zu erkennen, der

---

357 Vgl. S. Grüner und A. Wirsching (Hg.), *Frankreich. Daten, Fakten, Dokumente.* Tübingen, 2003. S. 128.

358 Vgl. T. B. Smith, *France in Crisis. Welfare, Inequality, and Globalization since 1980.* Cambridge, 2004.

ja wie die USA eine Kolonialgesellschaft war und seit je her ein liberales Selbstverständnis hat. Interessant ist es nun zu sehen, dass sich nach 2005 für die Konservativen ein Fenster öffnete, um neoliberale Reformen einzuleiten und dass sich in der Frage, wie die Politik jetzt handeln würde, die Zukunft des französischen Modells entscheiden würde. Der Mann, der das in Angriff nahm, war der auf das Präsidentenamt schielende Premierminister Dominique de Villepin.

Es ist nicht klar ob Villepin Smith gelesen hat. Smiths Buch wird unter Akademikern stark diskutiert und hat einige Berühmtheit in der europäischen Öffentlichkeit erlangt. Es steht natürlich auch nicht ohne Ahnen da, denn Liberale, die im Wohlfahrtskapitalismus Mitterand'scher Prägung einen Feind gesehen haben, gab es auch in Frankreich. Auf jeden Fall hat Villepin am 16. Januar 2006 in der Nationalversammlung ein Gesetz angekündigt, dessen Architektur fast unzweideutig auf die Handschrift des Smith'schen Liberalismus hindeutet. Es handelt sich um den berühmt gewordenen Contrat Première Embauche, kurz CPE. Dieses Gesetz sieht vor, dass Arbeitgeber Arbeitnehmer unter 26 Jahren in den ersten beiden Jahren nach der Anstellung ohne Grund entlassen können.[359] Villepin wusste natürlich, dass er mit diesem kontroversen Gesetz Sprengstoff anfassen würde und deshalb hat er versucht, es ohne Absprache mit den Gewerkschaften durchzubringen. Wahrscheinlich hat er auch in erster Linie mit Opposition aus ihren Reihen gerechnet, denn im Hexagon sind sie es, die meistens auf die Straße gehen, wenn es sich um Arbeitsgesetze handelt. In diesem Fall aber kam es anders.

Der CPE war designet um die jungen Menschen, die überproportional an der Arbeitslosigkeit leiden, schneller in Beschäftigungsverhältnisse zu stellen, freilich um den Preis, dass diese Verhältnisse die Sicherheiten der Vergangenheit entbehren. Der Arbeitsmarkt sollte flexibilisiert werden, dadurch, dass den Firmen die Möglichkeit gegeben wird, junge Menschen ohne Garantien auf eine Festanstellung in die Firma zu nehmen. Der Skandal lag darin, dass mit dem Gesetz an einer der Haupterrungenschaften des französischen Sozialstaats gerüttelt wurde, dem Kündigungsschutz. Er war erwachsen im Laufe der Zähmung des Kapitalismus und sollte den Arbeiter vor der Willkür des Kapitalisten schützen ihn nach Belieben aus der Firma zu werfen. Der Staat stellt sich hier gewissermaßen zwischen den

---

359 Vgl. G. Kröncke, Studentenprotest in Frankreich eskaliert, *Süddeutsche Zeitung*, 13.3.2006, S. 7.

Arbeitnehmer und den Arbeitgeber und sichert den Kontrakt, den beide auf privater Übereinkunft eingehen, mit rechtlichen Mitteln, um den Schwächeren von beiden zu beschützen. Der CPE griff genau diese Sicherheit an und die soziale Gruppe, die sich als erstes gegen ihn auflehnte, waren nicht die Gewerkschaften, sondern die Studenten, die seit 1968 einen neuen Player in der französischen Politik darstellen.

Man könnte an dieser Stelle das bekannte Sprichwort aufnehmen, nach dem sich in der Geschichte immer alles zweimal ereignet: einmal als genuines Event, das zweite Mal als lumpige Farce. 1968 gingen die Studenten auf die Barrikaden, weil sie den westlichen Imperialismus satt hatten, der sich ihnen im Vietnamkrieg offenbarte. Sie rebellierten gegen die sexuelle Borniertheit der bürgerlichen Ordnung und viele rangen mit einen möglichen Ende des Kapitalismus. Das herausragende an `68 war, dass die hauptsächlich bürgerlichen Studenten Forderungen stellten, die in keiner Weise mit ihren persönlichen Interessen als Akteure auf dem Markt in Verbindung standen – es sei denn man reduziert die Idee einer besseren Welt auf das Konzepts eines Kontexts, in dem man besser seinen egoistischen Interessen nachgehen kann, aber das wird man ja wohl kaum behaupten. Die Studenten in den USA opponierten 1968 gegen einen Krieg, der sie direkt betraf, denn der Staat wollte sie als Rekruten in diese Hölle schicken und das wollte man nicht. In Europa war allerdings die Opposition gänzlich idealistisch motiviert, denn hier konnte niemand nach Saigon abgerufen werden. Seit dieser Zeit stellen die Studenten in Frankreich so etwas wie das schlechte Gewissen der Nation dar. Ihnen sagte man nach, dass sie außerhalb des durch strategische Interessen beherrschten Spiels der Machtinteressen standen, in denen sich die Arbeitgeber und die Gewerkschaften bewegten. Mit dieser Außenseiterposition war es 2006 um. Der CPE wurde von den Studenten aufgefasst als ein Angriff auf die sicheren Beschäftigungsverhältnisse, die ihnen als jungen Absolventen der Hochschulen eigentlich nach ihrem Verständnis zustanden.

Gerd Kröncke hat richtig gesehen, dass es sich bei der Auseinandersetzung um den CPE um die Ausweitung prekärer Beschäftigungsverhältnisse auf die Laufbahnen der jungen, bürgerlichen Studenten handelt,[360] die sich eigentlich erhofft hatten, dass nach ihrem Studium ein sicherer Job irgendwo in der Apparatur als Beamter wartet. Sie haben richtig ver-

---

360 Vgl. G. Kröncke, Die Stimmung ist auf dem Siedepunkt, *Süddeutsche Zeitung*, 14.3.2006, S. 2.

standen, dass diese Sicherheiten nun im Visier der Liberalen waren. Der Wohlfahrtskapitalismus der Nachkriegsjahre hatte eigentlich den vermögenden Schichten sichere Jobmöglichkeiten in Aussicht gestellt, von denen kaum jemand gedacht hätte, dass sie je zur Debatte stehen würden. Mit dem Druck, den das Kapital auf die nationalen Gesellschaften des Westens ausübte, als es merkte, wie einfach die Produktion nach Asien oder Osteuropa verlagert werden konnte, war aber auch diese Sicherheit in Zweifel gezogen. Die Studenten, die zur Mehrzahl aus bürgerlichen Verhältnissen stammen, hatten sich nicht gerührt, als die Vorstädte brannten. Erst in dem Moment, wo ihre eigenen Karrieren von den Auswüchsen des Spätkapitalismus tangiert wurden, haben sie die Stimme erhoben und haben ihre Institute besetzt gehalten. Hierzu nochmal Kröncke:[361] „Die Achtundsechziger strebten nach einer neuen Gesellschaft, diejenigen, die heute demonstrieren haben hingegen mehr die Sorge, in diesem Frankreich ihren Platz zu finden" (3). 1968 suchten die Studenten noch den Kontakt zum Proletariat, 2006 war die einzige Geste der Solidarität mit den banlieuesards ein paar billige Pappautos, die die Studenten vor der Sorbonne in Brand setzten. Auf ihren Plakaten war nichts zu lesen vom Rassismus, der die banlieuesards von der Gesellschaft ausgegrenzt hielt.

Villepin hatte im Parlament eine Zweidrittelmehrheit besessen, deshalb konnte er den CPE in einer Nacht und Nebel Aktion durchpeitschen. Er wusste, dass seine politische Karriere mit dem Stück Papier verbunden war und er setzte alles auf eine Karte: würde er den Machtkampf mit den Studenten gewinnen, hätte er echte Chancen, als Retter der Nation da zu stehen und in den kommenden Wahlen die Nachfolge Chiracs antreten zu können. Die eigentümlich Lage war, dass die Studenten gegen ein Gesetz demonstrierten, mit dem man die Jugendlichen in den Vorstädten zu einem in prekären Beschäftigungsverhältnissen stehenden Bevölkerungsteil verwandeln konnte, ähnlich wie die polnischen Einwanderer in Großbritannien, die zwar Jobs haben, die aber so mies sind, dass sie kein Engländer anfassen will. Die Studenten könnten also dargestellt werden als Spielverderber, die es den banlieuesards unmöglich machten, diese Putzhilfen-Rolle zu übernehmen. Villepin hat diese Karte dann auch sofort gespielt, als er in der Nationalversammlung argumentierte, dass die Studenten mit ihren Barrikaden nur dafür sorgten, dass die banlieuesards keine

---

361 Vgl. G. Kröncke, Auf den Straßen wütet Angst, *Süddeutsche Zeitung*, 17.3.2006, S. 3.

Arbeit hätten, frei nach dem Motto: die banlieuesards nehmen jeden Job, auch wenn er noch so prekär ist. Der wahre Grund warum die „Bürgerkinder", wie Johannes Willms sie nennt,[362] auf die Straße gingen, war, dass die prekären Beschäftigungsverhältnisse, die das Bürgertum als adäquat für die Nachfahren der von Ihnen kolonialisierten Völker ansah, nun drohte, die Mittelschichten zu erreichen. Die Rebellion der Studenten hatte so etwas von einem innerfamiliären Konflikt, der aber kein echter Generationenkonflikt war, bei dem des gesamte Gesellschaftsmodell auf dem Spiel stand, wie noch `68, sondern ein Aufbegehren der Kinder gegen den Vater im Namen eines Wohlstandes, der ihrer Klasse entsprach. Diese Studentenbewegung hat deshalb auch keine charismatischen Persönlichkeiten hervorgebracht wie noch Daniel Cohn-Bendit oder Rudi Dutschke 1968. Man wollte die bürgerliche Existenz mit Haus und Garten. Was jenseits der bürgerlichen Stadtteile passiert, interessierte hier nur peripher.

Villepin hatte gehofft, mit dem CPE eine Kehrtwende in der französischen Politik einzuleiten und, wie uns die Journalisten sagen, war er der von Chirac favorisierte Kandidat für das bald zu besetzende Amt. Sarkozy hielt sich bedeckt als der Kampf um den CPE entbrannte, denn er wusste natürlich, dass er die Präsidentschaft nur mit der Stimme der Arbeiter erhalten könnte und die fingen nun an, sich hinter die Forderungen der Studenten zu stellen.[363] Nicht etwa weil sie im Spirit von `68 eine Solidarität über soziale Klassen hinweg stiften wollten, sondern weil sie die Angriffe auf die Kündigungsgesetze als Attacke auf ihre Rechte wahrnahmen. Villepin hatte also den Kopf aus dem Fenster gelehnt und er musst nun für seinen CPE kämpfen, wenn er sich die Glaubwürdigkeit in der Öffentlichkeit nicht nehmen lassen wollte. Je mehr aber der CPE Zielschiebe für nationale Ängste und Aggressionen wurde, desto schlechter stand der Premierminister in den Zeitungen und Talkshows da. Sarkozy witterte seine Chance. Er hielt sich bedeckt und wartete ab, bis die Arbeiter und die Studenten seinen Konkurrenten zur Unkenntlichkeit zerfetzt hatten, bis er seine Dienste der Grande Nation anbieten würde. Im Laufe der Auseinandersetzung zwischen Villepin, dem traditionellen Bürger mit klassischer Elitenlaufbahn hinter sich und Sarkozy, dem Einwanderer-Sohn ohne bildungsbürgerlichen Hintergrund, war es teilweise zu den bizarrsten Szenen um die bürgerlichen Rituale der Fünften Republik gekommen, etwa wenn

---

362 Vgl. J. Willms, Störer des Glasperlenspiels, *Süddeutsche Zeitung*, 18./19.3.2006.
363 Vgl. G. Kröncke, Die kritische Masse ist erreicht, *Süddeutsche Zeitung*, 20.3.2006, S. 2.

es darum ging, wer wem die Tür aufhalten darf. Sarkozys Stille im Laufe der Angriffe auf Villepin war natürlich nicht durch seine politischen Überzeugungen motiviert, denn eine Allianz mit den Studenten und den verhassten Gewerkschaften lag dem ehemaligen Bürgermeister der Reichen weit fern. Mit verwundern stellt man fest, dass Sarkozy, der einst auf der Linken verhasst war, nicht allein wegen seiner herablassenden Sprache gegenüber den banlieuesards, sondern auch wegen seiner Nähe zu den Superreichen der Nation, jetzt durch seine klar opportunistische Opposition gegen den CPE zum Liebling der Gewerkschaften wurde.[364] Wir haben oben bemerkt, dass die Arbeiter nicht aufschrien, als Sarkozy gegen das Pack in den Ghettos mobil machte. Ihre heimliche Unterstützung für den Freund der großen Kapitalisten wusste Sarkozy schlau zu nutzen, denn er tat so, als hätte er eine Antwort auf die Krise, die alle Parteien zufrieden stellen würde – unter Absehung der banlieuesards natürlich, denen Sarkozy durch seine Herkunft eigentlich am nächsten stehen sollte, die er aber als Prügelknabe missbrauchte um an Villepin vorbei zu kommen.

Der CPE wurde nun vom Verfassungsrat untersucht, um festzustellen, ob er mit der Verfassung der Funften Republik konform ist, aber es lag letztendlich am Präsidenten, ob er das Gesetz in Kraft treten lassen wollte oder nicht.[365] Er tat dies, aber in der von Sarkozy modifizierten Form, was andeutete, dass sich Chirac, um nicht ins Visier der Gewerkschaften und der Studenten zu kommen, sich an seinen Innenminister halten musste, was der Todesstoß für seinen eigentlichen Favoriten Villepin war.[366] Im Anschluss zeigte Sarkozy sich gegenüber den Gewerkschaften dialogbereit, aber das war natürlich nichts anderes als eine Pflichtübung, die der Populist eingehen musste, um sich die nächste Wahl nicht zu verderben. Die Kapitalisten, die natürlich den CPE begrüßt haben, gaben sich damit zufrieden, dass sie zumindest einen, der ihnen wohlgesonnen ist, ins Rennen schicken könnten und so ist es ja dann auch gekommen.[367]

---

364 Vgl. G. Kröncke, Duell vor explosiver Kulisse, *Süddeutsche Zeitung*, 30.3.2006, S. 3.
365 Vgl. G. Kröncke, Arbeitsreform ist rechtmäßig, *Süddeutsche Zeitung*, 31.3.2006, S. 6.
366 Vgl. G. Kröncke, Sarkozy beginnt Dialog, *Süddeutsche Zeitung*, 3.4.2006, S. 7.
367 Vgl. G. Kröncke, Ein Mann der Macht, *Süddeutsche Zeitung*, 5.4.2006, S. 4.

Nach den Unruhen: Boualem Sansal

Die politische Tradition, die wir über Du Bois und James Baldwin bis zu Hanif Kureishi nachverfolgen konnten, setzt sich in dem französischen Kontext nicht wirklich fort. Die Rapper stehen dieser Tradition noch am nächsten, aber wie wir bemerkt haben, kann man von einer echten Rezeption der Denkansätze der afroamerikanischen Denker nur unter Vorbehalt sprechen. Es wäre aber auch verkehrt zu meinen, dass ein Lied-Text der angemessene Kontext ist, um eine politische Situation wirklich zu erläutern. Rapsongs reflektieren eher eine Stimmung oder Setzen Akzente in einer Debatte. Sie stellen selten Thesen auf.

Die Interpretationshoheit nach den Unruhen lag bei den Intellektuellen und neben den schon erwähnten Figuren Glucksmann und Finkielkraut lohnt es sich noch einen kurzen Blick zu werfen auf ein Buch, das Robert Castel im Anschluss an die Emeuten verfasst hat. Er tritt darin für eine Art positive Diskriminierung oder europäische Affirmative Action ein und verteidigt die republikanische Idee, dass es in der demokratischen Gesellschaft keine Exklusion gibt, denn öffentliche Ämter und der Erwerb von Reichtum sind nicht an ethnische oder rassische Kriterien geknüpft.[368] Dieser Befund ernüchtert natürlich, vor allem, wenn er aus dem Mund von einem empirisch so versierten Autor wie Castel stammt. Aber man macht sich etwas vor, wenn man denkt, die Liberalen könnten der ja eigentlich sofort ins Auge stechenden statistischen Ungleichheit auch nur eine systemrelevante Konsequenz entnehmen, denn sie sind zu sehr damit beschäftigt, die liberale Ordnung zu verteidigen, selbst wenn sie wie Castel den Wohlfahrtsstaat wollen. Interessanterweise hat sich im Anschluss an die Emeuten auch eine Stimme in die Debatte eingeschaltet, die eigentlich eine eher marginale Rolle gespielt hat und dieser wollen wir uns jetzt zuwenden. Die Rede ist vom algerischen Schriftsteller Boualem Sansal der bei Algier lebt, dessen Bücher aber in Algerien auf dem Index stehen und der deshalb ausschließlich im Westen publiziert.

Sansal nimmt eine ähnliche Position ein wie Hanif Kureishi. Er steht dem islamistischen Regime seiner Heimat kritisch gegenüber, hegt aber Vorbehalte gegen den liberalen Westen. In Romanen wie *Rue Darwin* oder *Le village de l'Allemand* beschäftigt er sich mit Fragen der politi-

---

368 Vgl. R. Castel, *Negative Diskriminierung. Jugendrevolten in den Pariser Banlieues.* Hamburg, 2009.

schen Identität im postkolonialen Algerien. 2006 hat er einen Essay veröffentlicht, der den Namen *Poste Restante: Alger* trägt, in dem er seine Landsleute, die nach Frankreich emigriert sind, dazu auffordert nach Algerien zurückzukommen. Der Text entstand unmittelbar nach den Aufständen in Frankreich.[369] Um ihn aber verstehen zu können, müssen wir das Licht noch einmal auf die koloniale Situation in Algerien werfen, denn selbst die Quellen der Kritik der Rapper an der Ausgrenzung der Jugendlichen in den banlieues speist sich aus einem Strom, der seinen Ursprung in der kolonialen Konfrontation zwischen Tradition und Moderne hat. Sansal wird uns dann erscheinen nicht nur als ein Kritiker am autokratischen Regime in Algerien, sondern als ein Denker, dessen Argumente insofern zu denen von Kureishi passen, als sich in beiden eine tiefe Unzufriedenheit zeigt mit dem Gesellschaftsmodell, das die Kolonialherren über knapp hundert Jahre versucht haben, in den Köpfen der kolonialen Subjekte zu verankern.

Der koloniale Konflikt in Algerien eignet sich besonders gut für unsere Zwecke, denn wie es der Zufall so will, hat es in den 50er und 60er Jahren zwei der hellsten Beobachter, die Frankreich hervorgebracht hat, in diese Ecke der Erde verschlagen: Pierre Bourdieu und Frantz Fanon. Beide haben wir bereits oben kennen gelernt und von beiden wissen wir, dass sie in der politischen Entwicklung des Hexagons eine wichtige Rolle gespielt haben. Bourdieu war als junger Soldat nach Algerien gekommen und seine ersten empirischen Arbeiten hatten die traditionelle Bauerngesellschaft der Kabylen zum Objekt. Fanon arbeitete als Psychiater für die Kolonialmacht und stellte sich später auf die Seite der Algerier. Was nun ins Auge sticht, wenn wir uns den Texten zuwenden, die in jener Zeit von diesen beiden Wissenschaftlern geschrieben wurden, so fällt auf, dass sich beide darüber einig sind, dass die soziale Gruppe, die die kulturellen Ressourcen bereit hält, um den Befreiungskampf in eine vernünftige Richtung zu lenken, die Bauern sind. Bourdieu denkt mit der Kategorie des kapitalistischen Habitus, den die Kolonialherren in die traditionale Gesellschaft hineintragen und der das soziale Gefüge umkrempelt.[370] Fanon sieht, dass die Gruppen, die entweder als Kolonialproletarier oder Kolonialbürger in den Zentren der Kolonie leben, sich einer Sprache bedienen müssen, die die Logik der

---

369 Vgl. B. Sansal, *Poste Restante Alger. Lettre de colère et d'espoir à mes compatriotes.* Paris, 2006.

370 Vgl. P. Bourdieu, Die Herstellung des ökonomischen Habitus, in ders.: *Algerische Skizzen.* Berlin, 2010. S. 303-338.

Europäer ist.[371] Die einzigen, die gewissermaßen authentisch schwarz in dem ganzen Spiel sind, sind die Bauern, die über keine andere Bildung verfügen als die der Koranschulen und die den Konflikt, der sich vor ihnen abspielt, in den Farben der alten Ordnung sehen: Gut gegen Böse, der Prophet gegen seine Widersacher, Allah gegen den Teufel. Die koloniale Bourgeoise und selbst die Arbeiter, versichert uns Fanon, können nicht als Motor der gewaltsamen Katharsis angesehen werden, auf den die Kolonie unweigerlich zusteuert. Die Bauern aber sind gänzlich frei von dem Dilemma das Fanon noch in *Peau noir, masques blanches* beschrieben hatte, wo die schwarzen Intellektuellen ihre traditionale Identität hinter der modernen, aus der Metropole entlehnten Psychologie des aufgeklärten, zivilisierten Menschen verstecken. Interessant ist natürlich auch dass Bourdieu trotz seines marxistischen Vokabulars die Bauern als wichtigen Bestandteil der Opposition ausmacht und nicht etwa die Arbeiter, denn letztere stehen, wie Fanon uns immer wieder beteuert, im Spiel der europäischen Politik und nicht außerhalb von ihr.

Im *Achtzehnten Brumaire* erschienen Marx die Bauern Frankreichs noch als rückständiges Element, das dem Diktator zum Sieg verholfen hatte, aber Bourdieu und Fanon erblicken in den auf den Hängen der algerischen Landschaft seit Jahrhunderten ansässigen Viehzucht und Ackerbau Betreibern Menschen, die noch nicht den kapitalistischen Habitus ausgebildet haben und eine andere politische Sprache sprechen als die Kolonialbourgeoisie und ihre Anhängsel. Die Islamisten, die Sansal kritisiert, sind natürlich nichts anderes als der klägliche Versuch, die kapitalistische Wirtschaft und den bürokratischen Staat in der Sprache der Bauern zu sprechen. Die Ablehnung der neuen Ordnung, die Bourdieu und Fanon noch in diesen Gruppen sahen, haben die post-revolutionären Kräfte in Algerien nicht gewusst zu ordnen für eine Gemeinschaftsform ohne die von den Europäern eingeführten Institutionen: moderne Technik, empirische Wissenschaft, Kapitalwirtschaft und bürokratischer Staat. Aber hätten die Algerier, die ja in einer Nation leben mussten, deren physische Grenzen allein Produkt der Kolonialherrschaft waren, nur einen Sommer überlebt gegenüber den übrigen arabischen Staaten und dem Rest der Welt, hätten sie auf diese Institutionen verzichtet? Sansal ist durchaus stolz auf die algerische Revolution, von der er schreibt, dass sie, wie er sich ausdrückt, in der Bewegung der Geschichte war: „Nous etions enfin dans le mouvement

---

371 Vgl. F. Fanon, *The Wretched of the Earth,* a.a.O.

de l'Histoire, comme nous le fûmes en 1954, au début de la guerre de libération [...]" (20). Sansal hatte in den Erhebungen gegen die post-FLN Regimes 1988 eine Befreiung gewittert, die dann aber durch die Islamisten zerstört wurde. Er sieht, dass die Kolonialisierten nicht davor gefeit sind, selber zu Kolonialisten zu werden und auch wenn Sansal nicht die oben erwähnten Institutionen der europäischen Moderne nennt, so ist doch klar, dass die Idee einer islamischen Gesellschaft deshalb so aufstößt, weil sie es in Wirklichkeit gar nicht ist: die Sprache der Bauern hat kein Wort für Teilchenbeschleuniger, Depression oder Binnennachfrage. Der Versuch sie dahin zu biegen, kann natürlich nur zu einer Ordnung führen, in der sich ein heller Kopf wie Sansal nicht wohl fühlt. Man wird uns vorhalten, dass wir übersehen, dass Sansal die republikanischen Werte des ehemaligen Kolonialherren beschwört, um seinen Landsleuten Mut zur Veränderung zu machen, aber man darf nicht vernachlässigen, welchen Respekt selbst dieser Denker vor dem Islam hat: „L'islam est jeune, il débord de vitalité, il insuffle enthousiasme et abnégation, rien ne lui résiste. Il est aussi compassion et miséricorde et, sans cesse, il appelle à la fraternité, à la paix, à la sagesse, au savoir. On l'aime si on va vers lui consciemment, librement. On s'en sert, on le dilapide, quand on le reçoit en héritage ou comme un don du prince" (51).

Sansal schließt seinen Aufsatz mit einem Appell an seines Landsleute in Frankreich, dass sie doch bitte nach Algerien zurückkommen sollten, denn da gibt es zumindest keine Vorstadtunruhen, Rassisten und Pädophile. Diese Hoffnung auf eine bessere Moderne speist sich noch aus der von Bourdieu und Fanon beobachteten Tatsache einer Bevölkerung jenseits der Metaphysik.

Multikulturalismus in Deutschland: Ein Ausblick

Einleitung

Deutschland musste seine Kolonien 1918 an die Siegermächte abgeben. Deshalb gibt es in unserem Land keine echte farbige Präsenz mit politischen Wurzeln in der Kolonialkultur, wie das in England und Frankreich der Fall ist. Die deutschen Minderheiten rekrutieren sich vor allem aus den während des Wiederaufbaus in die Bundesrepublik eingeworbenen Gastarbeitern aus der Türkei, Griechenland und Italien. Dass sie lange in einem Land leben mussten, an dessen politischer Kultur sie nicht partizipieren konnten, weil ihnen die meiste Zeit keine Staatsbürgerrechte zukamen, ist oft kritisiert worden. Weil die BRD das mit Abstand reichste Land Mitteleuropas ist, hat sie natürlich auch Armutsmigranten aus der Dritten Welt angezogen, zu denen die Politiker und die Bevölkerung ein ambivalentes Verhältnis gepflegt haben. Bis in die frühen 90er Jahre hinein wehrten sich die politischen Eliten gegen die Idee, dass Deutschland ein Einwanderungsland sein könnte. Ausländerhass ist wie in England und auch Frankreich ein Problem der Deutschen.

Deutschland ist nun auch, nach langem Hin und Her, schließlich ein demokratischer Rechtsstaat, wie das seine westlichen Nachbarn sind. Aber was heißt es, wenn sich Menschen, die hier leben, in Opposition zu diesem Staat befinden? Das normale Prozedere für soziale Gruppen, die sich benachteiligt fühlen und in einem solchen Staat mehr Rechte haben wollen, läuft nach dem Muster des öffentlichen Protests und der Zuwendung von Mitteln oder Rechten von Seiten des Staates für diese Gruppen ab, die allein schon aus der institutionellen Logik solcher Oppositionshandlungen eine egoistisch-strategische Haltung einnehmen müssen, um die Güter oder Rechte zu bekommen, die sie für sich für unabdingbar halten. Der Bereich des nicht-egoistischen Handelns, solang es ihn denn noch gibt, bleibt so verbannt in den Binnenraum der jeweiligen Gruppen, die dem Staat gegenüber als auf ihr eigenes Wohl bedachte Akteure auftreten müssen, wollen sie erfolgreich sein. Was aber passiert, wenn die Opposition gegen die Verhältnisse nicht die Form des strategischen Verfolgens von gruppenspezifischen Zielen im Rahmen des Rechtsstaats annimmt, sondern auf Opposition gegen eben diesen Staat in seiner Ganzheit abzielt?

Der Kampf der Afroamerikaner und die postkolonialen Erhebungen in Europa, die wir oben besprochen haben, legen ja wohl zumindest implizit den Gedanken nahe, dass die Opposition, die sich hier artikuliert, nicht nur einer bestimmten Schieflage innerhalb des politischen Systems gilt, sondern eben auch diesem System als Ganzem. Die moslemischen, afrikanischen oder auch nur irgendwie nicht europäischen Gruppen, die innerhalb der Bundesrepublik leben und die gegen die sozialen Verhältnisse aufbegehren, erheben sich ja, wenn sie diese Fundamentalopposition eingehen, gegen ein System, das von sich behauptet, mehr zu sein als bloß ein politisches Konstrukt wie jedes andere. Der demokratische Rechtsstaat bezieht seine Legitimation aus dem Gedanken, dass er auf Gerechtigkeit beruht[372] und um ihn anzugreifen, müssen sich die Rebellen in eine Position begeben, die sie sich entweder als kategorisch ungerecht auslegen müssen oder sie müssen die Rationalität, auf der die Gerechtigkeit des demokratische Rechtsstaats fußt, in Frage stellen. Wie auch die Entscheidung der Oppositionellen ausfällt, der Rechtsstaat mit seiner Legitimität, die sich nach dem liberalen Selbstverständnis auf Vernunft beruft, zwingt die Rebellen, das aufklärerische Projekt, als dessen Auswuchs der Rechtsstaat sich ja versteht und das manchmal das europäische Projekt genannt wird, als Entwicklung zu betrachten, die wenn nicht krisenhaft, so doch zumindest fraglich aussieht. Es ist diese Perspektive, die die Multikulturalisten in Deutschland verfolgen, wenn sie die Öffentlichkeit betreten und Kritik äußern und die Autorin, die das philosophische Fundament dafür geliefert hat, war Christa Wolf.

Der Text, mit dem Christa Wolf dem Multikulturalismus in Deutschland ein Fundament gegeben hat, ist natürlich die *Kassandra*.[373] Die in den 80er Jahren verfasste Erzählung handelt von der Königstochter aus Troia, die von Apoll die Gabe des Wahrsagens verliehen bekommt im Tausch für sexuelle Dienste, die sie dem Gott verweigert, worauf er sie mit dem Fluch belegt, dass ihre Wahrsagungen unter den Menschen kein Gehör finden sollen. Kassandra wird zur Außenseiterin sogar unter ihrem eigenen Volk den Troern, die sie teilweise einsperren oder nicht für voll nehmen. Als der Krieg mit den Griechen ausbricht, ist sie es, die vergeblich versucht, den Staatsmännern ihr ins Verderben führendes Agieren

---

372 Das ist natürlich erst einmal nur nominell zu verstehen. Das Wort Rechtsstaat besagt, dieser Staat hat recht.
373 Vgl. C. Wolf, *Kassandra. Erzählung.* Frankfurt, 2008.

auszutreiben. Als die Griechen die Stadt schließlich einnehmen, wird sie erniedrigt, vergewaltigt und dann geschlachtet.

Kassandra ist eine Erzählung, die das europäische Projekt von der Außenseite her betrachtet. Die Icherzählerin ist keine Griechin, sondern eine ihrer Feinde. Ihr Denken, Handeln und Sprechen wird dargestellt als nachvollziehbar und richtig, aber diese Darstellung steht im Kontrast von dem Bild, das die Invasoren in ihren Werken von den befeindeten Troern uns überliefert haben. Für Homer und Aischylos, die ja den Krieg aus der griechischen Perspektive beschreiben, sind die Troer die Anderen, Fremden, Barbaren. Christa Wolfs Erzählung lebt aber von der Idee, dass die rationalen, männlichen und aufklärerischen Griechen eben verkennen, worin der Wert besteht, der dem ethischen Leben der Troer Sinn verleiht. Wir wollen an dieser Stelle noch einmal wiedergeben, was Kassandra in der entscheidenden Passage über den Konflikt zwischen den Griechen und den Troern sagt, auch wenn die Stelle oft zitiert wird, denn sie ist ein Schlüssel für das Verständnis der Position, von der aus der demokratische Rechtsstaat kritisiert werden kann: „Für die Griechen gibt es nur entweder Wahrheit oder Lüge, richtig oder falsch, Sieg oder Niederlage, Freund oder Feind, Leben oder Tod. Sie denken anders. Was nicht sichtbar, riechbar, hörbar, tastbar ist, ist nicht vorhanden. Es ist das andere, das sie zwischen ihren scharfen Unterscheidungen zerquetschen, das Dritte, das es nach ihrer Meinung überhaupt nicht gibt, das lächelnde Lebendige, das imstande ist, sich immer wieder aus sich selbst hervorzubringen, das Ungetrennte, Geist im Leben, Leben im Geist" (139). Man kann natürlich, was oft geschieht, diese Stelle deuten als eine Absage an das Denken und die Philosophie allgemein und die Intention der Autorin sehen als ein Loblied auf den Mythos als das Andere der Vernunft.[374] In der Erzählung ist es allerdings so, dass die Erzählerin den Begriff der Wahrheit nicht aufgegeben hat und man missversteht *Kassandra*, wenn man die Geschichte liest als eine Absage an das Denken ganz allgemein. Wenn das aber so ist und wir den Impetus der Erzählung retten wollen, dann bedarf es einer Auslegung der *Kassandra*, die mit unseren oben angestimmten Überlegungen übereinstimmt. Es muss also irgendwie gezeigt werden, dass Kassandras Vorwurf an die Griechen berechtigt ist, dass es ein Denken jenseits der griechischen Aufklärung gibt. Das Ganze verkommt natürlich zu einem Spiel

---

374 Vgl. H.-P. Preusser, Projektionen und Mißverständnisse, *Text + Kritik,* Heft 46, November 1994. S. 68-87.

mit Wörtern, solange wir nicht geklärt haben, was mit Aufklärung und Denken gemeint ist und wie sich diese Begriffe zueinander in Beziehung bringen lassen.

Der seins-geschichtliche Faden, den wir oben verfolgt haben, soll uns auch hier weiterhelfen, denn die Idee, dass die europäische Ratio ein Produkt mit problematischen Konsequenzen ist, hat natürlich nicht nur Christa Wolf verteidigt. Die fundamentalontologische Perspektive drängt uns dazu, die Ratio oder Vernunft, die Kassandra mit den Griechen assoziiert, als eine historische Gestalt zu betrachten, die erst an einem bestimmten Zeitpunkt in der Geschichte der Zivilisation eingetreten ist. Wie man den Überlegungen, die Wolf zu ihrer Erzählung angestellt hat, entnehmen kann, war für die deutsche Autorin vor allem die Orestie des Aischylos maßgebend für die Anfertigung der *Kassandra*.[375] Aischylos nun war im sechsten und fünften vorchristlichen Jahrhundert aktiv, was zeigt, dass hier eine geschichtliche Parallele vorliegt zu dem Schreiben dieses Künstlers und dem Denken der Vorsokratiker, die wir ja oben schon besprochen haben. Um nun plausibel zu machen, dass das Denken dieser Philosophen noch vor der Scheidung von Denken und Sein, das mit Platon ansetzt, gestanden hat, Teil einer Welt ist, die noch nicht vom abendländischen Rationalismus durchdrängt ist und somit mit der griechischen Logik kontrastiert, die Kassandra anprangert, müssen wir annehmen, dass die Angreifer auf Troia das Denken, das eigentlich mit Platons Gesprächen einsetzt, schon soweit antizipieren, dass man von einem echten Bruch zwischen den logischen Griechen und den eigentlichen Troern sprechen kann. Vielleicht ist es hilfreich sich klar zu machen, dass Ansätze der Metaphysik bereits bei den frühen Griechen zu finden sind,[376] dass aber der eigentliche Konflikt, von dem Wolfs Erzählung lebt, erst mit der Entstehung der platonischen Ideenlehre zutage tritt. Erst ab diesem Zeitpunkt nämlich nimmt der okzidentale Rationalismus die Gestalt an, die ihn und spätestens ab 1492 auch den Rest der Welt prägen wird. Begriffe wie Vernunft, Aufklärung oder Wahrheit erhalten durch die platonische Philosophie ihre eigentümlichen Prägungen, die es nahe legen, Alternativbegriffe zu entwickeln, die auf den von den post-sokratischen Philosophen eingeleiteten Bruch hinweisen. Das bekannteste Beispiel dieser Alternativsprache ist die Ersetzung des Begriffs Wahrheit mit dem Wort Unverborgenheit. Hierzu ist an-

---

375 Vgl. C. Wolf, *Voraussetzungen einer Erzählung. Kassandra.* Frankfurt, 2008.
376 So etwa B. Snell, *Die Entdeckung des Geistes. Studien zur Entstehung des europäischen Denkens bei den Griechen.* Göttingen, 2009.

zumerken, dass beim frühen Heidegger Begriffe wie Aufklärung, Philosophie und Wahrheit noch mit durch und durch positiven Konnotationen benutzt werden und an diesem Projekt wollen wir, wo es geht, festhalten, denn die Okkupation dieser Begriffe durch die Metaphysik soll uns nicht dazu führen, die Alternative, die sich hier vor uns auftut, als Mythos oder ähnliches zu qualifizieren.

Neben der seins-geschichtlichen Auslegung des Kassandramotivs gibt es noch ein zweites, erzählungsimmanentes Motiv, das es uns empfiehlt, den Begriff des Denkens nicht an den Mythos auszuliefern. Das ist die Idee, die Kassandra im ganzen Verlauf der Handlung begleitet:[377] „Du sprichst die Wahrheit, aber niemand wird dir glauben" (177). Mit diesem Motiv eröffnet die Erzählung den Blick auf eine zweite Problemschicht, die mit der ersten verwoben ist, nämlich die von der Beziehung zwischen Philosophie und Politik. Sinnbildlich verkörpert Kassandra ja die Intellektuellen, die der Wahrheit oder Unverborgenheit auf die Spur kommen wollen, aber in dem Dilemma stecken, dass sie sich durch ihre Gabe von ihren Mitmenschen entfremden und von den Staatsmännern nicht ernst genommen werden. In der Erzählung wird Kassandra von ihrem Vater Primos, dem König von Troia, nicht mehr für voll genommen seit sie vom Gott Apoll ihre Gabe des Sehens bekommen hat mitsamt dem Fluch, der Resultat ihrer sexuellen Verweigerung ist. Zeitweise wird sie selbst von ihren eigenen Leuten eingesperrt. Die Erzählung von Wolf legt es uns nahe, dass das Problem der Beziehung zwischen Philosophie und Politik nicht auf die Tradition der Metaphysik beschränkt bleibt, denn bei den Troern stellt sich das Problem ja auch. Das Wissen, über das Kassandra verfügt, muss also echtes Wissen sein und die Tatsache, dass Platon sich vor dasselbe Problem gestellt sah, mit dem Kassandra in der Erzählung konfrontiert wird, zeigt, dass nach Christa Wolfs Darstellung der Staat so eingerichtet werden muss, dass in ihm das Denken herrscht, nur dass es eben das richtige Denken sein muss und nicht das der Metaphysik.

In der *Kassandra* eröffnet sich für uns in aller Klarheit der Konflikt, der sich an der Rassenproblematik in den USA, den Protesten der kolonialen Subjekte im Empire und in den Unruhen in den kontinentalen Städten zeigt. Es ist ein Kampf der Kulturen, aber nicht wie Huntington denkt,[378] einer in dem Christen, Moslems, Buddhisten und Hindus gegeneinander

---

377 Vgl. C. Wolf, *Kassandra,* a.a.O.
378 Vgl. S. P. Huntington, *The Clash of Civilizations and the Remaking of World Order.* New York, 1996.

kämpfen, einfach weil sie anderen Religionen angehören, sondern einer, wo die verschiedenen Kulturen und Rassen versuchen mit dem Vermächtnis des abendländischen Denkens umzugehen, das, wie wir gesehen haben, die moderne Welt so maßgebend verwandelt hat. Diesen Konflikt porträtiert die Erzählung nicht nur als einen zwischen Zivilisation und Barbarei in der fernen Vergangenheit, sondern als einen, den wir kennen aus Vietnam, dem Irak oder dem Nahen Osten. Das aufgeklärte Europa erhebt sich phallisch über die Barbaren,[379] die weiblichen Rassen, die nicht logisch denken können, keinen ökonomischen Habitus ausbilden wollen und nicht sehen können, dass die liberale Gesellschaft die wahre, gerechte und gute ist. Man wird eventuell einwenden, dass Christa Wolf mit der hier angebotenen Interpretation ihres Meisterwerks wohl selber nicht ganz konform gehen würde, weil sie doch im Marxismus geprägt war, eine feministische Agenda hatte, Westlerin war. Nur ein kursorischer Blick auf den Traktat, der das philosophische Pendant zur Erzählung ist und auf Vorlesungen beruht, die Christa Wolf in Frankfurt am Main gehalten hat, zeigt ganz deutlich, wie sehr der Autorin die Ansätze zueignen, die wir oben dargelegt haben.[380] Wolf fragt sich, ob es eine Alternative geben konnte zur „Barbarei der Neuzeit" (32). Sie spricht im Bezug auf diese Barbarei von der „Zentrierung um den Logos" (36). Problem ist für sie die „Vorherrschaft der Effektivität über alle anderen Werte" (88). Die europäische Literatur ist ihr eine „Reflexion des weißen Mannes auf sich selbst" (115). Sie sieht, dass den exakten Wissenschaften nicht durch Device wie einen hippokratischen Eid, der dazu verpflichtet, ausschließlich an Entwicklungen zu forschen, die nicht militärische Verwendung finden, auf positive Entwicklungsrichtungen zu bringen ist, denn die empirischen Wissenschaften sind, wie sie sagt, nur durch „Ent-Persönlichung zu haben" (185). Diese Kritik an der europäischen Entwicklung, die Wolf hier äußert, lässt sich weder mit der Marx'schen Dialektik gänzlich auffangen, noch hat der Feminismus bisher zeigen können, wie sie in ein kohärentes Ganzes zu bringen ist. Allein die fundamentalontologische Perspektive erlaubt es uns, den Argumenten eine Plausibilität jenseits des Mythos zu verleihen.

Wenn man jetzt sagt, wir zwingen Christa Wolf in ein Denken, das ihr fern liegt, übersieht man, dass sich im Kassandra-Projekt genau die Intuiti-

---

379 Vgl. J. Derrida, *Das andere Kap.* Frankfurt, 1992.
380 Vgl. C. Wolf, *Voraussetzungen einer Erzählung,* a.a.O.

on Heideggers greifen lässt, die er mit dem Begriff der Metaphysik zu umreißen versucht hat, ja dieser Begriff gewinnt durch *Kassandra* erst die
Konturen, die in *Sein und Zeit* und den Vorlesungen, die sich daran anschließen, ja nur angedeutet sind. Die Identifizierung mit dem Nicht-Logi-
schen, die Christa Wolf in ihrer Erzählung nahe legt, ist gewissermaßen
die Vollendung des Projekts, das Heidegger unter Husserls Führung in den
20er Jahren begann. Diese Komponente in Christa Wolfs Werk hat sich
auch nach 1989 nicht maßgeblich geändert. Noch in ihrem letzten Roman
erscheint die europäische Entwicklung als ein Projekt, das sozusagen auf
dem falschen Fuß angefangen hat.[381]

Blauer Samt

Die deutschen Minderheiten waren wegen ihrer Herkunft entweder aus der
Gastarbeiterwelle oder der Armutsmigration meistens in den Unterschichten zu finden und fanden nur vereinzelt den Weg an die Universitäten. Das
erklärt das relativ späte erscheinen von moslemischen oder farbigen Intellektuellen und Politikern in der Bundesrepublik. Dennoch gab es unter den
Zuwanderern jede Menge Menschen, die das Bedürfnis verspürten, sich
öffentlich über ihre Position als Fremde in einem demokratischen Rechtsstaat, von dem sie sich nicht anerkannt fühlten, zu artikulieren. Aus der
ersten Generation der Gastarbeiter, die meisten von ihnen aus der Türkei,
sind nur wenige literarische Zeugnisse überliefert, aber in den Kurzge-
schichten, Berichten oder Gedichten der aus dem Orient eingewanderten
Menschen zeigt sich eine ähnliche Frustration, wie wir sie bei den englischen und französischen Immigranten gesehen haben, denn auch wenn
Deutschland nicht der ehemalige Kolonialherr war, so landeten doch fast
alle Türken ganz unten in der Klassenhierarchie und das vor allem ohne
Bürgerrechte, die ja ihre Leidensgenossen in England und Frankreich immerhin hatten.[382] Die Kritik am deutschen Staat, die Opposition war gegen
eine bürgerliche Demokratie, sollte sich aber erst wirkungsvoll in der
zweiten und dritten Generation der Zuwanderer entladen und dieses Phänomen fiel dann auch zusammen mit der zweiten Welle von Armutsmigranten aus der Dritten Welt, die zwar erst einmal noch überhaupt nicht

---

381 Vgl. C. Wolf, *Stadt der Engel oder The Overcoat of Dr. Freud.* Berlin, 2010.
382 Vgl. die Textsammlung bei N. Ney (Hg.), *Sie haben mich zu einem Ausländer gemacht...ich bin einer geworden.* Reinbek bei Hamburg, 1984.

Deutsch sprachen oder eine konsistente Position in der Öffentlichkeit vertraten, die aber allein durch ihre Präsenz den Afrodeutschen, Asiaten und
Moslems, die es ohnehin vereinzelt schon im Land gab, eine Gefolgschaft
darboten, die von den Schwarzen oder Asiaten, die schon länger hier waren, gewissermaßen intellektuell repräsentiert wurde. Das soll nicht heißen, dass die echten Zuwanderer unpolitisch waren und den schon akkli-
matisierten Ausländern als besseren Bürgern hinterherliefen, sondern lediglich darauf aufmerksam machen, dass die Moslems und die Farbigen,
die hier aufgewachsen waren, natürlich über eine bessere Schulbildung
verfügten, mehr kulturelles und ökonomisches Kapital besaßen und überhaupt auch gewillt waren, politische Forderungen zu artikulieren. Das
wird vor allem deutlich, wenn wir uns der deutschen Hip Hop Szene zuwenden, die sozusagen der popkulturelle Kontext war, in dem sich die
Kritik an der deutschen Demokratie entlud. In ihm war es, wo die Töchter
und Söhne der Immigranten eine Stimme fanden und Opposition laut
machten.

Die Legende besagt, dass sich Mitte der 80er Jahre Ebony Prince und
Moses Pelham – beides afrodeutsche Rapper aus Hessen – zu einer Free-
style-Battle in der Frankfurter Hauptwache trafen.[383] Die erste Welle der
Hip Hop Kultur war noch gleich nach dem Entstehen der Szene in New
York durch solche Songs wie „The Message" und Filme wie *Beat Street*
oder *Wild Style* nach Deutschland gekommen. *Wild Style* wurde überhaupt
vom deutschen Rundfunksender ZDF mitfinanziert und über ihn kamen so
eigentümliche Kooperationen zustande, wie der zwischen der Düsseldor-
fer Punk Band Die Toten Hosen und dem New Yorker Rapper Fred Five
Freddy, der in *Wild Style* eine Hauptrolle hat und später die bekannte Hip
Hop Sendung *Yo! MTV Raps* auf MTV moderierte. Die deutsch-amerika-
nische Produktion resultierte in dem Hip Hop Mix des Stücks „Eisgekühlter Bommerlunder" der Hosen, das 1983 erschien.[384] Breakdance und
Graffiti waren durch diese erste Welle nach Deutschland geschwappt, die

---

383 Da die historische Darstellung des deutschen Rap sehr unausgeprägt ist, um es
   gelinde zu sagen, halte ich mich an S. Verlan, ,Fremd in eigenen Land'. Die Hip
   Hop Szene in Deutschland, in ders.: *French Connection. Hip Hop Dialog zwischen Frankreich und Deutschland.* Höfen, 2003. S. 80-85; sowie S. Szillus, Unser Leben – Gangsta Rap in Deutschland. Ein popkulturell-historischer Abriss, in
   M. Dietrich und M. Seliger (Hg.), *Deutscher Gangsta-Rap. Sozial- und kultur-
   wissenschaftliche Beiträge zu einem Pop-Phänomen.* Bielefeld, 2012. S. 41-64.
384 Vgl. Die Toten Hosen, Eisgekühlter Bommerlunder, veröffentlicht als *Hip-Hop-
   Bommi-Bop.* EMI, 1983.

solche Tanzgrößen wie Storm aus Berlin oder Steve aus Süddeutschland inspiriert hat, die weitertanzten auch als die New Yorker Tänzer schnell wieder aus den deutschen Medien verschwanden. Diese erste Welle hat eben auch Ebony Prince und Moses Pelham, die schwarze Wurzeln hatten, die im Falle Pelham auf jeden Fall nach Amerika führten, erreicht, so dass sich diese beiden Adoleszenten schon früh zu eigenem Schaffen inspirieren ließen. Die Battle zwischen den beiden jungen Rappern muss wohl noch auf Englisch abgehalten worden sein, denn Pelhams erstes kommerzielles Stück „Twilight Zone" von 1988 war noch nicht auf Deutsch.[385] Der Legende nach muss diese Battle an der Hauptwache eindeutig für Ebony Prince entschieden worden sein, der Verbindungen zu den frühen Rappern aus Heidelberg gehabt haben muss, denn im Video von Advanced Chemistrys „Fremd im eigenen Land" sehen wir ihn in der Menge mit grünem Pass in der Hand. Nach der Niederlage soll Pelham gedemütigt und wahrscheinlich auch ein wenig beleidigt nach Hause gegangen sein, denn sein späteres Schaffen wird in Opposition zur selbsternannten Szene stehen, in der die Heidelberger und auch Ebony Prince eine Schlüsselrolle gespielt haben. Wenn wir „Fremd im eigenen Land" als Ausgangspunkt der deutschen Rap-Musik nehmen, wofür gute Gründe sprechen, dann ist es von Bedeutung, dass Moses Pelham, der ja von der Ausländerproblematik genauso betroffen war wie Ebony Prince und die Heidelberger, nicht im Video zum Lied zu sehen ist.

Eine Eigentümlichkeit der selbsternannten Szene um Advanced Chemistry war, dass sie eine ausgeprägte Skepsis unterhielt gegenüber den etablierten Medien und vor allem der hiesigen Musikindustrie. Diese Haltung kann zum einen damit erklärt werden, dass die Protagonisten der Szene familial mit der 68er Bewegung in Berührung standen, auch wenn das für Advanced Chemistry selber wahrscheinlich gar nicht behauptet werden kann, denn weder Torchs Mutter, die im Video zu dem späteren Stück „In Deinen Armen" zu sehen ist, noch Kofi Yakpos Eltern, noch Toni Ls Familie können 68er gewesen sein, denn sie waren entweder nicht deutsch oder keine Akademiker. Was allerdings nahe liegt, ist, dass die jungen Künstler und Aktivsten, die sich zu Advanced Chemistry hingezogen fühlten, aus 68er Familien kamen. Dies scheint mir für den aus Hamburg stammenden Rapper Eißfeldt und für die Heidelberger Stieber Twins zu gelten, die zwar selber Handwerker waren, die aber in Nähe zur Heidel-

---

385 Vgl. Moses P., Twilight Zone, veröffentlicht auf *Raining Rhymes*. 1988.

berger Universität standen. Der gedemütigte Moses Pelham, der sich nach verlorenem Wettkampf von seinen Widersachern abgrenzen wollte, verzichtete ausdrücklich auf die antiautoritäre Haltung der selbsternannten Szene, was sich allein schon darin zeigt, dass seine ersten Stücke mit professionellen Dance-Musikern aus Frankfurt produziert wurden, wo ja um etwa dieselbe Zeit der Techno entstand. Hierbei ist anzumerken, dass es eine frühe Symbiose zwischen Techno und Rap gibt. Das als Grundstein des amerikanischen Rap geltende Stück von Afrika Bambaataa „Planet Rock" basierte auf dem Stück „Autobahn" der deutschen Popgruppe Kraftwerk und als die ersten Techno DJs begannen mit zwei Plattenspielern zu arbeiten, bedienten sie sich einer Technik, die der New Yorker DJ Grandmaster Flash entwickelt hatte, der wiederum schwarz war und zusammen mit Melle-Mel das Lied „The Message" aufgenommen hatte, das wir schon besprochen hatten.[386] Die deutsche Szene um die Heidelberger distanzierte sich aber schon früh vom Techno, der als mit der Musikindustrie im Bunde galt. Es muss schon hier betont werden, dass die Skepsis gegenüber Medien und etablierter Musikindustrie bald zu einer Attitude verkam, mit der die deutsche Szene ihre Authentizitätslosigkeit gegenüber den größtenteils aus den Ghettos stammenden Afroamerikanern zu kompensieren versuchte, vor allem nachdem sie zu einem Magnet für Jugendliche aus bürgerlichen Familien geworden war. In der frühen Szene um Advanced Chemistry, die eine explizite Minderheitenpolitik verfochten hatte, war die Ablehnung gegenüber den Medien noch authentisch: die großen Musikzeitschriften und Plattenfirmen waren Teil eines Staates, den man ablehnte.

Man wird uns vorhalten, dass wir die Realität verdrehen, weil wir nicht auf eine Gruppe eingegangen sind, die etwa zur selben Zeit, als Advanced Chemistry sich formierten, ebenfalls schon auf Deutsch rappte und der somit eine Pionierrolle zukommen sollte. Die Rede ist natürlich von den aus Stuttgart stammenden Fantastischen Vier. Die Heidelberger konnten auf eine Tradition von in Jugendzentren organisierten sogenannten Hip Hop Jams zurückblicken, die seit den 80ern quer durch die Republik abgehalten wurden. Auf diesen Partys traf sich die junge Szene und wer sie ablehnte, wurde von den jungen Künstlern mit Zweifel betrachtet. Die Fantastischen Vier haben natürlich auch in Jugendzentren angefangen, aber sie sind schnell an professionelle Musikproduzenten geraten, die sie geför-

---

386 Vgl. D. Toop, *Rap-Attack. African Jive bis global Hip Hop.* München, 1994.

dert haben, was bei Advanced Chemistry weitaus länger gedauert hat, wenn man hier überhaupt davon sprechen will, dass die Gruppe „entdeckt" wurde. Die Abgrenzung der Heidelberger gegenüber den sogenannten Fantas erscheint so als Resultat von musikgeschäftlichen Umständen: hier Major-Label, dort Independent-Produktion. Man geht aber sicher nicht falsch, wenn man noch eine weitere, politische Deutung der Abgrenzung von den um Advanced Chemistry versammelten Künstlern hinzunimmt und die muss darauf hinauslaufen, dass die Heidelberger explizit eine politische Haltung vertraten, die mit der Minderheitenproblematik im Bezug stand, die bei den Fantastischen Vier nicht vorhanden war. Auf frühen Fotographien sieht man die Schwäbische Gruppe sogar noch mit schwarz gemalten Gesichtern wie in den amerikanischen Minstrel-Shows, wo explizit rassistische Inhalte kommuniziert wurden. Natürlich waren die Fantas keine Rassisten, aber die Geste deutet auf die Hilflosigkeit, mit der die jungen Rapper in Deutschland mit der aus den USA stammenden Kultur umgehen mussten und eine echte Positionierung zur europäischen Problematik war zu diesem Moment allein Advanced Chemistry geglückt. Das heißt allerdings nicht, dass den Stuttgarter keine geniale Musik gelungen wäre. Es wird oft bemerkt, dass die Hip Hop Bewegung Werte vertritt, die einen Rückschritt zu den in den 60er Jahren erreichten Vorstellungen ist, weil die Rapper hedonistisch sind, Konsum predigen oder eine sexistische Sprache sprechen. Man darf dabei aber nicht vergessen, dass selbst der Hedonismus, der Konsum oder der Machismo der Afroamerikaner ein subversives potential in sich birgt, schon allein deshalb weil der amerikanische Rap ein Unterschichtenphänomen ist. Hedonismus und Konsum wurden ja auch in der Technoszene gefeiert, nur dass es sich hier um ein weitgehend bürgerliches Phänomen handelt, das eine liberale Liebes- und Glücksethik vertrat. Allein um sich davon abzugrenzen, mussten die deutschen Rapper ein Vokabular finden, das irgendwie als Opposition zu den bestehenden Verhältnissen gesehen werden muss. Den Fantastischen Vier gelingt das sogar teilweise auf ihrem Debut-Album, etwa wenn Thomas D auf „Böse" die Sprache der Arbeiterviertel spricht:[387] „Ich lang deiner Alten von hinten an die Möse. Ich bin Thomas. Ich bin scheiß böse". Im weiteren Verlauf der Gruppe blieben solche Reime allerdings weitgehend aus.

Advanced Chemistry war eine heterogene Gruppe und es ist sicher nicht verfehlt, wenn wir den schwarzen Rapper Linguist als den intellektu-

---

387 Vgl. Die Fantastischen Vier, Böse, erschienen auf *Jetzt geht's ab.* Sony, 1991.

ellen Kopf der Band betrachten. Über seine Biographie ist wenig bekannt, aber er scheint einer bildungsnahen Familie zu entstammen, denn als einziger der drei Künstler hat er seinen Weg an die Hochschule gefunden. Leider war mit diesem Karriereschritt auch das Ende der Heidelberger Gruppe besiegelt, denn Torch und Toni L wendeten sich nach der dritten Single der Gruppe und einem letzten Album, auf dem nur bekannte Stücke versammelt waren und das zum Ärgernis derselben Szene, die Advanced Chemistry begründet hatten, auf einem Major-Label erschien, Soloprojekten zu. Die Stoßrichtung der deutschen Hip Hop Szene war mit „Fremd im eigenen Land" gesetzt, aber nachdem Linguist die Gruppe verlassen hatte, um ein professioneller Sprachwissenschaftler zu werden, fehlte der Gruppe die politisch-ästhetische Dimension, die das Frühwerk in die anti-imperiale Konstellation gestellt hatte. Yakpo schrieb nach dem Austritt, den die übrigen Bandmitglieder wohl sehr bedauert haben müssen, noch ein paar Thesenpapiere für Die Grünen, wo er für Schuldenerlass und mehr Entwicklungshilfe für Afrika plädierte, aber schon bald verliert sich seine Spur in der akademischen Linguistik, wo er eine Grammatik einer afrikanischen Sprache verfasst hat. Advanced Chemistry müssen daran gezweifelt haben, mit der Musik genug Geld zum Leben verdienen zu können, denn außer Torch haben alle Bandmitglieder bürgerliche Berufe ergriffen, Toni L als Autoverkäufer in einem Heidelberger Autohaus und Linguist eben als Sprachwissenschaftler. Torch machte sich allerdings nichts aus einer bürgerlichen Existenz. Mit seinem Kollegen Boulevard Bou, der einer türkischen Familie entsprang und die frühen Advanced Chemistry Produktionen mitgestaltet hatte, begab er sich in die Mitte jener Hip Hop Szene, die er mit begründet hatte. Ab etwa Mitte der 90er Jahre war nämlich der Dunstkreis um die Heidelberger gewachsen und mit Künstlern wie den Absoluten Beginnern aus Hamburg, Da Blumentopf aus München oder den Stieber Twins aus Heidelberg hatte die Szene eine recht große Gefolgschaft gefunden, die nun auch erste kommerzielle Erfolge in der Musiklandschaft erzielen konnte. Das große Dilemma dieser Szene war, dass sie im Gegensatz zu Advanced Chemistry nicht mehr Teil der deutschen Minderheitenkonstellation war, aus der noch die frühen Hip Hop Gruppen stammten, die ähnlich wie der Heidelberger biographisch mit der Immigrantenbewegung verwoben waren. In den Vorstädten und Arbeitervierteln hatte es, schon bevor die offizielle Hip Hop Szene die Charts stürmte, Künstler meist mit türkischem Migrationshintergrund gegeben, die kommerziell weitgehend erfolglos blieben. Man denke an Islamic Force aus Kreuzberg, Cribb 199 aus Bremen oder die Asiatic Warriors aus der Frankfurter Nordweststadt. Diese Gruppen kamen alle aus benachteiligten Stadtteilen, entstammten aus Immigrantenfamilien und sprachen das Idiom der Arbeiterschicht, denn die Minderheiten der BRD wurden allesamt in den proletarischen Vierteln untergebracht, wobei man auch ehrlicherweise sagen muss, dass wenn überhaupt dann hier Integration stattgefunden hat, denn eine Existenz in den bürgerlichen Vierteln war ökonomisch für die Neuankömmlinge nicht drin. Advanced Chemistry kann man getrost in die Mitte dieser farbigen Rap-Gruppen stellen, auch wenn sie aus dem lieblichen Heidelberg kamen und nicht aus den Metropolen der Republik. Die frühen Gruppen um die Heidelberger Rapper wie die Stieber Twins, die Absoluten Beginner oder die Freaks Association Bremen unterschieden sich von ihren Pionieren dadurch, dass sie, wie gesagt, meist aus bürgerlichen Familien stammten. Sie akzeptierten „Fremd im eigene Land", aber muteten sich selber nicht zu, über ihre soziale Existenz zu sprechen und zu schreiben, was sich ja auch seltsam ausgenommen hätte, da ja jeder wusste, dass Rap das Sprachrohr der sozial Benachteiligten ist und nicht die Kunstform der Mittel- oder gar Oberschichten. Diese Erkenntnis innerhalb der Jugendlichen, die stark mit den radikalen Afroamerikanern sympathisierten, aber sahen, dass sie selber gegenüber den Unterschichten privilegiert waren, führte dazu, dass diese Leute mit Neid und Argwohn auf jeden blickten, der aus Deutschland kam und von sich behauptete, er sei in einer ähnlichen politischen Lage wie die Schwarzen aus den USA, die ja in den Charts und Plattenläden buchstäblich den Ton angaben. Einige dieser Künstler, wie der Freundeskreis aus Stuttgart oder die Absoluten Beginner aus Hamburg, wirkten dem entgegen, indem sie sich in der Tradition der radikalen Linken in Deutschland sahen und in ihren Stücken geistliche Nähe zur RAF und ihrem Programm suchten.[388] Das war ein origineller Schritt, denn der amerikanische Rap suchte natürlich selber auch Anknüpfungspunkte bei den Black Panthers und der Black Muslims. Linguist selber soll auf den frühen Advanced Chemistry Konzerten noch mit Karl Marx T-Shirt aufgetreten sein und von Torch weiß man, dass er wenn schon mit den Medien kooperierte, diese auf der radikalen Linken zu finden waren. Wenn allen Beteiligten der Szene aber eines klar war, dann war es die Tatsache, dass sich die politische Kraft ihrer Kunstform aus dem Befreiungskampf der nicht-westlichen Völker gegen

---

388 Vgl. Freundeskreis, *Quadratur des Kreises.* Four, 1997; sowie Die Absoluten Beginner, *Die Kritik an den Platten kann die Platten der Kritik nicht ersetzen.* Buback, 1995.

die europäische Zivilisation ergab. Max Herre vom Freundeskreis hat deshalb die Ausländer aufgefordert, ihn nicht mit den Weißen in Deutschland allein zu lassen[389] und später für die Afro-Deutsche Joy Denalane Texte geschrieben, während die Hamburger den dunkelhäutigen Samy Deluxe förderten und Eißfeldt das Debut-Album des afrodeutschen Rappers D-Flame aus Frankfurt produzierte.[390] Unter den bürgerlichen Rappern blieben solche Solidaritätsgesten aber leider Ausnahmen, denn die Mehrzahl der mittlerweile erschienenen Gruppen und Künstler, die sich zur Szene zählten, verzichteten gänzlich auf irgendeine politische Haltung und griffen jeden, der von sich behaupten wollte, er sei deutsch und habe über Unrechtserfahrungen zu klagen, mit dem Argument an, in der BRD gebe es keine Unterdrückung, welcher Art auch immer. Gruppen wie Fünf Sterne Deluxe, Eins Zwo, Deichkind oder Fettes Brot behaupteten, in Deutschland sei die einzige legitime Art zu rappen der sogenannte Spaß-Rap, bei dem explizit auf politische Inhalte verzichtet wird und es lediglich um Wortwitz und Reimtechnik geht.[391] Diese Position war in Wirklichkeit, wie sich unschwer erkennen lässt, nichts weiter als der Versuch des anwachsenden Bürgertums, jegliche Form von Kritik, vor allem gegen es selber, im Keim zu ersticken und es war die Opposition gegen dieses Phänomen, das den Gangsta Rap Anfang der 2000er Jahre auf den Plan rief.

Die Arroganz der bürgerlichen Hip Hop Szene ist der Grund warum solche Pioniere wie Islamic Force oder Cribb 199 im Sand verliefen, während ihr Mitglieder im Knast starben oder versuchten sich eine Existenz mit wenig Mitteln aufzubauen. Das Argument, dass jeder, der mit professionellen Musikern zusammenarbeitete und keine Berührungsängste mit dem Phänomen Pop hatte, zu dem die Szene natürlich ohne es wahrhaben zu wollen längst verkommen war, kein echter Hip Hop-Head war, war ein Abwehrmechanismus, mit dem vor allem ein Mann bekämpft wurde, den wir oben schon kennen gelernt haben: Moses Pelham. Wir haben ihn aus den Augen verloren, nachdem er sich in Demut von Ebony Prince nach

---

389 Vgl. Freundeskreis, Lasst mich nicht alleine, auf *Quadratur des Kreises,* a.a.O.

390 Vgl. Die Absoluten Beginner, Füchse, erschienen auf *Bambule.* Buback, 1998; sowie D-Flame, *Basstard.* Eimsbusch, 2000.

391 Vgl. Fünf Sterne Deluxe, *Silium.* Yo Mama, 1998; Eins Zwo, *Sport.* Yo Mama, 1998; Deickind, *Bitte ziehen Sie durch.* Show Down, 2000; Fettes Brot, *Auf einem Auge blöd.* 1995. Exemplarisch für diese Haltung kann der Eins Zwo Song *Danke, gut* gelten (erschienen bei Yo Mama, 1999), wo es im Refrain heißt: „es geht mir gut, es geht mir gut, es geht mir sehr, sehr gut".

verlorener Battle abgewandt hatte und dem Ereignis folgte eine kreative Besinnungsphase, in der der junge Künstler seine Rache gegen die ihm schon damals esoterisch erscheinende Szene plante und diese kam dann auch schon bald nachdem Pelham unter Umständen, die nicht ganz klar sind, den deutschen Musikproduzenten Martin Haas kennen lernte, mit dessen Hilfe er zusammen mit dem aus einer fernöstlichen Familie stammenden Rapper Thomas H. das Rödelheim Hartreim Projekt gründete, das schon Anfang der 90er erfolgreich den Popmusikmarkt eroberte. Pelham scheint der Überlegung gefolgt zu sein, dass es in Deutschland keine den Afroamerikanern zahlenmäßig vergleichbare soziale Gruppe gibt, die von der Gesellschaft ausgeschlossen ist und er hat wohl unter diesen Prämissen die Nähe zum deutschen Proletariat gesucht, das ja, wie er gleich richtig erkannt hat, sowieso mit den Ausländern in denselben Stadtteilen lebte und in dessen Lebenswelt die meisten Jugendlichen mit Migrationshintergrund sozialisiert waren. Emblematischer Ausdruck dieser politischen Orientierung war die Identifikation mit dem Frankfurter Stadtteil Rödelheim, in dem die Künstler sich zuhause fühlten. Im Erstling der Gruppe *Direkt aus Rödelheim* attackierten die Sänger sowohl die poppigen Fantastischen Vier als auch die um die Heidelberger versammelte Szene, dessen Schwerpunkt Advanced Chemistry den Frankfurtern als zu akademisch und provinziell erschien.[392] Die Sprache der Rödelheimer war die der benachteiligten Jugendlichen und natürlich war sie proletarisch, aber eine Sprache ist nie ein neutrales Mittel, mit dem man tun kann, was einem beliebt, auch wenn die Linguistik das nicht sehen will. Und so kann es nicht verwundern, dass die aufmüpfige Gruppe in ihrem Vokabular in Bereiche vorstieß, die uns zeigen, wie sehr das deutsche Proletariat in rassistische Ideen verstrickt war.

Auf *Direkt aus Rödelheim* wird eine Rede von Goebbels gesampelt,[393] von „Multi-Kulti-Scheiß" gesprochen[394] und Thomas H. bezeichnet sich an einer Stelle als „böser Onkel" in Anspielung auf die ebenfalls aus Frankfurt stammende Rockgruppe Die Böhsen Onkelz,[395] die als Neonaziband angefangen haben und es nicht für nötig hielten, ihren Namen zu ändern, auch als sie sich nominell von ihrer politischen Vergangenheit distanzierten. Sowieso sah man Pelham des Öfteren auf Konzerten mit T-

---

392 Vgl. Rödelheim Hartreim Projekt, *Direkt aus Rödelheim*. 3p, 1994.

393 Vgl. Rödelheim Hartreim Projekt, Krieg, auf *Direkt aus Rödelheim*, a.a.O.

394 Vgl. Rödelheim Hartreim Projekt, Reime, auf *Direkt aus Rödelheim*, a.a.O.

395 Vgl. Rödelheim Hartreim Projekt, Pappa, auf *Direkt aus Rödelheim*, a.a.O.

Shirts der Onkelz und auch wenn die Rödelheimer die CD ihres Erfolg bringenden Erstlings bald mit einem Aufkleber versahen, auf dem ein Hakenkreuz zerschlagen wurde, war doch klar, dass Pelhams Manöver die Idee des Befreiungskampfes in gefährliches Fahrwasser gebracht hatte, in dem sich viele Ausländer, vor allem die wenigen, die ohnehin nicht in den Arbeitervierteln aufgewachsen waren, nicht wohl fühlten. Die großen Hits der Rödelheimer wie „Reime", „Keine ist" oder „Wenn es nicht hart ist …" wurden nie auf den beiden Hip Hop Sendungen auf Viva gespielt. Die erste dieser Sendungen war das improvisatorische *Freestyle*, das als Organ der selbsternannten Szene betrachtet werden kann. Die Folgesendung, die von Anfang an von der Szene misstrauisch beobachtet wurde, war dann die etwas kommerzieller ausgelegte Show *Word Cup* mit dem Afrodeutschen Tyron Ricketts. In keinem der beiden Formate wurden die Rödelheimer auch nur erwähnt, geschweige denn eingeladen. Das änderte nichts an der Tatsache, dass ihre Platten in den Jugendzentren der benachteiligten Stadtteile rauf und runter liefen. Pelhams Manöver der bedingungslosen Identifikation mit der Sprache des von faschistischen Tendenzen nicht freien Proletariats hatte etwas suizidales, denn Pelham war ja schwarz, sein Partner ein Asiate und ihre Kunstform die der Afroamerikaner, aber es gelang ihm doch, was der selbsternannten Szene schon längst nicht mehr gelingen mochte: eine echte Sprache der Unterdrückten in die Öffentlichkeit zu tragen, die authentisch war, denn Millionen von Jugendlichen kannten natürlich diese Sprache und sahen die Gewalt und die Indifferenz in ihren eigenen Lebenswelten, die von den nun fast ausschließlich bürgerlichen Rappern der offiziellen Szene verharmlost wurden. Das tragische war, dass Pelham den Support der Unterschichten mit dem Preis erkaufte, dass er politischen Strömungen ein Alibi erbrachte, die ihm das Existenzrecht absprachen.

Torch und der Rest der Heidelberger waren, nachdem Linguist die Gruppe verlassen hatte, nicht mehr in der Lage, eine echte politische Agenda zu formulieren und die Gruppen aus dem Ruhrgebiet, die einen proletarischen Hintergrund hatten, wie Too Strong oder R.A.G vermieden jegliches politisches Statement. Das frühe Lied „Rabenschwarze Nacht" von Too Strong beschreibt zwar den Angriff auf ein Asylantenheim aus der Teilnehmerperspektive und war eine Kritik am Rassismus, aber es blieb ein Ausnahmefall, denn auch wenn diese Rapper einen proletarischen Hintergrund hatten, so waren sie doch soweit den Sozialdemokraten gefolgt, dass sie jegliche klassenkämpferische Agenda weitgehend abge-

legt hatten.[396] Den Heidelbergern war nachdem Linguist die Gruppe verlassen hatte, die politische Munition ausgegangen. Toni Ls Platte, die bald
nach dem Austritt erschien, war eine Ode an die italienische Heimat des
Gastarbeiterkindes, aber die Ausländerproblematik wurde nur gestreift, etwa auf den Songs „Dummerweise" und „Amerika", wo der Rassismus
zwar kritisiert wird, die eigene biographische Erfahrung aber nicht mehr
als mit dem Problem verwoben dargestellt ist.[397] Das lyrische Ich erzählt
vom Rassismus, aber nicht mehr als dessen Opfer. Als Torchs langerwar-
tete Soloplatte dann schließlich im Jahr 2000 erschien, war der revolutionäre Ton der frühen Advanced Chemistry Produktionen gänzlich verloren
gegangen. Es heißt zwar an einer Stelle:[398] „alle Hip Hops an die Waffen",
aber in dem Moment, wo sich Torch hier der Szene zugewendet hat, hatte
der Aufruf etwas von einer Appellation eines Oberlehrers an eine bürgerliche Jugendschar. Repräsentativ für die Jugendlichen in den Hochhaussiedlungen und Immigrantenvierteln war es auf jeden Fall nicht mehr. Konsequenterweise zerbrach nach einem eher unbefriedigenden zweiten Album
auch das Rödelheim Hartreim Projekt als Thomas H., der Asiate, die
Gruppe verließ und sich Pelham Soloalben widmete. Auf letzteren versuchte er, sein gekränktes Ego mit einer in Frankfurter Negativität ge-
schulten Sichtweise zu der Einsicht zu bringen, dass alle Existenz leidvoll
ist, wobei unklar blieb, wer wo wann an was schuld war. Die Alben ver-
kauften sich schlecht, die Jugendzentren reagierten nicht mehr.[399]

Das Vakuum, das durch die Verödung der Heidelberger und Frankfurter
Produktionen entstand, sollte bald gefüllt werden, denn die Artikulation
von Unrechtserfahrungen in Deutschland blieb natürlich aktuell, vor allem
nachdem die Schröder Regierung auf den neoliberalen Kurs einge-
schwenkt war, den wir schon am englischen und französischen Beispiel
beobachtet haben. Nach dem Jahr 2000, als Torchs Soloplatte erschienen
war, stand die Hip Hop Bewegung weitgehend ohne Akteure da, die die
Kontexte der in solchen Problemvierteln wie Neukölln, Porz oder Offen-
bach lebenden Menschen zum Ausdruck bringen konnten. Torch rappt
zwar davon, er sei „der letzte Überbringer von Kritik an Axel Springer"

---

396 Vgl. Too Strong, *Rabenschwarze Nacht*, Silo Nation, 1993; sowie R.A.G, *Unter
Tage*. Put da Needle to da Records, 1998.
397 Vgl. Toni L, *Der Pate*. 360°, 1997.
398 Vgl. Torch, Heute Nacht, auf *Blauer Samt*. 360°, 2000.
399 Vgl. Moses Pelham, *Geteiltes Leid I*. 3P, 1998; sowie ders. *Geteiltes Leid II*. 3P,
2004; und ders. *Geteiltes Leid III*. 3P, 2012.

und er bezeichnet sich als „der niemals Nationalhymnen Singer",[400] aber es gibt auf dem Tonträger nicht einen Moment, wo die oppositionelle Kraft der Ausländerbewegung beschworen wird, wie das auf den frühen Advanced Chemistry Produktionen noch der Fall war. Reime wie:[401] „die Großstadt hab ich so satt" oder[402] „doppelte Staatsbürger sollten wir sein, man engt uns ein" mögen noch irgendwie Protest artikulieren. Sie verlaufen aber im Unbedeutenden, solange die Darstellung nicht authentisch an Leidenserfahrungen gekoppelt ist, die einen realen Bezug zu den politischen Beziehungen in der Gemeinschaft haben. Torch suchte die Nähe zum Protest und fand sie bei Klaus Kinsky und Afrika Bambaataa, aber er konnte seinen Zuhörern nicht mehr als Sprachrohr der Benachteiligten erscheinen, weil er sich weder wie Pelham auf die Sprache der Unterschichten, noch wie Linguist auf eine strikt anti-westliche Agenda einlassen wollte. Was übrig blieb war Esoterik und Melancholie, die nur selten unterbrochen wurde, als wenn Torch das Privatfernsehn kritisierte, das ihm immerhin mal einen Job als Moderator gegeben hatte:[403] „Viva, RTL; schalt um auf Sat1. Das Leben in bunten Farben, sieh es dir an, dann ist es deins!". Hier klingt noch die 68er-haftige Opposition gegen die Kulturindustrie durch und es wäre wünschenswert gewesen, wenn Torch diese Haltung an die nachkommenden Künstler weitergeben hätte können, denn sie war bei den Heidelbergern integraler Bestandteil einer Kritik am kapitalistischen Westen, die nur jetzt leider nicht mehr sozial geerdet stand, wo die Szene von den bürgerlichen Jugendlichen überlaufen worden war.

Goethe wusste, dass Dichtung eine Fundierung in der gesellschaftlichen Realität brauch, um überhaupt Dichtung zu sein. Der *Werther* war ja nicht einfach eine Geschichte aus einer anderen Welt, sondern verarbeitete kulturelle Entwicklungen, die, wie Lukács richtig gesehen hat, mit den Intimbeziehungsvorstellungen des aufstrebenden Bürgertums zu tun haben. Der Erzähler in dem Briefroman kennt die Psychologie dieser Klasse aufs Genauste und kann deshalb ein Lebensgefühl artikulieren, das eine echte Entsprechung in der Lebenswelt des lesenden Publikums hat. Dass Goethe selber dieser Klasse entsprang, war natürlich für die Erzählung erst einmal nur soweit maßgebend, dass es ihm erlaubte, in das Denken seines Prota-

---

400 Vgl. Torch, Wer bin ich, auf *Blauer Samt,* a.a.O.
401 Vgl. Torch, Gewalt oder Sex, *Blauer Samt,* a.a.O.
402 Vgl. Torch, Heute Nacht, *Blauer Samt,* a.a.O.
403 Vgl. Torch, Gewalt oder Sex, a.a.O.

gonisten einzutauchen und es akkurat widerzugeben.[404] Er spricht von
einer Glut, die der Dichter besitzen muss, „welche keine Unterscheidung
zwischen dem Dichterischen und dem Wirklichen zulässt" (587). Rap ist
die Dichtung der Unterdrückten und funktioniert nur, wenn sie authentisch
ist, das heißt, wenn der Text eine soziale Konstellation beschreibt, aus der
er selber erwachsen ist. Dadurch dass die Heidelberger und die Frankfurter
sich immer mehr von der Lebenswelt der benachteiligten Jugendlichen,
die ja durch die neoliberalen Reformen immer mehr an den Rand der Gesellschaft getrieben wurden, entfernten, mussten neue Spieler auf die Bühne treten, wenn die Kunstform nicht zu einem selbstverliebten esoteri-
schen Spiel oder einem Exkurs in die Gedankenwelt eines gedemütigten
Mannes verkommen sollte. Und so waren es Künstler aus Berlin, einer
Stadt, die in der bisherigen Entwicklung eine Außenseiterrolle gespielt
hatte, die diesen Part übernahmen.

Die Berliner Hip Hop Szene war durch ihre geographische Lage abge-
schnitten von der Reisekultur der westdeutschen Community, die um die
Heidelberger herum entstanden war.[405] Damals gehörte es zum guten Ton
eines jeden Hip Hop Aktivisten/Künstlers, dass er oder sie ein Tramper
Ticket besaß, mit dem man am Wochenende für wenig Geld von Stadt zu
Stadt fahren konnte, um die jeweiligen lokalen Szenen zu besuchen. Dass
man auf dem Cover des 1995 erschienen Albums *Renevolution* von MC
René den Künstler auf einem Bahnhof sitzen sieht, war kein Zufall.[406]
Auch der Titel von Too Strongs bestem Album *Inter City Funk*, das explizit auf den öffentlichen Fernverkehr anspielt,[407] war gewollt, denn die
westdeutsche Szene war für ihre Wanderbereitschaft berühmt und man
fühlte sich zuhause in der Welt der Bahngleise und Züge, die ja auch die
Angriffsobjekte der Graffiti-Künstler waren, die nachts an die Arbeit gingen. Natürlich kamen auch die westdeutschen Mitglieder ab und zu nach
Berlin, aber in der just wiedervereinigten Stadt brauchten die Rapper teilweise überdurchschnittlich lang, um vom Englischen ins Deutsche zu
wechseln – eine Entwicklung, die durch die Fantas und Advanced Che-

---

404 Vgl. J. W. Goethe, *Dichtung und Wahrheit,* Band 9 der Hamburger Werkausgabe
     besorgt von E. Trunz. München, 1982.
405 Der beste Einblick in die frühe Berliner Hip Hop Szene ist immer noch: Odem,
     On the Run. Eine Jugend in der Graffiti-Szene. Verfasst mit J. Deppe. Berlin,
     1997.
406 Vgl. MC René, *Renevolution.* Mzee, 1995.
407 Vgl. Too Strong, *Inter City Funk.* Silo Nation, 1996.

mistry im Westen eigentlich schon ab Anfang der 90er etabliert war. Berliner Rapper wie die Harlekinz oder Double Face veröffentlichten auf Englisch, wohl teilweise auch um sich von der spaßhaften Szene aus dem Westen zu unterscheiden.

Die Berliner Musikszene ganz allgemein spiegelt die doch wesentlich härtere gesellschaftliche Realität in der preußischen Millionenstadt wider, was sich auch schon vor der Hip Hop Bewegung in der Punkszene und den Bands, die darum entstanden sind, gezeigt hat. Berlin ist die einzige deutsche Stadt, in der die Teilung zwischen Ost und West gewissermaßen durch die Architektur gezogen wurde und auch die einzige Stadt der Republik mit einer so großen türkischen Gemeinschaft, dass man von echten Immigrantenvierteln sprechen kann. Es muss wohl nicht dazu gesagt werden, dass Berlin eine Stadt mit einer traditionellen proletarischen Kultur ist, die auf die starken Klassengegensätze, die es in der Metropole gibt, hinweisen. In Stadtteilen wie Kreuzberg kommt noch dazu, dass es hier eine echte linksalternative Bevölkerung gibt, die das Straßenbild von ganzen Stadtteilen prägt. Schon die aus der Berliner Punkszene hervorgetretene Rockband Die Ärzte, die vor allem in den 80er erfolgreich war, kann als Beweis dafür gelten, dass die Jugendkultur in der einst geteilten Stadt besonders rau und hart ist. Die Ärzte haben sich in den 90ern gewandelt und ihr Image als Sorgenkind der Musikszene abgelegt, aber in ihren frühen Produktionen hört man unmissverständlich die Ungemütlichkeit und Schroffheit der Berliner Realität.[408] Mit Songs wie „Helmut Kohl schlägt seine Frau" und „Claudia hat einen Schäferhund" landete die Gruppe auch teilweise auf dem Index, weil ihre Texte als jugendgefährdend eingestuft wurden. Die Jugendlichen mit türkischem Migrationshintergrund sahen natürlich, dass sich ihre deutschen Freunde an der Popkultur aus den USA und England orientierten und sie suchten nach einer Musikgattung, die ihrer eigenen politischen Situation entsprach und fanden sie bei den Afroamerikanern und Lateinamerikanern der frühen Hip Hop Bewegung aus New York. Deshalb sucht man unter den Punks vergeblich nach ausländischen Gesichtern. In den 80er Jahren bauten die Jugendlichen aus Kreuzberg oder Wedding so ihre eigene Subkultur auf und interpretierten die amerikanischen Ghettos als Referenzpunkt für die eigene desolate Lage. Frühe Breakdance-Gruppen der Stadt wie die 36 Boys – benannt nach der damaligen Postleitzahl für Kreuzberg – oder die Flying Steps rekrutierten

---

408 Vgl. unbedingt: Die Ärzte, *Im Schatten der Ärzte*. CBS, 1985.

sich aus Jugendlichen mit Migrationshintergrund oder Arbeiterkindern, die mit ihnen sympathisierten. Die Berliner Graffiti-Szene war berühmt für ihre Größe und den Wagemut ihrer Künstler, zu denen solche Namen wie Amok (türkischer Migrationshintergrund) und Odem (jugoslawische Familie) zählten. Als die deutsche Hip Hop Bewegung Anfang der 00er Jahre ohne politische Message da stand und drohte sich gänzlich in sinnlosem Wortspiel zu verlieren, ergriffen junge Graffiti-Maler das Mikrophon und wetterten gegen die westliche Szene. Kool Savas, der einen türkischen Migrationshintergrund hatte, war der erste mit seinem schwarzen Kollegen Taktlos, der sich über die Szene beschwerte. Diese Kohorte von Künstlern, zu denen man auch Justus Jonas, Mel Beats und die Gruppe M.O.R zählen muss, fielen auf mit Texten wie „Alle MCs sind schwul in Deutschland".[409] Der Sexismus und die Homophobie waren unter diesen, aus der Graffit-Szene erwachsenen Rappern, eine Geste, mit der gesagt werden sollte, dass man mit dem Zustand der Szene unzufrieden war und nach einer nicht-bourgeoisen Ausdrucksform suchte. Torch selber hielt ihre Musik für gut, was nur zum Ausdruck bringt, dass der Mann, der mit Texten wie „Fremd im eigenen Land" und „Operation Artikel 3" einst die politische Dimension der Bewegung mitbestimmen wollte, sich nicht mehr unter der Jüngeren aus dem Westen wieder fand. Er überließ es den Neuen aus der Situation einen Ausweg zu finden. Leider hatten weder Kool Savas noch seine Mitstreiter ein positives Programm zu bieten, mit dem sie die von ihnen so verhassten Spaß-Rapper ablösen konnten. Alles was sie wussten, war, dass Rap aus der Erfahrung der Entrechtung sprechen muss, wie das ja in den USA und in Frankreich der Fall war, aber keiner der jungen Dichter gelang es auch nur ansatzweise, sich in dem politischen Kontext ihrer Zeit zu verorten. Man muss hier auch noch kurz darauf hinweisen, dass selbst solche Emporkömmlinge der Hamburger Spaß-Rap-Szene wie Samy Deluxe, der zwar einen Migrationshintergrund hatte, diesen aber lange nicht thematisieren wollte, langsam einsahen, dass Wortwitz allein nicht Rap ist. Ende der 90er sah auch er sich gezwungen, endlich einen Text mit politischem Inhalt zu formulieren, was in dem ernüchternden Stück „Weck mich auf" geschah, wo zwar allerlei Kulturpessimismus formuliert wird, jedoch die Ausländerproblematik nur mit erhobenem Zeigefinger angesprochen ist und nicht als Kritik am Westen wie

---

409 Vgl. Kool Savas, *LMS*. 1999. Die Platte wurde verboten.

noch bei Advanced Chemistry.[410] An keiner Stelle wird Unterdrückung oder Unrecht aus der Teilnehmerperspektive beschrieben oder eine Wir-Gruppe von Benachteiligten imaginiert, aus der der deutsche Rap ja entstanden war. Samy Deluxes eilig zusammen gezimmerte Polit-Rap-Agenda kann als erster Versuch gewertet werden, die von Savas beklagte Situation zu ändern, aber es dauerte zu lange, bis der Hamburger schließlich mit seinem Stuttgarter Kollegen Afrob eine explizit anti-rassistische Agenda verfechten konnte.[411] In dieser von Suchen und Ausprobieren beherrschten Zeit gelang es dann einer kleinen Gruppe von ebenfalls aus der Berliner Graffiti-Szene stammenden Rappern, eine Agenda aufzubauen, die im Grunde auf das einst von Pelham angerissene Programm zurückkam, nur dass sie inzwischen für eine Generation sprachen, die nach den Hartz-Gesetzen und den daraus resultierenden Verarmungen der Unterschichten, in denen Menschen mit Migrationshintergrund überproportional vertreten waren, lebten. Moses Pelham hatte seine Raps in der Jugendkultur seiner Frankfurter Vorstadt verortet, aber auch wenn klar war, dass Rödelheim kein Stadtteil war, in das sich bürgerliche Jugendliche am Samstagabend verlaufen wollten, so blieb doch die begriffliche Charakterisierung des Ortes offen. Auf „Reime" spricht Pelham zwar in Bezug auf Rödelheim von einem „harten Ort", dem ein „hartes Wort" entspreche,[412] aber welchen Namen man für so eine Lokalität wählen sollte, blieb unklar. Das änderte sich erst mit der neuen Generation von Rappern, die nun aus Berlin kamen und die schamlos das Wort Ghetto benutzten um ihr soziales Umfeld zu bezeichnen. Die Rede ist von den drei Rappern Bushido, Sido und Fler.

Bushidos Reime wie „ich hab den Sound für die Dealer im Park" oder „Ich hab den Sound für den Hof im Knast" sind berühmt geworden.[413] Der Bruch mit der bürgerlich gewordenen Szene, die einst um die Heidelberger entstanden war, konnte nicht schärfer ausfallen und die neuen Reimer wurden auch bald mit dem Kennzeichen Gangsta versehen, das die Abgrenzung gegenüber den von Savas schon als untauglich befundenen Rappern der bürgerlichen Provinz deutlich machte. Weder Bushido, noch Fler, noch Sido kamen aus Mittelklassefamilien. Sie hatten alle eine biographische Vergangenheit, die sie mit den für die Unterschicht entworfenen In-

---

410 Vgl. Samy Deluxe, *Weck mich auf.* EMI, 2001.
411 Vgl. ASD, *Wer hätte das gedacht?* EMI, 2003.
412 Vgl. Rödelheim Hartreim Projekt, Reime, a.a.O.
413 Vgl. Bushido, *Electro Ghetto.* Universal, 2004.

stitutionen wie Kinderheimen, Gefängnissen oder Arbeitsbeschaffungs-
zentren verband und sie zögerten nicht diese Erfahrung in Beziehung zu
setzen zu der aus den amerikanischen Ghettos stammenden Kunstform,
mit der sich die selbsternannte Szene so schwer getan hatte. Das war, wie
anfangs viele Journalisten bemerkt haben, ein echter Befreiungsschlag.
Die Gangsta-Rapper identifizierten sich mit den Jugendlichen aus den
Berliner Problemvierteln, sie sprachen Ihre Sprache. Wie Fler sagt:[414]
„hier sprechen wir ´ne eigene Sprache" und er hatte Recht, denn die Unterschichten, denen die bürgerlichen Rapper den Umgang mit „ihrer"
Kunstform, zu der sie meinten besseren Zugang zu haben, etwa weil sie
aus Familien kamen, wo die Eltern Jazz hörten, verbieten wollten, hatten
nach der neoliberalen Agenda der SPD verstanden, dass der Begriff des
traditionellen Arbeiterviertels nicht mehr mit den von Armutsimmigranten
und Flaschensammlern bestehenden Stadtteilen in Einklang zu bringen
war. Das Vorbild des amerikanischen Ghettos der 80er Jahre, von dem
„The Message" ja handelt, bot sich an, denn mit dem Zusammenbruch der
durch die Arbeiterbewegung gestifteten Solidaritätsgedankens war den
deutschen Unterschichten klar geworden, dass sie in ihrer sozialen Verfassung den verarmten Afroamerikanern mehr ähnelten als dem organsierten
Proletariat von Städten wie Manchester oder Düsseldorf. Auf „Nie ein
Rapper" singen Bushido und sein Kollege Saad davon, dass sie nie Rapper
waren und gemeint ist natürlich der bürgerliche Rapper, der zum Modell
geworden war. Saad rappt:[415] „Mein bester Freund sitzt seit fünf Jahren in
Einzelhaft" und mit Statements wie diesen war klar, dass die Berliner eine
neue Sprache gefunden hatten, mit der sie vom Leben in den Immigrantenvierteln der neoliberalen Metropole berichteten.

In dem Moment, wo die Berliner anfingen, die Szene zu dominieren,
etablierte sich in Deutschland der Electro, eine dem Techno ähnliche Mu-
sikform, die explizit nicht mehr in das politische Narrativ des Rap gehörte
und das zum Sammelbacken für die bürgerlichen Künstler, die in fast allen
Fällen ethnische Deutsche waren, mutierte, als man merkte, dass die
Gangsta-Rapper geschafft hatten, was ihnen versagt blieb: einen Ausdruck
von Protest zu artikulieren, der authentisch mit Leidenserfahrungen in der
deutschen Gesellschaft verbunden war. Die Rapper von Deichkind aus
Hamburg wendeten sich so dem Electro zu, wie auch Ferris MC aus Bre-

---

414 Vgl. Fler, Nach eigenen Regeln, auf *Neue Deutsche Welle.* Aggro, 2005.
415 Carlo Cokxxx Nutten, *Nie ein Rapper.* Universal, 2005.

men. Max Herre vom Stuttgarter Freundeskreis gab das Rappen auf und produzierte ein Gitarrenalbum, während aus Eißfeldt Jan Delay wurde, der nach seinem originellen Erstlingswerk in den Pop überging. In dieser Entwicklung zeigte sich schnell, dass die bürgerlichen Künstler nur soweit an Rap interessiert waren, wie sie den unteren Schichten diktieren konnten, was in einem Text gesagt werden durfte und was nicht. Die Hamburger vom Deichkind haben auch nicht gezögert zu sagen, die „Asis", also die Asozialen, hätten nun das Sagen im Hip Hop. Die anti-rassistische Agenda, die um die Heidelberger aufgebaut wurde, misstraute, wie wir gesehen haben, den offiziellen Medien, der Musikindustrie und der liberalen Ordnung. Den Berliner Gangsta-Rappern gelang es für die in den Problemvierteln abgefallenen Jugendlichen zu sprechen, aber sobald es darum ging, politische Positionen zu vertreten, wirkten sie befangen, zweideutig und unentschlossen. Mit „Electro Ghetto" hatte Bushido zwar die Parallele gezogen zwischen den amerikanischen Inner-Cities und den Unterschichtenvierteln seiner Stadt, aber im Gegensatz zu Linguist, Torch und Toni L konnte der Berliner die Kritik am Rassismus nicht mehr mit den Unrechtserfahrungen aus dem europäischen Imperialismus verbinden, denn das hätte bedeutet, sein doch hauptsächlich weißes Publikum mit der bitteren Wahrheit zu konfrontieren, dass auch sie Mitschuld tragen an den Verbrechen der europäischen Moderne. Bei Faschismusvorwürfen, die sich textlich nicht belegen lassen, wirkte Bushido deshalb trotzdem zweideutig und hilflos, was sich dann bei seinem Partner Fler in eindeutig faschistischer Symbolik ausdrückte, von der sich Bushido nicht distanzierte. Bushido kannte natürlich Advanced Chemistry. Ein Buch von ihm heißt *Fremd in eigenen Land* und es scheint so, als hätte das Enfant Terrible des deutschen Pop geradezu danach verlangt, dass Torch, der mittlerweile im Schweizer Exil wohnte, mit ihm in Kommunikation trat. Torch hat das, aus welchen Gründen auch immer, verweigert. Sein Spätwerk besteht hauptsächlich aus Auftritten als DJ von haitianischer Musik. Eißfeldt hatte noch zu Beginn der Dekade den Berliner Gangsta-Pionier Charnell auf sein Eimsbush Label geholt und für einen Moment deutete sich an, dass die gebildeten Rapper der 90er Jahre mit den aus der Unterschicht stammenden Berlinern kooperieren würden, was sicher ergiebig gewesen wäre. Leider brach genau in diesem Moment der Musikmarkt zusammen. Eimsbush wurde geschlossen und Charnell ging zurück nach Berlin. Eißfeldt selber distanzierte sich, wie wir gesehen haben, vom Rap. Sein Kollege aus Eimsbush-Tagen blieb zwar Samy Deluxe, der immer noch rappte, aber dem fiel in seinem langerwarteten Comeback-Album nichts besseres

ein, als sich in seinem klassisch-bürgerlichen Stadtteil auf dem Cover ab-
zulichten mit dem vielleicht ehrlichen aber ernüchternden Titel: „Dis [ist]
wo ich herkomm'".[416] Es wird nicht verwundern, wenn wir anmerken,
dass diese Platte in keinem der Problemviertel gespielt wurde.

Der sogenannte ‚normative' Multikulturalismus

Die Opposition zum deutschen demokratischen Staat, wie sie sich uns in
der Hip Hop Bewegung darstellt, hatte eine philosophische Unterfütte-
rung, die etwa zeitgleich mit der Entstehung der Szene in den frühen 90er
Jahren ihren Ursprung hat. Es ist dies die Debatte über den Multikulturalismus, die von politischen Denkern vor allem natürlich in der englischsprachigen Welt geführt wurde, die auch die Argumente der Rapper tangiert hat, denn Pelhams Polemik gegen diesen Multikulturalismus entstand
natürlich vor dem Hintergrund einer politischen Debatte, die damals an
den Universitäten geführt wurde und die durch die Medien ging. In dieser
Debatte beteiligten sich hauptsächlich Autoren, die ihrem philosophischen
Selbstverständnis nach der Diskussion eine bestimmte Richtung vorgaben,
deren ernüchternden Resultate und Grundannahmen die deutschen Rapper
dann erkannt haben, denn sie haben in den Ideen, die aus dieser Diskussion hervorgingen, keine Leitfäden für eine echte Emanzipationspolitik gesehen. Ihre Haltung gegenüber den etablierten Denkern und Autoren blieb
ja durchweg kritisch. Wir wollen diese Debatte normativ nennen, weil die
meisten Autoren, die sich hier beteiligt haben, ein bestimmtes Verständnis
von politischem Denken mit sich gebracht haben, das eigentlich von vorne
rein dem kritischen Beobachter hätte sagen müssen, dass egal welche
Schlüsse die hier genannten Philosophen ziehen werden, diese nur enttäu-
schen können, einfach weil bestimmte politische Fragen prompt jenseits
der Debatte gestellt wurden. Dennoch muss auf die Debatte eingegangen
werden, denn in ihr können wir sehen, dass die Kritik an der bürgerlichen
Demokratie, wie sie nur in Nuancen bei den Rappern durchschimmert,
sehr wohl Konsistenz und Begründung hat, auch wenn sie notwendigerweise den liberalen Rahmen, in dem die Debatte geführt wird, sprengen
muss.

---

416 Vgl. Samy Deluxe, *Dis wo ich herkomm'*. EMI, 2009.

Von dem französischen politischen Denker de Maistre ist die Anekdote überliefert, dass er gesagt haben soll, als man ihn nach den Menschenrechten gefragt hat, dass er französische Menschen kenne, englische Menschen kenne und sogar von persischen Menschen gehört habe, den Menschen schlechthin habe er aber bisher noch nicht zu Gesicht bekommen.[417] Diese Überlegung stammt aus der Zeit, als der Liberalismus eine revolutionäre politische Philosophie war, mit der das Bürgertum die alte Ordnung angriff. De Maistre hat artikuliert, was in der Debatte um den Multikulturalismus von den sogenannten normativen politischen Autoren auf Seite der Kritik am liberalen Modell wieder aufkam. Der Liberalismus lebt von dem Gedanken, dass es den Menschen und nicht nur asiatische, schwarze oder deutsche Menschen gibt. Diese Grundannahme haben die klügsten unter den Multikulturalisten erneut angegriffen, auch wenn sie sich nicht in der Lage sahen, aus welchen Gründen auch immer, den Schluss den Denker wie de Maistre daraus gezogen haben, zu ziehen: dass die Alternative zum liberalen Modell nicht eine Weiterführung der jetzigen Politik mit anderen Vorzeichen ist, sondern eine Rückkehr zu einer sozialen Ordnung, die über Jahrtausende in Europa und über mindestens ebenso lange Zeit im Rest der Welt bestand hatte.

Der kanadische Philosoph Charles Taylor hat die Debatte unter den normativen Denkern eingeleitet, indem er auf den Punkt gebracht hat, was sich im Grunde seit der Bürgerrechtsbewegung, der Frauenbewegung und der Dekolonisation immer mehr Gehör verschafft hat, nämlich eine Kritik am Westen, die auf die universalistischen Grundannahmen westlicher Politik abzielte.[418] Taylors Argument war, dass der Liberalismus das Produkt einer bestimmten kulturellen Entwicklung war und seine Legitimation nur aus diesem Kontext heraus ziehen konnte. Die universalistischen Grundannahmen der liberalen Philosophie, die in dem Gedanken an den Menschen schlechthin sozusagen zentriert sind, wird bei Taylor dargestellt als ein hegemonial-imperialistisches Projekt, mit dem eine bestimmte Kultur, nämlich die des Westens, Herrschaft legitimiert, dadurch nämlich, dass sie ihre politischen Grundsätze als die richtigen für den Menschen schlechthin ansah. Taylors Einsicht war nun gerade, dass die Idee des Menschen schlechthin, so wie ihn die Liberalen postulierten, nur im Westen zur Zeit

---

417 Vgl. B. Barry, *Culture and Equality. An Egalitarian Critique of Multiculturalism.* Cambridge, 2001.

418 Vgl. C. Taylor, *Multikulturalismus und die Politik der Anerkennung.* Frankfurt, 2009. Der Text erschien im Englischen zuerst 1992.

der bürgerlichen Revolutionen aufgekommen war und dass es keine triftigen Gründe für die Annahme eines solchen allgemeingültigen Ansatzes gab. Nach Taylor, der seine intellektuellen Zähne an Hegels Phänomenologie geschärft hatte, entstehen politische Werte immer in einem bestimmten kulturellen Kontext und es ist dieser Kontext, der die Werte legitimiert und nicht umgekehrt. So wie Hegel gegen den Formalismus der Kant'schen Philosophie protestiert hatte, protestierte Taylor gegen die liberalen Traditionen der englischsprachigen Akademie, der er vorwarf, nicht zu sehen, dass ihre Unterstellung, dass es eine gerechte Ordnung für den Menschen schlechthin gäbe, das Produkt einer historischen Entwicklung war, die auf das lateinische Christentum beschränkt blieb. Taylor hat erkannt, dass Menschen nach Anerkennung streben und dass sie das tun nicht als abstrakte Menschen ohne kulturelle Qualitäten, sondern als Schwarze, Asiaten oder Indianer. Das Verlangen von Respekt zielt nicht auf eine anthropologische Entität, die sich jenseits der Kultur, die ja erst ein Individuum ausmacht, befindet, sondern auf den in eine bestimmte Gemeinschaft eingelassene Person, die Anerkennung fordert als dieser partikulare Kulturmensch. Die liberalen Philosophen, die ihre Disziplin als eine rein normative verstanden, waren weniger daran interessiert, wie Taylor die westliche Moderne auslegte – das war ein deskriptives Unterfangen. Sie lechzten vielmehr danach, dass Taylor darlege, wie er sich präskriptiv vorstellte, wie die politische Ordnung verfasst sein sollte und hierauf hatte Taylor vorerst nur so viel gesagt, dass er ein multikultureller Denker war und dass er dafür plädiere, dass rassische oder ethnische Minderheiten das Recht im liberalen Staat bekämen, durch Gruppenspezifische Rechte das Fortleben ihrer Kultur zu sichern. Unter diesen normativen Prämissen ist dann in der Debatte der Begriff Multikulturalismus auch verstanden worden: als eine Politik, die Gruppen Gruppenrechte zuspricht, die die liberale Gleichheitsnorm im Staat außer Kraft setzt. Taylor kann man nicht den Vorwurf machen, dass er zu jenen gehört, die in der Politik Sein von Sollen unterscheiden, aber in der Debatte, die auf seinen Text folgte, wurde doch so getan, als sei mit dem Argument der Gruppenrechte nur eine Korrektur an der nicht wirklich defizitären Politik des Liberalismus von statten gegangen und nicht, wie man eigentlich hätte sehen müssen, eine Revision des liberalen Projekts ganz allgemein. Zu dieser misslichen Lage konnte es nur kommen, weil die akademische politische Philosophie Fragen der Religion und der Ganzheit des Daseins als nicht wissenschaftlich abtat im Namen eines Philosophie- und Wissenschaftsverständnisses, das auf Engste mit dem liberalen Projekt selber verwoben war.

Unter diesen Umständen kann es nicht verwundern, dass die politischen Philosophen der angelsächsischen Welt bald versuchten, den Liberalismus mit der Idee zu verbinden, dass Menschen immer in Kultur existieren. Und der erste unter den sogenannten normativen Denkern, der dieses Projekt verfolgte, war der ebenso aus Kanada stammende Autor Will Kymlicka, der versuchte zu zeigen, dass die liberale Idee eines autonomen Individuums, das die Liberalen immer als Produzent von Kultur und nicht als deren Produkt sehen müssen, nur zu haben sei, wenn man postuliert, dass ein solches Individuum ein Recht auf seine Kultur hat.[419] In dieser Formulierung verrät sich bereits, dass in diesem Ansatz das liberale Vokabular gebraucht werden soll, um die Intuitionen, die sich bei Taylors dann drei Jahre später ausformuliertem Programm finden, mit dem liberalen Projekt zu vereinen. Kymlicka sagte, benachteiligte Gemeinschaften, wie die beinahe ausgerotteten Indianer Nordamerikas, wo sich Kanada befindet, hätten das Recht, die Gleichheitsnorm des liberalen Staates außer Kraft zu setzen, um ihren Kindern die Werte der Ahnen paternalistisch vorzuschreiben. Kymlicka war nicht entgangen, dass die Ureinwohner Amerikas im Kapitalismus ein Elendsdasein fristeten, denn sie hatten natürlich nicht die puritanischen Dispositionen mitgebracht, die es den Europäern so leicht machten, Egoismus und das, was von dem Phänomen Gemeinschaft noch übrig war, miteinander zu vereinen und er hat aus diesem Grund vehement gesagt, die Indianer müssten ihren Kindern vorschreiben können, wie sie sich zu verhalten haben, damit sie in der liberalen Gesellschaft überleben könnten. Aber Kymlicka, der bei dem Marxisten Jerry Cohen gelernt hatte, wollte die Grundannahmen der liberalen Philosophie auf keinen Fall preisgeben, deshalb fungiert bei ihm die Kultur als Instrument, um die von den Liberalen so gepriesene Autonomie zu erreichen. Die Kultur wird so zu einem Primärgut, wie die Liberalen sagen und was damit gemeint ist, ist eine Sache, ein Ding, das das Individuum besitzen muss, um rational wählen zu können. So wie der einzelne das Recht auf Willkürfreiheit besitzen soll, so soll er nun nach Kymlicka auch das Recht auf Kultur besitzen. Das Problem ist freilich, wie die echten Liberalen gleich gesehen haben, dass dieser Ansatz die Frage aufwirft, wann eine Kultur als gefährdet oder der staatlichen Sorge bedürftig eingestuft werden kann, was wiederum ein Argument erfragt, das zwischen guten und defek-

---

419   Vgl. W. Kymlicka, *Liberalism, Community and Culture.* Oxford, 1991.

ten Kulturen unterscheiden hilft.[420] Dieses Argument ist aber im liberalen Framework nicht zu haben, denn der Liberalismus lebt davon, dass er die Idee der gelungenen Kultur, als etwas, das das Individuum erst zum Individuum macht, gerade verneint. Das war ja die Empörung, die sich in der Anekdote von de Maistre zum Ausdruck bringt. Hier reagiert jemand auf die These, dass das Individuum ohne Berücksichtigung seiner wie auch immer beschaffenen gemeinschaftlichen Zugehörigkeit betrachtet werden kann. Für die Liberalen ist Kultur einfach, das, was das Wie des Individuums ausmacht. Kultur hat jeder, so wie jeder einen Blutkreislauf hat, denn ohne ihn ist man einfach niemand. Ein Fackelzug von Ku-Klux-Klan Anhängern ist genauso kulturell wie das leise Gebet eines Sklaven. Dieser abstruse Relativismus wird im Liberalismus erkauft mit einem radikalen Individualismus, der darauf hinausläuft, dass es in dem emphatischen, gemeinschaftlichen Sinn gar keine Kulturen gibt, wie sie Kymlicka vorschweben, wenn er von benachteiligten Kulturen spricht. Für die Liberalen können nur Individuen benachteiligt sein und sie sind es für diese Denker genau dann, wenn eine kulturelle Gemeinschaft sie zum Handeln bewegt und nicht sie sich irgendwie selber. Die Idee der Kultur, die Kymlicka und Taylor denken, steht somit in Opposition zum liberalen Gedankengebäude von Kultur, denn sie ist bei den beiden Kanadiern etwas, das supraindividualistisch angelegt ist: eine Kategorie die Individuen macht und nicht umgekehrt.

Kymlicka hat es nicht vermocht die politischen Schlüsse aus dem Kulturbegriff zu ziehen, den sein Kollege Taylor ausbuchstabiert hat. Die Idee der multikulturellen Staatsbürgerschaft bleibt kontradiktorisch, solange das Verhältnis von Kultur und Individuum nicht aus dem liberalen Muster des Menschen, der jenseits der Gemeinschaft steht, entnommen ist. Der Weg, der sich Kymlicka angedeutet hat, war einer, der in die Zeit vor der bürgerlichen Gesellschaft hin deutet und der Kanadier wollte, aus welchen Gründen auch immer, am liberalen Projekt festhalten. Dieses Insistieren auf dem qualitativ besseren Charakter der liberalen Moderne verglichen mit allen noch bestehenden oder einst Bestand habenden Ordnungen zusammen mit dem Versuch, doch noch etwas zu retten aus den indianischen und anderen Jahrtausenden alten Kulturen vor dem radikalen Bruch mit dem Individualismus, hat unter der Angelsachsen zu so absurden Ansätzen

---

420 Vgl. B. Barry, *Culture and Equality,* a.a.O. und K. A. Appiah, *The Ethics of Identity.* Princeton, 2005. S. 122-125.

geführt, wie einen Multikulturalismus ohne die Idee der Kultur zu denken.[421]

Die Zwickmühle, in die die normativen Multikulturalisten geraten waren, bestand, um genau zu sein darin, dass sie einen Begriff der guten oder gelungenen Kultur benötigten, um ihr Argument zu machen, nur dass sich mit dem Rüstzeug ihrer eigenen auf sogenannte normative Prämissen zusammengeschrumpften politischen Philosophie kein Maßstab entwickeln ließ, der es ihnen erlaubt hätte, eine Kultur als gut und eine andere als schlecht zu bezeichnen. Die Liberalen hatten deshalb leichtes Spiel darauf zu verweisen, dass weder Kymlicka, noch Philipps, noch Iris-Marion Young[422] ein Argument parat hätten, um diese Unterscheidung zu machen. Wenn man das einmal zugestanden hatte, dann war natürlich naheliegend, dass man darauf verzichtet, überhaupt einen emphatischen Kulturbegriff zu verwenden um somit zur liberalen Orthodoxie zurückzukehren, nach der es überhaupt keine Kultur in dem von dem Multikulturalisten gewollten Sinne gab. Die normativen Multikulturalisten konnten auf diesen Angriff nicht adäquat antworten, denn sie waren nach ihrem eigenen politischen Selbstverständnis Teil jener politischen Ordnung, deren eigentliche Verfechter Brian Barry oder Appiah waren. Die politischen Prinzipien, wie das der Kultur als Primärgut oder die Idee von Gruppenrechten als Verfahren eines ansonsten demokratischen Bürgerstaates, waren ja begründet nicht als Deduktionen einer kosmischen Ordnung, die der Philosoph interpretiert, sondern, als Normen, die ihre Legitimation durch ein rationales Verfahren wie das eines Gesellschaftsvertrages oder einer Konzeption von Nützlichkeit erhielten. Mit der Absage an die Idee einer in der kosmischen Ordnung verwurzelten Politik konnte der emphatische Kulturbegriff nicht mehr gerettet werden, denn er verkörpert ja nichts anderes als die gute Ordnung selber und wenn diese wiederum als vom autonomen Subjekt geschaffen dargestellt wird, dann landet man unweigerlich bei einer irgendwie gearteten rationalen oder nützlichen Ordnung, nicht aber bei einer, deren Prinzipien im Sein selber wurzeln. In de Maistres Wort ist diese kosmische Ordnung, in der Sein und Sollen noch vereint sind, noch lebendig. Deshalb besteht für ihn eine Einheit zwischen dem Begriff Mensch und der Idee der Kultur. Das eine ist ohne das andere nicht zu haben. Erst mit der Einführung einer unüberwindbaren Trennung von Tatsa-

---

421 Vgl. A. Phillips, *Multiculturalism without Culture*. Princeton, 2007.
422 Vgl. I. M. Young, *Justice and the Politics of Difference*. Princeton, Princeton, 1990.

chen und Normen, die nicht zufällig in die Epoche des aufsteigenden Liberalismus gefallen ist, verkommt der Kulturbegriff zu einer von Relativismus gekennzeichneten Kategorie, denn welche empirische Wissenschaft wollte sich anmuten, wertend zu versichern, dass die Kultur der Hopi-Indianer besser sei als die der balinesischen Ureinwohner? Die Ethnologen und Soziologen haben zwar immer wieder Urteile über die Kulturen gefällt, mit denen sie sich beschäftigt haben – wie könnten sie es auch vermeiden, wo sie doch mit ihnen gelebt haben. Aber sie haben ihre Analysen immer verstanden als frei von diesen Urteilen. Wenn wir aber annehmen, dass menschliche Gemeinschaften das höchste sind, was wir imstande sind zu produzieren, wieso sollten dann unsere besten Köpfe es kategorisch vermeiden, über den ethischen Zustand von Kulturen zu urteilen? Der Kulturrelativismus, den der Westen – und nur der Westen – hervorgebracht hat, steht in krassem Gegensatz zu dem, wie sich die liberalen Gesellschaften zu den nicht-westlichen Völkern verhalten haben. Bhikhu Parekh hat deshalb die Überlegung angestellt, dass der Liberalismus zwar die Gleichheit der Individuen zu kennen glaubt, er aber in Wahrheit die Ungleichheit der Kulturen bedeutet hat.[423] Wir können hinzufügen, dass mit dem Aufkommen des Liberalismus allein schon begrifflich der Niedergang der Kultur beschlossen ist.

Parekh ist es auch gewesen, der erkannt hat, dass der Multikulturalismus nur zu haben ist, wenn er in Opposition zum Liberalismus gedacht wird. Nach ihm ist, wie auch schon bei de Maistre, der einzelne gar nicht zu erkennen ohne die ihn auszeichnende Kultur und er hat deshalb dafür plädiert, dass der Staat eine Pluralität von Kulturen behausen sollte, die das interne Zusammenleben ihrer Mitglieder nach internen Gesichtspunkten regeln und ihre interkulturell-politisches Miteinander durch sogenannte öffentliche Werte organisieren.[424] Leider hat Parekh nicht gesehen, dass er mit seinem Programm ein Gebiet betritt, das aus der szientistischen Gegenüberstellung von empirischem und normativem politischen Forschen heraus weist und des weiteren nach einem Grundsatz fragt, der es uns ermöglicht, die sogenannte Kultur des Klans von der echten Kultur des protestantischen Sklavengebets zu unterscheiden.

---

423 Vgl. B. Parekh, Superior People. The Narrow Liberalism from Mill to Rawls, *TLS,* 25. Februar, 1994. S. 11-13.

424 Vgl. B. Parekh, *Rethinking Multiculturalism. Cultural Diversity and Political Theory.* Basingstoke, 2002.

Die Weltreligionen und die Zukunft der Planwirtschaft

Wenn man das Wort Planwirtschaft hört, denkt man meistens an die Sowjetunion, Maos China oder Nordkorea. Dabei übersieht man, dass dieses Projekt zu Beginn des letzten Jahrhunderts im Westen verfolgt wurde von Ökonomen, die Institutionen und Traditionen geschaffen haben, die heute als Bollwerk herangezogen werden, um die kapitalistische Wirtschaft vor Kritik zu immunisieren. Vordenker der Planwirtschaft waren nämlich vor allem die sogenannten Fabier, die vor der Oktoberrevolution aktiv waren und die in der Tradition des englischen politischen Rationalismus standen.[425] Diese Ökonomen, zu denen Sydney und Beatrice Webb, George B. Shaw und andere gehören, ließen sich leiten von der Annahme, dass mit Verbreitung der Bildung unter den Massen, die ja im Westen im langen 19. Jahrhundert begonnen hatte, die politische Einsicht, dass das Gemeinwesen auch in seinem ökonomischen Bereich von der willentlichen Organisation von aufgeklärten Parlamenten und Körpern gesteuert werden sollte, sich unaufhaltsam durchsetzen würde.[426] Diesen Denkern lag nämlich die Idee zugrunde, dass der Markt ein anarchisches System sei, das mit der Idee einer autonomen politischen Community, in der Intelligenz herrscht und nicht Zufall, aus begrifflichen Gründen unvereinbar sei.

Die Fabier sahen, dass die europäische Arbeiterklasse durch den Prozess der Proletarisierung in einen Zustand geraten war, der eine Gefahr für die politische Gemeinschaft insofern darstellen würde, als es hier eine Verschiebung der Souveränität weg von gebildeten Eliten und hin zum verwahrlosten gemeinen Mann gab. Sie haben deshalb richtig erkannt, dass die politische Führung der Nation von gebildeten Individuen vorangetrieben werden müsse, die die Öffentliche Meinung und eben auch den ökonomischen Prozess lenken.[427] Die Fabier hegten also gerade nicht das im Marxismus verbreitete Vertrauen in die ungebildeten Massen, die, wie Lukács hoffte, eine proletarische Diktatur einführen würden und so die

---

425 Vgl. R. Dahrendorf, *LSE. A History of the London School of Economics and Political Science 1895-1995.* Oxford, 1995.

426 Vgl. R. Barker, Fabianism, in *The Blackwell Encyclopaedia of Political Thought.* Hg. J. Coleman, D. Miller et al. Oxford, 1991.

427 Vgl. G. D. H. Cole, *Fabian Socialism.* London, 1971. Die Schrift wurde in den 40er Jahren verfasst, noch vor dem Beveridge-Report.

Gesellschaft von ihren Zwängen befreien könnten.[428] Für die Webbs und Shaw war das Proletariat noch nicht in der Lage, autonom auf den politischen Prozess einzuwirken und die Idee, dass gerade weil die Arbeiter in einer so verkommenen sozialen Kondition waren, sich in ihnen der Schlüssel zur Befreiung der Gemeinschaft befinden sollte, lag ihnen ganz fern. Die Idee der Planwirtschaft war nicht Resultat eines erscheinenden Wissen, wie im Marxismus, sondern Kern der Idee einer sich selbst steuernden politischen Gruppierung, die Produktion und Konsum nicht über einen Mechanismus laufen lassen wollte, der gewissermaßen hinter dem Rücken der Akteure ablief und nicht unter der Augen derjenigen, die das Wissen besitzen, um zu erörtern, welche Güter in der Gemeinschaft gebraucht werden und welche nicht.

Die seriösen englischen Denker der ersten Hälfte des 20. Jahrhunderts, Leute wie George Orwell oder Harold Laski, waren in gewissem Sinne Fabier, denn sie teilten mit den Londoner Ökonomen die Überzeugung, dass die kapitalistische Wirtschaft auf einem Prinzip ruhte, das zwar Reichtum produzieren konnte, dass aber diese Produktion anarchisch war und sich nicht an den Bedürfnissen der Gemeinschaft orientierte.[429] Die Klassengegensätze, die in England seit dem frühen Kapitalismus besonders ausgeprägt waren, waren für diese Autoren deshalb so virulent, weil die Politik über kein Instrument mehr verfügte, um Entscheidungen zu treffen, die einen wirklichen Einfluss hatten auf die Lebensumstände der Massen.[430] Die Hoffnung lag auf intellektuellen Eliten, die den ökonomischen Prozess in Planschritten mit Blick auf das Gemeinwohl steuerten und vor allem das elitäre Bildungssystem der Insel reformierten – ein eindeutiger Angriff auf die Privatschulen, den die bürgerlichen Eliten den meistens an Brick-Universitäten lehrenden Fabiern natürlich nicht verziehen haben.[431]

Marxens Einsicht, dass Arbeit ein politischer Prozess ist und nicht, wie die Liberalen glauben, eine Privatangelegenheit, war für die Fabier Com-

---

428 Vgl. G. Lukács, *Gelebtes Denken. Eine Autobiographie im Dialog.* Frankfurt, 1981.

429 Vgl. G. Orwell, *The Road to Wigan Pier.* London, 1997; zu Laski vgl. R. Barker, The Pluralisms of British Pluralism, *Journal of Political Ideologies,* 14, 1, Februar 2009.

430 Exemplarisch hier: T. H. Green, Liberal Legislation and Freedom of Contract, in *Liberty,* Hg. D. Miller, Oxford, 1991. S. 21-32.

431 Zum Bildungssystem vgl. A. Crosland, *The Future of Socialism.* London, 1994; ursprünglich erschienen 1956.

mon Sense. Planwirtschaftliches Denken war, bevor es von Hayek und Popper als faschistisch dargestellt wurde,[432] Teil des politischen Autonomiebegriffs, wie er sich unter intelligenten Beobachtern durchgesetzt hatte. Sie galt als letztes Heilmittel gegen die von der bürgerlichen Politik entfesselten Kräfte des institutionalisierten Egoismus, der die westlichen Nationen und die ihnen unterworfenen Völker in Chaos und Anomie gestürzt hatte. In allen Zivilisationen ist, wie Marx und Engels richtig erkannt haben, der Produktionsprozess elementarerer Teil des gemeinschaftlichen Lebens und untersteht den Imperativen der Gruppe. Der indische Weber, der deutsche Bauer oder der griechische Sklave handelt nach Grundsätzen, die von der Gemeinschaft bestimmt werden und sein Tun ist eingebettet in einen Prozess, an dessen Anfang ein gruppenorientierter Wille steht. Die liberale Ordnung ist die einzige politische Organisationsform, in der ökonomisches Handeln von den Normen der Gemeinschaft abgekoppelt wird, indem es nicht mehr die Dorfältesten, Feudalherren oder andere Planer sind, die bestimmen, für welche Zwecke die Gruppe ihre Produktivkräfte mobilisiert, sondern private Individuen, die nicht an gemeinschaftliche Normen gebunden sind, sondern nur nach eigenem Gewinn streben.

Die Fabier standen in der politischen Tradition des englischen Rationalismus, wie wir oben schon bemerkt haben. Das heißt, dass sie Teil einer intellektuellen Kultur waren, die stark von der seit Mandeville geprägten Effizienzlogik geprägt wurde. Vielleicht war diese Verstrickung in den Utilitarismus der Grund, warum die politischen Einsichten der Fabier, die natürlich auch Eingang in die Labour Party gefunden hatten, nach der neoliberalen Wende unter Thatcher so leicht beerdigt werden konnten. Als Anthony Giddens seine Idee eines dritten Weges verkündigte, hatte er nichts anderes im Kopf, als die englischen Nachfolger der Fabier, soweit es sie denn noch gab, vom Planwirtschaftsgedanken zu lösen, was ihm dann auch gelungen ist.[433] Dieses Manöver wäre Giddens nicht so leicht gefallen, hätten die Fabier eine bessere Grundlage für ihre Begriffe gehabt als die, welche sie im englischen Rationalismus vorgefunden haben.

---

432 Vgl. F. A. Hayek, *The Road to Serfdom.* London, 1991; sowie K. R. Popper, *The Open Society and its Enemies.* 2 Bände. London, 1969. Beide Werke entstanden in den 40ern.

433 Vgl. A. Giddens, *The Third Way. The Renewal of Social Democracy.* Cambridge, 1998; sowie dres. *Over to You, Mr. Brown. How Labour Can Win again.* Cambridge, 2007.

Wenn man sagt, dass eine bestimmte sozialpolitische Entscheidung richtig ist oder wenn man einen Ökonom als aufgeklärt bezeichnet, benutzt man Begriffe, die notwendigerweise philosophisch sind. Wenn wir außerdem uns dem Gedanken zuwenden, dass die Fabier eine Einrichtung der ökonomischen Verhältnisse wollten, die vernünftig ist, dann ist ja erst einmal noch gar nicht klar, was wir darunter zu verstehen haben, denn der Vernunftbegriff hat ja bekanntlich viele Facetten und wenn man ihn für ein politisches Argument benutzt, wie das oft geschieht, muss man klären, woraus er besteht. Die Idee dass diese Klärung sich sozusagen ökonomieintern klären lässt, ist nichts anderes als Utilitarismus, zumindest solange man mit dem liberalen Ökonomiebegriff hantiert. Rodney Barker schreibt, dass die Fabier eine Organisation des ökonomischen Prozesses wollten, die auf Vernunft beruht[434] und wenn wir Aussagen wie diesen nicht den Boden wegziehen wollen, müssen wir darlegen wo der Unterschied zwischen Vernunft und Unvernunft, Gutem und Schlechtem, Wissen und Unwissen besteht.

Nach der utilitaristischen Orthodoxie, die bei Hobbes und seinen Nachfolgern zum Grundbaustein der kapitalistischen Ordnung wurde, kann eine sozialpolitische Entscheidung dann als vernünftig gelten, wenn sie mehr Glück produziert als Leid. Diese Grundnorm des Nutzenkalküls mag einigen Fabiern vorgeschwebt haben, als sie von der Herrschaft der Gebildeten sprachen, die den ökonomischen Prozess steuern sollten. Wenn wir aber zum Beispiel sagen, dass die Produktion von Wohnraum für die Arbeiterklasse vernünftiger ist, als die Investition in naturwissenschaftliche Forschung, dann impliziert das unter dem Nützlichkeitsprinzip, dass erstere Entscheidung mehr Glück hervorbringt als letztere. Das Problem mit diesem Ansatz hat zwei Seiten. Zum einen ist der Glücksbegriff höchst kontrovers. Man kann ja zum Beispiel sagen, dass wenn wir wüssten, worin überhaupt Glück besteht, sich sowieso alles Ringen um politische Fragen erübrigt hat, denn dann kann es sich ja nur darum handeln die politische Welt so einzurichten, dass dieses Glück herrscht. Zum anderen aber, und das ist wichtiger, wirft das Nützlichkeitsmodell die Frage auf, wann die von der Maßnahme verursachten Konsequenzen an ihr Ende kommen. Die Utilitaristen waren natürlich meistens Empiristen und die Glückskonzeption haben sie oft einfach so gefasst, dass man die betroffenen Individuen danach befragt, was für sie Glück bedeutet und mit dieser Kategorie

---

434 Vgl. R. Barker, Fabianism, a.a.O.

dann arbeitet. Das Verrät auch gleich den liberalen Zug dieser Methode, den die Fabier hätten in Betracht ziehen müssen, denn wenn der Arbeiter schreit, ihn mache eben Bier glücklich, während der Bürger meint, für ihn sei es die Poesie, dann braucht die Politik einen Maßstab, um den besseren Charakter der Poesie gegenüber dem Suff zu beweisen und man hat versucht, das zu tun, indem man auf solche Kategorien wie den des intellektuellen Anspruchs zurückgegriffen hat. All diese Kategorien sind aber nutzlos, solange ihre empiristische Komponente nicht überwunden ist, denn auch ein Bier kann man ja konzentriert trinken oder ähnliches. Hier wiederholt sich nur das Problem das wir oben schon im Fall der Bestimmung der Konsequenzen angedeutet haben. Die Beschreibung einer objektiven Tatsache, wie die der in Anspruch genommenen Intelligenz, bedarf immer der Kontextualisierung, denn wenn wir sagen, dass Poesie besser ist als Bier, dann können wir dies nicht kategorisch meinen, denn es gibt Situation, in denen das Gegenteil der Fall ist. Man denke zum Beispiel an ein Bier, für dessen Genuss man erst die Regeln der Braukunst erlernen muss, weil man es sonst gar nicht hat und an ein Gedicht, das so banal ist, dass selbst Schulkinder es für Kitsch halten. Hier zeigt sich nur unter anderen Vorzeichen, was sich uns schon bei dem Problem der Ermessung der Nützlichkeit von Entscheidungen angedeutet hat, denn auch hier kann ich ja sagen, die Investition in Wohnraum schafft mehr Nutzen als die Finanzierung von Naturwissenschaft, denn mehr Menschen werden Wohnraum haben und nicht auf der Straße schlafen müssen, wobei es immer einen Wenn-Satz gibt, der mich zum genauen Gegenteil bringen wird. Etwa wenn ich sage, wenn aber die Wohnungen gebaut werden, müssen Grünflächen geopfert werden, was wiederum mehr Leid bewirkt. Dieses Leid kann ich dann wieder neu auslegen, so dass es die gegenteilige Wertung produziert und so weiter ad Infinitum. Man sieht also leicht, dass in beiden Fällen, dem der Beschreibung von intellektuell anspruchsvollen Tätigkeiten und dem der Darstellung von Konsequenzen einer Entscheidung, es immer auf den Kontext ankommt, in dem die Aussagen getroffen werden. Wir können immer mehr Konditionalsätze anfügen, die den Situationsrahmen der Begriffe verändert und zum genauen Gegenteil dessen führt, was wir im Auge hatten. Je nachdem wie wir die Situationen beschreiben, verändert sich das was anspruchsvoll sein soll oder das Ergebnis der Konsequenz einer Entscheidung. Man wird hier eventuell protestieren und darauf hinweisen, dass die Situationen eindeutig für uns sind und unsere Anfügung von Konditionalsätzen reine Spielerei sind, denn wir wissen ja, ob jetzt und hier das Biertrinken anspruchsvoller ist als das Gedichtlesen oder nicht. Das stimmt natürlich, aber doch nur weil wir schon immer in einer Situation uns befinden, wir sind, um es mit Heidegger zu sagen, schon immer in-der-Welt weshalb uns die Begriffe so eindeutig erscheinen.

Wenn Barker schreibt, die Fabier bestanden darauf, dass die Ökonomie vernünftig eingerichtet sein solle, dann scheint es uns doch so, als hätte er an einen anderen Vernunftbegriff gedacht, als den des Utilitarismus. Der Kandidat hier ist natürlich der Kant'sche Ansatz, nachdem eine Entscheidung vernünftig ist, wenn sie mit dem kategorischen Imperativ konform geht. Man müsste dann etwas sagen wie, eine politische Handlung ist dann vernünftig, wenn sie nach der Maxime getroffen wurde „durch die du zugleich wollen kannst, dass sie ein allgemeines Gesetz werde" (45).[435] Das Problem aber hier ist genau dasselbe wie das des Utilitarismus. Wie oft bemerkt wurde, der Grundsatz, dass man nicht lügen solle, mag zwar dem kategorischen Imperativ entsprechen, wenn wir uns aber in einem totalitären Staat befinden und ich versuche, einen politisch Verfolgten vor der Geheimpolizei zu verstecken, dann ist die Lüge auf einmal vernünftig. Der Grundsatz muss nun lauten, dass man immer die Wahrheit sagen muss, es sei denn man befindet sich in einem Unrechtsstaat und versucht politisch Verfolgte zu verstecken, wobei wir gleich anmerken müssen, dass jeder der Begriffe die wir hier benutzt haben, von dem Unrechtsstaat zum Versteck, wieder weiter ausgelegt werden kann und dass sich dann damit wieder die Kategorie der Vernünftigkeit in ihr Gegenteil verkehrt. Wir können zum Beispiel sagen, dass ich doch die Wahrheit sagen soll, wenn der Verfolgte in Wahrheit den Plan hegt, einen noch größeren Unrechtsstaat aufzubauen, wenn er erst einmal in Sicherheit ist, denn dann würde meine Maxime lauten: befreie immer Verfolgte, die selber einmal verfolgen werden und das käme der Norm gleich, dass man Verfolgte verraten muss, was wir ja eigentlich für gegen das Sittengesetz befunden haben. Man sieht also, dass wir immer neue Konditionalsätze anfügen können und so den Kontext beliebig erweitern, um die Handlung mal als vernünftig mal als unvernünftig auszuweisen. Alles hängt also wieder von dem Kontext ab, in dem wir handeln, denn er ist es, der erst erlaubt, ein Handlung oder eine Politik als vernünftig oder nicht auszuweisen.

---

435 Vgl. I. Kant, *Grundlegung zur Metaphysik der Sitten.* Hg. B. Kraft. Hamburg, 1999.

Der Begriff des Kontexts, den wir oben benutzt haben, legt nahe, dass es eine Pluralität von Sprachspielen gibt, innerhalb derer bestimmte Grundsätze oder Normen intelligibel sind und wirkmächtig werden können, wobei zwischen diesen Kontexten keine die Sprachspiele transzendierenden Prinzipien greifen können, denn der Begriff des Kontexts wurde ja eingeführt, um den Binnennormen Plausibilität zu verleihen. Diese kommunitaristische Lesart des Kontextbegriffs ist von den verschiedensten politischen Denkern aufgegriffen worden. Wir finden sie wieder sowohl bei Carl Schmitt als auch bei Isaiah Berlin. In der Philosophie geht der Gedanke des In-der-Welt-Seins aber natürlich zurück auf Heidegger und in *Sein und Zeit* ist nicht von einer Pluralität von Kontexten die Rede, sondern nur von *der* Welt. Der Vernunftbegriff oder überhaupt die Idee einer Ethik findet sich bei Heidegger nicht wieder und als nach Erscheinen seines Hauptwerks ein Leser ihn gefragt haben soll, wann er denn eine Ethik schreiben würde, hat der Autor ihm anscheinend entgegnet, er hätte sein Buch nicht verstanden. Um zu sehen, dass diese Antwort richtig ist, müssen wir den Grundgedanken der Fundamentalontologie gegenüber der modernen Ethik abgrenzen, denn nur dann wird ersichtlich werden, wie die wertenden Begriffe der Fabier noch zu retten sind.

Heidegger hat gesehen, dass die moderne Ethik zum Scheitern verurteilt ist, weil sie versucht, ein kontextunabhängiges Prinzip zu finden, das es uns erlaubt, Handlungen zu bewerten, ohne ein Wort darüber zu verlieren, dass Begriffe wie Glück oder guter Wille immer wieder neu ausgelegt werden können und sich so die Bewertung, wie wir gesehen haben, in ihr Gegenteil verkehrt. Schon bei Platon steht die Idee des Guten, an der alle guten Handlungen nur partizipieren, außerhalb des Kontexts, in dem wir handeln. Diese Idee ist transzendent. Mit Rorty können wir sagen, sie steht außerhalb unserer Sprache.[436] Nach Plato und der modernen Ethik erlaubt uns erst die Abstraktion von der Sprache zu einem Prinzip, das nicht in ihr ist, die Qualifikation der Aktionen als moralisch oder böse. Trotzdem bleiben diese Prinzipien um eindeutig zu sein, angewiesen auf den sprachlichen Kontext, in dem allein sie intelligibel sind und Heidegger hat daraus den Schluss gezogen, dass, wenn das der Fall ist, unser Augenmerk dem Phänomen des Kontexts gelten muss und nicht dem eines Prinzips, das je nur innerhalb von ihm intelligibel ist. Sein Argument schließlich war, dass

---

436 Vgl. R. Rorty, Heidegger wider die Pragmatisten, in *Wirkungen Heideggers,* Hg. R. Bubner. Göttingen, 1984.

es gar nichts außerhalb dieses sprachlichen Kontexts gibt, was ihn rechtfertigen oder begründen könnte. Er ist einfach.

Heidegger war im Gegensatz zu Schmitt und Berlin kein relativistischer Denker. Er hat, um nicht in Relativismus zu verfallen, versucht zu zeigen, dass der Begriff des sprachlichen Kontexts oder der Welt nur innerhalb einer bestimmten Perspektive Sinn macht, die sozusagen diese Begriffe von denen des Empirismus und der Metaphysik ganz allgemein unterscheidet. Er hätte ja sagen können, die Sprache ist eine Tatsache vergleichbar mit Molekülen oder Atomen und weil es sie gibt, gelten bestimmte ethische Konstruktionen wie der des Sittengesetzes oder der Idee des Guten nicht kategorisch. Dann hätte er allerdings dem Phänomen der Sprache einen empirischen oder gar naturalistischen Charakter zugeschrieben und das wollte er nicht, denn er hat erkannt, dass der Empirismus gerade den Aspekt des Weltbegriffes nicht abdecken kann, der allein es uns erlaubt, in der Welt so etwas zu sehen, das den ethischen Begriffen erst Sinn verleiht. Um also diesen welterschließenden Charakter der Sprache oder des Kontexts in den Vordergrund zu stellen, musste er ihn auf einen Nenner bringen, der sozusagen das Fundament von Verstehen überhaupt ist. Die Kategorie, die er dafür eingeführt hat, ist die des Daseins.

In Heideggers Frühwerk findet sich der Begriff Mensch so gut wie gar nicht. Erst mit den Vorlesungen zur Metaphysik hat Heidegger das Bedürfnis verspürt, diese Kategorie zu benutzen. In *Sein und Zeit* geht es um einen Alternativbegriff, der eingeführt wird, um die naturalistischen, anthropologischen Konnotationen des Menschenbegriffs zu vermeiden. Heidegger hat auch angeblich einmal geantwortet, als er mit dem Begriff der Lebensphilosophie konfrontiert wurde, dass dieser Begriff tautologisch ist, denn wenn es die Philosophie nicht mit dem Leben zu tun hat, womit dann? Aber Konzepte wie Mensch und Leben haben in unserer Sprache eine ambivalente Bedeutung, einfach weil sie durch die Metaphysik geprägt sind und um von dieser Strömung wegzukommen, musste Heidegger ein Alternativvokabular einführen, das den Weg frei gibt auf die ursprünglicheren Begriffe, die weitgehend verschüttet worden sind. Heidegger stand in diesem Unterfangen nicht ohne Vorgänger da. Schon Kant hatte ja seine Begriffe wie die der Vernunft oder den des vernunftbegabten Wesens so gewählt, dass sie ihre, wie er sagt, empirischen Konnotationen verlieren. Bei Heidegger verhält es sich ähnlich, nur dass er die Kant'sche Philosophie als zu metaphysisch abgelehnt hat und deshalb nur gelegentlich von Vernunft spricht. Der Begriff des Daseins ist natürlich auch zu bezeichnen als menschliches Dasein, so wie der Begriff der Vernunft natürlich irgendwie auf die menschliche Vernunft abzielt. Aber man verkennt die Intention hinter diesen Begriffsbildungen, wenn man sie so übersetzt. Das Dasein ist das, was Verstehen ermöglicht. Verstehen ist natürlich eine Fähigkeit des Menschen, aber da Heidegger diese Kompetenz nicht auf unsere Neuronen reduzieren will, sagt er, dass sie im Dasein gründet. Das Dasein, so zeigt es sich ihm, verhält sich zu sich selber im Modus des Verstehens.[437] Das will heißen, dass das Hauptcharakteristikum des Daseins darin besteht, dass es selbstreflexiv ist, aber nicht in dem Sinne, wie man das von einem Subjekt sagen kann, sondern so wie wenn man sagt, dass ein Text sich auf einen anderen bezieht. Dann nämlich geht man davon aus, dass das was einen Text ausmacht, nicht irgendwie empirisch in dem Text zu finden ist, sondern, dass es einen Prozess oder eine Bewegung gibt, in dessen Vollzug sich so etwas wie Bedeutung erst konstituiert.

Dasein ist für Heidegger keine neutrale Kategorie, wenn man diesen Begriff wählen will. Denn es ist ein Phänomen, durch das allein Begriffe wie Verstehen oder gutes Handeln abgeleitet werden können. Wo kein Dasein ist, da ist auch keine Bedeutung und konsequenterweise auch keine Wahrheit oder Richtigkeit. Diese Begriffe fallen alle in einen Wirkungsbereich des Daseins, denn sie sind Weisen des Wie des Daseins. Heidegger hat früh erkannt, dass die Systeme der nach-platonischen Philosophie bestimmte Fragen, wie die ethisch-politischen, die wir oben gestreift haben, nicht befriedigend beantworten können und er hat versucht, das Denken auf seine ursprünglichsten Fundamente zurückzubringen. Der Begriff des Daseins sollte fungieren als Grundkategorie der Philosophie überhaupt und um zeigen zu können, dass dieses Dasein der Grundbegriff der Philosophie überhaupt ist, musste er zeigen, wie das Denken, das verkörpert in den philosophischen Systemen uns gegenübersteht, mit dieser Grundkategorie in Zusammenhang steht. Dafür hat er sich theologischer Denkfiguren bedient, die er aber nicht als einfache Leihgüter bei einer anderen Disziplin angesehen hat, sondern, die er als Repräsentation einer Tiefenschicht gesehen hat, die er freilegen wollte. Man kann sich das vorstellen wie die Erzählung des Ödipus und Freuds Psychologie. Freud hat ja nicht behauptet, dass die Geschichte des Ödipus Rex unseren Geist geformt hat, sondern, dass sich in der Sage ein Muster verkörpert, das jeglicher Kultur zugrunde liegt. Heidegger hat ganz ähnlich die christliche Überlieferung

---

437 Vgl. M. Heidegger, *Sein und Zeit,* a.a.O. § 63.

von Gott und seinem Sohn als Schablone betrachtet, durch die wir die Konturen des Daseins erfassen können.

Phänomene wie Verstehen, Bedeutung oder richtiges Hadeln begegnen uns ja in allen möglichen historischen Situationen. Man kann zum Beispiel sagen, dass sich auch einer Sklavenplantage oder in einer Grube, wo Kinder arbeiten müssen, ebenfalls Prozesse des Verstehens oder des richtigen Handelns vorkommen und Heidegger hat um einen groben Relativismus zu umgehen, darauf geachtet, dass man über das Dasein mehr sagen kann, als dass es einfach da ist und Verstehen, Bedeutung und Richtigkeit ermöglicht. Diese Idee muss man im Zusammenhang seiner Kritik an der Metaphysik sehen, denn in ihr zeigt sich sozusagen exemplarisch, wie das Dasein verfallen kann. Dies mag dem Autor beim Verfassen von *Sein und Zeit* noch gar nicht so klar gewesen sein, aber die Anstrengung gegen den Relativismus ist allgegenwärtig. Heidegger hat angenommen, dass das Dasein auf den Tod hin ausgerichtet ist, in der Stimmung der Angst zu sich selber findet und im Gerede verkommt.[438] Wie der gefallene Mensch des Christentums ergibt sich die Fähigkeit des Verstehens und der Unterscheidung von Gut und Böse erst aus dem Eintritt in eine finite Existenz.[439] Dasein ist ängstlich gestimmt, wie der endliche Christ gegenüber der Allmacht Gottes. In der geschwätzigen Unterhaltung wird es zum unpersönlichen, durchschnittlichen Man. Man kann von diesen biblischen Qualifikationen des Daseins halten, was man will, für Heidegger sind sie der notwendige Versuch, nicht in einen Kulturrelativismus zu verfallen. Der Begriff der Kultur, den Heidegger vermeidet, können wir in seiner alten, wertenden Bedeutung benutzen, solange wir mit ihr gerade nicht an Begriffe wie Zivilisation denken, die im Vollzug der Metaphysik ihre Bedeutung erhalten haben. Der Begriff des Daseins hat eine primitive Konnotation. Dasein ist eben gerade nicht das Produkt von Zivilisation, so wie sie in der abendländischen Kultur gefasst worden ist, als Entwicklung der Vernunft oder Annäherung an das absolute Wissen. Es begegnet uns in sogenannten primitiven Gesellschaften oder blitzt auf im alltäglichen Umgang einfacher Menschen. Dieser Zug in der Kategorie des Daseins rückt es in gefährliche Nähe des Relativismus, dann etwa wenn man es gleichsetzt mit der bloßen Anwesenheit des Menschen. In der Begegnung mit einer primitiven Kultur erfasst den Beobachter gelegentlich etwas, dass er als

---

438 Vgl. M. Heidegger, *Sein und Zeit,* a.a.O. § 29-38.
439 Vgl. 1. Mose, 3, 3, 20.

das Humane oder Menschliche auslegen kann. Heidegger will dieses Erfassen nachvollziehen, aber um das zu tun, kann er Dasein nicht mit Menschsein gleichsetzen, denn das bedeutet entweder Relativismus oder Metaphysik. Deshalb verwendet er so viel Zeit damit zu zeigen, dass das Dasein nur ist, wenn es in der Stimmung der Angst sich auf den Tod zubewegt ohne dem Gerede zu verfallen.

Heideggers Begriff des Daseins wäre nicht komplett, würde es nicht eine Grundkategorie der christlichen Theologie aufnehmen: die Nächstenliebe oder caritas. In Heideggers Ablehnung der puren Idee einer Ethik liegt der Gedanke zugrunde, dass mit der Erfassung des Daseins schon alle ethischen Fragen beantwortet sind. Wenn Verstehen, Wahrheit und Richtigkeit im Dasein gründen, dann bedarf es ja nur der Erläuterung dieser Grundkategorie um einsichtig zu machen, was sittliches Handeln ist. Heidegger will aber nicht sagen, dass wenn wir einmal gesehen haben, dass Verstehen und Richtigkeit nur über das Dasein zu haben sind, wir gewissermaßen schon wissen, was falsch und was richtig ist, vor allem im Bezug auf das Handeln. Um aber nicht den Eindruck zu erwecken, als basiere alles Ethische auf der richtigen Erfassung einer sozusagen wert-neutralen Realität, führt er den Begriff der Sorge ein. Die Sorge gehört zur Grundstruktur des Daseins und weil Begriffe wie Wahrheit, Verstehen oder Aufklären für Heidegger nicht einfach erkenntnistheoretische Konzepte sind, die dann mit einer wie auch immer gearteten Ethik ergänzt werden können, steckt in ihnen das, was die christliche Tradition caritas nennt. Die Sorge gehört zum Grundgerüst des Daseins.[440] Sie erst erlaubt es, dass Phänomene wie das Verstehen oder das Erkennen möglich sind, denn für Heidegger ist die Trennung zwischen dem Wahren und dem Guten, so wie sie am Ende der Metaphysik steht, natürlich Teil der Verfallsgeschichte, in die das Dasein gerät, wenn es zum Man verfällt. Die Einheit von Wahrheit und ethischer Richtigkeit ist ja selbst noch in der griechischen Philosophie gewahrt und Heidegger möchte diese Einheit nicht zerbrechen, sondern ihren Grund erörtern und so wie im Alten Testament Adam und Eva nach der Vertreibung aus dem Paradies ein Wissen besitzen, das es erlaubt, Gut von Böse zu unterscheiden, so ist auch das Sein des Daseins die Sorge, wie Heidegger etwas kryptisch sagt. Was er meint ist, dass sozusagen das Ethische dem Theoretischen zugrunde liegt und

---

440 Vgl. M. Heidegger, *Sein und Zeit,* a.a.O. § 39-44.

zwar in der Weise, dass eine Trennung der beiden Bereiche bereits ein Verfall darstellt.

Der Sorgebegriff ist Heideggers Antwort auf die Frage, wie man sich einen Weltbegriff vorstellen kann, der ursprünglicher ist, als der moderne, in dem Tatsachen und Normen getrennt sind. Alle ethisch anmutenden Kategorien in *Sein und Zeit* wie etwa die des Mit-Seins oder die des besorgenden Umgangs haben ihren Ursprung in dieser Grundformel des Daseins. Die moderne Ethik ist nun dadurch gekennzeichnet, dass sie versucht, moralische Normen aufzustellen, die in einer Welt bestand haben können, wo die Bereiche des Normativen und die des Faktischen sauber getrennt sind. Deshalb versucht diese Ethik Prinzipien zu finden, die in allen denkbaren empirischen Situationen zur Anwendung kommen müssen. Diese Denkweise ist in der Philosophie so dominant gewesen, dass der Begriff Ethik meist überhaupt nur mit diesem Versuch assoziiert wird. Das ist aber, wie Heidegger richtig erkannt hat, nicht alles was man über die Idee einer Ethik sagen kann. Oft wird so getan, als gäbe es genau drei Möglichkeiten sich dem Problem des Ethischen zu nähern. Diese wären der Utilitarismus und die Kant'sche Strategie und dann noch das, was man gemeinhin Tugendethik nennt. Man verkennt allerdings komplett, was es mit diesem letzten Begriff auf sich hat, wenn man ihn so an die beiden Ansätze reiht, deren Unzulänglichkeit wir ja schon oben beobachtet haben. Die Tugendethik, die das im ganzen Altertum gängige Idiom ethischen Handelns war, ist nämlich nicht der Versuch, in einer Welt, in der es auf der einen Seite empirische Tatsachen und auf der anderen Normen gibt, ein apodiktisches Prinzip richtigen Handelns zu entwickeln, sondern sie ist ein integraler Bestandteil einer Welt, in der Seins-Sätze und Soll-Sätze eine Einheit bilden.[441]

Das Argument, mit dem wir oben die moderne Ethik kritisiert haben, greift natürlich erst recht auf die Tugendethik, wenn wir sie als eine moderne missverstehen. Wenn wir sagen, dass die Freigiebigkeit eine ethische Kategorie ist und sie das Mittelmaß darstellt zwischen Geiz und Verschwendung,[442] dann ist ja gleich klar, dass wir diese Begriffe wieder beliebig verändern und in ihr Gegenteil verkehren können, wenn wir sie nur anders auslegen beziehungsweise den Kontext, in dem wir stehen, erweitern, was im Grunde dasselbe ist. Der Witz der Tugendethik ist nun aber,

---

441 Vgl. A. Macintyre, *After Virtue. A Study in Moral Theory*. London, 1985.
442 Vgl. Aristoteles, *Nikomachische Ethik,* 1121 a.

dass sie gar nicht erst den Anspruch erhebt, einen Grundsatz oder eine Prinzip aufzustellen, das sich in jeder sprachlichen Welt in seiner Richtigkeit bewährt, sondern, dass sie vielmehr Teil der Darstellung einer bestimmten Welt ist, aus der man sie nicht herauslösen kann. Das ethische Handeln ist demnach nicht etwas, das man aus der reinen Vernunft oder ähnlichem deduziert, um es dann in einer nur noch empirischen gesellschaftlichen Realität zur Anwendung bringt, sondern diese Realität oder besser Welt ist bereits so strukturiert, dass sich die Anweisungen des richtigen Handelns begrifflich aus ihrem Wesen ergeben. Die beschriebenen Tugenden sind sozusagen die Formen, die unsere Handlungen annehmen, wenn wir uns in der Kultur, dessen integraler Teil sie sind, sicher bewegen. Ethisch richtiges Handeln ist demnach nichts anderes als die Tatsache, dass jemand die welthafte Sprache gut spricht, sofern sie im Dasein gründet und noch nicht verfallen ist, wie das bei den Alten der Fall war. Heidegger hat erkannt, dass das Projekt der Ethik ein politisches ist und es für uns nur darum gehen kann, eine Welt zu erschaffen, dessen Sprache wir eloquent sprechen müssen um gute Menschen zu werden. Der Vernunftbegriff wie der der Aufklärung oder der des richtigen Handelns wird dann ein naiver sein, so, wie er sich bei uns ankündigt, wenn wir in der Alltagssprache diese Begriffe benutzen und unterstellen, wir wüssten was sie bedeuten. Die Alten haben diese Begriffe auch benutzt mit dem Unterschied, dass sie sich auf die Sprachspiele, in die sie sich so begaben, verlassen konnten, denn die Welt in der sie lebten, war noch nicht verfallen. Eine vernünftige politische Entscheidung im Bereich der Ökonomie wird eine sein, die in Harmonie steht mit den Werten unserer Gemeinschaft, nur dass die eben eine ist, wo die Menschen nicht entfremdet sind, sondern sozusagen gemäß dem eigentlichen Charakter des Daseins existieren.

Heideggers Daseinsanalyse eröffnet uns den Blick auf eine Befreiung in der Gemeinschaft der Vergangenheit, aber er hat übersehen, dass die Religion der Alten einer der Hauptgründe war, warum diese Kultur so jugendlich und eigentlich existierte. Die Entstehung des Monotheismus hat er korrekt als Übertragung der platonischen Ideenlehre in die christliche Lehre vom Schöpfergott erkannt, aber in seiner Überlegung zur Eigentlichkeit der vor-metaphysischen Konzeption der Welt der Alten, hat er unterschlagen, dass das religiöse Element hier eine tragende Rolle ersten Ranges spielt. Wenn nun aber die Daseinsanalyse korrekt ist, dann bedarf es einer Religion, die ihre Resultate intakt lässt und sich sozusagen auf den gänzlich jenseitigen Bereich zurückzieht, der unser Dasein nicht tangiert. Einen Glaubensbegriff dieser Art hat bisher allein der Protestantismus entwickelt.[443] Er allein ist imstande, die von Heidegger produzierte Einsicht in die Konstitution des Daseins mit dem Weltbegriff der Alten in eine wirkmächtige Beziehung zu setzen, denn auch wenn die Alten nicht gut handeln, weil Gott es so will, ist ihre Welt, aus der allein gutes Handeln intelligibel wird, eine in der die Götter allgegenwärtig sind. Heidegger hat den Protestantismus kritisch betrachtet, denn er wusste natürlich welche Rolle er in der Genese des Kapitalismus gespielt hat, aber wenn die Idee der Tugendethik noch eine transformative Kraft in sich bergen kann, dann wird sie angewiesen sein auf ein Äquivalent zum Polytheismus der Alten und dieses kann nur eine dem Protestantismus ähnliche Konfession sein, in der das Göttlich gänzlich jenseitig ist und das Dasein vom Glauben nicht in den Bereich des Endlosen gehoben wird. Es wird leicht zu erkennen sein, dass ein politisches Projekt dieser Art nur machbar ist, wenn der Staat seine religiöse Neutralität aufgibt.

Der öffentliche Raum bei Hannah Arendt und bei Habermas

Niemand, der auch nur den Ansatz einer ästhetischen Bildung hat, kann sich der Kraft und Ausstrahlung der Skizzen und Entwürfe der modernen Architekten entziehen, wie sie sich uns bei Le Corbusier, Walter Gropius und Mies van der Rohe zeigt. In den Zeichnungen und Bildern dieser Baumeister begegnet uns eine kulturelle Welt, in der der öffentliche Raum einen Schatz an gemeinschaftlichen Reserven darstellt, die aufs Engste mit der Idee einer harmonischen Gestaltung von Individuum und Gemeinschaft verbunden ist. Aber wie werden die Menschen in diesen Gebäuden und Plätzen leben? Nach welchen Maßstäben wird sich ihr Zusammenleben regulieren? Wie werden sie denken? Woran glauben? Die Architekten haben uns auf diese Fragen keine Antwort gegeben. Was wir wissen, ist, dass sie es ihren Mitarbeitern untersagt haben, ihrem Design irgendwie eine politische Message aufzustülpen. Die kreative Arbeit sollte unvoreingenommen sein und nicht durch politische Ideen geleitet werden, von welcher Art auch immer sie seien. Heute ist die moderne Architektur auch jenseits von Europa, wo sie entstand, zuhause, aber wenn man meint, dass sich bei Zaha Hadid oder Tadao Ando ein anderes Verhältnis zwischen

---

443 Vgl. K. Löwith, Phänomenologische Ontologie und protestantische Theologie, in *Heidegger. Perspektiven zu seinem Werk,* Hg. O. Pöggeler. Königstein, 1984. S. 54-77.

Kunst und Politik findet, dann irrt man, denn auch die heutigen modernistischen Gestalter verweigern es kategorisch, eine direkte Beziehung zwischen ihrem Werk und der Politik herzustellen. Was sie uns aber sagen wollen, ist, dass der Raum, in dem die Menschen wohnen und leben werden, es wert ist nach ästhetischen Gesichtspunkten aufgebaut zu sein und auch wenn die Architekten von damals bis heute politisch abstinent waren, so haben sie jedoch eine Kategorie als wertvoll dargestellt und gebaut, die im Grunde eine Basiskategorie jeder Art von Gemeinschaft ist und die allein in der kapitalistischen Moderne an den Rand gedrängt wird: wir meinen den öffentlichen Raum.

Der öffentliche Raum wird ironischer Weise oft als Produkt der liberalen Gesellschaft angesehen, obwohl es ja wohl klar ist, dass jede Gemeinschaft, die sich politisch organisiert, einen solchen öffentlichen Bereich benötigt.[444] Die Frage ist, welche Stellung er hat, was dort passiert und wer in ihm den Ton angibt. Das Argument, dass der öffentliche Raum ein integraler Bestandteil der liberalen Gesellschaft ist, kann allein schon mit dem Verweis auf seine Stellung in den real existierenden liberalen Nationen aufgeweicht werden. Jeder der auch nur mal zu Besuch in den USA war, weiß, dass der öffentliche Raum in diesem Land von so erbärmlicher Qualität ist, dass selbst die Einheimischen sich dort nicht unbewaffnet hinein trauen. Man vergleiche die öffentlichen Räume von Städten wie Detroit, St. Louis oder New York mit den Plazas Maiores, die es in Spanien beispielsweise gibt und man wird feststellen, dass je weniger Platz dem liberalen Projekt in einer Gemeinschaft gegeben wurde, je intakter die öffentlichen Räume sind, wo sich die Bürger einer Stadt treffen.

In der liberalen Vorstellung ist der öffentliche Raum der Ort, an dem sich die Privatpersonen zum Publikum versammeln.[445] In der altertümlichen Sichtweise ist er der Bereich, wo die Staatsmänner als Personen des öffentlichen Lebens über das Gemeingut, die res publica deliberieren.[446] Heidegger hängt der klassischen Version des öffentlichen Raumes an. Seine berühmte Kritik an der Öffentlichkeit in *Sein und Zeit* ist zu verstehen vor dem Hintergrund des klassischen Modells, das in der scholastischen

---

444 Vgl. J. Habermas, *Strukturwandel der Öffentlichkeit. Untersuchungen zu einer Kategorie der bürgerlichen Gesellschaft.* Frankfurt, 1990; sowie V. Gerhardt, *Öffentlichkeit. Die politische Form des Bewusstseins.* München, 2012.

445 Vgl. J. Habermas, *Strukturwandel der Öffentlichkeit,* a.a.O. S. 161-224.

446 Vgl. H. G. Gadamer, *Wahrheit und Methode. Grundzüge einer philosophischen Hermeneutik.* Tübingen, 2010. S. 368-384.

Tradition fortgelebt hat bis zur Zäsur im späten 18. Jahrhundert. Es wird oft gesagt, dass Heideggers Kritik an der Öffentlichkeit nicht zu verstehen ist als eine irgendwie geartete Kulturkritik, sondern als Teil seiner Konzeption des Daseins. Das mag soweit richtig sein, wie Heidegger kein politischer Kommentator sein wollte, zieht aber in der Praxis eine zu breite Trennlinie zwischen Philosophie und Politik, wie sie Heidegger selber wohl nicht ziehen wollte. Wie Carl Schmitt richtig bemerkt hat, ist die liberale Konzeption der Öffentlichkeit als eines Bereiches, in dem die Privatleute kommunizieren, untrennbar vereint mit der Idee des demokratischen Parlamentarismus, wie er in der Weimarer Republik in Deutschland Eingang fand.[447] Der Begriff der öffentlichen Meinung, aus dem heraus sich die Idee des liberalen öffentlichen Raumes ergibt, war integraler Bestandteil bürgerlicher Politik im Kampf mit der monarchistischen Ordnung. Seit John Miltons bekannter Rede über die Meinungsfreiheit in England war dem Bürgertum klar, dass sich die neue Ordnung auf ein Prinzip jenseits des durch die kirchlichen Autoritäten tradierten Gedankens einer naturrechtlichen Ordnung stützen musste, nach der die Politik im Einklang zu stehen hatte mit der Ordnung des Kosmos, die wiederum allein ein religiöses Bewusstsein erfassen konnte. Im europäischen Mittelalter, im Osmanischen Reich oder in Japan vor Meiji haben die Menschen sich natürlich auch an öffentlichen Orten versammelt und über Politik gesprochen, aber nur in der bürgerlichen Gesellschaft wurde diesem Verkehr die Last der politischen Legitimation als Ganzes auferlegt. Die klassische Vorstellung der Legitimation, die noch bei Heideggers Kritik an der öffentlichen Meinung durchscheint, war nicht zu haben ohne die irgendwie geartete Einsicht in die Ordnung des Kosmos, sei sie nun die der Idee des Guten, die jenseits des menschlichen Treibens in der Ewigkeit ruht, oder die der von Gott gewollten Schöpfung, dessen Grundsätze im klassischen Naturrecht darin zum Ausdruck kommen, dass die Ordnung der teleologisch ausgerichteten Natur im Einklang zu stehen hat mit der vom Menschen gemachten politischen Organisation. Für die Vertreter des klassischen Modells war die Vorstellung, dass sich im öffentlichen Gespräch die politische Ordnung legitimiere, deshalb so abwegig, weil diese Denker wussten, dass die Beurteilung eben dieser Kommunikation nicht von ihr selber geleistet werden konnte. Dieses Argument muss man im Kopf haben, wenn

---

447 Vgl. C. Schmitt, *Die geistesgeschichtliche Lage des heutigen Parlamentarismus,* a.a.O. Einleitung.

man sich den Paragraphen zuwendet, wo Heidegger die Öffentlichkeit als den Ort kritisiert, wo sich das Dasein zum bloßen Man verrennt.[448] Die Denkfiguren, die Heidegger anruft, um sein Denken plausibel zu machen, verweisen wieder an die christliche Tradition, denn nach dieser ist es allein die Kommunion mit dem Göttlichen im abgeschiedenen Gespräch, die zu echter Einsicht führt. Hier gibt es ein protestantisches Motiv, denn die Besinnung auf die Kommunion mit Gott als individueller Prozess war natürlich lutherisch und Heidegger musste auf sie zurückgreifen, wollte er nicht einer politischen Esoterik das Wort reden, nach der das Dasein von einer Elite verwaltet wird. Auf jeden Fall aber hat er in der liberalen Idee, dass sich die politische Ordnung in der öffentlichen Kommunikation legitimiert, ein haltloses Treiben erkannt, denn jedes Urteil über ein in der Öffentlichkeit eingebrachtes Argument muss ja seine Rechtfertigung von irgendwoher beziehen und entgegen den Verfechtern der Ordnung der Weimarer Republik hat Heidegger darauf bestanden, dass diese Rechtfertigung des öffentlichen Urteils nicht einfach wieder in der Öffentlichkeit selber liegen dürfe.

Bei den Alten findet man gelegentlich Redewendungen, wo die Unterscheidung zwischen öffentlichem und privatem Raum anklingt, etwa wenn es bei Cicero heißt dieser oder jener sei ein privatus, was nichts anderes heißt, als dass diese Person kein Staatsmann ist. In der Antike ist der Privatbereich derjenige Kontext, in dem sich die Scham und die Reproduktion des Lebens abspielen, aber um Politik zu treiben, muss man ein publicus sein, was heißt, dass man seine Überzeugungen und Werte aus der Gemeinschaft zieht. Im liberalen Modell sind dagegen alle bedeutenden werthaften Kategorien Teil der Privatsphäre. Welchen Beruf man ausübt, wie man an seinen Besitz kommt, an was für einen Gott man glaubt und ob man das überhaupt tut, das sind sogenannte Privatangelegenheiten. Die öffentlichen Räume, die uns bei Heidegger begegnen, sind, soweit sie als Beispiele guter öffentlicher Räume fungieren, ganz anderer Natur. Die Scheune, an der der Autor mit benachbarten Bauern beim Gewitter lehnt oder der Feldweg, auf dem man sich trifft, sind keine Lokalitäten, wo Menschen sich begegnen, die ihre Überzeugungen und Werte hinter einer Trennlinie verstecken, die von der Kommunikation ausgespart werden muss. Es scheint also so, dass der echte öffentliche Raum nur da zu finden ist, wo er nicht den Ort, an dem sich Privatpersonen versammeln, reprä-

---

448 Vgl. M. Heidegger, *Sein und Zeit,* a.a.O. § 27.

sentiert, sondern einen Bereich darstellt, wo die Religion und die Überzeugungen präsent sind. Das kann dieser Raum aber nur leisten, wenn er nicht die Aufgabe hat, das Kriterium für Rationalität zu stellen, denn das würde bedeuten, dass sich die Wahrheit der göttlichen Ordnung am gelehrten Argument bewähren muss, wo es doch nach der klassischen Interpretation genau der Einsicht in diese Ordnung bedarf, um Gutes von Schlechtem im öffentlichen Gespräch zu unterscheiden.

Die Engländer haben der Öffentlichkeit keine große Bedeutung zugemessen, denn Miltons Verteidigung der Meinungsfreiheit findet in Hobbes Staatslehre kein Pendant und selbst Locke, das Urgestein des liberalen Projekts, spricht kaum von ihr in der *Second Treatise*. Bei Kant allerdings wird der Wert der Öffentlichkeit in großen Buchstaben dargelegt, denn Kant konnte sich mit dem Hobbes'schen Modell nur anfreunden, wenn es den Bürgern in der vom Leviathan beherrschten Gemeinschaft erlaubt wäre, über die Politiken des Staates frei und ohne Angst der Überwachung zu urteilen. Diese Position Kants hat den Anschein aufkommen lassen, als sei in der liberalen Gesellschaft die Idee der Öffentlichkeit ursprünglicher als die der Privatheit, was ein Trugschluss ist, denn bevor das Bürgertum darauf beharrte, dass seine Regierungen auf die Diskussionen ihrer Bürger hören, hatte es den Rahmen der Diskussion durch die Grundrechte abgesteckt.[449] Das Recht auf Privatbesitz ebenso wie die Religionsfreiheit stehen vor der öffentlichen Diskussion, denn wäre es andersrum, dann könnte ja in der Öffentlichkeit entschieden werden, dass keiner das Recht auf freie Religionsausübung hat und dass die subjektiven Rechte, die allererst das Privateigentum schützen, nicht mehr gelten und das musste vermieden werden. Deshalb haben diejenigen Denker unter den Liberalen, die sich überhaupt etwas gemacht haben aus der Kategorie Öffentlichkeit, darauf bestanden, dass die Menschenrechte unabdingbare Bedingungen von öffentlicher Kommunikation überhaupt sind, um das ganze liberale Projekt nicht zu gefährden.[450] Diese Autoren müssen deshalb sagen, ohne Grundrechte kann keiner argumentieren oder über die Richtigkeit einer Religion kann kein Mensch entscheiden, hier endet die Vernunft oder ähnliches. Was dabei übersehen wird, ist, dass die Vorstellung des öffentlichen Rau-

---

449 Vgl. C. Schmitt, *Verfassungslehre.* Berlin, 2003. S. 44-60.

450 Vgl. natürlich J. Habermas, *Faktizität und Geltung. Beiträge zu einer Diskurstheorie des Rechts und des demokratischen Rechtsstaats.* Frankfurt, 1992. S. 151-165; und aber auch S. Benhabib, Gleichheit und Differenz, in: *Blätter für deutsche und internationale Politik,* 7'12, S. 106-123.

mes als eines Bereichs, wo wirklich das Gemeinwohl vernünftig debattiert wird, aus einer anderen Zeit stammt, in der es wie in Heideggers Orten in der Provinz noch keine scharfe Trennlinie zwischen einem Privatbereich, in den eigentlich alles fällt was zählt und einer öffentlichen Welt, wo man nur noch über die Regierung lästert, gibt.

Die beiden Philosophen, die versucht haben, das klassische Konzept einer Öffentlichkeit als eines Raumes, wo sich wirklich das Gemeinwohl entscheidet, mit der liberalen Idee einer Trennung von Kirche und Staat zu vereinen, sind Hannah Arendt und Habermas. Beide haben gegen Heideggers Kritik der Öffentlichkeit Distanz gesucht, aber beide haben auch das klassisch liberale Verständnis der Öffentlichkeit als Sekundärinstanz abgelehnt. Die Idee der klassischen Öffentlichkeit als eines Raumes, wo wirklich Politik passiert, wollten sie nicht aufgeben und sie haben versucht zu sagen, dass diese emphatische Öffentlichkeit auch in der Demokratie und gerade in ihr zum Tragen kommen muss. Allerdings sind sie dabei mehr oder weniger Einzelgänger geblieben, denn die echten Liberalen wussten natürlich, dass ihre Vorgänger einen weisen Schritt gewählt hatten, als sie die Öffentlichkeit, so wie sie sich uns zum Beispiel in Platons Gesprächen überliefert ist, als eine philosophisch unwichtige Kategorie zu entschärfen suchten. Das Projekt von Arendt und Habermas, die ja beide aus verschiedenen Richtungen mit der klassischen Kultur verbunden waren, war deshalb ein Sonderweg und die Tatsache, dass diese beiden Autoren in der politischen Philosophie so viel Gewicht haben, deutet darauf hin, dass die Sehnsucht nach echter Öffentlichkeit, so wie sie sich in den platonischen Dialogen darstellt, immer noch eine große Anziehungskraft besitzt. Um zu sehen, ob das Projekt der Verbindung des klassischen Öffentlichkeitsmodells mit dem liberalen Ordnungsprinzip machbar ist, müssen wir uns dem Werk dieser beiden Denker zuwenden.

Hannah Arendts Werk ist gekennzeichnet von zwei sich widersprechenden Tendenzen.[451] Auf der einen Seite ist Arendt eine Demokratin, die sagen will, dass die liberale Idee einer politischen Gemeinschaft basierend auf Menschenrechten vernünftig ist, weil sie auf einer strikten Trennung von Religion und Politik insistiert. Auf der anderen Seite ist Arendt aber auch ergriffen von dem Gedanken, dass die Demokratie in ihrer modernen Form irgendwie ihre Institutionen vor der Pöbelherrschaft schützen muss, die sie ja mit den Menschenrechten im Grunde erst heraufbeschwört.

---

451 Vgl. H. Brunkhorst, *Hannah Arendt.* München, 1999.

Arendt hat erkannt, dass die Öffentlichkeit der Alten so wertvoll war, weil sie nicht den Bereich markierte, wo einfach jeder seinen Frust auslassen konnte, sondern den Ort bedeutete, wo sich die publici, also die Personen des öffentlichen Lebens, versammelten und diese Leute waren nicht öffentlich einfach weil sie die Öffentlichkeit betraten, sondern weil sie die sinnhafte Struktur der kosmischen Ordnung erkannten und nach dieser die Stadt regieren wollten. Arendt wollte aber mit dem Politikverständnis der Alten brechen, denn sie ist der Kant'schen Idee der Vernunft als Gerichtshof unserer Urteile gefolgt gegen Augustinus und gegen Heidegger, die beide in ihrem Denken eine Rolle spielten. Ihre Antwort auf die Frage, wie die Idee der Öffentlichkeit als genuiner Ort der Politik gerettet werden könnte, wenn die wichtigen Überzeugungen der Bürger in den Privatraum verbannt werden, läuft darauf hinaus, dass sie wie Rousseau die Transzendenz von Herrschaft in der Formierung eines Gemeinwillens gesehen hat, der nur in der Öffentlichkeit geformt werden kann. Voraussetzungen dieses Gemeinwillens waren klassisch liberal die individualistischen Rechte: Religionsfreiheit, Besitzrecht, Meinungsfreiheit.

Bei Hannah Arendt bleibt die Spannung zwischen dem klassischen Öffentlichkeitsmodell und der liberalen Ordnung latent bestehen.[452] Sie hat immer darauf verwiesen, dass die Öffentlichkeit nicht der Ort ist, wo man technisches Können verwirklicht, sondern der Bereich, wo sich erst Urteile bilden und die Politik beginnt.[453] Diese Idee hat, wie wir schon oben angemerkt haben, klassische Konnotationen, aber man kann ihr auch eine andere Deutung unterlegen, wenn man die Dichotomie Technik versus Politik weiter verfolgt. Mit Kant kann man nämlich zwischen zweckgerichteten, technischen Imperativen und dem Sittengesetz unterscheiden und wenn man dann die Öffentlichkeit als den Raum darstellen will, wo sich irgendetwas ähnliches wie eben dieses Sittengesetz befindet, dann kommt man zu einer Begründung liberaler Politik aus einem Prinzip der Öffentlichkeit heraus. Diesen Weg hat, um es gleich zu sagen, Habermas gewählt. Die Strategie der Auslegung mag somit von der klassischen Version divergieren, sie basiert aber immer noch auf ihr, denn das Modell der Öffentlichkeit, wenn es denn irgendwie den kategorischen Imperativ ersetzt, ist immer noch eines, das mit dem klassisch liberalen Begriff verschieden ist, denn letzterer verzichtet gänzlich darauf Prinzipien zu gene-

---

452 Vgl. H. Arendt, *On Revolution.* London, 2006.
453 Vgl. H. Arendt, Freedom and Politics, in *Liberty,* Hg. D. Miller. Oxford, 1991.

rieren, die die liberale Ordnung rechtfertigen. Für die Engländer ist diese Politik ja rein utilitaristisch begründet und man muss in der Habermas'schen Herangehensweise einen Versuch sehen, diese Politik auf andere Füße zu stellen und zwar so, dass das klassische Modell der Öffentlichkeit erhalten bleibt. Wie das aussieht, müssen wir uns jetzt ansehen.

Habermas hat immer gesagt, er sei ein Kind der Re-Education der Westmächte. Das heißt Habermas ist, wie vor ihm Kant, bei den Angelsachsen in die Schule gegangen und bei seinem Studium der westlichen Denker hat er sich schon früh auf einen Begriff konzentriert, in dem sich sozusagen das Fundament seiner Philosophie wiederfindet. Dieser Begriff ist natürlich der der Demokratie. Nach Habermas ist die Demokratie nicht irgendein Begriff neben anderen.[454] Für ihn leistet das sogenannte Demokratieprinzip eine Arbeit, die andere Denker mit einer Vielzahl von Begriffen abzudecken suchen. Für den Exponenten der Frankfurter Schule ist das Demokratieprinzip das leitende Instrument, mit dem nicht nur die Politik, sondern auch die Moral und die Erkenntnistheorie gerechtfertigt werden sollen. Der Begriff der Öffentlichkeit selber ist eine Unterkategorie zu diesem Gedanken und wir dürfen ihn nicht aus den Augen verlieren, wenn wir uns der Architektonik der Habermas'schen Philosophie widmen. Das Demokratieprinzip sagt im Grunde nichts anderes, als dass alle die Normen, die in einer Gemeinschaft zur Geltung kommen sollen, von allen von ihnen absehbar betroffenen Subjekten in einem Diskurs verhandelt und akzeptiert werden müssen.[455] Das Interessante nun ist, dass dieses ursprünglich politisch anmutende Theorem jetzt auch den Wahrheitsbegriff und den Moralbegriff klären soll. Dabei zeigt sich eine Komponente, die das Habermas'sche Werk als einen echten philosophischen Ansatz auszeichnet, denn hier gibt es nichts sich selber widerstreitendes, sondern eine Einheit der Begriffe, die der von Habermas so oft betonten Differenzierung der verschiedenen, von Luhmann auf den Begriff gebrachten, Handlungskontexten der Moderne gewissermaßen entgegen wirkt. Das Leben oder, wie die Soziologen sagen, die Gesellschaft als Ganzes steht hier noch einmal zur Debatte und soll in ihrer Totalität erfasst werden.

---

454 Vgl. T. McCarthy, *The Critical Theory of Jürgen Habermas.* Cambridge, 1984. Dieses Werk entstand als Habermas noch nicht die Theorie des kommunikativen Handelns voll entwickelt hatte, es ist aber immer noch die beste Verortung seines Denkens in ihrem Kontext.
455 Vgl. W. Rehg, *Insight and Solidarity. The Discourse Ethics of Jürgen Habermas.* Berkeley, 1994.

Als die englischen Parlamentarier im 17. Jahrhundert ihren König enthaupteten und die Republik ausriefen, war ihnen mulmig zumute, denn mit der Zerstörung der Monarchie fiel ein Gedankengebäude zusammen, das ein Vakuum hinterließ, dessen Schließung dann, wie wir gesehen haben, die Utilitaristen versucht haben zu unternehmen. Wenn die politische Organisation nicht mehr an die theologisch einsichtig gewordene Ordnung des Kosmos, die Gott geschaffen hat, rückgekoppelt ist, dann gibt es streng genommen nichts außer uns selber, das für die Rechtfertigung der politischen Organisation verantwortlich sein kann. Wir haben gesehen wie die Engländer mit dieser radikalen Diesseitigkeit umgegangen sind und es wird uns nicht verwundern, wenn wir anmerken, dass die Antworten, die wir bei den frühen Engländern finden, Habermas nicht zufriedengestellt haben. Nicht einmal Kant ließen diese Antworten ruhig schlafen und er hatte noch nicht erlebt, welche Ausdehnung die Demokratie im Lauf des 19. Jahrhunderts nehmen würde. Habermas' Werk muss als der Versuch gewertet werden, uns Menschen, die wir auf uns selber gestellt sind, weil angeblich die werthafte Ordnung des Kosmos als Fantasie entlarvt wurde und die Philosophie sich nicht mehr zutraut, Aussagen über sie zu machen, einen Leitfaden an die Hand zu geben, mit dem wir unser Zusammenleben nach vernünftigen Prinzipien regeln können. Das Wort Vernunft hat natürlich schon vor Kant existiert. Hobbes und Locke verwenden es unentwegt und auch die Scholastik kennt diesen Begriff. Bei Kant allerdings meint er etwas rundweg anderes als etwa bei Augustinus oder auch bei den Engländern. Die Kant'sche Vernunft war die Antwort, die der Königsberger Philosoph gegeben hat, als er mit dem Argument konfrontiert war, dass die alte durch Gott gestiftete teleologische Ordnung der Welt eine von Menschen gemachte Einbildung sei und wir deshalb nichts außer uns selber haben, an das wir uns halten können, wenn wir nach den Maßstäben der Wahrheit oder des guten Lebens in der richtigen Gemeinschaft streben.[456] Dieses Wir bei Kant ist natürlich nicht das irgendwie geartete biologisch verfasste Ding Mensch, aus dem sich nur noch das Nützlichkeitsprinzip ableiten lässt, sondern, wie er sagt, ein vernunftbegabtes Wesen, das zwar eine biologische Komponente besitzt, aber dennoch einsehen kann, dass es Grundsätze von Falsch und Richtig, Wahr und Unwahr gibt, auf die wir schließen können, wenn wir den bekannten Bedingungen der Möglichkeit

---

456 Vgl. M. Foucault, What Is Enlightenment, in *The Essential Foucault,* Hg. P. Rabinow und N. Rose. New York, 2003. S. 43-57.

von Erkenntnis und moralischem Handeln auf den Grund gehen. Wir sind also nach Kant streng genommen nicht ganz alleine, denn die Vernunft erlaubt es uns, Grundsätze des guten Handelns und der richtigen Politik in Erfahrung zu bringen. Sie ist mit uns.

Habermas hat bekanntlich als Marxist angefangen. Aus seiner Biographie ist bekannt, dass er sich gleichzeitig nach dem Krieg für Politik und für Philosophie interessiert hat und dass das einschneidende Erlebnis für ihn die Entdeckung war, dass beide Disziplinen ein und dasselbe Unterfangen darstellen.[457] Politik war für den jungen Abiturient in erster Linie der Kommunismus, wie er in der frühen Bundesrepublik noch in Buchläden und Hinterzimmern lebendig war. Die Realisation, dass politisches Denken philosophisch ist und dass die Philosophie eine politische Dimension hat, fand der junge Habermas zuerst im Marxismus artikuliert und sein ganzes Schaffen bis etwa dem Beginn der 70er Jahre war Jürgen Habermas der intellektuell am meisten versierte Vertreter des sogenannten Neomarxismus. In dieser Tradition gibt es Autoren, die die Idee der Vernunft, wie sie bei Kant entstanden war, als metaphysischen Überrest ablösen wollten im Namen einer Wissenschaftlichkeit, die den exakten Disziplinen entnommen war – so bei Althusser. Habermas hat diesen nicht-philosophischen Marxismus nie geteilt. Für ihn blieb Marx Philosoph, denn Habermas war nicht gewillt, den Vernunftbegriff als einen, der uns Halt gibt in einer, wie er sagt, nachmetaphysischen Welt preiszugeben. Aber schon Marx hatte den Vernunftbegriff nicht mehr als ein transzendentales Phänomen akzeptiert, sondern versucht zu zeigen, dass die Geschichte als eine von Klassenkämpfen selber vernünftig ist, in dem Sinne nämlich, dass sich die Emanzipation der Gattung von heteronomen politischen Elementen dadurch vollzieht, dass die Menschen lernen, Herr ihrer eigenen materiellen Umwelt zu werden.[458] Habermas hat diese Grundprämisse des dialektischen Materialismus schon in den 60er Jahren dahingehend kritisiert, dass die Detranszendentalisierung der Vernunft nicht dadurch erkauft werden könne, dass der historischen Realität Eigenschaften zugeschrieben werden, die das Handeln derjenigen, die diese Realität beobachten, noch miteinschließt. Deshalb musste Hegel schreiben, die Eule der Minerva fliegt erst bei Nacht und deshalb hatte Marx keinen alternativen

---

457 Vgl. H. Brunkhorst, Intellektuelle Biographie, in *Habermas Handbuch.* Hg. Brunkhorst et al. Stuttgart, 2009. S. 1-14, sowie S. Müller-Doohm, *Jürgen Habermas. Eine Biographie.* Berlin, 2014. S. 25-100.

458 Vgl. I. Berlin, *Karl Marx. His Life and Environment.* Oxford, 1996.

Philosophiebegriff, als er die elfte These über Feuerbach schrieb. Die Philosophie, die uns nämlich sagt, dass die bisherige Philosophie die Welt nur beschrieben hat, wo es doch darauf ankommt sie zu ändern, ist selber aus demselben Holz als die Philosophie, die sie kritisiert. Sie ist nur historisch später und der Vernunftbegriff hat sich nun nur in das Wörtchen historisch zurückgezogen, denn allein aus ihm rechtfertigt sich die höhere Einsicht Marxens gegenüber der von Feuerbach. Habermas hat den Schritt von Hegel zurück zu Kant gemacht, weil er die Idee der Vernunft als Phänomen, das uns Orientierung gibt, in einer Welt, in der die politische Ordnung sich nicht mehr auf ihre Konvergenz mit der teleologisch verfassten Ganzheit der Natur stützen kann, nicht wieder an die historische Realität verkaufen wollte.

Kants Transzendentalphilosophie war der Versuch, die Vernunft als etwas auszuweisen, das nicht im Seienden auffindbar ist, letzteres aber gar nicht intelligibel ist ohne sie.[459] Die Parlamentarier, die den König geköpft hatten, hätten also etwas an das sie sich halten konnten, aber wir müssen gleich hier einhaken, denn Kants Entwurf des Seienden, war nicht ohne bestimmte Vorannahmen denkbar. Die Welt nämlich, dessen Erkenntnis nur über den Begriff der Vernunft zu haben ist, ist für Kant eine empirische. Das Seiende hat für ihn den Charakter des von den exakten Wissenschaften erschlossenen Gegenständlichen. Das war der Gehalt, den Kant von Hume übernahm und das ist der metaphysische Gehalt, im Heidegger'schen Sinn, seiner Philosophie. Durch diesen fundamentalen Schritt in Kants System wird das, was wir die Welt nennen, sofort gekennzeichnet als eine große Ansammlung von Daten, die von der Physik oder den heutigen Naturwissenschaften erfasst werden kann. Ohne die Vernunft ist diese Welt zwar für uns nicht zu haben, aber Kants Auffassung bezeichnet einen epochalen Bruch mit dem vor-empiristischen Weltverständnis, das den Menschen vor Cromwells Republik noch präsent war und das erst mit Humes Attacke auf die Scholastik komplett gefallen war. Der klassische Weltbegriff ist nämlich keiner, in der es auf der einen Seite eine empirische Realität gibt, die sozusagen entzaubert ist, weil sie nur noch von den Naturwissenschaften erfasst werden kann, während auf der anderen Seite das von Habermas so bezeichnete Normative steht, das sich natürlich nicht aus der Empirie ableiten lässt.[460] Die ganze deutsche Philoso-

---

459 Vgl. W. H. Walsh, *Kant's Criticism of Metaphysics.* Edinburgh, 1975.
460 Vgl. M. Weber, *Wissenschaft als Beruf,* a.a.O.

phie nach Kant ist im Grunde der Versuch mit dieser misslichen Lage –
Daten hier, Normen dort – so umzugehen, dass sich auf eine nicht utilitaristische Art und Weise Leitlinien für menschliches Handeln entwickeln
lassen, die den Verlust der alten Ordnung, in der das Wahre und das Gute
nicht zu trennen waren, kompensieren. Für Kant war es die Vernunft, die
das erledigen sollte. Für Hegel die Dialektik von Subjekt und Objekt. Für
Marx die Einheit von Theorie und Praxis. Habermas' Philosophie ist der
letzte heroische Versuch, dieses Projekt, das die Angelsachsen längst aufgegeben haben, zu vollenden.

Die Idee der Diskursethik, deren Bedingungen wir eben skizziert haben,
ist mit dem Namen Habermas verbunden, aber die Ursprünge einer solchen Ethik gehen auf den Philosophen und Studienfreund Habermas' Karl
Otto Apel zurück. Apel hat schon in den 60er Jahren das Programm formuliert, das Habermas dann sozusagen zur vollen Blühte gebracht hat.
Apel war nämlich der Ansicht, dass die philosophische Einsicht in die notwendig kontextuelle Verfasstheit von ethischen Aussagen, unter deren
Prämissen wir oben die moderne Ethik kritisiert haben, nur von einem
Standpunkt aus möglich sei, der außerhalb dieser Kontexte steht und dass
deshalb der Kant'sche Versuch einer transzendental begründeten Ethik erneut gewagt werden müsse, denn die Intuition eines solchen Versuches sei
bei den Vertretern der Kontextethik schon angelegt. Die Idee, mit der dieser neue Transzendentalismus aufgebaut werden sollte, war der einer
Kommunikationsgemeinschaft, die als Ersatz für das Kant'sche Vernunf-
tapriori fungieren sollte:[461] „Die logische Geltung von Argumenten kann
nicht überprüft werden, ohne im Prinzip eine Gemeinschaft von Denkern
vorauszusetzen, die zur intersubjektiven Verständigung und Konsensbil-
dung befähigt sind" (399). Habermas hat diese These dahingehend fortent-
wickelt, dass er gesagt hat, eine wahre Aussage, kann nur als eine solche
angenommen werden oder als eine solche gelten, wenn sie eine Kommunikationsgemeinschaft voraussetzt, in der niemand daran gehindert wird, etwas zu sagen, egalitäre Sprecherrollen herrschen und keiner den anderen
zu einer Aussage zwingt und ähnliches.[462] Was er damit getan hat, war,
dass er dem Apel'schen Modell, das einen Transzendentalstandpunkt ermöglichen sollte, der als Grundlage der modernen Ethik dienen könnte, di-

---

461 Vgl. K.-O. Apel, Das Apriori der Kommunikationsgemeinschaft und die Grund-
     lagen der Ethik, in ders.: *Transformation der Philosophie.* Band 2. Frankfurt,
     1999. Der.
462 Vgl. W. Rehg, *Insight and Solidarity,* a.a.O.

rekt als Prinzip genommen hat, aus dem sich Ethik, Politik und Erkenntnis ergeben.

Apel und Habermas haben den Begriff Transzendentalphilosophie vermieden. Sie wollten einen Weg finden, unter den Bedingungen einer empirisch gefassten Welt moralische Grundsätze zu formulieren, die nicht wie bei Kant aus einer anderen Welt kamen. Für Kant ist die Vernunft ja gerade nicht im empirischen Material zu entdecken und Apel und Habermas haben nun versucht zu zeigen, dass es eine in der Welt verkörperte Vernunft gibt, die dasselbe leistet wie Kants Sittengesetz. Apel war mit Heideggers Fundamentalontologie gut vertraut und er musste gewusst haben, dass der fundamentalontologische Weltbegriff nicht der war, der Kant vorschwebte. Apel hat nicht alle Aspekte der Diskursethik seines Schülers geteilt, aber, wenn er konsequent gewesen wäre, hätte er sehen müssen, dass der Begriff der Kommunikationsgemeinschaft, den er sich bei den Pragmatisten geliehen hatte, empiristische Konnotationen hatte. Ansonsten hätte ja gar kein Bedürfnis bestanden, der Welt von einem Standpunkt zu begegnen, der nicht in ihr ist, denn eine ethisch gute Welt ist ja unter ethischen Gesichtspunkten süffisant. Apels Weltbegriff ist so scheinbar unmerklich als eine empirische Kategorie ausgelegt worden und das war natürlich nicht die Entsprechung zur Welt, wie sie sich uns in der Fundamentalontologie präsentiert. Habermas, der in einer kaum zu stark zu würdigenden Mamut-Anstrengung die gesamte sozialwissenschaftliche Literatur des 20. Jahrhunderts rezipiert hatte, hatte natürlich viel weniger Berührungsängste mit der Idee einer empirischen Wissenschaft, die nicht nur im Dunkeln tappt, sondern echte Erkenntnis liefert. Begriffe wie Welt, Kontext oder Sprachspiel sind für Habermas deshalb empirische Kategorien und er hat, wie Kant vor ihm, versucht zu zeigen, dass sich in Umgang mit einer so gefassten Welt ethische Normen rechtfertigen lassen. Im Gegensatz zu Kant aber, hat Habermas versucht die kontextuellen Einwände, die wir oben geltend gemacht haben, für seine Theorie zu nutzen, so nämlich, dass er gesagt hat, die Vernunft befindet sich nicht in einer jenseitigen Welt, die uns empirischen Wesen nur Imperative entgegen stellt, sondern dass Vernunft in der empirischen Praxis verkörpert ist und zwar so, dass wir auf sie zurückgreifen müssen, wenn wir überhaupt kommunizieren wollen. Was er dabei übersehen hat, ist der wichtige Punkt, dass für den echten Kontextualismus der Weltbegriff eben nicht als empirischer aufgefasst werden darf, denn dieser Zug entnimmt dem Kontext seine ethische Komponente. Das Argument, dass wir um zu kommunizieren, unterstellen müssen, dass unser Gegenüber die Wahrheit sagt, soll für Habermas der

Punkt sein, an dem sich in der empirischen Kommunikation dieselbe Vernunft andeutet, die Kant noch als Bedingung ihrer Möglichkeit betrachtet hatte. Deshalb war Vernunft für Kant nicht Teil eben dieser empirischen Welt. Um aber sagen zu können, dass Akteure in Kommunikation gute Gründe dafür haben, ihrem Gegenüber zu unterstellen, dass er oder sie die Wahrheit sagt, musste Habermas eine Unterscheidung einführen, die es ihm erlaubt, verständlich zu machen, warum es für die Sprechenden so eine Kategorie wie die der Wahrheit überhaupt gibt. Er hat deshalb gesagt, dass man unterscheiden müsse zwischen der Perspektive der empirischen Sozialwissenschaften und der eines beteiligten Akteurs.[463] Wenn wir zum Beispiel sagen, dass in einer bestimmten Gruppe bestimmte Normen gelten, dann lässt sich das Verhalten der in dieser Gruppe handelnden Personen nur so rechtfertigen, indem wir sagen, die Normen gelten in der Gruppe, weil diese sie als ihre Normen akzeptiert hat. Ob das aber gute oder schlechte Normen sind, dass kann keine empirische Beobachtung herausfinden. Für die Menschen in der Gruppe allerdings, so Habermas, kann die Befolgung der Normen letztendlich nur dann gerechtfertigt werden, wenn die Handelnden sie als gut empfinden. Diese Qualifikation der Regeln als gute wiederrum, muss aus einer anderen Betrachtungsweise heraus resultieren als der empirischen, denn die kann ja keine Werte generieren. Der Sozialwissenschaftler kann sagen, diese Person findet die Norm gut, ob sie es wirklich ist, darüber muss er schweigen. Für die Teilnehmer allerdings ist der Gedanke, dass sie Normen befolgen, nur weil sie aus nicht weiter qualifizierbaren Gründen von der Gruppe angenommen wurden, pure Tyrannei. Das Demokratieprinzip, nach dem nur die Normen gerecht sind, denen allen in freier Kommunikation zugestimmt haben, verdankt ihr Rationalitätskriterium, durch das sich diese Prozedur eben unterscheidet von der vom Sozialwissenschaftler registrierten Konformität mit der Norm, den Annahmen, die sich den Akteuren zeigen, solange sie in der Teilnehmerperspektive agieren. Wenn das aber der Fall ist, dann ist die Welt der Teilnehmer nicht zu verwechseln mit der Welt, die den empirischen Wissenschaften zugrunde liegt, und Habermas hat verschwiegen, dass das „Faktum", dass man um zu kommunizieren dem anderen Unterstellen muss, dass er die Wahrheit sagt, kein Faktum im Sinne der empirischen Wissenschaften sein kann. Das nämlich hieße, dass der Sozialwissen-

---

463 Vgl. etwa J. Habermas, Kommunikatives Handeln und detranszendentalisierte Vernunft, in ders.: *Philosophische Texte,* Band 2 der Studienausgabe. Frankfurt, 2009. S. 169-179.

schaftler das Rationalitätskriterium für die moralische Qualität einer Norm schon hätte, was Habermas ja ausdrücklich verneint hat.

Es wird nicht verwundern, wenn wir feststellen, dass sich hinter der von Habermas so bezeichneten Teilnehmerperspektive das verbirgt, was wir oben als das In-der-Welt-Sein kennzeichnen, denn zu sagen, dass ich ein Teilnehmer in einer sprachlich strukturierten Praxis bin, kann nichts anderes meinen, als dass man sich eben in der Welt befindet und ihre Züge als handlungsanweisend versteht. Nur unter diesen voraussetzungsreichen Bedingungen ist die von den Sprechern ausgeübte Unterstellung, dass das Gegenüber die Wahrheit sage, ein Faktum – wenn man diesen Begriff den beibehalten will. Man kann jetzt natürlich sagen, dass dieses Teilnehmerwissen ein Wie-Wissen ist, in dem Sinne, dass uns dieses Wissen sagt, wie wir ein Werkzeug benutzen oder einen normativen Satz zu verstehen haben, während das von den empirischen Wissenschaften generierte Wissen ein Was-Wissen ist, das dann eventuelle herangezogen werden kann, um das Wie-Wissen zu korrigieren. Allein, wenn man diesen Schritt tut, entwickelt man nichts weiter als eine Theorie zweier Bereiche, in der es auf der einen Seite empirische Fakten gibt und auf der anderen die Normen und wir müssen nicht lange überlegen, um zu sehen, dass wir uns mit dieser Situation wieder im sogenannten Weber-Dilemma finden, aus dem Habermas ja ausbrechen wollte, weil ihm die Gegenüberstellung zwischen Tatsachen und Normen als eine Unüberbrückbare missfiel. Wir sehen also, dass die Diskurstheorie nicht wirklich in der Lage ist, uns Handlungsnormen an die Hand zu geben, in einer Situation, wo es die beiden Bereiche der Tatsachen und der Werte als autonome Sphären gibt, wie das das moderne Wissenschaftsverständnis suggeriert.

Habermas versteht[464] „Öffentlichkeit als Raum des vernünftigen kommunikativen Umgangs miteinander" (16). Die Tatsache aber, dass Habermas in der Öffentlichkeit den Ort der Vernunft erkennt, liegt daran, dass er mit einer Öffentlichkeit rechnet, wo sich sogenannte kompetente Sprecher begegnen. Letztere sind aber nicht, wie die Sprachphilosophie suggeriert, dadurch kompetent, dass sie als irgendwie biologisch verfasste Menschendinge irgendwie zueinander in Beziehung geraten, sondern weil sie in der Antizipation ihres Todes sich ihrer Geworfenheit in die Welt bewusst werden und in der Stimmung der Angst sich darüber im Klaren werden, dass

---

464 Vgl. J. Habermas, Öffentlicher Raum und politische Öffentlichkeit. Lebensgeschichtliche Wurzeln von zwei Gedankenmotiven, in ders.: *Zwischen Naturalismus und Religion. Philosophische Aufsätze.* Frankfurt, 2005.

die Welt, auf die sie sich im Kommunizieren beziehen und aus der sie als Sprecher immer schon kommen, sich ihnen nur im Modus des Mit-Seins erschließt. Habermas schreibt ganz richtig: „Der Mensch ist ein politisches Tier, das heißt *im öffentlichen Raum* existierendes Tier" (17). Aber dieser Öffentliche Raum, von dem Habermas weiß, dass er nicht naturalistisch erklärbar ist, verdankt seine vernunftstiftenden Attribute der Tatsache, dass in ihm immer schon Dasein gegenwärtig ist. Die Diskurstheorie verharrt geradezu explizit auf einem Begriff des öffentlichen Raumes als einem, in dem das Mit-Sein zum Tragen kommt: „Zur Person wird [der Mensch] mit dem Eintritt in den öffentlichen Raum einer sozialen Welt, die ihn mit offenen Armen erwartet" (18). Was anderes kann das heißen, als dass Habermas' Personenbegriff aufs Engste mit der Idee verbunden ist, dass die Welt des Daseins die sogenannte Mitwelt ist und wie unangebracht erscheint unter dieser Prämisse das liberale Öffentlichkeitsmodell, wo das, was eine Person ausmacht wie die religiöse Überzeugung oder die Arbeit, in den Privatbereich verbannt wird? Habermas lehnt sich immer wieder an dieses emphatische Öffentlichkeitsmodell, das der Klassik angehört und nicht der bürgerlichen Gesellschaft: „Wir finden uns immer schon im Element der Sprache vor. Nur die, die reden, können schweigen" (19). Hier wird wohl keiner mehr behaupten, Habermas benutze einen Begriff der öffentlichen Kommunikation, wie wir ihn bei den Empiristen finden, denn das was bei Chomsky naiv Stimulus heißt, erscheint bei Habermas als ein den Bereich des Natürlichen transzendierendes Phänomen, aus dem sich für den Philosophen die Regeln des Zusammenlebens und der geglückten Existenz ableiten lassen. Wir können ihm zustimmen, nur müssen wir anmerken, dass eine Öffentlichkeit, die das leistet, was Habermas von ihr verlangt, nur zu haben ist, solange wir uns in einer Welt bewegen, wo der Wahrheitsbegriff nicht der der empirischen Wissenschaften ist und wir den öffentlichen Raum betreten nicht als Privatleute, sondern als publici – Personen, die nichts verbergen, sondern sich sprechend über die Einheit versichern, aus der sie kommen und die sie stiften. Diese Konzeption des öffentlichen Raumes hatte überall auf der Welt Herrschaft, bis die Parlamentarier um Cromwell den englischen König aufs Schafott führten. Wir begegnen Resten von ihr wieder selbst in der Diplomarbeit von Mohammed Atta zum Verfall des öffentlichen Raumes durch die sogenannte

Modernisierung im postkolonialen Aleppo: eingereicht und für gut befunden am Institut für Städtebau an der Uni Hamburg.[465]

Eine konservative Interpretation der Menschenwürde

Die Juristen sagen, Kant ist der Geist des Grundgesetzes. Letzteres wiederum sagt:[466] „Die Würde des Menschen ist unantastbar". Die amerikanische Verfassung kennt diesen Begriff nicht und das ist nur konsequent, wenn wir annehmen, dass die Angelsachsen in ihrer liberalen Philosophie einen Begriff vermeiden wollten, von dem sie wussten, dass er einer anderen Zeit angehörte. Kant hat, wie wir sahen, den Entwicklungen, die zuerst im englischsprachigen Raum aufgetreten sind, versucht eine andere Grundlage zu bieten als die, welche die Utilitaristen parat hatten. Auch die Idee der Menschenwürde, die sich ins Grundgesetz eingeschlichen hat, gehört zu denjenigen Begriffen, die man in Deutschland versucht hat, in die liberale Ordnung zu integrieren, obwohl klar und deutlich war, dass sie Bestandteil der alten Ordnung waren, von denen man sich im Begriff war zu verabschieden. Kant[467] spricht von der „Idee der *Würde* eines vernünftigen Wesens, das keinem Gesetz gehorcht als dem, das es zugleich selbst gibt" (61). Mit dieser Wendung koppelt Kant die Menschenwürde an den Begriff der Autonomie, denn in den Genuss des Titels ein vernünftiges Wesen zu sein, komme ich nur, wenn ich nach dem kategorischen Imperativ handle, denn dieser ist ein Diktat der praktischen Vernunft und in seiner Befolgung manifestiert sich meine Qualität als jemand, der jede Heteronomie abgelegt hat, denn nur dadurch, dass ich nach dem Sittengesetz handle, bin ich jemand, der nur mir selber im Sinne meiner eignen Vernunftbegabung gehorcht. Nur also, wenn ich mich den Konventionen meiner Gemeinschaft entziehe und sie nur soweit akzeptiere, wie sie mit dem Sittengesetz zu vereinbaren sind, steht mir die Menschenwürde zu. Wir sehen also, dass es sich hier um eine aktivistische Interpretation der Idee der Menschenwürde handelt. Man hat sie nicht einfach, sondern muss etwas tun, damit sie einem zufällt. Diese Dimension in Kants Ansatz muss man vor dem Hintergrund der empiristischen Philosophie sehen, denn wenn der Begriff des Menschen ein biologistischer wird, wie das notwendigerweise

---

465 Vgl. S. Buchen, Der Intellekt des Bösen, *Süddeutsche Zeitung,* 12.6.2014. S. 9.
466 GG, I, 1, 1.
467 Vgl. I. Kant, *Grundlegung zur Metaphysik der Sitten,* a.a.O.

bei der empiristischen Herangehensweise der Fall sein muss, dann bekommt die Würde des Menschen eine relativistische Note, denn der gute und der böse Mensch haben ja beide einen funktionierenden Blutkreislauf und ähnliches. Mit der Idee einer Verkoppelung von Menschenwürde und Autonomie hat Kant versucht, eine Übersetzungsleistung zu erbringen, die dem klassischen Würdebegriff, wie er Kants Zeitgenossen noch durchaus präsent war, eine liberale Gestalt geben sollte.

Bei den Römern wird der Begriff Würde durch den Term dignitas wiedergegeben.[468] Der Begriff verweist in die stratifizierte Ordnung einer Gemeinschaft, in der die Bessergestellten sich sorgend um die, die weniger haben, kümmern. Die Anredeformen – linguistisch ausgeformt im Vokativ – verraten die Herkunft der dignitas in einer politischen Welt, wo Prestige und Macht nur denjenigen zusteht, die sich um die res publica verdient gemacht haben. Das deutsche Sie, das dem Verbrecher ebenso entgegen gebracht wird, wie dem Politiker oder die amerikanische Sitte alle gleich beim Vornamen zu nennen, egal ob sie Amtsträger oder Arbeitslose sind, gehören in eine Welt, wo der Würdebegriff eine radikale Transformation durchgemacht hat. Im römischen dignitas-Begriff schwingt die Idee mit, dass ein Individuum nur dann gesellschaftliche Anerkennung verdient, wenn es sich für andere verausgabt hat und im praktischen Alltag der römischen Republik hieß das, dass derjenige ein guter Politiker war, der sich tugendhaft verhalten hat. Der ethische Gehalt von Handlungen zentriert sich in der dignitas. Sie kommt nur denen zu, die ihre persönlichen Anliegen hinter die der Republik stellen. Die liberale Ordnung kennt aber keine politisch relevanten Unterschiede unter den Bürgern: alle sollen, was die öffentlichen Angelegenheiten betrifft, gleich sein. Deshalb mussten die amerikanischen Verfassungstexte auf die Kategorie der Würde verzichten, denn sie hätte impliziert, dass die Bourgeoise nicht politisch homogen ist, was sie von sich behaupten musste, um die Idee der Menschenrechte zu legitimieren. Kant hat gesehen, dass eine Gesellschaft, in der totale Homogenität in den Anerkennungsverhältnissen herrscht, ein Alptraum ist, denn eine solche Gesellschaft bedeutet natürlich das Ende aller ethischen Konsequenzen. Im Gegensatz zu den Römern allerdings hat er sich nicht mehr getraut, den Begriff der Würde so mit der Verfassung der res publica zu verschmelzen, dass die Menschenwürde als voraussetzungsreicher Be-

---

468 Vgl. V. Pöschl, Würde im antiken Rom, in *Geschichtliche Grundbegriffe,* Hg. O. Brunner et al. Stuttgart, 1992. S. 637-645.

standteil der Gemeinschaft erscheint und nicht als Qualität eines Individuums, dass sich von den Konventionen der politischen Ordnung abheben will. Für die Römer bin ich würdig, weil ich ein Teil der Gruppe bin, weil meine Handlungen ihr gelten und weil ich ihre Traditionen als handlungsanweisend akzeptiere und zwar nicht nach Prinzipien, die jenseits der Ordnung stehen, sondern aus ihr kommen, sie machen. Für Kant kommt mir die Menschenwürde zu, wenn ich es schaffe, meine natürlichen Impulse im Namen der Vernunft zu transzendieren und nach dem Sittengesetz handele.

Kants Ethik ist gekennzeichnet durch den Versuch, einer Dimension des Utilitarismus entgegen zu wirken, die mit dem Begriff der Konsequenz verbunden ist.[469] Für die Utilitaristen ist ja nur der ein moralischer Akteur, der wirklich gute Werke vollbringt, denn allein die haben gute Konsequenzen. Allein sie zu wollen reicht nicht. Kant hat gesehen, dass das bedeutet, dass diejenigen, die Reichtum haben, sozusagen von Haus aus moralische Akteure sind, denn sie können natürlich viel größere und wichtigere gute Werke vollbringen. Deshalb hat Kant so viel Wert auf den guten Willen gelegt. In ihm zeigt sich eine Kant'sche Adaption christlichen Dogmas, denn nach Luther zählen nicht die Werke sondern allein der Glaube.[470] Das Resultat von Kants Ansatz ist aber der, dass diejenigen, die ethisch handeln, nicht unbedingt dieselben sind, die in der Gemeinschaft Anerkennung bekommen und hier zeigt sich Kant als jemand, der wohl tief beeindruckt war von der Idee, dass der einzelne nur im Privaten über seine Werthaftigkeit deliberiert und diese Idee war bei Luther noch aufgefangen durch die Liebe Gottes, die dem einzelnen zumindest noch Trost sein kann. Das fatale nun ist, dass Kant diese Liebe bekanntlich aus dem Reich der Ethik verbannt hat und so bleibt in der liberalen Ordnung eine Diskrepanz zwischen denen, die Anerkennung genießen und sie aber nach ethischen Gesichtspunkten gar nicht verdienen, während auf der anderen Seite diejenigen kauern, die versuchen nach dem Sittengesetz zu handeln, aber arm, verkannt und vielleicht sogar geächtet sind. Die Römer hätten über diesen Zustand nur gelacht. Für sie war die gemeinschaftliche Aner-

---

469 Vgl. H. J. Paton, *The Categorical Imperative*. Chicago, 1948.
470 Vgl. M. Luther, *Von der Freiheit eines Christenmenschen*. Hg. G. Linde. Stuttgart, 2001. Im Text heißt es dazu: „[Die Person] wirt aber nit durch gepott und werck, sondern durch gottis wort [...] und den glauben frum und selig, auff das bestehe seyn gottliche ehre, das er uns nicht durch unser werck, sondern durch sey gnedigs wort umbsonst und lauter barmherzigkeit selig mache" (37).

kennung gekoppelt an das Handeln im Sinne der res publica und im Begriff der dignitas zentriert sich gewissermaßen diese Anerkennung. Sie motiviert zum Handeln, setzt Schranken und prägt den Charakter der Individuen.

Die liberale Ordnung überlässt das Handeln des einzelnen der Willkür. Wer wollte hier den Menschen noch sagen, es ist besser, Sozialpädagogik zu studieren statt BWL? Wer maßt sich hier noch an zu sagen, man solle so werden wie irgendein Sozialarbeiter und nicht wie Bill Gates oder Joseph Ackermann. Die Menschenwürde, die uns das Grundgesetz zuspricht, ist verbannt in die Stille der einsamen Reflektion vor unserem Zubettgehen. Die Versuche der ernsthaften Philosophen der liberalen Ordnung doch noch ein menschliches Gesicht zu geben, sind kläglich gescheitert.[471] Ihre Begriffe verweisen auf eine andere Welt, zu der sie sich den Zugang aus welchen politischen – oder persönlichen – Gründen auch immer verbaut haben. Das Resultat ist eine politische Lähmung. Die Ordnung wir kritisiert aber in ihrem eigenen Namen. Der Weg zu einer anderen Organisationsform ist generell suspekt – vor allem nach dem wohl kaum noch mehr zu leugnendem liberalen Turn der Frankfurter Schule. Der Rassismus in Deutschland ist ein banales Phänomen. Die Kapitalisten werden solange Immigration und Zuwanderung tolerieren, wie das nicht die Vermögens- und Einkommenssteuern in die Höhe treibt und sie werden sich kosmopolitisch geben, denn es findet sich immer ein Ausländer, der noch die niedrigste Arbeit macht und sich eben nicht organisiert, was natürlich den Hass der deutschen Arbeiter aufbaut, die allein um die Hoffnung auf persönliche Bereicherung nicht aufzugeben, der liberalen Ordnung ihr Legitimationsnicken verpassen. Man täusche sich nicht. Wenn die Renumeration ausbleibt, bleibt immer noch der Weg in den Faschismus. Und wer über den sprechen will, sollte, wie man bei Horkheimer lesen kann, nicht über die liberale Ordnung schweigen.

---

471 Dazu muss auch der Begriff der Gastfreundschaft zählen. Wer wollte den Arbeitslosen noch ernsthaft was von Gastfreundschaft erzählen, wenn jeder weiß, dass allein Egoismus zu Erfolg führt? In der alten Ordnung war der Gastfreund respektiert – auch finanziell – wegen seiner Gastfreundschaft. Vgl. M. Kässmann, *Vergesst die Gastfreundschaft nicht!* Berlin, 2011.